SERVICE
서비스 창업 전략
STARTUP
Strategies

곽진만 · 사단법인 뷰티창업경영전문가협회 이사장
권오혁 · 한성대학교 교수
이세희 · 대구한의대학교 교수

서비스 창업 전략

아이디어를 현실로, 차별화와 혁신으로 승부하라

초판 인쇄 2025년 2월 20일
초판 발행 2025년 2월 28일

지은이 곽진만 · 권오혁 · 이세희
발행인 조규백

발행처 도서출판 구민사
주소 (07293) 서울특별시 영등포구 문래북로 116, 604호(문래동3가 46, 트리플렉스)
전화 (02)701-7421
팩스 (02)3273-9642
홈페이지 www.kuhminsa.co.kr

신고번호 제 2012-000055호(1980년 2월 4일)
ISBN 979-11-6875-512-3 (93320)

정가 32,000원

PREFACE 머리말

서비스 산업은 현대 경제에서 중요한 역할을 하고 있으며, 특히 경제 성장과 고용 창출에 크게 이바지하고 있다. 서비스 산업은 전통적인 제조업을 넘어 경제 구조의 핵심적인 부분으로 자리 잡았고, 이는 국가 경제에 미치는 영향이 점차 확대되고 있다는 것을 의미한다.

우리나라 서비스 부문은 최근 몇 년간 급격히 성장하며 국내총생산(GDP)에서 차지하는 비중이 늘어났다. 서비스업은 GDP에서 중요한 비율을 차지할 뿐만 아니라, 다양한 분야에서 고용을 창출하는 중요한 산업으로 자리 잡았다. 이에 따라 서비스 산업의 성장과 발전은 국가 경제의 안정성과 지속적인 발전을 위한 중요한 요소로 평가된다.

서비스 산업은 단순히 양적인 성장을 넘어서 질적인 측면에서도 발전을 이루어 냈다. 이는 기술 혁신과 세계화, 소비자의 요구 변화에 대응하면서 서비스의 품질과 다양성이 확장되었기 때문이다. 예를 들어, 정보 기술(IT) 기반의 서비스, 금융서비스, 의료서비스, 교육서비스 등 다양한 분야에서 발전이 이루어졌다. 또한 서비스업의 고도화는 고급 인력을 요구하며, 이는 더욱 정교한 기술력과 창의력을 바탕으로 한 서비스 제공을 가능하게 한다.

서비스 산업의 발전은 다른 산업과의 융합을 통해 더욱 가속화되었다. 예를 들어, 제조업과 정보통신기술(ICT)이 결합한 스마트 제조업, 관광업과 문화산업의 결합 등이 이러한 융합의 좋은 예이다. 이러한 융합은 서비스를 단순히 소비자에게 제공하는 차원을 넘어, 경제적 가치를 창출하는 중요한 분야로 발전시키고 있다.

서비스 창업에서 혁신은 선택이 아닌 필수이며, 이는 산업의 밸류체인(Value Chain)에서 구조적 취약점을 식별하고 디커플링(Decoupling)하는 과정으로 구현된다. 디

PREFACE 머리말

커플링이란 기존 산업 구조에서 비효율적인 연결 고리를 분리하거나 재구성함으로써 새로운 가치를 창출하는 전략적 접근 방식이다. 특히 밸류체인 내 약한 고리는 고객의 페인 포인트(Pain Point)로 작용하며, 이를 해결하는 것은 고객 가치(Value Proposition) 창출의 핵심 요소이다.

현대 소비자는 단순한 제품이나 서비스 제공을 넘어 기능적(Functionality), 정서적(Emotional), 사회적(Social) 가치를 포함하는 총체적 경험을 요구한다. 이러한 변화는 가치 소비(Value Consumption) 트렌드로 이어지며, 고객이 지불하는 금액 이상의 심리적 만족과 사회적 의미를 중요시하는 소비 패턴을 형성한다. 따라서 서비스 창업자는 전통적인 시장 분석을 넘어 고객 경험(Customer Experience, CX) 관점에서 접근해야 하며, 서비스 디자인(Service Design) 및 사용자 경험(UX) 전략을 접목하여 차별화된 가치를 제공해야 한다.

이 책은 창업의 초기 아이디어 발굴 단계부터 시작하여, 시장 분석, 비즈니스 모델 설계, 마케팅 전략 수립 그리고 실제 서비스 실행에 이르기까지 창업 전반에 걸친 전략적 접근을 종합적으로 학습하는 과정이다. 창업에 필요한 다양한 이론적 배경을 배우는 동시에, 이를 실제 상황에 적용할 수 있는 실무적 접근 방식을 익히게 된다. 이 과정은 학습자에게 창업을 위한 창의적이고 실용적인 방법론을 구체화할 수 있도록 돕는 데 중점을 두었다.

학습자는 창업이 시작되는 초기 단계에서부터 사업 아이템의 아이디어를 발굴하고, 그 아이템이 시장에서 어떤 가능성을 가졌는지를 분석하는 방법을 배우게 된다. 이를 바탕으로, 비즈니스 모델을 설계하고, 마케팅 전략을 수립하며, 실제 창업 상황에서 마주할 수 있는 다양한 문제들을 어떻게 해결할 것인지에 대해 실습으로 경험을 쌓을 수 있다. 또한 창업을 꿈꾸는 학습자에게 창업의 이론적 기반과 함께 실제 적용 가능한 실용적인 지식과 기술을 습득하게 하여, 창업의 성공 가능성을 높이는 데 중요한 역할을 한다.

특히 현대의 디지털 환경에서 경쟁력 있는 사업 모델을 개발하고, 실행할 수 있는 능력을 배양하는 데 초점을 맞추고 있다. 디지털 기술과 변화하는 시장 환경을 반영한 창업전략을 구체화함으로써, 학습자는 세계 시장에서도 경쟁력을 갖출 수 있는 창업가로 성장할 수 있도록 돕는다. 창업이 무엇보다도 혁신적이고 창의적인 사고를 요구하는 분야임을 고려하여, 이 책은 창업의 전 과정에서 필요로 하는 핵심적인 기술과 지식을 체계적으로 제공하는 것을 목표로 한다.

이 책을 통해 다음과 같은 능력을 갖출 수 있다.

첫째, 창업 아이디어를 구체화하고, 실제 시장에서 경쟁력을 가질 수 있는 비즈니스 모델을 설계할 수 있다.

둘째, 고객의 문제를 해결하는 서비스를 개발하고, 그에 맞는 마케팅 및 운영 전략을 수립하여 창업을 성공적으로 이끌어 나갈 수 있다.

셋째, 창업 과정에서 발생하는 재무적, 마케팅적, 운영적 문제를 해결하는 능력을 배양한다.

넷째, 창업의 각 단계에서 필요한 전략적 사고를 적용할 수 있다.

마지막으로 이 과정을 통해 창업을 실제로 계획하고 실행하려는 사람들에게 중요한 실용적인 지식과 기술을 제공하여 창업의 성공적인 실행을 지원한다.

마지막으로 이 책의 출판을 위해 적극적으로 도움주신 도서출판 구민사 조규백 대표님과 직원 여러분께 깊은 감사를 드립니다.

CONTENTS 목차

CHAPTER 06. 서비스 설계와 프로토타입 제작

CHAPTER 07. 재무 계획과 투자유치

◆ PART 3 ◆ 마케팅 전략과 브랜딩: 디지털 마케팅에서 타겟 마케팅까지

CHAPTER 08. 마케팅과 디지털 마케팅 전략

CHAPTER 09. SNS 마케팅의 모든 것

CHAPTER 10. 타겟 마케팅 전략

CONTENTS 목차

MEMO

PART

1

창업 성공의 로드맵: 아이디어에서 창업으로

SERVICE START-UP STRATEGY

CONTENTS

CHAPTER 01 창업 기본 이해와 아이디어 발굴

학습목표

1-1. 창업이란 무엇인가?

1-2. 최신 창업 트렌드 분석

1-3. 창업 아이디어 발굴 기법

학습목표

1. 창업의 개념과 창업 과정에서 필요한 핵심 요소들을 이해하고 설명할 수 있다.
2. 최신 창업 트렌드를 분석하고, 현재 시장에서 유망한 창업 아이템이나 기회를 파악할 수 있다.
3. 창의적이고 효과적인 아이디어 발굴 기법을 이해하고, 이를 활용하여 창업 아이템을 도출할 수 있다.

1-1 창업이란 무엇인가?

1 창업(Startup)의 개념

창업의 사전적 의미는 사업을 처음으로 이루어 시작하는 과정, 창업자가 새로 아이디어를 창출하여 보유하고 있는 자원과 결합하여 사업 활동을 시작하는 것으로 정의한다. 즉, 창업은 새로운 사업을 시작하는 과정으로 혁신적인 아이디어나 기존 아이디어의 새로운 해석을 통해 경제적 가치를 창출하는 활동이다. 창업은 사업자와 소비자 간의 가치를 교환하는 시스템을 창출하는 중요한 역할을 한다.

[그림 1-1] 창업(Startup)

1. 창업의 핵심 요소

(1) 아이디어

창업의 출발점은 고객의 문제를 해결하거나 욕구를 충족시키는 창의적이고 혁신적인 발상이다. 성공적인 아이디어는 시장의 틈새를 공략하거나 기존 문제를 새로운 방식으로 해결하는 특징을 갖는다.

(가) 사례

① 스냅챗(Snapchat)은 일정 시간이 지나면 메시지와 사진이 자동 삭제되는 기능을 도입하여 젊은 세대가 원하는 사생활 보호와 순간 공유의 욕구를 충족했다. 이러한 독창적 기능은 경쟁이 치열한 소셜 미디어 시장에서 스냅챗을

차별화하는 요인이 되었다.

알아두기 스냅챗(Snapchat)은 미국의 메신저 서비스이다. 수신인이 내용을 확인하고 나면 사라지기 때문에 일명 '단명 메시지'로 불린다.

② 쿠팡(Coupang)은 로켓배송 서비스는 빠른 배송을 통해 온라인 쇼핑의 편리함을 극대화했다. 이를 통해 물류 혁신을 이끌며 한국 전자상거래 시장에서 선도적인 위치를 차지했다.

(2) 자원

창업을 실현하려면 재정, 기술, 인력 등 다양한 자원이 필요하다. 예를 들어, 재정 자원(초기 자본, 투자 유 증), 기술 자원(제품/서비스 개발에 필요한 기술과 장비 등), 인력 자원(아이디어를 실행할 전문가, 운영 인력 등)을 의미한다.

(가) 사례

① 테슬라(Tesla)는 전기차 개발과 생산을 위해 대규모 자금을 조달하고, 배터리 기술 및 자율주행 소프트웨어 개발에 뛰어난 전문가들을 확보했다. 이를 통해 기존 자동차 시장에서 혁신을 이루며 글로벌 시장에서 주도권을 확보했다.

② 와이콤비네이터(Y Combinator)는 세계적으로 유명한 스타트업 인큐베이터 와이콤비네이터는 초기 창업자들에게 초기 자본, 멘토링, 네트워킹을 제공하며, 자원이 부족한 창업자들이 성공적인 기업을 시작할 수 있도록 지원했다. 이를 통해 에어비앤비, 드롭박스(Dropbox)와 같은 성공사례를 배출했다.

(3) 실행

창업의 성공 여부는 사업 아이디어를 실제 시장에서 구현하는 데 달려 있다. 창업의 실행단계는 사업 계획 작성, 프로토타입 개발 및 테스트, 시장 진출 및 고객 확보, 지속적인 피드백을 통해 개선의 과정을 통해 실행한다.

(가) 사례

① 우버(Uber)는 초기 단계에서 파일럿 프로젝트를 통해 서비스를 테스트하고, 사용자 피드백을 수집하여 비즈니스 모델을 지속적으로 개선했다. 이러한 실행 전략은 우버가 글로벌 시장으로 확장하는 데 중요한 역할을 했다.

② 모바일 앱 개발 초기부터 사용자 경험 데이터를 분석하여, 인터페이스와 서비스 품질을 개선했다. 이를 통해 사용자가 더 쉽게 접근하고, 편리하게 이용할 수 있는 플랫폼으로 자리 잡았다.

2. 창업의 중요성

(1) 경제적 기여

(가) 고용 창출

창업은 새로운 기업의 탄생과 함께 직간접적인 고용 기회를 제공하여, 경제적 활력을 높인다. 특히 초기 단계의 스타트업은 창의적이고, 혁신적인 인재를 필요로 하며, 이는 고용시장에서 긍정적인 파급 효과를 미친다.

1) 사례

① 아마존(Amazon)은 1994년 창업 이후 전자상거래 및 물류, 클라우드 컴퓨팅 등 다양한 사업영역으로 확장하며, 30년간 전 세계적으로 수백만 개의 일자리를 창출했다. 특히 물류센터와 기술개발 부문에서 새로운 일자리를 창출하며, 글로벌 경제에 큰 영향을 미쳤다.

② 배달의민족은 한국의 배달 애플리케이션 '배달의민족'은 창업 초기 소규모 운영에서 출발해 음식 배달 시장의 핵심 플랫폼으로 자리 잡았다. 이를 통해 수만 명의 라이더와 중소 식당들이 간접적으로 고용 효과를 누렸다.

(나) 시장 경쟁 촉진

창업은 기존 시장의 독과점을 완화하고 새로운 아이디어와 혁신을 통해 시장 경쟁을 활성화한다. 이로 인해 소비자는 더 많은 선택권과 개선된 제품 및 서비스를 누릴 수 있다.

1) 사례

① 리디북스(Ridi Books)는 한국의 전자책 플랫폼 시장에서 네이버와 카카오와 같은 대형 플랫폼과 경쟁하며 전자책 콘텐츠의 품질을 개선하고, 다양한 출판사와의 협력을 통해 전자책 시장을 확장했다. 이러한 경쟁은 소비자에게 합리적인 가격과 다양한 콘텐츠 선택의 기회를 제공했다.

② 테슬라(Tesla)는 전기차 스타트업으로 시작한 테슬라는 전통적인 내연기관 자동차 시장에 혁신을 가져왔다. 기존 자동차 제조사들은 테슬라와의 경쟁으로 인해 전기차와 자율주행 기술에 대한 투자를 확대하며 시장 변화를 이끌었다.

(2) 사회적 혁신

(가) 사회적 문제 해결

창업은 기존의 사회적 문제를 창의적이고, 혁신적인 접근법으로 해결하며, 사회 전반에 긍정적인 영향을 미친다. 특히 디지털 기술을 활용한 창업은 지역적, 경제적 한계를 극복하고, 더 나은 사회적 가치를 창출한다.

1) 사례

① 고젝(GoJek)은 인도네시아에서 창업된 모빌리티 플랫폼 고젝은 오토바이 택시 서비스를 기반으로 교통 혼잡 문제를 해결했다. 또한, 플랫폼을 통해 지역 소상공인과 음식점이 고객과 직접 연결될 수 있도록 지원함으로써 소규모 사업체의 유통 문제를 동시에 해결했다. 현재 고젝은 금융서비스, 음식 배달, 장보기 서비스 등 다양한 사회적 니즈를 충족시키며 동남아시아 전역으로 확장되었다.

② 비랩(B-Lab)은 비콥(B-Corp) 인증 제도를 통해 사회적, 환경적 가치를 추구하는 기업들을 지원한다. 이 인증은 창업가들에게 사회적 책임을 다하면서도 경제적 성공을 거둘 수 있는 동기를 부여하여, 지속 가능한 비즈니스 모델을 확산시키는 데 이바지한다.

(나) 삶의 질 향상

혁신적인 제품과 서비스는 개인의 생활 방식을 변화시키고, 삶의 질을 향상시킨다. 이를 통해 창업은 더 편리하고 풍요로운 생활을 가능하게 한다.

1) 사례

① 에어비앤비(Airbnb)는 숙박 공간을 공유하는 플랫폼으로, 기존 호텔 중심의 여행 시장을 재편했다. 이를 통해 여행자들에게 더 저렴하고 독특한 숙박 옵션을 제공했으며, 공간을 공유하는 호스트들에게는 새로운 수익 창출 기회를 제공했다. 특히, 로컬 경험을 중시하는 트렌드에 부합하여 여행의 질을 한 단계 높이는 데 기여했다.

② 스타트업 로보락(Roborock)은 로봇 청소기와 같은 스마트 홈 제품을 개발하여 가사 노동의 부담을 줄이고 개인의 시간을 더 효율적으로 활용할 수 있게 했다. 이 기술은 특히 바쁜 현대인과 노년층 사용자들에게 큰 도움을 주며, 삶의 편리함을 극대화했다.

2 창업의 역사

창업의 역사는 산업 혁명, 디지털 기술의 발전, 그리고 21세기의 기술 혁신에 따라 다양한 변화의 환경에 처해 있다. 과거의 창업은 생산성과 시장 확대를 중심으로 진행되었지만, 현재는 디지털, 모바일, AI, 블록체인 등의 기술을 기반으로 창업 환경이 변화하며 새로운 기회들을 만들어가고 있다.

1. 발전 단계

(1) 산업 혁명(18세기 후반 - 19세기 초반)

산업 혁명은 대량 생산과 기계화 기술의 도입을 통해 창업의 개념을 확대한 시기다. 대규모 공장 시스템과 철도, 통신 기술의 발달로 인해 새로운 시장이 열리고, 많은 창업 기회가 생겨났다.

[그림 1-2] 산업 혁명

(가) 주요 특징

첫째, 대규모 생산 방식의 도입으로 생산성이 크게 향상되었다.

둘째, 시장과 생산의 연결이 강화되어 공급망이 효율적으로 운영되었다.

셋째, 섬유 산업과 기계 제조업과 같은 신규 산업들이 탄생하면서 산업 구조가 다양화되었다. 이러한 변화는 창업자들에게 새로운 사업 기회를 제공하고, 산업의 발전을 이끄는 중요한 동력이 되었다.

(2) 20세기 후반(1940~1990년대)

20세기 후반(1940~1990년대)은 디지털 기술과 세계화가 창업 생태계를 변화시킨 시기다. 정보 기술의 발달과 함께 통신, 컴퓨터, 인터넷 기술이 창업의 형태를 변화시켰다.

[그림 1-3] 정보통신의 발달

(가) 주요 특징

첫째, 인터넷의 발전과 글로벌 시장의 개방이 이루어졌다.

둘째, 벤처 캐피탈이 등장하여 혁신적인 기업들이 빠르게 성장할 수 있는 환경이 조성되었다.

셋째, 창업자들은 절대 지역적인 한계에 갇히지 않고 전 세계로 사업을 확장할 기회를 얻게 되었다. 이러한 변화는 창업의 글로벌화와 디지털화를 촉진하며, 새로운 비즈니스 모델의 탄생을 이끌었다.

(나) 주요 사례

① 1990년대 아마존: 제프 베조스는 1994년에 아마존을 창업하여, 전자상거래의 패러다임을 혁신했다.

② 이베이: 1995년 창립된 이베이는 경매 기반의 전자상거래 시장을 개척하며, 온라인 거래의 대중화를 이끌었다.

(3) 21세기(2000년대 ~ 현재)

모바일, AI(인공지능), 블록체인 기술의 발전이 창업의 주요 트렌드로 자리 잡은 시기다. 특히, 인터넷과 스마트폰의 보급은 창업의 형태와 시장을 다시 한번 변화시키고 있다.

(가) 주요 특징

첫째, 모바일 앱과 서비스가 급성장하며 소셜 미디어와 메신저 앱 등 새로운 형태의 플랫폼이 대중화되었다.

둘째, AI와 빅데이터 기술을 활용한 창업 모델의 혁신이 이루어져, 기업들이 데이터를 기반으로 한 맞춤형 서비스와 자동화를 통해 경쟁력을 강화하고 있다.

셋째, 블록체인, NFT, 블록체인을 이용한 대체할 수 없는 토큰), 암호화폐 등 새로운 기술 기반 사업이 확장되며, 금융, 예술, 거래의 방식에 큰 변화를 일으키고 있다. 이러한 혁신적인 기술들은 창업자들에게 새로운 기회를 제공하고, 글로벌 시장에서의 경쟁을 더욱 치열하게 만들고 있다.

알아두기 NFT(Non-fungible Token)는 '대체 불가능한 토큰'을 의미하며, 블록체인 기술을 이용해 디지털 자산의 소유권을 증명하는 가상의 토큰.

알아두기 블록체인은 정보를 기록하고 저장하는 탈중앙화 시스템으로, 거래 정보를 담은 장부를 중앙 서버에 저장하는 것이 아니라 네트워크에 연결된 여러 컴퓨터에 분산 저장하는 기술.

[그림 1-4] 미래의 환경

(나) 주요 사례

1) 에어비앤비(Airbnb)

에어비앤비(Airbnb)는 2008년 창립, 공유경제 모델을 통해 전 세계적으로 숙박 서비스를 혁신하며, 여행 산업에 큰 변화를 일으켰다. 이 플랫폼은 개인이 자신의 집이나 방을 다른 사람과 공유할 기회를 제공함으로써, 기존의 호텔 중심의 숙박 모델을 탈피하고, 더 다양하고 경제적인 여행 옵션을 창출하였다.

2) 우버(Uber)

승차 공유 서비스로 운송 산업을 디지털화하며, 글로벌 시장에서 성공을 거두었다. 이 플랫폼은 스마트폰 애플리케이션을 통해 승객과 운전자를 실시간으로 연결하는 혁신적인 방식을 도입하여, 전통적인 택시 산업을 변혁시켰다.

3) 인스타그램(Instagram)과 틱톡(TikTok)

인스타그램(Instagram), 틱톡(TikTok)과 같은 소셜 미디어 앱은 모바일 환경에 최적화된 새로운 창업 모델로 자리를 잡았다. 이들 앱은 스마트폰을 중심으로 한 사용자 경험을 강화하고, 빠르게 콘텐츠를 공유할 수 있는 직관적인 인터페이스를 제공함으로써, 소셜 네트워킹 및 콘텐츠 소비 방식을 혁신하였다.

4) AI 기반 서비스

AI 기반 서비스인 Open AI, DeepMind, 자율주행차 기술은 창업의 혁신을 이끄는 주요 요소로 자리 잡고 있다. 이러한 기술들은 기존 산업 구조를 변화시키고, 새로운 비즈니스 모델을 창출하며, 효율성과 혁신을 동시에 제공함으로써 기업들이 더욱 경쟁력 있는 서비스를 개발하고 시장에서 차별화된 가치를 제공할 수 있도록 돕고 있다.

2. 창업의 사회적 의미

창업은 경제 성장을 촉진하고, 고용을 창출하며, 혁신을 통해 사회적 변화를 끌어낸다. 예를 들어, 창업 초기 기업들이 사회적 문제를 해결하려는 다양한 아이디어를 제시하며 사회적 가치를 창출하고 있다.

(1) 경제 성장과 고용 창출

창업은 새로운 시장을 창출하고, 이를 통해 일자리를 창출하여 경제를 활성화한다. 새로운 기업들이 시장에 진입함으로써 경쟁이 촉진되고, 이는 소비자에게 더 나은 제품과 서비스를 제공하는 결과를 낳는다. 또한, 창업은 지역 경제를 활성화하고, 많은 사람이 새로운 직업을 얻을 기회를 제공한다.

(2) 사회적 문제 해결

창업은 친환경 기술, 의료 기술, 교육 혁신 등 다양한 방법을 통해 사회적 가치를 창출한다. 많은 창업 기업들이 사회적 책임을 다하고자 하며, 지속 가능한 방식으로 사회적 문제를 해결하려고 노력하고 있다. 이러한 혁신적인 접근은 환경 보호, 공공 건강 증진, 교육 기회 확대 등 다양한 분야에서 중요한 변화를 끌어내고 있다.

(3) 창업의 사회적 의미 예시

마이크로소프트와 애플은 초기에는 소규모 신생기업이었지만, 지금은 세계 경제에서 중요한 역할을 하고 있다. 이들 기업은 각기 다른 기술 혁신을 통해 사람들의 생활 방식을 변화시키고, 전 세계적으로 수많은 일자리를 창출하며 경제에 이바지하고 있다. 이러한 기업들의 성장은 창업이 어떻게 사회적, 경제적 변화를 이끌어낼 수 있는지 잘 보여주는 사례이다.

1-2 최신 창업 트렌드 분석

1 글로벌 창업 트렌드

최근 창업 생태계는 급변하는 기술 환경에 따라 혁신적으로 진화하고 있다. 특히 AI(인공지능), 클라우드 컴퓨팅, 블록체인 기술은 창업의 형태와 시장 접근 방식을 재정의하며, 창업자들에게 새로운 기회를 제공하고 있다. 이러한 기술들은 사용자 경험과 비즈니스 운영 효율성을 극대화하는 데 중요한 역할을 하고 있다.

1. 주요 기술 트렌드

(1) 인공지능(AI)

AI 기술은 다양한 산업에서 창업의 핵심 동력으로 작용하고 있다. 머신러닝, 자연어 처리, 컴퓨터 비전 등의 기술은 자동화를 통해 운영 효율성을 높이고, 소비자 데이터를 기반으로 개인 맞춤형 서비스를 제공하며, 고객 만족도를 증대시키고 있다. 예를 들어, 오픈 AI는 챗봇과 같은 자연어 처리 기술을 통해 다양한 산업의 문제를 해결하며, AI 기술의 대중화를 선도하고 있다. 또한, 딥마인드는 의료 분야에서 AI 기반 질병 진단 및 치료 혁신을 통해 헬스케어 산업 내 창업 기회를 확장하고 있다.

(2) 클라우드 컴퓨팅(Cloud Computing)

클라우드 컴퓨팅은 창업자들이 초기 비용을 줄이고, 비즈니스를 유연하게 확장할 수 있도록 돕는 중요한 기술이다. 클라우드 플랫폼은 고가의 IT 인프라 투자 없이도 글로벌 시장에 접근할 수 있는 환경을 제공하며, 데이터 중심의 의사결정과 고객 경험 향상을 가능하게 한다. 예를 들어, 스노우플레이크는 데이터 저장 및 분석을 위한 클라우드 솔루션을 제공하며, 데이터 기반 창업 생태계를 발전시키고 있다. 슬랙은 클라우드 기반 협업 도구로 글로벌 팀 간 의사소통 방식을 혁신하고 창업 모델을 제시한다.

(3) 블록체인 기술(Blockchain)

블록체인 기술은 탈중앙화와 보안성을 기반으로 금융, 예술, 부동산, 공급망 관리 등 다양한 산업에서 창업 기회를 창출하고 있다. 블록체인은 중개자를 제거해 거래 비용을 절감하고, 스마트 계약을 통해 신뢰 기반의 자동화된 서비스를 제공하며 새로운 비즈니스 모델을 가능하게 한다. 이더리움은 스마트 계약 플랫폼으로 탈중앙화 애플리케이션(DApps)의 기반을 제공하며 블록체인 생태계 내 혁신을 이끌고 있다. 오픈씨(OpenSea)는 NFT 마켓플레이스를 운영하며, 디지털 자산화의 잠재력을 보여주는 대표적인 사례다.

2. 사례 분석

(1) 챗봇 서비스

챗봇 서비스는 고객 지원, 예약 관리, 정보 제공 등 다양한 용도로 활용되며, 사용자에게 편리함을 제공한다. 특히, 고객 서비스를 제공하거나, 반복적인 질문에 빠르게 응답하는 데 유용하며, 기업은 이를 통해 운영 효율성을 높이고 고객 만족도를 향상할 수 있다. 챗봇은 자연어 처리(NLP) 기술을 통해 사용자와의 대화에서 점차 더 자연스럽고 개인화된 응답을 제공하며, 서비스 품질을 개선하고 있다.

(2) 젠데스크(Zendesk)의 AI 챗봇

젠데스크는 AI 기반 챗봇을 활용하여 중소기업들이 고객 관리 프로세스를 자동화하도록 지원한다. 이 챗봇은 고객의 문의에 빠르게 응답하고, 자주 묻는 말을 처리하거나, 복잡한 문제를 고객 서비스 팀에 자동으로 전달하는 기능을 제공한다. 이를 통해 중소기업들은 고객 지원비용을 절감하면서도, 고객에게 빠르고 일관된 서비스를 제공할 수 있다. 젠데스크(Zendesk)의 AI 챗봇은 고객 경험을 향상하고, 기업의 운영 효율성을 크게 개선하는 데 중요한 역할을 한다.

2 국내 창업 트렌드

국내의 창업 생태계는 다양한 산업에서 빠르게 발전하고 있으며, 특히 핀테크(Fintech), 헬스케어(Healthcare), 에듀테크(EduTech) 분야와 사회적 기업이 주목받고 있다. 정부의 적극적인 창업 지원 정책과 창업 인프라 확대는 이러한 생태계를 더욱 활성화하고 있다.

1. 성장 분야

(1) 핀테크(Fintech)

핀테크는 디지털 기술을 활용하여 금융서비스의 혁신을 이끄는 분야로, 비대면 금융서비스와 디지털 결제 플랫폼을 통해 금융 접근성을 획기적으로 개선하고 있다.

(가) 주요 트렌드

① 비대면 금융서비스는 모바일 앱 기반으로 은행 방문 없이 계좌 개설, 대출 신청, 송금이 가능한 서비스를 제공하였다.

② 사용자 중심 플랫폼은 소비자 편의성을 극대화하기 위한 UI/UX 개선과 금융 데이터 기반 개인 맞춤형 서비스 제공하였다.

알아두기 UI는 사용자가 디지털 제품(웹사이트, 앱 등)과 상호작용하는 데 사용되는 시각적 요소와 인터페이스 디자인을 의미.

알아두기 UX는 사용자가 제품이나 서비스를 사용하며 느끼는 종합적인 경험을 의미.

(나) 주요 사례

① 카카오뱅크는 간편한 계좌 개설과 대출 서비스를 통해 금융서비스의 디지털 전환을 선도하며, 모바일 기반의 혁신적인 사용자 경험을 제공하였다.

② 토스(Toss)는 결제, 송금, 투자 등 다양한 금융서비스를 통합 제공하며, 사용자 중심의 간편한 인터페이스로 금융 플랫폼 시장을 개척하였다.

(2) 헬스케어(Healthcare)

헬스케어 분야는 건강 데이터를 기반으로 한 맞춤형 진료와 서비스가 도입되며 의료 산업의 디지털 전환을 가속하고 있다.

(가) 주요 트렌드

① 원격 의료 서비스는 환자가 장소와 시간에 구애받지 않고 의료서비스를 받을 수 있도록 지원하였다.

② 헬스 데이터 분석: AI와 IoT를 활용한 건강 모니터링 및 데이터 기반 맞춤형 건강 관리 서비스 제공하였다.

(나) 주요 사례

① 닥터나우는 원격 진료 플랫폼으로, 환자들이 의료기관 방문 없이도 진료를 받을 수 있도록 지원하며 의료 접근성을 크게 개선하였다.

② 눔(Noom)은 개인의 건강 데이터를 분석해 맞춤형 다이어트 및 생활 습관 개선 프로그램을 제공하며, 사용자의 건강 관리를 지원하였다.

(3) 에듀테크(EdTech)

에듀테크는 디지털 기술을 활용하여 교육 방식을 혁신하고, 개인 맞춤형 학습 경험을 제공하는 분야로 주목받고 있다.

(가) 주요 트렌드

① 디지털 학습 플랫폼은 온라인 기반 학습 도구와 콘텐츠를 통해 시간과 장소에 구애받지 않는 학습 환경 제공하고 있다.

② 학습자 데이터를 분석하여 개인별로 최적화된 커리큘럼을 제공하며 학습 효율성을 극대화하고 있다.

(나) 주요 사례

① 클래스 101은 창작, 디자인, 자기계발 등 다양한 주제를 다룬 개인화된 온라인 강의를 제공하며, 학습자들이 관심사에 맞는 강의를 선택할 수 있도록 지원하고 있다.

② 링글(Ringle)은 원어민 화상 영어 수업 플랫폼으로, 사용자의 목표와 수준에 맞춘 맞춤형 학습을 제공하며, 교육 접근성을 확대하고 있다.

(4) 정부 창업 지원과 인프라

정부는 창업 생태계를 활성화하기 위해 다양한 지원 정책과 창업 인프라를 제공하고 있다.

(가) 정책 및 지원

① 창업 지원 펀드는 초기 스타트업의 자금조달을 지원하기 위해 창업 펀드 및 정부 보조금을 제공하고 있다.

② 스타트업 지원 센터는 창업자들이 네트워킹과 멘토링을 받을 수 있는 창업 지원 센터와 창업 인큐베이터 운영하고 있다.

(나) 창업 인프라 확대

① 판교 스타트업 캠퍼스는 IT 및 기술 창업자를 위한 공간과 네트워크를 제공하며, 다양한 기업과의 협업을 통해 창업 성공률을 높이고 있다..

② K-스타트업 프로그램으로 글로벌 진출을 지원하는 프로그램으로, 국내 스타트업이 세계 시장에서 경쟁력을 갖추도록 돕고 있다.

2. 디지털 혁신과 지속 가능성의 결합

디지털 혁신과 지속 가능성은 현대 창업의 주요 트렌드로, 기술 발전과 환경·사회적 책임을 결합한 비즈니스 모델이 주목받고 있다.

(1) 디지털 혁신

디지털 혁신은 AI, 빅데이터, IoT(사물인터넷) 등 첨단 기술을 활용하여 기업 운영의 효율성을 극대화하고, 새로운 가치를 창출하는 과정이다.

(가) 주요 특징

① 디지털 기술은 데이터 분석, 자동화, 연결성을 통해 운영 프로세스를 간소화하고 생산성을 향상하고 있다.

② 기술을 통해 고객에게 개인화된 서비스와 새로운 경험을 제공하고 있다.

③ 기존 산업의 틀을 깨는 창의적인 비즈니스 모델을 만들어 새로운 시장을 개척하고 있다.

(나) 주요 사례

① IoT 기술을 활용한 스마트 조명, 온도 조절기, 보안 시스템 등은 가정의 편의성을 높이며 에너지 효율성을 개선하고 있다.

② AI를 활용한 개인 비서, 추천 시스템, 자동화된 고객 지원은 사용자 경험을 새롭게 정의하고 있다.

(2) 지속 가능성

지속 가능성은 환경, 사회, 경제적 책임을 고려하여 비즈니스를 운영하고, 장기적으로 긍정적인 영향을 창출하는 것을 목표로 한다.

(가) 주요 특징

① 자원 절약, 에너지 효율성, 재활용 가능한 제품 설계 등을 통해 환경 보호에 이바지하고 있다.

② 환경 보호뿐만 아니라 지역 사회 개선, 소외 계층 지원 등 사회적 책임을 강화하는 비즈니스 모델 도입하고 있다.

③ 환경적으로 책임 있는 원자재 사용과 에너지 효율적인 생산 및 물류 시스템 구

축하고 있다.

(나) 주요 사례

① 테슬라(Tesla)는 전기차와 재생 에너지 솔루션을 통해 화석연료에 의존하지 않는 지속 가능한 교통과 에너지 모델을 제시하였다.

② 파타고니아와 같은 브랜드는 재활용 소재와 지속 가능한 생산 공정을 통해 친환경 패션을 선도하고 있다.

3. 최신 스타트업 동향 사례 분석

현대 스타트업은 기술 혁신과 창의적 아이디어를 기반으로 다양한 산업에서 시장을 재편하고 있다. 아래는 주요 산업별 최신 동향과 성공사례를 분석한 내용이다.

(1) 핀테크

핀테크는 디지털 기술을 활용하여 금융서비스를 혁신하고, 사용자 경험과 접근성을 개선하는 데 중점을 두고 있다.

(가) 주요 특징

① 디지털 결제 시스템으로 빠르고 안전한 결제 및 송금 서비스를 제공하였다.

② 암호화폐와 블록체인으로 탈중앙화 금융서비스와 새로운 투자 수단을 창출하였다.

③ 로보 어드바이저로 AI 기반으로 개인화된 자산 관리 서비스 제공하였다.

(나) 사례: 스트라이프(Stripe)

① 서비스 특징으로 간편하고 통합된 결제 시스템을 제공하여 온라인 비즈니스의 결제 처리 효율성을 극대화하였다.

② 글로벌 스타트업 및 대기업의 파트너로 자리 잡으며, 다국적 결제 처리의 복잡성을 혁신적으로 해결하였다.

③ 전자상거래 시장의 확장과 핀테크 스타트업의 생태계 발전에 기여하였다.

(2) 헬스케어

헬스케어 분야는 기술 발전을 통해 개인 맞춤형 건강 관리와 의료서비스 접근성을 높이고 있다.

(가) 주요 특징

① 원격 진료 플랫폼으로 물리적 병원을 방문하지 않고도 진료가 가능해졌다.

② 웨어러블 기기는 사용자 자료를 수집하고, 분석하여 실시간 건강 관리 지원하고 있다.

③ 디지털 건강 관리는 데이터 기반 솔루션으로 개인화된 건강 서비스 제공하고 있다.

(나) 사례: 핏빗(Fitbit)

① 서비스 특징으로 웨어러블 기기를 통해 사용자의 신체 활동, 심박 수, 수면 패턴 등 건강 데이터를 추적한다.

② 데이터를 기반으로 건강한 생활 습관을 형성하도록 지원하며, 사용자 편의를 극대화하였다.

③ 헬스케어와 기술 융합의 대표 사례로, 개인 건강 관리의 디지털화를 선도하고 있다.

(3) 에듀테크

에듀테크는 디지털 기술을 활용하여 학습 방법과 환경을 혁신하며, 접근성과 효과를 극대화하고 있다.

(가) 주요 특징

① AR/VR 기반 학습: 몰입형 교육 콘텐츠를 통해 생생하고, 현실감 있는 학습

경험을 제공한다.

② 학습 관리 플랫폼(LMS): 학습자 데이터를 분석하여, 맞춤형 교육을 지원한다.

③ 게이미피케이션: 게임 요소를 학습 과정에 결합하여, 학습 동기를 높인다.

알아두기 게이미피케이션(Gamification)은 게임의 요소와 메커니즘을 비게임 환경에 적용하여 사용자(학습자)의 참여와 동기를 유도하는 기법으로 학습 과정에 게임의 재미와 경쟁 요소를 결합해 학습자가 더 적극적으로 참여하고, 목표를 달성하도록 돕는 방식

(나) 사례: 듀오링고(Duolingo)

① 서비스 특징으로 언어 학습 과정을 게임화하여, 사용자가 재미있게 공부할 수 있는 앱 제공하고 있다.

② 전 세계적으로 높은 사용자 만족도와 지속적인 학습 참여율을 기록하였다.

③ 학습의 접근성과 효과를 모두 강화한 디지털 학습 혁신 사례이다.

(4) 공유경제

공유경제는 기존 자원을 활용하여 사용자 간 자원 공유를 가능하게 함으로써 효율성과 지속 가능성을 동시에 실현한다.

(가) 주요 특징

① 플랫폼 비즈니스 모델은 사용자와 제공자를 직접 연결하는 중개 역할을 하여, 자원의 효율적 배분을 촉진하고, 새로운 시장을 창출한다. 이를 통해 양측은 거래의 편리함과 비용 절감을 경험할 수 있다.

② 공유경제는 숙박, 차량, 도구 등 다양한 자원을 공유하는 방식을 통해 자원의 활용도를 극대화한다. 이를 통해 소유 대신 필요한 때에 자원을 빌려 사용하는 방식이 확산하고 있다.

③ 자원 재활용을 통해 불필요한 소비를 줄이고, 물리적인 자원의 낭비를 최소화함으로써 경제성과 친환경성을 동시에 강화할 수 있다. 공유경제는 환경 보호와 비용 절감에 이바지하며, 지속 가능한 소비문화를 만들어간다.

(나) 사례: 에어비앤비(Airbnb)

① 서비스 특징으로 개인이 소유한 공간을 여행자에게 임대하는 플랫폼으로, 전통 숙박업의 한계를 극복하고 있다.

② 전 세계에서 수백만 명의 호스트와 게스트를 연결하며 숙박 시장의 패러다임을 변화시켰다.

③ 자원 활용의 극대화와 새로운 여행 경험 제공으로 글로벌 공유경제 시장 확산에 이바지하고 있다.

1-3 창업 아이디어 발굴 기법

1 아이디어 발굴 기법

1. 브레인스토밍(Brainstorming)의 개념

브레인스토밍은 참가자들이 자유롭게 아이디어를 제시하고, 다양한 아이디어를 서로 평가하고 발전시킬 수 있는 창의적인 과정이다. 예를 들어, 스마트폰 앱을 활용한 개인화된 헬스케어와 같은 혁신적인 아이디어가 나올 수 있다.

① 참가자들은 자유롭게 아이디어를 제시하며 창의력을 발휘할 수 있다.

② 제시된 아이디어는 비판하지 않고, 다양한 아이디어의 가치를 강조하는 방식으로 진행한다.

[그림 1-5] 창업 브레인스토밍

(1) 브레인스토밍 과정

(가) 주제 선정

브레인스토밍의 첫 번째 단계는 해결하고자 하는 문제나 목표에 대해 구체적인 주제를 선정하는 것이다. 예를 들어, "디지털 기술을 활용한 사회적 문제 해결"이라는 주제를 선택할 수 있다. 이 주제는 사회적 문제를 해결하는 동시에 기술적 혁신을 이루고자 하는 목적을 가질 수 있다.

(나) 자유로운 아이디어 제시

주제가 선정되면, 참가자들은 자유롭게 아이디어를 제시하는 단계로 넘어간다. 이 단계에서 아이디어는 어떤 제한 없이 다양하게 제시되어야 하며, 창의적인 접근이 중요하다. 예시로는 "스마트폰 앱 기반 헬스케어 플랫폼"아이디어가 제시될 수 있다. 이 플랫폼은 사용자들이 자신의 건강 상태를 실시간으로 모니터링하고, 필요한 건강 서비스를 쉽게 제공받을 수 있는 앱을 제공하는 것이다.

(다) 아이디어 분류 및 발전

제시된 아이디어들을 유사한 그룹으로 분류한 후, 각 아이디어에 대한 개선 방향을 논의한다. 예를 들어, "스마트폰 앱 기반 헬스케어 플랫폼"을 제시했다면, 이를 실현하기 위한 세부 사항(예: 데이터 분석, 사용자 인터페이스, 사용자 맞춤형 서비스 등)을 논의하고, 아이디어를 발전시킬 방법을 모색한다. 이 과정에서는 아이디어의 장단점을 분석하고, 실행 가능성에 대한 논의를 통해 최종 아이디어를 구체화하는 단계가 중요하다.

(2) 장점 및 활용 사례

브레인스토밍의 가장 큰 장점은 단시간 내에 많은 아이디어를 얻을 수 있어 창의적인 해결책을 빠르게 도출할 수 있다는 것이다. 다양한 아이디어가 자유롭게 제시되고 발전됨으로써 기존의 사고방식에 얽매이지 않고 혁신적인 해결책을 도출할 수 있다. 이는 특히 급박한 문제 해결이나 새로운 아이디어가 필요한 상황에서 유용하다.

사례 팀 회의에서 나온 아이디어가 실제로 성공적인 스타트업으로 발전한 경우가 많다.

(가) 사례

팀 회의에서 나온 아이디어가 실제로 성공적인 스타트업으로 발전한 경우가 많다. 예를 들어, 슬랙(Slack)은 원래 팀 내부의 커뮤니케이션 문제를 해결하기 위한 간단한 도구 아이디어에서 출발하여, 현재는 전 세계 기업들이 사용하는 협업 플랫폼으로 성장하였다. 이처럼 브레인스토밍을 통해 나온 초기 아이디어가 실제로 시장에서 큰 성공을 거두는 사례는 매우 많다.

2. 디자인 씽킹(Design Thinking)

(1) 디자인 씽킹의 개념

디자인 씽킹(Design Thinking)은 사용자 경험을 중심으로 창업 아이디어를 발굴하는 방법이다. 이 과정은 사용자의 문제를 이해하고, 그 문제를 해결할 방법을 디자인하며, 이를 테스트하는 반복적인 과정을 포함한다. 디자인 씽킹은 창의적인 문제 해결 방법을 제공하며, 사용자 중심의 혁신적인 아이디어를 도출하는 데 유용하다. 또한, 사용자와의 지속적인 피드백을 통해 제품이나 서비스의 개선 방향을 모색한다.

(가) 예시

웨어러블 헬스케어 기기를 개발하는 스타트업은 사용자의 피드백을 반영하여 제품을 개선하고 있다. 사용자가 직접 기기를 사용해 본 후, 제공하는 피드백을 바탕으로 기능을 추가하거나 디자인을 수정하여 제품을 최적화하고, 더 나은 사용자 경험을 제공할 수 있다.

(2) 디자인 씽킹 단계

디자인 씽킹은 문제 정의에서 시작하여 아이디어 도출, 프로토타입 제작, 테스트, 반복 개선의 과정을 거쳐 최적화된 해결책을 도출하는 단계이다. 이 과정은 반복적이며, 각 단계에서 얻은 피드백을 통해 제품이나 서비스의 품질을 지속적으로 향상할 수 있다. 초기 아이디어가 실제 시장에서 어떻게 작동하는지 실험하고, 그 결과를 바탕으로 개선하는 반복적인 접근이 중요하다.

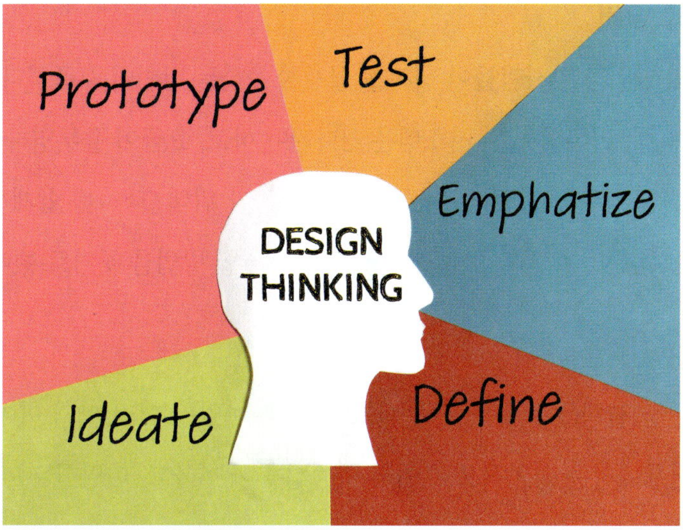

[그림 1-6] 디자인 씽킹 의사결정

(가) 공감 단계

사용자의 문제를 깊이 이해하는 과정이다. 이 단계에서는 사용자의 니즈와 문제를 실질적으로 체험하고 관찰하여 문제의 본질을 파악한다.

1) 사례: 아이폰

아이폰을 개발한 애플은 사용자가 기존 스마트폰을 사용하는 데 있어 불편함을 느끼고 있다는 점을 파악했다. 예를 들어, 터치스크린을 이용한 직관적인 조작이나 물리적 키보드 없이도 사용자에게 더 나은 경험을 제공할 수 있다는 인사이트를 얻었다. 이 과정에서 사용자들의 불편을 체험하고 관찰하며, 아이폰의 주요 기능들이 어떻게 사용자 경험을 개선할 수 있을지에 대한 아이디어가 도출되었다.

(나) 문제 정의

사용자가 직면한 핵심 문제를 명확하게 규정하고, 해결해야 할 사항을 정의하는 단계이다. 이 단계는 문제의 범위를 좁히고, 무엇을 해결해야 할지를 명확히 설정하는 데 중요하다.

1) 사례: 우버

우버의 창업자는 사람들이 택시를 쉽게 호출하는 방법이 부족하다는 문제를 정의했다. 특히, 기존의 택시 시스템은 기다려야 하고, 요금이 불투명하며, 택시를 구하기 어려운 상황이 많았다. 이 문제를 해결하기 위해 "택시를 쉽게 호출할 방법"이라는 핵심 문제를 명확히 설정하고, 이를 해결할 방법을 찾기로 했다.

(다) 아이디어 도출

다양한 해결책을 제시하고, 문제를 해결할 수 있는 여러 가지 아이디어를 모은다. 이 단계에서는 창의적으로 여러 가능성을 제시하고, 다양한 시각에서 문제에 접근한다.

1) 사례: 스마트 헬스케어 기기

스마트 헬스케어 기기 스타트업은 사용자의 건강 모니터링을 위한 다양한 기능을 제시했다. 예를 들어, 심박 수 측정, 활동량 추적, 수면 패턴 분석, 알림 기능 등을 포함하는 여러 아이디어가 제안되었다. 이를 통해 문제를 해결할 수 있는 다양한 방법이 도출되었고, 사용자의 건강을 총체적으로 관리할 수 있는 솔루션으로 발전할 수 있었다.

(라) 프로토타입 제작

아이디어를 구체화하여 실제 제품 형태로 만들고, 이를 테스트할 수 있는 시제품을 제작하는 단계이다. 이 과정에서는 빠르게 구현 가능한 형태로 시제품을 만들어 사용자의 반응을 확인한다.

1) 사례: 에어비앤비

에어비앤비의 창업자들은 초기 아이디어를 시범적으로 구현하기 위해 간단한 웹사이트를 만들었다. 이 웹사이트는 기존의 호텔 예약 시스템을 대체할 방법을 실험하기 위한 첫 번째 프로토타입으로 사용자는 개별 집주인들이 제공하는 공간을 임대하고, 호스트와의 상호작용을 통해 숙박을 예약하는 시스템을 실험했다.

(마) 테스트 및 피드백

사용자가 시제품을 사용한 후, 그로부터 받은 피드백을 바탕으로 개선하는 과정이다. 피드백을 통해 어떤 부분을 수정하거나 개선할지 결정하며, 이를 반복적으로 실행하여 제품을 개선한다.

1) 사례: 페이스북

페이스북 초기에는 하버드 대학교 학생들만을 대상으로 한 소셜 네트워크 서비스를 제공하였고, 사용자들로부터 피드백을 받으면서 시스템을 지속적으로 개선했다. 피드백을 통해 사용자 인터페이스(UI, User Interface)를 더 직관적으로 만들고, 다양한 기능을 추가하여 사용자 경험을 더욱 개선했다. 페이스북은 피드백을 기반으로 빠르게 변화하고, 확장해 나갔다.

알아두기 프로토타입(prototype)은 새로운 제품을 개발하거나 기존 제품을 개선할 때, 아이디어를 현실로 구현하는 데 사용되는 개념이다. 제품이나 서비스를 출시하기 전에 프로토타입을 만들어 실제 사용자들이 사용해보고 피드백을 받는 과정.

알아두기 사용자 인터페이스(UI, User Interface)는 사람(사용자)과 사물 또는 시스템, 기계, 컴퓨터 프로그램 등 사이에서 의사소통을 할 수 있도록 일시적 또는 영구적인 접근을 목적으로 만들어진 물리적, 가상적 매개체

3. 스캠퍼 기법

(1) 스캠퍼의 개념

스캠퍼(SCAMPER)는 창의적인 아이디어를 도출하기 위한 아이디어 변형 기법이다. 기존의 아이디어나 제품을 다양한 방법으로 변형하여, 새로운 해결책을 제시할 수 있는 도구로 사용된다.

[그림 1-7] 합리적 자기 의사결정

(가) SCAMPER의 7가지 요소

① 대체(S): 기존의 요소를 다른 것으로 대체하는 방법이다.

② 결합(C): 두 가지 이상의 요소를 결합하여, 새로운 아이디어를 만드는 방법이다.

③ 적응(A): 기존의 아이디어를 다른 상황이나 환경에 맞게 적용하는 방법이다.

④ 수정(M): 기존의 요소를 수정하거나 변형하여, 새로운 아이디어를 도출하는 방법이다.

⑤ 다른 용도(P): 기존의 아이디어나 제품을 다른 용도로 사용하는 방법이다.

⑥ 제거(E): 불필요한 요소를 제거하여, 간단하고 효율적인 아이디어를 만드는 방법이다.

⑦ 재배열(R): 아이디어나 제품의 순서를 바꾸어 새로운 형태를 만들어내는 방법이다.

(2) 스캠퍼 기법의 활용

코카콜라(Coca-Cola)는 SCAMPER 기법을 활용하여, 다양한 음료 제품군을 만들어냈다. 예를 들어, 기존의 전통적인 음료를 변형하여, Diet Coke와 Coca-Cola Zero를 출시했다. 이를 통해 건강을 중시하는 소비자층을 타겟으로 한 새로운 시장을 창출할 수 있었다(Eberle, 1995).

기존의 음료를 재배열하여 다른 형태의 캔과 병 디자인을 선보였고, 결합을 통해 새로운 맛의 음료를 추가하는 방식으로 시장에서 경쟁력을 강화했다. 이처럼 SCAMPER 기법을 통해 Coca-Cola는 지속적으로 제품 혁신을 이끌어갔다(Eberle, 1995).

(가) 대체(S) 사례: Coca-Cola Diet

코카콜라는 기존의 설탕을 대체하여, 인공 감미료를 사용한 다이어트 음료를 출시했다. 이를 통해 건강을 중시하는 소비자층을 타겟으로 새로운 시장을 창출할 수 있었다.

(나) 결합(C) 사례: Coca-Cola Zero와 Diet Coke 결합

코카콜라는 Diet Coke와 Coca-Cola Zero를 결합하여, 기존 제품과는 다른 맛을 제공했다. 이를 통해 소비자들에게 다양한 선택권을 제공하고, 건강을 고려한 음료를 선보였다.

(다) 적응(A) 사례: 기후에 맞춘 음료

코카콜라는 다양한 지역적 특성을 고려하여, 음료를 적응시켰다. 예를 들어, 아시아 시장에서는 다양한 맛과 향을 강조하여, 현지 소비자들에게 맞는 음료를 출시한 사례가 있다.

(라) 수정(M) 사례: 캔 디자인 수정

코카콜라는 음료 캔의 크기와 디자인을 수정하여, 제품을 다채롭게 제공했다.

이는 소비자의 취향을 반영하고, 시각적인 차별화를 통해 시장에서 시선을 끌었다.

다른 용도(P) 사례: Coca-Cola의 휴대용 용기 사용

코카콜라는 기존 음료를 다른 용도로 활용하는 방안을 도입했다. 예를 들어, 휴대용 음료 통을 개발하여 운동하는 사람들이 편리하게 음료를 소비할 수 있도록 했다.

(마) 제거(E) 사례: Coca-Cola의 패키지 단순화

코카콜라는 제품 패키지를 간소화하여, 불필요한 요소를 제거함으로써 비용 절감과 환경친화적인 이미지 구축을 동시에 실현했다. 예를 들어, 플라스틱 사용을 줄이고, 재활용 가능한 캔을 사용한 사례가 있다.

(바) 재배열(R) 사례: 음료의 맛과 성분 재배열

코카콜라는 음료의 성분을 재배열하여 기존의 맛을 변형하고, 새로운 맛을 추가했다. 예를 들어, 코카콜라의 기본 맛을 변형한 체리 콜라와 같은 새로운 음료 라인을 출시하여 소비자들에게 다양한 경험을 제공했다.

학습활동

활동: 주제 선정 및 문제 정의(창업의 아이디어로 선정)

① 그룹으로 나누어 각 팀이 해결해야 할 문제를 선택합니다.

② 예시 스마트폰 앱을 활용한 개인화된 헬스케어 또는 디지털 기술을 활용한 사회적 문제 해결 등 선정합니다.

학습정리

- 창업은 새로운 사업을 시작하는 과정으로, 창의적이고 혁신적인 아이디어를 바탕으로 경제적 가치를 창출하는 활동이다. 창업은 사업자와 소비자 간의 가치 교환 시스템을 창출하며 경제적·사회적 가치를 동시에 실현한다.
- 창업의 핵심 요소는 아이디어, 자원, 실행으로 구분한다. 창의적이고 혁신적인 아이디어는 고객의 문제를 해결하거나 욕구를 충족시키는 출발점이 된다. 자원은 창업 실현을 위해 필요한 재정, 기술, 인력을 포함하며, 실행은 아이디어를 실제 시장에서 구현하는 과정이다.
- 창업은 경제적 기여와 사회적 혁신이라는 중요한 가치를 가지고 있다. 경제적으로는 새로운 일자리를 창출하고 시장 경쟁을 촉진한다. 사회적으로는 새로운 기술이나 서비스로 사회적 문제를 해결하고 삶의 질을 향상한다.
- 현대 창업은 경제 성장, 고용 창출, 사회적 문제 해결이라는 중대한 의미를 지니고 있다. 창업은 지속 가능한 방식으로 환경 보호, 공공 건강 증진, 교육 혁신 등의 사회적 가치를 창출한다.
- 창업은 개인과 사회 모두에 중요한 역할을 하며, 창의적 아이디어와 실행력을 통해 경제적 가치와 사회적 변화를 끌어낸다. 특히 현대의 창업은 기술 혁신과 글로벌 시장 요구를 반영해 지속적으로 발전하고 있으며, 이는 창업가들에게 새로운 기회를 제공한다.
- 로벌 창업 트렌드에서는 AI, 클라우드 컴퓨팅, 블록체인 기술이 창업 생태계를 혁신하며, 효율성, 접근성, 신뢰성을 향상하고 있다. AI 기술은 자동화와 개인화된 서비스를 통해 고객 경험을 개선하고 있으며, 클라우드 컴퓨팅은 비즈니스 유연성과 비용 효율성을 제공하고, 블록체인은 금융과 물류 분야에서 투명성과 보안성을 강화하고 있다.
- 국내에서는 핀테크, 헬스케어, 에듀테크, 사회적 기업이 주목받고 있다. 카카오뱅크와 토스는 비대면 금융서비스를, 닥터나우는 원격 의료 서비스를 제공하며, 클래스101은 맞춤형 온라인 교육을 선보이고 있다. 또한, AI, IoT 등 디지털 혁신 기술과 지속 가능성을 결합한 친환경 창업이 활발히 이루어지고 있다.
- 브레인스토밍은 참가자들이 자유롭게 아이디어를 제시하고, 비판 없이 아이디어를 발전시키는 창의적 과정으로 짧은 시간에 많은 아이디어 도출, 창의적 해결책 제시할 수 있다.
- 디자인 씽킹은 사용자의 문제를 이해하고 해결 방법을 디자인하고 테스트하는 과정으로 반복적이고 실험적인 접근을 통해 제품이나 서비스의 품질을 개선할 수 있다.
- 스캠퍼 기법은 기존 아이디어나 제품을 변형하여 창의적인 아이디어를 도출하는 기법으로 대체(S), 결합(C), 적응(A), 수정(M), 다른 용도(P), 제거(E), 재배열(R)의 방식으로 코카콜라가 SCAMPER 기법을 활용해 다양한 음료 제품을 개발하였다.

CHAPTER 02 창업을 위한 리더십과 기업가정신

학습목표

2-1. 리더십의 이해

2-2. 기업가정신의 이해

2-3. 창업을 위한 팀 빌딩 전략

학습목표

1. 효과적인 팀 구성을 위한 원칙과 전략을 이해하고, 창업 팀을 구축하는 방법을 학습한다.
2. 성공적인 창업을 이끌어갈 수 있는 리더십 스타일과 기업가정신의 중요성을 이해하고, 이를 창업에 적용할 수 있다.
3. 팀 내 효율적인 관리 방법과 원활한 의사소통 전략을 습득하여, 팀워크와 협업을 증진할 수 있는 능력을 기른다.

2-1 리더십의 이해

1 리더십(Leadership)의 이해

1. 리더십의 개념

리더십은 집단이나 개인의 한 구성원이 목표나 전략의 선택, 목표 달성을 위한 동기부여, 자신감의 계발, 외부인의 지지와 협력의 확보 등에 영향을 미치는 과정이다(Yukl(2000). 따라서 리더십은 조직의 목표를 달성하기 위해 조직 구성원의 행동과 사고를 이끌고 조정하는 과정이다.

이는 비전을 제시하고 목표 달성을 위한 동기부여와 자원을 효과적으로 활용하며, 구성원의 잠재력을 극대화하는 것을 포함한다. 따라서 리더십은 조직의 성공 여부를 결정짓는 중요한 요소로, 리더의 역량은 조직의 방향성과 성과에 직접적인 영향을 미친다(Northouse, 2021).

2. 리더십의 목표

리더십은 조직의 성공적인 운영과 지속적인 성장을 위해 다양한 목표를 설정하고, 이를 실현하기 위한 과정을 이끈다. 주요 목표는 비전 제시, 목표 달성, 구성원 개발, 그리고 조직 문화 형성이다.

(1) 비전 제시

리더는 조직이 나아갈 방향을 명확히 설정하고, 이를 구성원들과 공유하여 공감대를 형성하고, 통일된 목표를 추구하도록 유도한다. 이를 통해 구성원들은 자신의 역할을 명확히 인식하고, 전체적인 목표와 연결된 행동을 취할 수 있다. 예를 들어, 스티브 잡스는 애플의 비전을 제시하며, 혁신적인 제품을 개발하고 시장을 선도하는 데 중요한 역할을 했다. 잡스의 비전은 단순한 기술적 발전을 넘어서, 사람들이 일상에서 경험할 수 있는 디자인과 사용자 경험의 혁신으로 이어졌다(Isaacson, 2011).

(2) 목표 달성

리더는 조직의 자원을 효율적으로 관리하고, 구성원들의 노력을 조정하여 설정된 목표를 달성하도록 한다. 이를 통해 조직은 성과를 극대화하고, 지속적인 성장을 추구할 수 있다. 예를 들어, 군대와 같은 조직에서 리더십은 명확한 목표 설정과 계획을 통해 작전을 성공적으로 수행한다. 군대의 리더는 각 병사의 역할을 명확히 지정하고, 팀워크를 강조하여 효율적인 목표 달성을 이끈다(Goleman, 2000).

(3) 구성원 개발

리더는 구성원이 자신의 잠재력을 발휘하고 성장할 수 있도록 지도하고 멘토링을 제공한다. 구성원들이 자신의 역량을 극대화할 수 있는 환경을 만들면, 조직 전체의 성과도 향상된다. 예를 들어, 구글의 리더들은 유연한 업무 환경을 제공하고, 구성원의 창의성과 혁신적인 아이디어를 촉진한다. 구글은 직원들에게 자율성을 주고, 실험적이고 창의적인 프로젝트에 도전할 기회를 제공하였다(Bass, 1990).

(4) 조직 문화 형성

리더는 신뢰와 협력, 혁신을 중심으로 긍정적이고, 발전적인 조직 문화를 형성하여, 구성원들이 상호작용을 통해 더 나은 성과를 창출할 수 있도록 한다. 이 문화를 통해 조직은 빠르게 변화하는 환경에서도 지속적으로 혁신을 이루어낼 수 있다. 예를 들어, 넷플릭스는 자율적이고 책임감 있는 조직 문화를 조성하여, 직원들이 스스로 혁신적이고 창의적인 방식으로 일을 할 수 있는 환경을 제공한다. 이러한 문화는 자율성을 중시하며, 직원들이 높은 책임감을 느끼고 업무를 수행하도록 돕는다(Hastings & Meyer, 2020).

빌 게이츠(마이크로소프트)

스티브잡스(애플)

[그림 2-1] CEO의 리더십

3. 리더십의 필요성

(1) 조직의 방향 설정

비전과 목표가 명확하지 않은 조직은 혼란스러워질 가능성이 크다. 따라서 리더는 조직이 올바른 방향으로 나아가도록 명확한 지침을 제공한다. 예를 들어, 일론 머스크는 테슬라와 스페이스X의 미래 비전을 설정하며 조직을 성공으로 이끌었다(Vance, 2015).

(2) 효율적 자원 활용

제한된 자원(시간, 자금, 인력 등)을 최적화하여 조직의 생산성을 극대화한다. 예를 들어, 아마존의 회장 제프 베조스의 리더십 아래 효율적인 자원 관리를 통해 세계 최대 전자상거래 플랫폼으로 성장했다(Stone, 2013).

(3) 구성원 동기부여

리더십은 구성원이 자신의 업무에 대해 긍정적인 태도를 보이도록 동기를 부여한다. 이는 생산성과 만족도를 높이는 데 핵심 역할을 한다. 예를 들어, 마이크로소프트의 사티아 나델라는 직원들에게 성장할 수 있는 사고방식, 신념, 태도를 심어주며 조직의 혁신을 촉진했다(Gerber, 2020).

(4) 위기관리

리더는 예측하지 못한 문제나 환경변화에 효과적으로 대처하며 조직의 생존을 보장한다. 예를 들어, 코로나 19 팬데믹 기간 동안 유니레버는 리더십을 통해 공급망 문제를 해결하며, 지속적인 성장을 이루었다(McKinsey & Company, 2020).

(5) 조직 성과 향상

리더십은 단순히 문제를 해결하는 것을 넘어, 장기적인 성과와 성공을 보장하는 데 필수적이다. 예를 들어, 월트 디즈니 컴퍼니의 최고경영자 밥 아이거는 창의적 리더십으로 디즈니를 글로벌 엔터테인먼트 기업으로 발전시켰다(Iger, 2019).

4. 리더십 스타일

(1) 변혁적 리더십(Transformational leadership)

변혁적이란 갑자기 빠르게 바꾸어 아주 달라지게 하는 것을 의미한다. 변혁적 리더십은 팀원들에게 영감을 주고, 변화를 끌어내는 리더십 스타일이다. 변혁적 리더는 팀원들이 기존의 한계를 뛰어넘을 수 있도록 동기를 부여하며, 장기적인 비전을 제시한다. 변혁적 리더가 팀원들에게 높은 기대를 걸고, 이들을 도전적인 목표로 이끈다(Bass, 1985).

(가) 사례

① 스티브 잡스는 변혁적 리더십의 대표적인 사례로 꼽힌다. 그는 애플의 비전을 제시하고, 이를 실현하기 위해 팀원들을 도전적인 목표로 이끌었다. 그는 혁신적인 아이디어와 비전을 통해 iPhone, iPad 등 새로운 시장을 창출하며, 애플을 세계적인 기업으로 성장시켰다.

② 삼성전자 이건희 회장은 "마누라와 자식만 빼고 다 바꿔라"라는 혁신적 메시지로 삼성의 기업 문화를 완전히 전환하며, 글로벌 선도 기업으로 변모시켰다. 그는 변혁적 비전을 통해 구성원들에게 영감을 주고, 도전적 목

표를 제시하여 기술혁신과 품질경영을 이끌었다.

(2) 서번트리더십(servant leadership)

서번트 리더십은 팀원들을 지원하고, 그들의 성장을 돕는 리더십 스타일이다. 서번트 리더십이 조직의 성과를 향상하기 위해 리더가 팀원들에게 헌신하는 것임을 강조한다(Greenleaf, 1970). 서번트 리더십은 오늘날 변화가 빠른 환경에서 구성원의 자율성과 창의성을 중시하는 조직구조에 적합하며, ESG(Environmental, Social, and Governance)와 같은 기업 경영 경향에서도 서번트 리더십의 원칙은 지속 가능성과 사회적 책임을 강조한다.

알아두기 서번트(Servant)는 고대 라틴어 Servino에서 유래였으며, 의미는 하인, 종, 또는 고용인을 의미.

(가) 사례

① 사우스웨스트 항공의 허브 켈러허(Herb Kelleher)는 서번트 리더십을 실천한 대표적인 사례이다. 그는 직원들과 열린 소통을 통해, 직원들이 회사를 가족처럼 느끼도록 했으며, 그 결과 고객 만족도가 높고 회사의 성과도 탁월했다.

② 유한양행 창립자 유일한 박사는 직원 복지와 사회 공헌을 중시하며 서번트 리더십을 실천했다. 그는 직원의 건강 보험을 지원하고, 기업의 이익을 사회에 환원하는 방식을 통해 직원과 지역 사회의 성장을 도왔다. 그의 리더십은 단순히 조직의 이익을 넘어 사람 중심의 경영 철학을 보여준다.

(3) 상사-부하 교환관계 이론(LMX, Leader Member Exchange Theory)

LMX 이론은 리더와 부하 직원 간의 관계를 중심으로 조직 내 상호작용을 분석한 이론이다. 이 이론은 리더와 각 부하 간의 관계가 어떻게 형성되고, 이 관계가 부하의 업무성과, 직무 만족도, 조직 몰입도, 그리고 전체 조직 성과에 어떤 영향을 미치다(Graen & Uhl-Bien, 1995)., 즉, LMX는 리더가 부하와 어떻게 상호작용하느냐에 따라 상사-부하 간의 관계가 달라지고, 이는 각 부하의 직무 만족도나 성과에 영향을 미친다.

(가) 사례

① 구글(Google)은 LMX 이론이 어떻게 실제 기업에서 적용되고, 직원들의 직무 만족도 및 업무성과에 어떤 영향을 미치는지 잘 보여주는 사례 중 하나이다. 구글의 리더 중 일부는 특히 뛰어난 성과를 내는 직원들에게 더 많은 자율성과 책임을 부여한다.

예를 들어, 구글의 프로젝트 매니저들은 자신의 팀 내에서 성과가 우수하고 자발적인 태도를 보이는 직원들에게 더 많은 자율성을 제공하고, 중요한 프로젝트의 리더 역할을 맡긴다. 이러한 직원들은 리더와의 신뢰를 기반으로 더 많은 자원을 받고, 중요한 결정에 참여하며, 리더의 피드백을 자주 받는다. 이와 같은 인 그룹에 속한 직원들은 구글의 혁신적이고, 창의적인 프로젝트에서 중심적인 역할을 하며, 높은 업무성과를 낼 수 있다.

② 현대자동차 정의선 회장은 직원들과의 소통과 협력을 강조하며, LMX 이론의 실천 사례를 보여준다. 그는 CEO 직속 '현대차 타운홀 미팅'을 통해 모든 직원의 의견을 청취하고, 이와 같은 상호작용을 통해 직원들의 몰입도를 높였다. 또한, 각 팀과의 신뢰 관계를 기반으로 새로운 모빌리티 혁신 전략을 성공적으로 추진했다.

2 팀 관리와 동기부여

1. 팀 관리 전략

스마트(SMART)는 목표 설정은 팀 관리에서 중요한 전략이다. SMART는 구체적(Specific), 측정 가능(Measurable), 달성 가능(Achievable), 관련성 있음(Relevant), 시간제한(Time-bound) 등의 기준을 설정하여 목표를 명확히 하고, 팀원들이 목표 달성을 위해 효율적으로 움직일 수 있도록 한다.

[그림 2-2] 팀관리의 중요성

(1) SMART 구성요소

(가) 구체적(Specific)

목표는 명확하고 구체적으로 정의되어야 한다.

예시 "다음 분기까지 매출 20% 증대"는 구체적이고 명확한 목표를 설정한다.

1) 관리 방법

목표를 수치나 세부 항목으로 세분화한다.

모호한 표현(예: 성과를 개선하자) 대신 구체적인 결과를 명시한다.

(나) 측정 가능(Measurable)

목표 달성 여부를 평가할 수 있는 기준이 필요하다.

예시 "매달 10명의 신규 고객 유치"는 측정 가능한 목표이다.

1) 관리 방법

- 수치화된 지표를 설정한다(예: 매출, 고객 수, 프로젝트 완료율).
- 진행 상황을 정기적으로 점검하고 피드백을 제공한다.

(다) 달성 가능(Achievable)

목표는 현실적이고 팀의 역량 내에서 달성 가능해야 하다.

예시 "1년 안에 전체 매출을 50% 증대"는 비현실적일 수 있으므로 조정이 필요하다.

1) 관리 방법

- 팀원의 자원, 시간, 기술 수준을 고려해 목표를 설정한다.
- 필요하면 목표를 조정하거나 지원을 제공한다.

(라) 관련성 있음(Relevant)

목표는 팀과 조직의 비전 및 전략에 부합해야 한다.

예시 "신규 고객 확보"는 기업의 성장전략과 관련성이 높다.

1) 관리 방법

- 목표가 조직의 장기적 목표와 일치하는지 점검한다.
- 팀원들에게 목표의 중요성과 목적을 명확히 전달한다.

(마) 시간제한(Time-bound)

목표 달성에 명확한 기한을 설정해야 한다.

예시 "3개월 이내에 신규 제품 출시"는 기한이 명확한 목표이다.

1) 관리 방법

- 목표마다 시작일과 마감일을 설정한다.
- 중간 점검 시점을 정해 진행 상황을 평가한다.

(2) 팀관리 전략의 필요성

(가) 효율성 향상

체계적인 팀 관리는 업무 프로세스를 최적화하여, 병목현상과 지연을 줄이고, 자원 활용도를 높여, 생산성을 극대화한다.

(나) 명확한 목표 설정

SMART 원칙에 기반한 명확하고 구체적인 목표 설정을 통해 팀원들이 자신이 해야 할 역할과 책임을 명확히 이해할 수 있도록 돕는다.

(다) 효과적인 커뮤니케이션 강화

명확한 의사소통 구조는 팀 내 정보의 왜곡을 줄이고, 프로젝트의 진행 상황을 투명하게 공유할 수 있도록 도와준다.

(라) 팀원 동기부여

각 팀원이 자신의 기여도가 팀 전체의 성공에 중요한 역할을 한다는 점을 인식하도록 돕고, 보상과 피드백을 통해 동기를 부여할 수 있다.

(마) 문제 해결과 의사결정 지원

팀원 간 협업을 촉진하여 다양한 아이디어를 수집하고, 최적의 의사결정을 내릴 수 있도록 도와준다.

(바) 갈등 예방 및 관리

팀 내 발생할 수 있는 갈등 상황을 예방하거나, 갈등이 발생했을 때 이를 효과적으로 조정하여 팀의 화합을 유지한다.

(사) 성과 측정과 피드백 제공

팀과 개인의 성과를 체계적으로 측정하고, 피드백을 통해 개선 방향을 제시함으로써 지속적인 발전을 도모한다.

(아) 변화와 위기 상황에 유연하게 대처

변화하는 환경에서도 팀이 민첩하게 적응할 수 있도록 전략을 조정하며, 위기 상황에서는 팀원들의 협력을 통해 조직의 손실을 최소화한다.

팀 관리 전략은 팀의 성과와 지속적인 성장을 지원하는 데 핵심적인 요소로 작용하며, 조직의 성공에 중요한 요소이다.

(3) SMART 목표관리 방법

(가) 목표 설정 워크숍

① 팀과 함께 SMART 원칙에 따라 목표를 설정하는 워크숍을 진행한다.

② 팀원들이 목표 설정에 참여하도록 하여, 목표에 대한 책임감을 높인다.

(나) 프로세스 계획

① 각 목표를 달성하기 위한 단계별 계획을 수립한다.

② 역할과 책임을 명확히 분배한다.

(다) 성과 모니터링 및 피드백

① 주간 또는 월간 리뷰를 통해 목표 달성 진행 상황을 점검한다.

② 긍정적인 피드백과 개선이 필요한 점을 명확히 전달한다.

(라) 문제 해결 지원

① 목표 달성 과정에서 발생하는 장애물에 대해 실시간으로 지원한다.

② 추가 자원 제공, 교육, 일정 조정을 통해 목표 달성을 지원한다.

(마) 성과 평가 및 보상

① 목표 달성 여부에 따라 성과를 평가한다.

② 팀의 성과를 인정하고 적절한 보상을 제공한다.

SMART 목표 설정은 목표를 명확히 하고, 팀의 노력을 조직의 전략적 방향과 일치시키며, 성과를 극대화하는 강력한 관리 도구이다. 이를 효과적으로 활용하려면 팀과의 협력, 진행 상황 점검, 그리고 유연한 지원 체계가 필요하다.

2. 동기부여(motivation)

동기 부여된 구성원은 업무에 대한 높은 집중력과 열정을 발휘하며, 창의적이고 효율적으로 목표를 달성하려는 태도를 보인다. 반면, 동기 부여되지 않은 구성원은 업무에 소극적이며, 최소한의 노력만으로 업무를 수행하거나 결과의 질과 성과가 저하될 가능성이 크다.

(1) 동기부여의 필요성

동기부여는 개인과 조직의 성공과 성과를 극대화하는 데 필요하다. 이는 구성원의 태도와 행동을 긍정적으로 변화시키며, 조직 전체의 성과를 높이는 중요한 요소이다.

첫째, 동기부여는 성과와 생산성을 크게 향상시킨다. 동기 부여된 구성원은 업무에 더 높은 집중력과 열정을 발휘하며, 목표 달성을 위해 적극적으로 노력한다. 이를 통해 조직은 효율적이고 효과적으로 성과를 달성할 수 있다.

둘째, 동기부여는 창의성과 문제 해결 능력을 증진시킨다. 동기 부여된 직원은 새로운 아이디어를 제안하며, 창의적인 방법으로 문제를 해결하려는 태도를 보인다. 이는 조직의 혁신과 경쟁력을 강화하는 데 중요한 역할을 한다.

셋째, 동기부여는 조직 내 협력과 팀워크를 강화한다. 동기 부여된 조직 구성원은 강한 소속감을 느끼며, 공동 목표를 향해 협력하려는 의지를 보인다. 이러한 노력은 긍정적인 조직 문화를 형성하고, 팀 전체의 성과를 높이는 데 기여한다.

넷째, 동기부여는 직원 만족도를 높이고 이직률을 감소시킨다. 자신의 업무에 의미를 느끼고 동기 부여된 직원은 조직에 충성하며, 장기적으로 조직에 머물고자 한다. 이는 우수한 인재를 유지하고 조직 안정성을 높이는 데 기여한다.

다섯째, 동기부여는 개인의 성장과 자기계발을 촉진한다. 동기 부여된 구성원은 자신의 잠재력을 최대한 발휘하려 노력하며, 스스로 문제를 해결하려는 책임감을 갖는다. 이는 개인의 발전뿐만 아니라 조직의 성장에도 긍정적인 영향을 미친다.

여섯째, 동기부여는 스트레스와 소진을 예방한다. 동기 부여된 구성원은 업무에 몰입하며, 스트레스를 효과적으로 관리하고, 소진을 방지할 가능성이 크다. 이는 조직의 건강한 업무 환경 조성에도 도움이 된다.

결론적으로, 동기부여는 조직과 구성원의 지속 가능한 성과를 창출하는 데 필수적이다. 동기부여 전략을 통해 구성원은 자신의 잠재력을 발휘하고, 조직은 목표를 달성하며 경쟁력을 강화할 수 있다.

[그림 2-3] 동기부여

(2) 자기 결정이론(SDT, Self-Determination Theory)

자기 결정이론(SDT, Self-Determination Theory)의 핵심 개념 중 하나로, 동기부여를 내재적 동기(Intrinsic motivation)와 외재적 동기(Extrinsic motivation)로 구분한 것과 관련 구성원의 내적, 외적으로부터 발현되는 강력한 에너지의 집합체이다. 일과 관련된 노력을 촉진하면서 그 일의 방향, 집중력, 지속성을 결정짓는 요소가 된다.

조직 또는 경영자의 입장에서의 동기부여는 종업원에게 조직에서 바라는 결과를 산출할 수 있는 방식으로 행동하도록 종업원의 자발적이고, 지속적인 노력을 효과적으로 유도하는 경영활동으로 이를 조직에 의한 구성원의 동기부여라고 한다(Deci, & Ryan, 1985).

[그림 2-4] 자기결정이론 동기부여(출처: 곽진만, 2023)

① 내재적 동기부여: 심리적인 성취감, 도전감, 보람 등 자신에게 부여하는 보상이다.

② 외재적 동기부여: 보너스, 승진, 등과 같이 회사가 종업원에게 부여하는 보상이다.

(3) 매슬로우의 동기 이론(Maslow's motivation theory)

인본주의 심리학의 근거로 매슬로우가 주장한 욕구 5단계 이론은 인간에 대한 염세적이고 부정적이며, 한정된 개념을 부정한 인본주의 심리학을 근거로 주장한 이론이다.

동기 이론에 따르면 인간 행동은 각자의 필요와 욕구에 바탕을 둔 동기에 의해 유발되며, 이러한 인간의 동기에는 위계가 있어서 각 욕구는 하위 단계의 욕구들이 어느 정도 충족되었을 때 비로소 지배적인 욕구로 등장하게 되며 점차 상위욕구로 나아간다.

인간의 욕구를 생리적 욕구, 안전 욕구, 사회적 욕구, 존경, 자아실현 욕구 등 5단계로 구분하였으며 가장 고차원적인 상위욕구를 자아실현 욕구로 보았다.

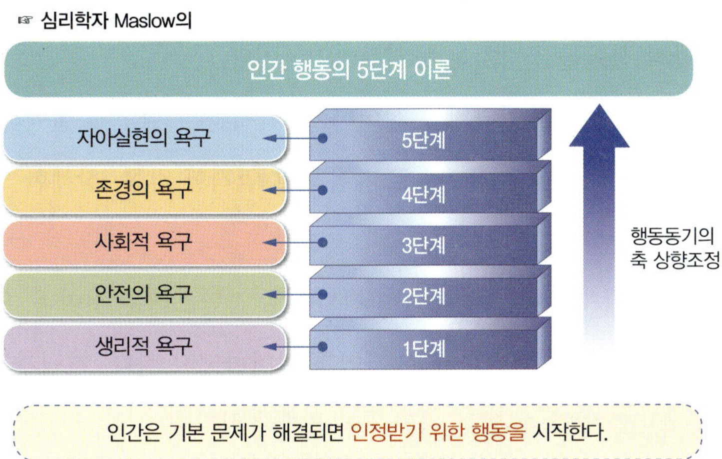

[그림 2-5] 욕구 5단계 이론(출처: 곽진만, 2023)

① 1단계: 생리적 욕구(Physiological needs)로 의식주 생활에 관한 욕구 즉, 본능적인 욕구를 의미하며, 생존을 위해 필요한 음식, 물, 의복, 잠자리 등이 포함한다.

② 2단계: 안전의 욕구(Safety needs)로 사람들이 신체적 그리고 정서적으로 안전을 추구하는 것을 의미하며, 인간은 자신과 가족의 안전을 보장받기 위해 안정적인 환경을 말한다.

③ 3단계: 사회적 욕구(Belongingness and love needs)로 어떤 단체에 소속되어 소속감을 느끼고, 주위 사람들에게 사랑받고 있음을 느끼고자 하는 욕구이다.

④ 4단계: 존경의 욕구(Esteem Needs)로 타인에게 인정받고자 하는 욕구를 의미하며, 사람은 자신이 사회적으로 중요한 존재라고 느끼기를 원하고, 타인으로부터 존경과 인정을 받고 싶어 한다.

⑤ 5단계: 자아실현의 욕구(Self-actualization needs)는 가장 높은 단계의 욕구로서 자

기만족을 느끼는 단계로, 개인의 잠재력을 최대한 발휘하고 자신이 원하는 목표를 이루는 단계입니다. 이 단계에서 사람은 자신만의 목표와 꿈을 이루려는 욕구를 가진다.

(4) 맥그리거의 인간 본질론(X-Y 이론)

인간 본질에 대한 가정을 두 가지 즉. X 이론과 Y 이론으로 크게 구분하여, 각기 특성에 따른 관리 전략을 처방하는 동기부여이론이다.

① X 이론: 인간은 본래 일하기를 싫어하고, 지시받은 일밖에 실행하지 않는다. 경영자는 금전적 보상을 유인으로 사용하고 엄격한 감독, 상세한 명령으로 통제를 강화해야 한다.

② Y 이론: 인간에게 노동은 놀이와 마찬가지로 자연스러운 것이며, 인간은 노동을 통해 자기의 능력을 발휘하고, 자아를 실현하고자 한다. 경영자는 자율적이고, 창의적으로 일할 수 있는 여건을 제공해야 한다.

X이론의 가정

- 사람은 본래 일하기를 싫어하며, 가능하면 일을 피하고자 한다.
- 사람은 야망이 별로 없으며 책임을 회피하려고 하고, 명령 받기를 좋아하고, 안전을 추구한다.
- 사람은 책임감이 없고 변화를 싫어한다.
- 사람은 앞장서기보다는 끌려 다닌다.
- 따라서 조직목표를 달성하기 위해서는 강제, 명령, 체벌 등의 방법을 이용해야 한다.

Y이론의 가정

- 사람이 일을 한다는 것은 자연스러운 현상이며, 스스로 책임을 지려고 하고, 그것을 추구하며, 정신적, 육체적 휴식도 같이 인식한다.
- 사람이 조직목표에 관계하게 되면 자기 지향과 자기 통제를 이용한다.
- 개인이 조직목표를 위해 얼마나 헌신하느냐는 목표달성과 보상간의 함수관계에 의해 결정된다.
- 사람은 조직문제를 해결할 수 있는 창의적 능력이 있다.
- 사람은 스스로 방향을 설정한다.

[그림 2-6] 인간 본질론(출처: 곽진만, 2023)

(5) 동기부여의 효과

동기부여는 조직 구성원이 자발적이고, 지속적인 행동을 통해 조직의 목표와 성과에 긍정적 영향을 미치도록 동기를 자극하고 촉진하는 일련의 과정이며, 이는 성과 창출의 출발점이자 핵심 요소로 작용한다.

① 구성원의 자발적이고 긍정적이며, 적극적인 행동을 이끈다.

② 창의적이고 혁신적인 사고를 촉진하며, 성과 중심적 태도를 강한.

③ 개인의 직무 만족도를 높이고 조직의 활력을 증진한다.

④ 개인과 조직이 함께 성장하며, 선순환적 행복과 시너지를 창출하는 기반이 된다.

2-2 기업가정신의 이해

1 창업가(Entrepreneur)의 역할과 특성

1. 창업가란?

창업가는 창의적이고 혁신적인 아이디어를 실현하기 위해 자신의 자원과 능력을 결집하여, 새로운 가치를 창출하는 사람이다. 창업가는 기존의 틀을 깨고 새로운 시장을 개척하거나, 기존 문제를 해결하기 위해 혁신적인 솔루션을 제공하는 역할을 한다. 이들은 고유한 비전과 리더십을 바탕으로 기업을 설계하고 성장시켜 나가며, 사회와 경제에 큰 영향을 미친다.

[그림 2-7] 창업가

(1) 예시

일론 머스크는 테슬라, 스페이스X, 뉴럴링크(Neuralink) 등 여러 혁신적인 기업을 창업한 인물로, 창업가로서 혁신적인 기술을 통해 새로운 시장을 창출하였다. 그는 전기차, 우주 탐사, 뇌-컴퓨터 인터페이스와 같은 분야에서 기존의 한계를 뛰어넘는 기술을 개발하며, 창업가로서의 역량을 입증하였다. 머스크의 창업 활동은 단순히 경제적 성공을 넘어서, 기술 혁신과 미래 지향적인 비전을 통해 전 세계적인 영향을 미치고 있다.

🔍 **알아두기** 뉴럴링크 코퍼레이션((Neuralink Corporation)은 일론 머스크 등이 설립한 미국의 뉴로테크놀로지 기업으로, 이식 가능한 뇌-컴퓨터 인터페이스(BCI)를 개발.

2. 창업가의 주요 특성

(1) 창업가의 주요 특성

창업가는 리더십, 문제 해결 능력, 높은 위험 감수 성향, 창의성, 네트워킹 능력 등 다양한 특성을 보인다. 이들 특성은 창업가가 사업을 성공적으로 이끌어 가는 데 필수적인 요소들이며, 각각의 특성은 창업가가 직면한 도전과 어려움을 극복하고 혁신적인 성과를 창출하는 데 중요한 역할을 한다.

(가) 리더십

창업가는 팀과 자원을 이끌어가는 능력을 갖추어야 하며, 팀원들을 동기부여하고 목표를 달성하기 위해 조직을 효과적으로 이끌어야 한다. 창업가의 리더십은 조직 문화 형성, 비전 제시, 그리고 팀원들 간의 협력과 신뢰를 구축하는 데 중요한 역할을 한다.

(나) 문제 해결 능력

창업가는 고객의 문제를 창의적이고, 혁신적인 방법으로 해결할 수 있어야 하며, 이를 통해 시장에서의 경쟁력을 확보한다. 창업가는 고객의 요구와 시장의 문제를 정확히 이해하고, 이를 해결할 수 있는 해결책을 제시하여 새로운 기회를 창출한다.

(다) 위험 감수

창업가는 실패 가능성을 받아들이고, 도전하는 태도를 보여야 하며, 불확실성과 위험을 감수하면서도 성장과 혁신을 추구한다. 창업가는 새로운 사업을 시작할 때 항상 불확실한 환경에서 결정을 내려야 하므로, 이를 감수하는 능력이 필수적이다.

(라) 창의성

창업가는 새로운 아이디어를 발굴하고, 이를 실행에 옮길 수 있는 창의적인 사고를 바탕으로 시장에서 차별화된 가치를 제공한다. 창업가는 기존의 방식을 넘어서는 혁신적 접근법을 통해 새로운 시장을 개척하고, 경쟁에서 우위를 점할 수 있는 독창적인 해결책을 제시해야 한다.

(마) 네트워킹

창업가는 다양한 사람들과 협력 관계를 구축하고, 이를 통해 자원, 정보, 지원을 얻으며 사업을 확장할 수 있다. 네트워킹을 통해 창업가는 비즈니스 파트너, 투자자, 고객 등 중요한 관계를 형성하고, 이를 바탕으로 사업을 성장시킬 기회를 찾는다.

(바) 창업가의 특성 사례

스티브 잡스는 독창적인 아이디어를 통해 애플을 혁신적인 기술 회사로 성장시켰고, 그의 리더십은 회사 문화를 혁신적으로 변화시켰다. 잡스는 창의성과 리더십을 결합하여 애플을 세계적인 기술 기업으로 만들었으며, 그의 뛰어난 문제 해결 능력과 위험 감수 성향은 회사의 혁신적인 제품과 비즈니스 모델을 탄생시키는 데 큰 역할을 했다.

3. 창업 성공 및 실패 사례 분석

(1) 성공 사례

에어비앤비(Airbnb)와 우버(Uber)는 기존 산업을 혁신하며, 공유 경제 모델을 통해 글로벌 성공을 거두었다. 에어비앤비는 전통적인 호텔 산업을 넘어서 여행 숙박 시장에서 새로운 패러다임을 창출하였다.

우버는 택시 산업을 근본적으로 변화시키며, 개인 차량을 활용한 승차 공유 서비스를 보편화하였다. 두 기업 모두 사용자와 공급자를 직접 연결하는 기술 기반의 플랫폼을 제공하여, 비용 절감과 효율성을 극대화했다. 이들 기업은 기술을 이용하여 사용자 경험을 향상하고, 산업의 기존 규제를 넘어서는 혁신적인 비즈니스 모델을 만들어냈다.

(2) 사례 분석

성공 요인으로는 시장의 니즈를 정확히 파악하고, 기존의 비효율적인 시스템을 개선하여 효율적인 서비스를 제공한 점이 있다. 또한, 두 기업 모두 모바일 애플리케이션을 통한 간편한 접근성을 제공하며, 사용자 경험을 중심으로 혁신을 끌어냈다.

특히, Airbnb는 숙박 공간의 공급자와 수요자를 직접 연결하는 방식을 통해 기존의 호텔 예약 시스템과는 다른 비용 절감 모델을 제시했고, Uber는 택시 산업의 비효율성을 해결하여 시간과 장소에 구애받지 않는 이동성을 제공했다.

(3) 실패 사례

블록버스터(blockbuster)는 디지털 스트리밍 서비스를 무시하고, 기존 비디오 대여 모델에 과도하게 의존한 결과 시장에서 사라졌다. 1990년대 후반과 2000년대 초반, Block buster는 시장 점유율이 높았지만, 넷플릭스와 같은 디지털 스트리밍 서비스의 등장과 변화하는 소비자 선호에 대한 대응이 늦었다. 특히, 온라인 스트리밍과 다운로드 서비스를 무시하면서 비디오 대여에 대한 과도한 의존이 결국 패배로 이어졌다.

(4) 사례 분석

블록버스터(blockbuster)의 실패 요인은 혁신적인 기술 변화에 적응하지 못하고, 기존 비즈니스 모델에 과도하게 의존한 데 있다. 디지털 스트리밍과 인터넷 기반의 서비스를 예측하지 못하고, 오프라인 대여 시스템에만 집중한 결과, 변화하는 소비자 행동과 시장의 요구에 대응하지 못했다. 이에 반해 넷플릭스는 빠르게 디지털 스트리밍으로 전환하고, 기존의 물리적 미디어를 대체하는 서비스를 제공함으로써 시장을 선도하게 되었다.

(5) 예시

테라노스(Theranos)는 혈액 검사 기술을 혁신적으로 만들겠다는 목표를 가지고 창업했지만, 기술의 신뢰성을 확보하지 못한 채 거짓된 정보로 회사를 운영한 결과 큰 실패를 겪었다.

테라노스는 소량의 혈액을 통해 다양한 질병을 검사할 수 있다고 주장하며, 큰 투자를 받았지만, 실제로는 기술의 정확성이 없었다. 이로 인해 회사는 법정 제재와 함께 파산에 이르게 되었으며, 창업자 엘리자베스 홈즈(Elizabeth Holmes)는 사기 혐의로 기소되었다.

2 창업가의 정신

1. 창업자의 기업가정신(Entrepreneurship)

기업가정신은 새로운 가치를 창출하기 위해 혁신적이고, 창의적인 방법으로 자원을 조직하고 운영하는 활동을 말한다. 이는 위험을 감수하고 새로운 비즈니스 기회를 찾아내어 경제적, 사회적 가치를 창출하는 과정으로 정의될 수 있다(Schumpeter, 1934).

기업가정신은 단순히 사업을 시작하는 것을 넘어서, 혁신을 통한 가치를 창출하고, 불확실한 환경에서 위험을 감수하며, 기회를 인식하고 자원을 효과적으로 관리하는 복합적인 과정이다(Kirzner, 1973).

기업가정신은 창업자의 혁신적인 사고와 결단력, 리더십 및 자원 관리 능력의 집합체로 볼 수 있다. 이러한 요소들은 서로 밀접하게 연결되어 있으며, 기업가가 지속적으로 성장하고 변화하는 시장에서 경쟁력을 갖추는 데 중요한 역할을 한다.

① 회복 탄력성은 실패를 학습의 기회로 삼아 다시 도전할 수 있도록 이끈다.

② 도전정신은 지속적인 혁신과 변화를 추구하게 한다.

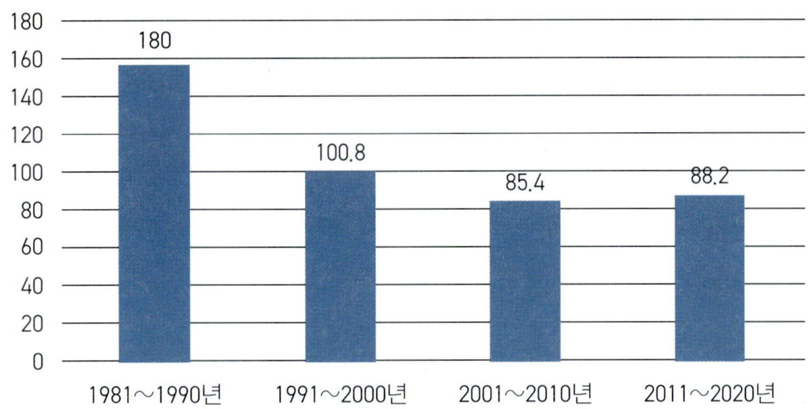

[그림 2-8] 기업가정신 지수 변화 추이(출처: 통계청)

(1) 예시

제프 베저스는 아마존을 창업하면서, 여러 차례의 실패와 도전에 직면했지만, 이를 극복하고 세계 최대의 전자상거래 기업을 만들었다.

2. 기업가정신의 필요성

서비스 산업은 과도한 경쟁으로 인하여 생산성이 감소하고 있으며, 규모와 매출의 양극화 현상이 나타나고 있다. 이러한 양극화 현상은 영세한 서비스업체의 인적자원 관리 및 개발을 통한 서비스 품질의 향상과 고객 관계관리 등 경쟁력을 강화하지 못함으로 인하여 양극화 현상이 더욱 심화한다(곽진만, 2021). 이를 극복하기 위해서는 서비스 기업의 혁신이 필요하다.

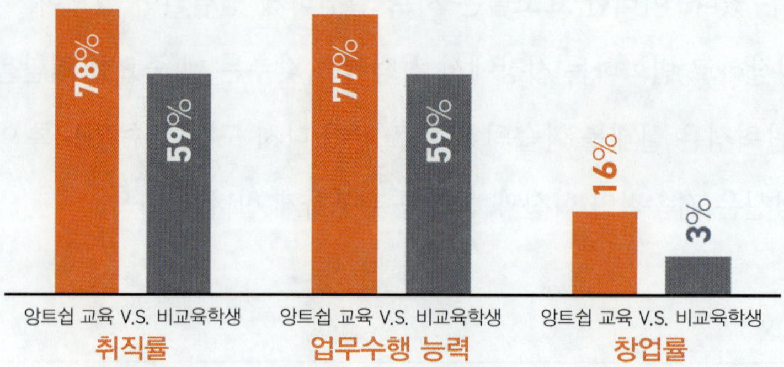

[그림 2-9] 기업가정신 교육을 통한 성과(출처: 교육부 국립특수교육원, 2016)

혁신은 서비스 제공자, 서비스 기업, 고객 등에 의해서 서비스 혁신이 시작된다. 고객은 서비스 혁신의 중요한 동기를 제공한다. 이는 고객의 요구를 만족시키기 위해서 혁신이 시작된다고 볼 수 있다. 또한, 서비스 제공자 또한 혁신에 큰 역할을 담당한다. 예를 들어, 고객과의 상호작용을 통해 서비스를 제공함으로 고객에게 최선의 서비스를 제공하기 위해 서비스 기업에 필요한 아이디어를 제공하게 되므로 상당 부분 혁신에 참여한다.

서비스업의 종업원은 고객의 요구를 직접 받아들여, 자신이 업무를 수행하는 과정을 통해 필요한 정보를 수집하여, 전달함으로 혁신에 참여할 수 있다. 혁신과정에서 이들의 아이디어나 의견은 거의 모든 과정에서 중요한 참고가 된다. 또한, 종업원의 능력에 맞는 적절한 임무를 부여하는 것은 종업원들의 능력을 최대화할 수 있으므로 서비스 혁신에 있어 중요한 역할을 한다. 이러한 혁신의 주체는 서비스업체의 경영자이며, 경영자는 혁신을 위한 기업가정신이 필요하다.

3. 기업가정신의 구성요소

기업가정신은 여러 구성요소로 이루어져 있으며, 이들은 상호작용하여 창업과 기업 성장에 중요한 역할을 한다.

(1) 혁신성(Innovation)

① 정의: 혁신성은 새로운 아이디어를 구체화하고, 이를 상업적으로 구현하는 과정으로, 기업이 시장에서 경쟁우위를 창출하는 데 필수적인 요소이다(Drucker, 1985).

② 내용: 혁신은 제품, 서비스, 비즈니스 모델, 프로세스 개선 등 기존의 방식을 뛰어넘는 창의적인 접근을 통해 가치를 창출하는 과정이다. 혁신은 기업가정신의 핵심으로, 시장에서 경쟁우위를 창출하고, 기업의 지속 가능한 성장을 가능하게 한다. 기업은 혁신을 통해 기존의 시장을 확장하거나 새로운 시장을 개척할 수 있다.

(2) 위험 감수성(Risk-taking)

① 정의: 위험 감수성은 불확실한 상황에서 사업을 운영하며. 예상되는 실패나 손실을 감수하는 자세로, 기업가정신의 중요한 특성 중 하나이다(Knight, 1921).

② 내용: 창업가는 사업을 시작할 때 자원, 시간, 재정적인 위험을 감수해야 한다. 성공적인 기업가는 위험을 효과적으로 관리하며, 실패를 학습 기회로 삼고, 이를 통해 더 큰 성과를 추구한다. 높은 위험을 감수하는 만큼, 높은 이익을 얻을 기회를 제공하기도 한다.

(3) 기회 인식(Opportunity Recognition)

① 정의: 기회 인식은 시장이나 환경에서 새로운 기회를 발견하고, 이를 활용하는 능력이다(Shane, 2000).

② 내용: 기업가는 시장에서의 빈틈이나 문제를 파악하여, 이를 해결할 기회를 인식하고, 그 기회를 활용하여 새로운 제품이나 서비스를 개발하거나 기존 사업을 혁신할 수 있다. 기회를 인식하는 능력은 창업의 성공 여부를 결정짓는 중요한 요소이다.

(4) 자원 조직 및 관리(Resource Organization & Management)

① 정의: 자원 조직 및 관리는 창업자가 제한된 자원을 효율적으로 활용하여, 기업을 운영하는 능력이다(Timmons, 1994).

② 내용: 창업자는 사업을 지속적으로 성장시키기 위해 자본, 인력, 기술 등 다양한 자원을 확보하고 이를 잘 조직해야 한다. 초기 창업 시 자원의 부족과 제약이 클 수 있으므로, 창업자는 자원을 창의적이고, 효율적으로 관리하여, 사업을 성장시킬 수 있어야 한다.

(5) 비전과 리더십(Vision & Leadership)

① 정의: 비전과 리더십은 기업가가 장기적인 목표를 설정하고, 이를 달성하기 위해 조직을 이끄는 능력이다(Bass, 1990).

② 내용: 기업가는 명확한 비전을 가지고 이를 팀원들에게 전달하며, 목표를 향해 조직을 이끌어야 한다. 이 과정에서 리더십은 중요한 역할을 하며, 팀원들에게 영감을 주고 동기를 부여하는 능력이 필요하다. 강력한 리더십은 팀원들의 신뢰와 협력을 끌어내며, 조직의 성공을 견인한다.

(6) 기술과 창의성(Technology & Creativity)

① 정의: 기술과 창의성은 기술적 혁신과 창의적인 접근을 통해 비즈니스 모델을

발전시키는 능력이다(Christensen, 1997).

② 내용: 현대의 기업가정신은 기술 발전과 밀접한 관계가 있다. 창업자는 최신 기술을 활용하여 새로운 시장을 창출하거나 기존 문제를 해결하는 창의적인 방법을 제시해야 한다. 기술혁신을 통해 기존의 방식을 개선하거나, 경쟁 우위를 확보하는 데 중요한 역할을 한다.

(7) 네트워크 및 관계(Networking & Relationships)

① 정의: 네트워크 및 관계는 비즈니스 파트너, 투자자, 고객 등과의 관계를 구축하고 네트워크를 형성하는 능력이다(Aldrich & Zimmer, 1986).

② 내용: 창업가는 성공적인 사업을 위해 다양한 이해관계자들과의 관계를 중요시하며, 이를 통해 자원, 정보, 기회를 공유하고 사업을 성장시킬 수 있다. 네트워킹은 사업의 확장, 자금조달, 정보 획득 등에 중요한 역할을 하며, 기업의 성공적인 운영을 지원한다.

2-3 창업을 위한 팀 빌딩 전략

1 창업을 위한 팀 빌딩 전략

1. 팀 구성과 조직 문화 형성

(1) 팀 구성 원칙

(가) 목표 중심

팀 목표와 각 구성원의 강점이 일치하도록 팀을 구성하는 것이 중요하다. 팀의 목표가 명확하고, 개인의 능력과 강점이 그 목표를 달성하는 데 이바지할 수 있어야 한다. 이를 위해 팀 구성 시 각 구성원의 역할을 명확히 설정하는 것이 필수이다.

(나) 다양성

팀 구성원들은 다양한 기술, 경험, 그리고 관점을 가진 사람들로 구성되어야 한다. 다양한 배경을 가진 팀원들이 문제 해결 과정에서 서로 다른 시각을 제공함으로써 더 창의적이고 효과적인 결과를 도출할 수 있다.

(다) 책임 분담

각 구성원이 자신의 역할과 책임을 명확히 인식하도록 하는 것이 중요하다. 명확한 책임 분담은 팀 내 불필요한 혼란을 방지하고, 효율적인 작업 환경을 만든다.

[그림 2-10] 팀 빌딩 브레인스토밍

(2) 조직 문화 형성

(가) 공유 가치관

팀원들이 공감할 수 있는 미션과 비전을 정립하는 것이 조직 문화를 형성하는 중요한 과정이다. 팀원들이 조직의 목표와 가치를 공유하면, 더 큰 동기부여와 협력으로 이어질 수 있다.

(나) 심리적 안전감

팀원들이 자유롭게 의견을 표현하고, 실수나 실패를 두려워하지 않는 환경을 제공하는 것이 중요하다. 심리적 안전감이 보장된 팀에서는 창의적이고 혁신적인 아이디어가 자연스럽게 나온다.

(다) 사례

구글은 "팀을 어떻게 구성할 것인가?"라는 문제에 관해 연구하며, 팀 성과의 중요한 요소로 심리적 안전감을 강조했다. 이 프로젝트는 팀원들이 의견을 자유롭게 나누고, 서로의 생각을 존중하는 환경이 높은 성과를 끌어낸다고 밝혔다.

2. 역할 분담 및 협업의 중요성

(가) 역할 분담

명확한 역할 분담은 팀의 효율성을 높이는 데 중요한 요소이다. RACI 매트릭스는 각 팀원이 어떤 역할을 담당하는지 명확히 구분하는 유용한 도구이다. RACI는 책임자(Responsible), 최종 책임자(Accountable), 조언자(Consulted), 통보대상자(Informed)를 나타내며, 각 역할을 명확히 정의하여, 작업 효율성을 높일 수 있다.

(나) 협업의 중요성

팀원들이 서로 협력할 때 시너지 효과가 발생하며, 문제 해결 능력도 향상된다. 팀 내 협업은 창의적 문제 해결을 가능하게 하고, 각 팀원의 역량을 극대화하는 데 이바지한다.

[그림 2-11] 팀워크와 성과

(다) 사례

애자일(Agile) 방법론은 협업과 팀워크의 중요성을 강조하는 프로젝트 관리기법이다. 애자일 팀은 유연하게 협력하며, 짧은 주기의 반복적인 피드백을 통해 프로젝트를 진행한다. 스포티파이(Spotify)는 애자일을 채택하여 팀 간 상호작용을 통해 효율적인 제품개발과 혁신을 이루어낸 좋은 사례로 꼽힌다.

(라) 애자일(Agile) 방법론

애자일(Agile) 방법론은 소프트웨어 개발 및 프로젝트 관리에서 주로 사용되는 유연하고, 반복적인 개발 프로세스로, 변화하는 요구 사항에 신속하게 대응하고, 지속적인 개선을 통해 최종 제품을 완성하는 접근 방식을 강조한다(Anderson, 2010).

(마) 애자일 방법론의 주요 프로세스

애자일 방법론은 여러 종류가 있지만, 대표적인 스크럼(Scrum)과 칸반(Kanban)을 포함한 다양한 프레임워크가 있다.

1) 스크럼(Scrum)

스크럼은 애자일 방법론 중 가장 널리 사용되는 프레임 워크로, 주기적이고, 반복적인 개발 주기(스프린트)를 통해 점진적으로 제품을 완성한다.

① 스프린트(Sprint): 2~4주 주기의 개발 주기로 각 스프린트의 끝에는 작동하는 소프트웨어를 배포한다.

② 스크럼 팀: 각 팀원은 특정 역할을 맡는다. 스크럼 마스터, 제품 담당자, 개발 팀 등이 있으며, 각자 책임을 지고 협력한다.

③ 일일 스크럼: 매일 팀원들이 모여 진행 상황을 공유하고, 문제가 있을 때 즉시 해결방안을 찾는다.

④ 스프린트 회고: 각 스프린트가 끝날 때마다 팀은 성과를 분석하고, 프로세스를 개선하는 방법을 논의한다(Ries, 2011).

2) 칸반(Kanban)

칸반은 작업 흐름 관리에 중점을 둔 애자일 방법론입니다. 팀은 작업의 흐름을 시각적으로 추적하고, 필요에 따라 작업을 조정한다.

① 작업 보드: 작업을 할 일(To-Do), 진행 중(In Progress), 완료(Done) 등의 상태로 구분하여 시각적으로 관리한다.

② 작업량 제한(WIP, Work In Progress): 한 번에 진행하는 작업의 수를 제한하여, 팀의 집중도를 높이고 품질을 유지한다.

③ 지속적인 개선: 칸반은 변경이나 개선을 자주 수행하며, 작은 단위로 개선을 지속적으로 수행한다(Schwaber, 1995).

2 팀 내 갈등 관리 전략

1. 팀 내 갈등 관리 방법

(1) 갈등 유형 분석

과제 갈등은 작업의 방향이나 방법에 대한 의견 차이에서 발생하고, 관계 갈등은 개인 간의 감정적 충돌에서 발생한다. 갈등이 발생하면, 이를 효과적으로 관리하는 것이 중요하다.

(2) 해결방법

갈등 해결을 위한 방법으로는 중재자 역할, 협상과 타협이 있다. 갈등 관리 모델(TKI)은 갈등 해결의 5가지 접근법을 제시한다(Thomas-Kilmann, 1974). 이 모델은 경쟁, 협력, 타협, 회피, 수용의 방법을 통해 갈등을 관리하는 방식이다.

(3) 사례

Apple의 초기 팀에서는 Steve Jobs와 Steve Wozniak 간의 갈등이 있었으나, 이를 해결하기 위해 협상과 타협을 통해 회사의 비전과 목표를 설정하고 서로의 역할을 명확히 했다.

2. 갈등 관리 모델(Conflict Management Instrument)

(1) 갈등 관리 모델의 정의

갈등 관리 모델은 개인이나 조직 내에서 발생하는 갈등 상황을 관리하고, 해결하는 데 사용되는 도구이다. 갈등 관리 모델은 갈등 상황에서 사람들이 취할 수 있는 행동 양식을 다섯 가지로 분류하고, 이를 통해 갈등 관리 스타일을 진단하고, 개선하는 데 도움을 준다(Thomas, & Kilmann, 1974).

(2) 갈등 관리 모델의 5가지 갈등 관리 스타일

갈등 관리 모델은 협조성(Cooperativeness)과 주장성(Assertiveness)의 두 가지 축을 기반으로 갈등 관리 스타일을 다섯 가지로 나눈다(Thomas, & Kilmann, 1974).

(가) 경쟁(Competing)

자신의 이익이나 목표를 우선시하며, 상대방의 이익을 희생할 수 있는 접근 방식이다.

1) 적합 상황

① 긴급 상황에서 빠른 결정이 필요한 경우 사용한다.

② 중요한 문제가 걸려 있어 자신의 견해가 반드시 관철되어야 할 때 사용한다.

2) 단점: 상대방과의 관계를 손상할 가능성이 있다.

(나) 회피(Avoiding)

갈등을 피하거나 무시하며, 문제를 해결하지 않고 내버려 두는 방식이다.

1) 적합 상황

① 갈등이 사소하거나 해결할 시간이 부족한 경우 사용한다.

② 더 중요한 문제를 해결해야 할 때 사용한다.

2) 단점: 갈등이 장기적으로 악화할 가능성이 있다.

(다) 타협(Compromising)

양측이 일부 양보하여 적당한 수준에서 합의점을 찾는 방식이다.

1) 적합 상황

① 시간과 자원이 제한되어 있고, 완전한 해결책을 찾기 어려울 때 사용한다.

② 양측 모두 약간의 만족을 얻고자 할 때 사용한다.

2) 단점: 최적의 해결책이 아닌 중간 수준의 결과에 머물 수 있다.

(라) 협력(Collaborating)

① 양측의 이익을 모두 고려하여, 갈등을 창의적으로 해결하려는 방식이다.

1) 적합 상황

① 복잡한 문제로 인해 창의적인 해결책이 필요한 경우 사용한다.

② 양측 모두의 목표가 중요한 경우 사용한다.

2) 단점: 시간이 오래 걸릴 수 있다.

(마) 수용(Accommodating)

상대방의 이익을 우선시하며, 자신의 요구를 포기하는 방식이다.

1) 적합 상황

① 갈등의 주요 요인이 사소하거나 관계 유지가 중요한 경우 사용한다.

② 상대방의 목표가 나보다 더 중요한 경우 사용한다.

2) 단점: 자신의 필요가 무시되어 장기적으로 불만이 쌓일 수 있다.

(3) 갈등 관리 모델의 축과 스타일 분류

(가) 협조성(Cooperativeness)

상대방의 목표와 욕구를 얼마나 고려하는가.

(나) 주장성(Assertiveness)

자신의 목표와 욕구를 얼마나 주장하는가.

각 축을 조합하여 위 다섯 가지 갈등 관리 스타일을 도출한다.

(4) 갈등 관리 모델의 활용 사례

(가) 조직 관리

① 경쟁: 중요한 프로젝트의 우선순위를 설정할 때 사용한다.

② 협력: 부서 간 협업이 필요한 복잡한 문제 해결 시 사용한다.

③ 회피: 논의가 불필요한 작은 문제나 감정적 대립 상황에서 거리를 두게 한다.

④ 타협: 양측의 이해가 충돌할 때 빠른 합의를 한다.

⑤ 수용: 고객 불만 해결 시 고객 만족을 우선시할 때 사용한다.

(나) 개인 관계

① 협력: 부부간 또는 친구 간 심각한 갈등에서 모두가 만족할 수 있는 해결책 모색한다.

② 수용: 상대방의 요구가 더 중요하다고 판단되는 경우 관계를 유지하기 위해 자신의 견해를 양보한다.

3. 원활한 의사소통을 위한 전략

(1) 의사소통 원칙

팀 내에서 의사소통의 효과성을 높이기 위해서는 명확성과 경청이 필요하다. 명확한 정보 전달과 상대방의 의견을 진심으로 듣는 태도가 중요하다. 예를 들어, 아마존(Amazon)은 "6-page memo rule"을 활용하여 중요한 회의나 결정 시 6페이지 분량의 메모를 사전에 배포하여 심층적인 논의를 유도한다(Bezos, 2004). 이를 통해 팀 내에서 명확하고 깊이 있는 의사소통을 촉진할 수 있었다.

학습활동

활동: 창업의 아이템 선정

① 그룹으로 나누어 각 팀이 해결해야 할 문제를 선택합니다.

② SMART기법을 통해 팀원들이 효율적으로 목표를 달성할 수 있게 진행합니다.

학습정리

- 리더십은 조직이나 개인이 목표를 설정하고 달성하기 위한 동기부여, 자신감 개발, 외부 협력 확보 등 여러 요소에 영향을 미치는 과정이다. 이는 비전을 제시하고, 자원을 효율적으로 활용하며, 구성원들의 잠재력을 극대화하는 역할을 한다.
- 리더십의 주요 목표는 조직이 나아갈 방향을 설정하고 이를 구성원과 공유하여 통일된 목표를 추구하는 것이다. 또한, 리더는 자원을 효율적으로 활용하고 구성원의 노력을 조정하여 목표 달성을 촉진한다.
- 리더십은 조직이 명확한 목표와 비전을 설정하여 혼란을 방지하고 올바른 방향으로 나아가도록 돕는다. 또한, 제한된 자원을 효율적으로 활용하여 조직의 생산성을 극대화하며, 구성원들에게 동기를 부여하여 업무 만족도와 생산성을 향상시킨다.
- 변혁적 리더십은 리더가 비전을 제시하고, 팀원들에게 도전적인 목표를 설정하여 영감을 주는 스타일이다.
- 서번트 리더십은 리더가 팀원들의 성장을 지원하고 헌신하는 방식으로, 자율성과 창의성을 중시하는 현대 조직에 적합하다.
- LMX 이론은 리더와 부하 간의 상호작용이 부하의 직무 만족도와 성과에 미치는 영향을 다루며, 구글과 현대자동차와 같은 기업들이 이를 효과적으로 실천한 사례로 알려져 있다.
- 팀 관리에서 중요한 전략 중 하나는 SMART 목표 설정이다. SMART는 목표를 구체적(Specific), 측정 가능(Measurable), 달성 가능(Achievable), 관련성(Relevant), 시간제한(Time-bound) 기준에 맞게 설정하여 팀원들이 효율적으로 목표를 달성하도록 돕는 방식이다.
- 체계적인 팀 관리는 업무 효율성을 향상하고, 명확한 목표 설정을 통해 팀원들이 자신의 역할을 잘 이해하도록 돕는다. 또한, 효과적인 커뮤니케이션을 통해 정보 왜곡을 줄이고, 팀원들이 동기를 부여받을 수 있도록 한다. 갈등을 예방하고 관리하며, 성과를 체계적으로 측정하고 피드백을 제공하여 지속적인 발전을 도모하는 것이 중요하다.
- 동기부여의 중요성 동기 부여된 구성원은 업무에 대한 높은 집중력과 열정을 보이며, 창의적이고 효율적으로 목표를 달성하려는 태도를 보인다. 반면, 동기 부여되지 않은 구성원은 소극적이며 최소한의 노력만을 들여 업무를 수행하고 결과의 질과 성과가 저하될 수 있다.
- 창업가의 주요 특성은 리더십, 문제 해결 능력, 위험 감수 성향, 창의성, 네트워킹 능력이다. 이는 사업을 성공적으로 이끄는 데 필수적인 요소이며, 스티브 잡스는 창의성과 리더십을 통해 애플을 혁신적으로 성장시켰다.
- 기업가정신의 구성요소에는 혁신성, 위험 감수성, 기회 인식, 자원 관리, 비전과 리더십, 기술과 창의성, 네트워킹이 포함한다. 이러한 기업가정신은 혁신적이고 창의적인 방법으로 자원을 조직하고 운영하는 활동이다.

CHAPTER 03 고객 문제 정의와 의사결정

학습목표

3-1. 고객 문제 정의와 시장의 이해

3-2. 고객의 문제 탐색 및 정의

3-3. 의사결정 방법론

학습목표

1. 고객의 문제를 명확히 정의하고, 이를 바탕으로 시장을 분석하는 방법을 이해한다.
2. 고객의 문제를 체계적으로 탐색하고 정의하는 기법을 학습하여, 문제 해결을 위한 정확한 접근법을 익힌다.
3. 데이터 기반의 의사결정 방법을 통해 최적의 해결책을 선택하고 적용할 수 있다.

3-1 고객 문제 정의와 시장의 이해

1 고객 페르소나(Customer Persona)

고객 페르소나는 특정 고객 유형을 대표하는 가상의 인물로, 고객의 특성, 행동, 욕구, 문제 등을 구체적으로 정의한 것이다. 이 페르소나는 마케팅, 제품 개발, 서비스 개선 전략 수립 시 타겟 고객에 대한 명확한 이해를 제공한다.

[그림 3-1] 페르소나의 정의

1. 주요 특징

① 구체성은 고객 페르소나는 나이, 직업, 관심사, 구매 행동 등을 세밀히 정의한다.

② 대표성은 페르소나는 특정 집단을 대표하며, 하나의 페르소나가 다수의 고객군을 반영할 수 있다.

③ 실용성은 실제 마케팅 및 서비스 개선에 활용 가능한 실질적 정보를 제공한다.

(1) 아이디어

고객의 문제를 해결하는 창의적이고 혁신적인 발상이다.

2. 고객 페르소나의 중요성

고객 중심 전략의 출발점으로 고객 페르소나는 기업이 타겟 고객을 깊이 이해하도록 돕는다. 이를 통해 고객의 문제를 해결하고, 적합한 솔루션을 제시할 수 있다.

3. 주요 효과

(1) 타겟팅 정확도 향상

명확한 페르소나를 설정하면, 목표 고객에 적합한 맞춤형 마케팅과 제품 기획이 가능해진다. 예를 들어, 특정 연령대와 직업군에 특화된 광고 캠페인을 설계할 수 있다.

(2) 고객 경험 개선

페르소나는 고객이 기대하는 서비스와 제품을 설계하는 데 필요한 중요한 인사이트를 제공한다. 예를 들어, 사용자 친화적인 인터페이스를 디자인하는 데 활용될 수 있다.

(3) 의사결정 지원

페르소나는 다양한 비즈니스 의사결정을 내리는 데 기준이 된다. 예를 들어, 서비스 채널을 선택하거나 신규 기능 추가의 우선순위를 설정하는 데 도움을 줄 수 있다.

2 고객 페르소나 작성과정

1. 자료수집

(1) 정량 데이터

① 설문 조사, 웹사이트 분석, 구매 데이터 등을 통해 인구통계학적 정보를 수집한다.

예: 연령대, 직업, 소득 수준은 다양한 사회적 특성을 분석하는 데 활용된다.

(2) 정성 데이터

① 심층 인터뷰, 사용자 피드백을 통해 고객의 감정, 욕구, 행동 패턴 등을 분석한다.

예: 구매 동기와 제품 사용 경험을 파악하여, 고객 중심의 전략을 수립한다.

2. 페르소나 구성요소

(1) 이름 및 프로필

페르소나는 가상의 인물로, 특정 고객 세그먼트를 대표한다. 페르소나의 이름, 직업, 나이, 위치 등을 설정하여 구체적인 고객을 상상하는 데 도움을 준다. 예를 들어, 김민수, 30대 중반, 서울에서 거주하는 IT 전문가이다.

(2) 목표와 욕구

페르소나는 해결하고자 하는 문제나 달성하고자 하는 목표가 있다. 이는 제품이나 서비스를 사용하는 이유가 된다. 예를 들어, 시간 절약을 위해 효율적인 일정 관리 도구가 필요하다.

(3) 행동 패턴

페르소나가 제품이나 서비스를 어떻게 사용하는지, 사용 패턴에 대한 정보를 수집한다. 예를 들어, 매일 아침 출근 전 스마트폰으로 이메일 확인 후 일정 관리 앱을 사용한다.

(4) 문제점

페르소나가 겪는 주요 어려움이나 불편함을 정의한다. 이는 제품이나 서비스가 해결해야 할 문제이다. 예를 들어, 다양한 일정 관리 앱을 사용했지만, 통합 관리 기능이 부족해 불편하다.

(5) 채널

페르소나가 주로 접하는 마케팅 채널을 정의한다. 이는 광고나 홍보를 진행할 때 중요하게 고려해야 할 부분이다. 예를 들어, 페르소나는 소셜 미디어에서 정보를 찾고, 이메일 마케팅을 통해 브랜드 소식을 주로 접하게 된다.

3. 고객 페르소나 활용 사례

(1) 스타벅스의 고객 페르소나

(가) 페르소나 A: 커피 애호가

① 특징: 30대로, 커피의 풍미와 질을 중요하게 여긴다.

② 서비스: 다양한 원두 선택과 커스터마이징(Customizing) 서비스를 통해 고객의 만족도를 높인다.

(나) 페르소나 B: 친구들과 모임을 즐기는 사람

① 특징: 20대로, 편안한 공간과 분위기를 선호한다.

② 서비스: 아늑한 인테리어, 무료 Wi-Fi, 대화하기 좋은 좌석 배치를 통해 모임에 적합한 환경을 제공한다.

(다) 페르소나 C: 업무 중 커피를 즐기는 사람

① 특징: 30~40대 직장인으로, 빠르고 효율적인 서비스를 선호한다.

② 서비스: 빠른 주문, 픽업 시스템, 비즈니스 미팅 공간을 통해 직장인의 니즈를 충족한다.

(2) 아마존의 고객 페르소나

(가) 페르소나 A: 편리함을 중시하는 바쁜 직장인

① 행동: 바쁜 직장인은 배송 속도와 편리한 결제 시스템을 선호한다.

② 아마존의 전략: 프라임 멤버십과 1일 배송 서비스를 통해 고객의 편리성을 극대화한다.

(나) 페르소나 B: 저렴한 가격을 찾는 알뜰 소비자

① 행동: 가격 비교와 프로모션을 즐겨 찾는다.

② 아마존의 전략: 세일 이벤트와 다량 구매 할인으로 알뜰 소비자의 요구를 충족한다.

3-2 고객의 문제 탐색 및 정의

1 고객의 문제 탐색

창업의 성공 여부는 고객의 문제를 얼마나 정확하게 정의하고 해결하는지에 달려 있다. 문제 정의가 명확할수록 더 나은 솔루션을 제공할 수 있고, 고객에게 실질적인 가치를 전달할 수 있다.

1. 문제 정의의 핵심 역할

문제 정의는 창업 과정에서 가장 중요한 단계 중 하나이다. 고객의 문제를 제대로 이해하고 이를 해결하는 제품이나 서비스를 제시할 수 있다면, 시장에서 성공할 가능성이 커진다.

명확한 문제 정의는 효과적인 솔루션 개발로 이어지며, 이는 곧 고객 가치 창출로 연결된다. 문제를 정확하게 정의하면, 그에 맞는 해결책을 구체화할 수 있다. 이는 고객의 니즈를 충족시키는 결과로 이어져, 브랜드에 대한 신뢰와 충성도를 높이며, 시장에서 경쟁력을 확보하는 데 중요한 역할을 한다.

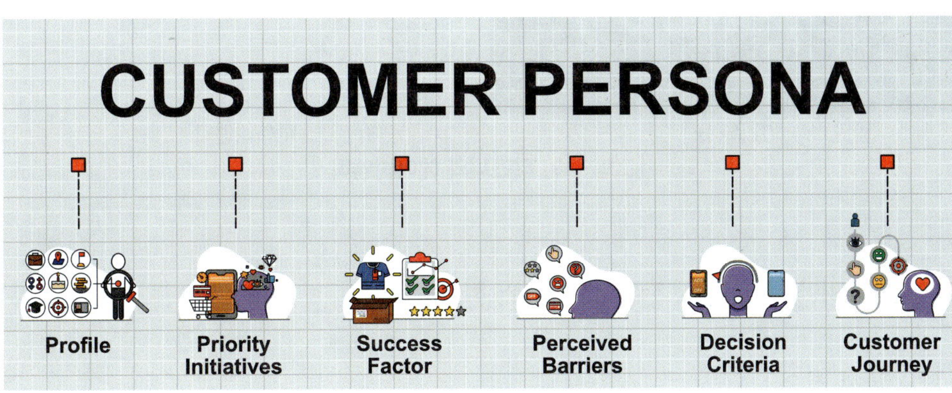

[그림 3-2] 페르소나 문제 정의

2. 사례: 성공 기업의 문제 정의

(1) 디즈니(Disney): 긴 대기시간 문제 해결

(가) 문제 정의

놀이공원을 방문한 고객들이 긴 대기시간으로 인해 불편함을 느끼고 있었다. 고객들은 놀이기구를 타기 위해 길게 줄을 서야 했고, 이로 인해 놀이공원의 경험이 단조롭고 지루하게 느껴졌다.

(나) 해결방법

패스트패스 시스템(Fast-Pass System)을 도입하여 대기시간을 효율적으로 관리하고 고객 만족도를 높였다. 고객들이 예약된 시간에 놀이기구를 이용할 수 있도록 하여 대기시간을 단축했고, 이는 고객들에게 더 유연하고 즐거운 경험을 제공했다. 패스트패스 시스템은 효율성을 높이고 고객 만족도를 증대시키며, 디즈니의 브랜드 이미지를 강화했다.

디즈니+ 에어비앤비

[그림 3-3] 디즈니와 에어비앤비

(2) 에어비앤비(Airbnb): 전통 숙박업의 한계 극복

(가) 문제 정의

기존 호텔에서는 고객이 집과 같은 편안함을 느끼기 어려운 점이 있었다. 호텔의 표준화된 서비스와 환경은 고객에게 개인적이고 아늑한 경험을 제공하는 데 한계가 있었다. 특히 여행지에서 '집처럼 편안한 공간'을 원하는 고객의 욕구를 충족시키는 데 부족함이 있었다.

(나) 해결방법

개인 주택을 단기 숙박 옵션으로 제공함으로써 새로운 시장을 개척하고 고객에게 더 큰 편안함을 제공했다. 에어비앤비는 개인이 소유한 집이나 아파트를 숙박 공간으로 제공하여, 고객이 더 친근하고 아늑한 분위기에서 숙박할 수 있도록 했다. 이를 통해 전통적인 숙박업체들이 해결하지 못했던 문제를 해결하고, 숙박업계에 혁신을 일으켰다.

(3) 우버(Uber): 택시 서비스의 불편함 해소

(가) 문제 정의

기존 택시 서비스는 접근성이 낮고 요금이 불확실하며, 긴 대기시간으로 인해 고객들이 불편함을 느꼈다. 택시를 찾는 과정에서 많은 시간이 소요되고, 도착 시각이나 요금에 대한 예측이 어려운 점이 고객에게 큰 불편을 주었다.

(나) 해결방법

실시간 차량 호출과 간편한 결제 시스템을 도입하여, 고객 만족도를 크게 향상시켰다. 우버는 스마트폰을 통해 실시간으로 택시를 호출하고, 승차 전에 요금을 예측할 수 있게 하여 고객의 불확실성을 해소했다. 또한, 간편한 모바일 결제 시스템을 통해 고객의 결제 절차를 단순화시켰고, 이를 통해 택시 서비스의 편리함과 신뢰성을 대폭 향상시켰다.

2 고객 문제를 구체화하는 기법

1. 5 Whys 기법의 개념 및 활용법

Whys 기법은 문제의 근본 원인을 찾기 위해 "왜?"라는 질문을 반복적으로 다섯 번 하는 기법이다. 이를 통해 표면적인 이유에서 벗어나 문제의 근본적인 원인에 도달할 수 있다. 단계적으로 문제를 분석하며, 문제 해결의 출발점을 명확히 정의하는 데 유용하다.

(1) 예제

① 문제: 고객이 우리 앱을 사용하지 않는다.

② "왜?" 사용자 인터페이스가 복잡하기 때문이다.

③ "왜?" 필요한 기능이 과도하게 많기 때문이다.

④ "왜?" 사용자 요구를 충분히 분석하지 못했기 때문이다.

⑤ "왜?" 초기 설계 단계에서 고객 피드백을 반영하지 않았기 때문이다.

⑥ "왜?" 고객 중심 설계 프로세스가 없었기 때문이다.

[그림 3-4] 5 Whys 기법 활용

2. 원인과 결과 다이어그램(Fishbone Diagram)

원인과 결과 다이어그램은 문제의 근본 원인을 분석하기 위해 사용되는 시각적 도구로, 일본의 품질 관리 전문가인 이시카와 가오루(Ishikawa Kaoru, 1990))가 개발하여 이시카와 다이어그램(Ishikawa Diagram)이라고도 한다.

이 기법은 특정 문제의 다양한 원인을 체계적으로 분류하고, 분석함으로써 문제 해결의 근본적인 단서를 제공한다(Sharma, 2018). 예를 들어, 고객 불만 문제를 분석할 때, 서비스 지연 문제의 원인을 기술적 문제, 직원 부족, 고객 대기시간 등으로 분류하여 구체적으로 파악할 수 있다.

(1) 개념 및 활용법

① 문제의 원인을 여러 범주로 나누어 시각적으로 표현.

② 원인 분류는 사람, 프로세스, 장비, 환경 등으로 나누어 문제의 근본적인 원인을 분석한다.

(2) 예제

① 문제: "고객이 음식 배달에 만족하지 못한다."라는 문제를 분석하기 위해 주요 원인을 다음과 같이 분류할 수 있다.

(가) 주요 원인 분류

① 배송은 지연과 경로 최적화 부족으로 인해 서비스 품질에 영향을 미친다.

② 음식 품질은 온도 유지 실패와 포장 문제로 인해 고객 만족도가 저하된다.

③ 플랫폼은 앱 오류와 결제 시스템 문제로 사용자 경험에 부정적인 영향을 준다.

이처럼 분류된 원인은 각각의 세부 요인으로 구체화하여, 문제의 근본 원인을 파악하는 데 도움을 준다.

(3) 장점

① 체계적 문제 분석: 복잡한 문제를 다양한 관점에서 분석하여 ,문제 해결을 위한 근본 원인을 파악할 수 있다.

② 시각적 이해 증진: 문제와 원인 간의 관계를 명확히 표현하여, 팀원들의 이해도를 높인다.

③ 협업 촉진: 팀원들이 문제를 함께 분석하고 논의할 수 있도록 지원하며, 문제 해결의 공감대를 형성한다.

3-3 의사결정 방법론

1 의사결정 방법론의 개념과 목적

1. 의사결정 방법론의 개념

의사결정 방법론은 문제 해결과 목표 달성을 위해 체계적이고, 구조화된 절차를 통해 최적의 대안을 선택하는 과정을 의미한다. 이는 다양한 이론, 기법, 도구를 활용하여 개인, 조직, 또는 사회적 수준에서 발생하는 복잡한 문제를 효과적으로 분석하고, 해결하기 위한 지침을 제공한다.

2. 의사결정 방법론의 목적

의사결정 방법론은 단순히 선택지를 고르는 것을 넘어, 효율성과 합리성을 극대화하여 더 나은 결과를 도출하는 것이 목적이다. 이를 통해 문제 해결, 목표 달성, 자원 배분, 위험 관리 등 여러 측면에서 더 효과적인 의사결정을 할 수 있다.

(1) 문제 해결과 목표 달성

복잡한 문제를 구조화하여 명확한 목표를 정의하고, 이를 효과적으로 달성하는 방안을 모색한다.

(가) 목표 사례

① 신제품 개발 시 타겟 시장과 디자인 방향을 결정하여, 고객의 요구를 충족시킨다.

② 공공 정책의 우선순위를 설정하여, 자원 배분의 효율성을 극대화한다.

(2) 효율적 자원 배분

제한된 자원(시간, 인력, 자금 등)을 최적의 방식으로 활용하도록 지원한다.

(가) 목표 사례

① 예산이 한정된 기업에서는 프로젝트 투자 우선순위를 결정하여 자원을 효과적으로 활용한다.

② 정부는 사회복지 예산을 배분하여, 국민 복지 향상을 위한 우선 과제를 지원한다.

(3) 객관적이고 합리적인 판단

의사결정과정에서 주관적 편견이나 감정을 배제하고, 데이터를 기반으로 논리적이고 객관적인 판단을 내릴 수 있도록 한다.

(가) 목표 사례

① 데이터 분석을 기반으로 고객 수요를 예측하여, 효율적인 마케팅 전략을 수립한다.

② 위험 분석을 통해 금융 투자 결정을 내리고 잠재적 손실을 최소화한다.

(4) 대안 비교와 최적 안 선택

다양한 대안을 비교하여 가장 적합한 선택을 내릴 수 있도록 돕는다.

(가) 목표 사례

① 자동차 구매 시 성능, 연비, 가격 등을 종합적으로 비교하여 최적의 선택을 한다.

② 사업 확장 시 해외 진출 지역을 선정하여, 시장 잠재력과 위험성을 고려한 전략을 수립한다.

(5) 위기관리와 오류 최소화

불확실성 및 위험요소를 예측하고 이를 효과적으로 관리하며, 의사결정과정에서의 오류를 줄이는 데 기여한다.

(가) 목표 사례

① 보험 상품 설계 시 손실 위험 분석을 통해 적절한 보상 한도를 설정한다.

② 신약 개발 과정에서 임상시험 실패 가능성을 평가하여, 연구 개발 전략을 조정한다.

(6) 협력과 합의 도출

여러 이해관계자가 관여하는 상황에서 이견을 조율하고, 모두가 수용할 수 있는 결정을 끌어낸다.

(가) 목표 사례

① 도시 개발 프로젝트에서 주민과 공공기관 간 합의를 형성하여, 상호 이해와 협력을 기반으로 프로젝트를 추진한다.

② 다국적 기업의 글로벌 전략 수립 시 각국의 이해관계를 고려하여, 균형 잡힌 결정을 도출한다.

의사결정 방법론은 문제를 구조화하고, 대안을 체계적으로 분석하며, 최적의 해결책을 도출하는 데 있어 핵심적인 도구로 작용한다. 이를 통해 의사결정의 신뢰성과 효과성을 높이고, 개인과 조직이 지속적으로 성장할 수 있는 기반을 제공한다.

3. 의사결정 방법론의 필요성

의사결정 방법론은 현대 사회에서 복잡한 문제를 해결하고, 자원을 효율적으로 활용하며, 성과를 향상하기 위해 필수적인 역할을 한다. 이를 통해 조직이나 개인이 효과적인 결정을 내릴 수 있으며, 장기적인 목표 달성에 이바지할 수 있다.

(1) 복잡한 문제 해결

현대 사회는 다양한 이해관계자와 변수들이 얽혀 있어, 복잡한 문제를 해결하는 데 어려움이 많다. 이러한 문제를 해결하기 위해서는 문제를 체계적으로 분석하고,

여러 가지 대안을 비교하여 최적의 결정을 내려야 한다. 예를 들어, 기업의 글로벌 진출 시 문화적 차이, 경제적 상황, 정치적 위험성 등 다양한 요소를 고려해야 하므로, 체계적인 의사결정 방법론이 필수적이다.

(2) 효율적 자원 활용

많은 기업과 조직은 한정된 자원(시간, 인력, 자금 등)으로 최대의 성과를 내기 위해 효율적인 자원 활용이 중요하다. 체계적인 의사결정은 자원을 낭비하지 않고, 목표 달성에 최적화된 방식으로 자원을 분배하는 데 도움을 준다. 예를 들어, 예산이 제한된 상황에서 각 프로젝트의 우선순위를 매기고, 자원을 집중적으로 배분하는 방식으로 효율성을 극대화할 수 있다.

(3) 객관성 확보

의사결정과정에서 편향이나 감정적 판단을 배제하고, 데이터와 논리적 근거를 기반으로 결정을 내려야 한다. 과학적이고 체계적인 의사결정 방법론은 이를 가능하게 하여, 보다 객관적이고 신뢰할 수 있는 결정을 내리는 데 도움을 준다. 예를 들어, 금융 투자 시 시장 데이터를 분석하고, 위험을 체계적으로 평가하여 더 객관적인 투자 결정을 내릴 수 있다.

(4) 성과 향상

체계적인 의사결정은 조직의 목표 달성뿐만 아니라 개인의 성과 향상에도 중요한 역할을 한다. 명확한 목표 설정과 전략적 의사결정은 조직과 개인이 효율적으로 성과를 극대화할 수 있도록 돕는다. 예를 들어, 기업이 새로운 제품을 출시할 때 시장 조사를 기반으로 한 철저한 계획을 세워, 제품 출시 후 높은 매출 성과를 이끌어낼 수 있다.

4. 의사결정 방법론의 구성요소

① 문제 정의: 해결해야 할 문제를 명확히 하고 목표를 설정한다.

② 대안 탐색: 문제 해결을 위한 다양한 대안을 도출한다.

③ 분석 및 평가: 대안의 장단점, 실행 가능성, 결과 등을 분석하고 비교한다.

④ 선택 및 실행: 최적의 대안을 선택하고 실행 계획을 수립한다.

⑤ 결과 검토 및 피드백: 결정된 결과를 평가하고 개선점을 도출한다.

2 의사결정 방법론의 구분

의사결정 방법론은 복잡한 환경 속에서 개인과 조직이 더 합리적이고 효율적인 결정을 내릴 수 있도록 돕는다. 이를 통해 문제 해결 능력을 향상하고 더 나은 결과를 창출할 수 있다. 의사결정 방법론은 일반적으로 정성적 방법론, 정량적 방법론, 데이터 기반 방법론, 집단적 의사결정 방법론으로 구분한다.

1. 정성적 방법론

정성적 방법론은 수치화하기 어려운 주관적이고, 감성적인 요소를 분석하는 데 중요한 역할을 하며, 특히 초기 전략 수립, 창의적 문제 해결, 그리고 다양한 아이디어를 발굴하는 데 적합하다. 이러한 방법론은 복잡한 문제를 해결하기 위해 사람들의 의견과 경험을 중심으로 접근하며, 대개 직관적이고 비구조적인 형태로 진행된다(Osborn, 1953).

(1) 브레인스토밍(Brainstorming)

브레인스토밍은 팀 구성원들이 자율적으로 자유로운 생각을 나누고, 이를 바탕으로 창의적인 해결책을 도출하는 방법이다. 이 과정에서는 어떠한 아이디어도 무시하지 않고, 모든 의견을 존중하며, 자유롭게 아이디어를 제시하는 것이 중요하다.

이 방식은 독창적인 발상이나 해결책을 찾는 데 유효하다. 팀원들의 아이디어가 서로 자극을 주고받으며, 비판 없이 다양한 관점에서 문제에 접근할 수 있는 장점이 있다. 예를 들어, 기업이 새로운 제품을 개발할 때, 브레인스토밍 세션을 통해 다양한 아이디어를 수집하고, 그중 가장 유망한 아이디어를 선별하여, 실현 가능성을 평가하는 방식으로 활용된다. 또한, 스타트업은 초기 단계에서 시장의 문제를 해결하기 위한 혁신적인 접근법을 찾기 위해 브레인스토밍을 자주 진행한다.

(가) 활용 사례

① 스타트업이 신제품 아이디어를 개발할 때 브레인스토밍을 통해 창의적인 발상을 도출한다.

② 광고 캠페인 기획 시 창의적인 주제를 도출하기 위해 브레인스토밍을 활용한다.

(나) 활용 방법

① 문제를 명확히 설정하고 팀원들에게 사전 공유하여 목표에 대한 이해를 돕는다.

② 자유롭게 아이디어를 제시하며 모든 의견을 기록하여 창의적인 생각을 최대한 수집한다.

③ 아이디어를 분류하고 우선순위를 선정하여 실행 가능한 방안을 도출한다.

(2) 델파이 기법(Delphi Method)

델파이 기법은 전문가들이 각자의 의견을 독립적으로 제시하고, 그 의견을 바탕으로 반복적인 피드백 과정을 거쳐 최종적으로 합의된 결론을 도출하는 방법이다. 이 기법은 전문가들이 직접 대면하지 않고 익명으로 의견을 교환하기 때문에, 개인적인 편견이나 외부의 영향을 최소화하면서 깊이 있는 분석과 의견을 얻을 수 있다.

델파이 기법은 주로 예측, 정책 결정, 그리고 복잡한 문제 해결에 널리 사용된다

(Dalkey & Helmer, 1963). 예를 들어, 기업이 새로운 기술 트렌드를 예측하려 할 때, 여러 분야의 전문가들에게 기술 발전에 대한 의견을 수집하고, 이들의 피드백을 기반으로 예측을 업데이트하는 방식으로 델파이 기법을 적용할 수 있다. 또한, 정부 정책 수립 시 사회적 영향이나 미래 전망에 대한 전문가 의견을 바탕으로 정책 방향을 결정하는 데 활용되기도 한다.

델파이 기법은 전문가의 경험과 지식을 집약해 의사결정을 내리는 데 효과적이며, 반복적인 피드백 과정을 통해 점차 정확한 정보와 합리적인 결정을 도출하는 장점이 있다. 이 과정에서 전문가들 간의 의견을 교차 검토하고, 이들이 제시하는 다양한 관점을 종합적으로 고려할 수 있다는 점에서 매우 유용한 기법이다.

(가) 활용 사례

① 기술 발전 전망 예측을 위해 여러 전문가의 의견을 수집하고 분석한다.

② 공공 정책 효과 분석을 위해 전문가의 피드백을 바탕으로 정책 효과를 예측하고 조정한다.

(나) 활용 방법

① 익명성을 보장하며 전문가 의견을 수집하여, 개별 의견을 정확히 반영한다.

② 피드백을 통해 의견 간 차이를 좁혀 나가며, 보다 합리적인 결론을 도출한다.

③ 최종 합의를 도출하여 명확한 결정을 내린다.

2. 정량적 방법론

정량적 방법론은 데이터를 기반으로 한 체계적인 분석을 통해 의사결정을 지원하며, 수치적 결과가 중요한 상황에서 효과적으로 활용된다. 이 방법론은 실험적 데이터나 통계적 기법을 사용하여, 문제를 해결하고 명확한 수치적 근거를 제시함으로써 의사결정의 정확성과 신뢰성을 높이는 데 이바지한다(Quinlan, 1986).

주로 시장 분석, 재무 분석, 생산성 평가 등 수치화가 가능한 영역에서 널리 사용된다. 예를 들어, 기업이 마케팅 전략을 수립할 때 고객의 구매 패턴과 선호도를 데이터 분석을 통해 파악하고, 이를 기반으로 효과적인 목표 시장의 전략을 수립할 수 있다. 또한, 프로젝트 관리에서 일정 관리나 예산 할당 시, 자원의 최적 배분을 위해 정량적 기법을 적용하여 효율적인 자원 활용을 도모할 수 있다.

정량적 방법론은 객관적인 데이터를 바탕으로 의사결정을 내리므로, 주관적인 판단을 최소화하고, 결정을 내리는 데 있어 명확한 기준을 제공한다. 이 방법론은 데이터 분석 및 수치적 예측을 통해 더 정확하고, 예측 가능한 결과를 도출할 수 있다는 점에서 특히 중요한 역할을 한다.

(1) 의사결정 나무(Decision Tree)

의사결정 나무는 문제 해결을 위한 다양한 선택지와 그에 따른 결과를 트리 형태로 시각적으로 표현하여 분석하는 기법이다. 이 방법은 복잡한 문제를 단계적으로 분석할 수 있도록 도와주며, 각 선택에 따른 결과와 그 확률을 명확히 구분하여 제시한다.

의사결정 나무는 주로 의사결정자가 여러 대안과 그 결과를 비교하고, 최적의 선택을 할 수 있도록 유도하는 데 유용하다. 예를 들어, 기업이 신규 제품 출시 여부를 결정할 때, 의사결정 나무를 사용하여 가능한 선택지(예: 출시, 출시하지 않음)와 각 선택에 따른 결과(예: 성공 시 수익 증가, 실패 시 손실)를 트리 구조로 시각화한다. 이를 통해 각 대안의 리스크와 보상을 직관적으로 비교하고, 데이터 기반으로 최적의 결정을 내릴 수 있다.

의사결정 나무는 각 선택지에 대한 확률적인 분석을 통해 더 체계적인 의사결정을 돕는다. 선택지에 따른 예상 결과를 값으로 산출하거나 시나리오를 적용할 수 있어, 명확한 의사결정 기준을 제공한다.

(가) 활용 사례

① 금융권에서 대출 승인 여부 결정을 위해 대출자의 신용도와 리스크를 분석한다.

② 보험 리스크 평가 시 보험 상품의 예상 손실과 발생 확률을 분석하여 적정 보험료를 산출한다.

(나) 활용 방법

① 문제를 정의하고 모든 선택지를 도출하여 가능한 대안을 구체적으로 나열한다.

② 각 선택지의 결과와 확률을 계산하여 리스크와 보상을 평가한다.

③ 최적 경로를 선택하여 가장 유리한 결정을 내린다.

(2) 분석적 계층화 프로세스(AHP, Analytic Hierarchy Process)

분석적 계층화 프로세스(AHP)는 복잡한 의사결정을 계층적으로 구조화하고, 각 기준과 대안에 대해 수치적 우선순위를 매기는 방법이다. 이 기법은 특히 다수의 대안과 다양한 평가 기준을 고려해야 할 때 유용하며, 각 기준의 중요도를 상대적으로 평가하고, 이를 바탕으로 최적의 대안을 도출한다.

AHP는 주로 전문가들의 의견을 반영하여 각 기준 간의 중요도를 비교하고, 이를 수치로 통합하여 최적의 선택을 할 수 있도록 지원한다. 예를 들어, 기업이 새로운 공급업체를 선정하는 과정에서, 가격, 품질, 납기, 신뢰도 등의 여러 기준을 고려해야 할 때, AHP를 사용하여 각 기준의 상대적 중요도를 평가한다. 각 기준에 대한 우선순위를 매기고, 이를 바탕으로 다양한 공급업체를 비교하여 최적의 선택을 도출한다.

AHP는 비교적 주관적인 판단을 수치화하여 명확한 의사결정 기준을 제공하고, 다양한 대안을 비교하고 평가할 수 있는 강력한 도구로 활용된다(Saaty, 1980). 이 과정에서 각 기준의 가중치를 결정하고, 이를 기반으로 대안들에 대한 종합적인 평가하여 최적의 해결책을 찾을 수 있다. AHP는 특히 다기준의사결정이 필요한 분야에서 매우 효과적으로 사용된다.

(가) 활용 사례

① 건설 프로젝트 입찰 우선순위 선정 시, 가격, 품질, 시공 능력 등을 기준으로 평가하여 우선순위를 매긴다.

② 병원 의료 장비 구입 우선순위 결정을 위해 가격, 성능, 서비스, 내구성 등을 고려하여 최적의 장비를 선택한다.

(나) 활용 방법

① 기준을 설정하고 각 기준에 가중치를 부여하여 중요도를 수치화한다.

② 선택지 간 쌍대비교를 통해 점수를 산출하여 상대적인 우선순위를 정한다.

③ 최종 점수를 기반으로 최적의 대안을 선택한다.

(다) 쌍대비교(Pairwise Comparison) 및 점수 산출

쌍대비교는 여러 대안 간의 우선순위를 평가할 때 각 대안을 쌍으로 비교하여 점수를 산출하는 방법이다. 이 기법은 의사결정의 합리성을 높이고, 특히 복잡한 문제에서 효율적인 결정을 도출하는 데 유용하다.

알아두기 쌍대비교는 사물, 대상, 사건 등을 쌍으로 비교하여 우위를 측정하는 방법.

(3) 비용-편익 분석(Cost-Benefit Analysis)

비용-편익 분석은 각 선택지에 대해 발생할 수 있는 비용과 예상되는 이득을 비교하여 의사결정을 내리는 방법이다. 이 기법은 주로 경제적 효율성을 극대화하려는 상황에서 활용되며, 수치상으로 비교 가능한 비용과 이익을 산출하여 최적의 선택을 도출한다.

비용-편익 분석은 선택지 간의 상대적 경제적 가치를 평가하고, 선택지마다 발생할 수 있는 총비용과 기대되는 총이익을 계산하여, 이들이 균형을 이루는 지점을 찾는 방식이다(Mishan & Quah, 2007). 예를 들어, 정부가 새로운 인프라 프로젝트를 추진할 때, 이 프로젝트로 인한 예상되는 경제적 이득(예: 고용 창출, 지역 경제 활성화)과 비용(예: 건설 비용, 유지 관리 비용)을 비교하여, 장기적으로 해당 프로젝트가 경제적으로 이익이 되는지를 평가한다.

기업이 새로운 기술에 투자할 때도 비용-편익 분석을 사용하여, 투자로 인한 예상 수익이 투자 비용을 초과하는지를 파악하고 의사결정을 내린다. 이 방법은 경제적 이득을 수치상으로 계산할 수 있다는 점에서 명확한 결정을 내리는 데 유용하지만, 모든 이득과 비용을 정확히 수치화할 수 없는 경우에는 보완적인 분석이 필요할 수 있다. 특히 사회적, 환경적 영향을 고려할 때는 비용-편익 분석에 직접 반영하기 어려운 요소들이 존재할 수 있다. 그런데도, 비용-편익 분석은 명확한 경제적 평가 기준을 제공하여, 기업이나 정부가 자원을 최적화하고 효율적인 결정을 내리는 데 중요한 역할을 한다.

(가) 활용 사례

① 정부의 대중교통 확장 프로젝트 타당성 평가 시, 예상 수익과 비용을 비교하여 프로젝트의 실행 가능성을 평가한다.

② 기업의 공장 설립 여부 검토 시, 건설 비용과 예상 수익을 바탕으로 투자 결정이 경제적으로 유리한지 분석한다.

(나) 활용 방법

① 선택지별 비용과 편익을 계산하여 각 대안의 경제적 가치를 명확히 한다.

② 비용 대비 편익 비율(BCR, Benefit-Cost Ratio)을 산출하여, 각 대안의 경제성을 비교한다.

③ 비율이 높은 선택지를 채택하여, 최적의 의사결정을 내린다.

(다) 비용 대비 편익 비율(BCR)의 산출 방법

비용 대비 편익 비율은 의사결정에서 비용 대비 발생하는 편익의 크기를 평가하는 데 사용되는 지표이다. BCR은 주로 공공 정책, 투자 프로젝트, 사업 타당성 분석에서 활용한다.

3. 데이터 기반 의사결정

데이터 기반 의사결정은 많은 양의 자료를 수집하고, 분석하여 더 정확하고 객관적인 결정을 내리는 방법이다. 현대 기술의 발전으로 빅데이터, 인공지능(AI), 기계학습 등 다양한 도구를 활용하여, 실시간으로 변화하는 데이터를 빠르게 분석하고 이를 바탕으로 전략적 결정을 내릴 수 있다.

데이터 기반 의사결정은 의사결정의 정확성을 높이고, 과거의 경험이나 직관에 의존하는 대신 실질적인 데이터 분석 결과를 통해 최적의 선택을 끌어낸다. 예를 들어, 온라인 쇼핑몰에서는 고객의 구매 데이터를 분석하여, 어떤 제품이 인기 있는지, 고객의 구매 패턴을 파악하고, 이를 기반으로 마케팅 전략을 수립한다. 또한, 제조업체는 센서 데이터를 실시간으로 분석하여 생산 공정에서 발생할 수 있는 문제를 예측하고, 이를 해결하는 방안을 빠르게 도입하여 효율성을 높인다.

데이터 기반 의사결정은 특히 복잡한 환경에서 유용하며, 빠르게 변화하는 시장에서 경쟁력을 유지하려면 필수적인 방법론이다. 하지만, 데이터 분석에 의존하다 보면 데이터의 품질이나 정확성 문제가 발생할 수 있으며, 이를 해결하기 위해서는 데이터를 신뢰할 수 있는 방식으로 수집하고 처리하는 과정이 매우 중요하다. 또한, 데이터 분석의 결과를 해석하는 능력 또한 중요한 요소로, 데이터만으로는 해결되지 않는 문제를 다루기 위한 인간의 직관과 경험이 여전히 필요하다.

(1) 머신러닝 기반 분석

머신러닝 기반 분석은 컴퓨터가 데이터를 통해 스스로 학습하고, 과거 데이터를 바탕으로 미래의 패턴을 예측하거나 결정을 내리는 방법이다. 머신러닝 알고리즘은 주어진 데이터에서 중요한 특징을 추출하고, 이를 이용해 예측 모델을 생성한다. 이를 통해 의사결정자는 인간의 직관에 의존하지 않고, 수많은 데이터를 분석하여 더욱 정확한 예측을 할 수 있다.

대규모 데이터셋을 처리할 수 있는 머신러닝은 복잡한 문제를 해결하는 데 강력한 도구가 된다(Hastie et al., 2009). 예를 들어, 금융 분야에서는 머신러닝을 사용하여 고객의 신용도를 평가하거나, 주식 시장의 변동을 예측하는 데 활용된다. 또 다른 예로, 전자상거래 기업들은 머신러닝 알고리즘을 사용하여 고객의 구매 이력을 분석하고, 개별 고객에게 맞춤형 상품을 추천하는 시스템을 운영한다.

머신러닝 기반 분석은 시간이 지남에 따라 모델을 계속해서 개선하고, 최적화할 수 있는 능력을 제공하며, 실시간으로 변화하는 데이터를 기반으로 예측을 할 수 있으므로 빠르게 변화하는 비즈니스 환경에서 중요한 의사결정 도구로 자리 잡고 있다. 다만, 머신러닝 분석이 효과적으로 작동하기 위해서는 충분한 양질의 데이터가 필요하며, 알고리즘의 성능을 지속적으로 검토하고, 개선하는 과정이 필요하다.

알아두기 데이터셋(data set)은 분석이나 처리를 위해 함께 구성되고 저장된 데이터의 구조화된 모음.

(가) 활용 사례

① 전자상거래(eCommerce)에서 고객 행동 분석을 통한 맞춤형 상품 추천을 위해 사용자의 구매 패턴과 검색 기록을 분석한다.

② 자율주행차 경로 최적화를 위해 실시간 교통 데이터와 차량 센서 데이터를 분석하여 최적의 경로를 예측한다.

(나) 활용 방법

① 데이터를 수집하고 정제하여 모델에 적합한 형태로 준비한다.

② 적합한 머신러닝 알고리즘을 선택하여, 문제 해결에 맞는 모델을 구축한다.

③ 모델 학습 후, 결과를 활용하여 의사결정을 내리고, 지속적인 피드백을 통해 모델을 개선한다.

(2) 시뮬레이션(Simulation)

시뮬레이션은 현실 세계에서 발생할 수 있는 다양한 상황이나 시나리오를 가상 환경에서 모형화하여, 이를 실험적으로 테스트하고 결과를 예측하는 방법이다. 이 방법은 실제 환경에서 실험하기 어려운 상황을 재현할 수 있어, 다양한 변수와 불확실성이 존재하는 복잡한 문제를 분석하는 데 유용하다. 시뮬레이션을 활용하면 다양한 조건을 바탕으로 의사결정을 내리기 전 여러 시나리오를 실험하고, 그에 따른 결과를 예측할 수 있다. 이를 통해 의사결정자는 더 신뢰성 높은 결정을 내릴 수 있다(Law & Kelton, 2007). 예를 들어, 제조업체는 시뮬레이션을 활용하여, 생산 설비의 효율성을 평가하고, 장비의 가동률, 생산율, 인력 배치 등을 최적화할 수 있다. 항공사에서는 비행기 운항 일정을 시뮬레이션하여, 기상 조건, 연료 소비, 승객 수 등을 고려한 최적의 일정을 결정할 수 있다.

시뮬레이션 기법은 실험을 통해 가능한 다양한 결과를 시각적으로 보여줌으로써, 의사결정자가 예측 불가능한 변수들에 대해서도 대비할 수 있게 해준다. 또한, 실시간 데이터와 함께 시뮬레이션을 활용하면, 의사결정에 더 큰 유연성과 예측력을 부여할 수 있다. 그러나 시뮬레이션을 신뢰성 있게 수행하려면 정확한 모형화와 입력 데이터가 중요하다.

(가) 활용 사례

① 물류 회사의 공급망 최적화 시, 수요 예측과 배송 경로를 고려하여 다양한 시나리오를 실행하고, 최적의 물류 흐름을 찾는다.

② 병원의 환자 대기시간 감소 전략 테스트 시, 병원의 운영 데이터를 바탕으로 대기시간을 줄일 수 있는 방법을 여러 시나리오로 분석한다.

(나) 활용 방법

① 현실 상황을 모형화하여 입력 데이터를 구성하고, 실제 환경을 반영한 모델을 구축한다.

② 다양한 시나리오를 실행하여 각각의 결과를 비교하고, 예측 가능한 변수들의 영향을 평가한다.

③ 결과를 분석하여 최적의 대안을 도출하고, 개선 방안을 제시한다.

4. 협력적/집단적 의사결정

팀 구성원 간의 협력을 통해 최적의 결정을 내리는 방법이다. 집단의 지혜를 활용하여 복잡한 문제를 해결하고, 다양한 시각과 아이디어를 통합하는 과정이다. 협력적 의사결정은 각 구성원의 의견을 존중하고, 공동의 목표를 달성하기 위해 서로의 의견을 조정하고, 보완하는 방식으로 이루어진다. 이를 통해 더 창의적이고 혁신적인 해결책을 도출할 수 있으며, 각 팀원의 참여도와 책임감을 높일 수 있다.

협력적 의사결정은 특히 정보가 분산되어 있을 때나 다각적인 분석이 필요한 문제에서 강력한 도구가 된다. 각 팀원의 전문성이나 경험을 바탕으로 다양한 관점에서 문제를 분석하고, 공동의 결정을 내릴 수 있다. 이러한 집단적 접근법은 더 나은 의사결정 결과를 도출하며, 동시에 조직 내 팀워크와 상호 신뢰를 증진시킬 수 있다.

(1) 합의 구축(Consensus Building)

합의 구축은 여러 이해관계자의 의견을 조정하여, 모두가 동의할 수 있는 공통된 결론을 도출하는 과정이다. 이 방법은 다양한 관점을 가진 팀 구성원들이 협력하여, 최적의 의사결정을 내릴 수 있도록 돕는다. 합의 구축 과정은 의견 충돌을 해결하고, 각자의 우려하는 사항이나 요구를 반영하여, 결정을 내리는 데 중요한 역할을 한다. 이를 통해, 각 참여자의 의견이 존중되며, 의사결정의 결과가 모두에게 수용될 수 있는 확률을 높인다(Susskind & Cruikshank, 1987).

합의 구축은 의사결정이 단기적인 이익을 넘어서 장기적인 관계와 지속 가능한 결과를 도출하는 데 유리하다. 또한, 팀 내에서 협력과 신뢰를 증진시킬 수 있는 효과적인 방법으로, 조직 내 갈등을 최소화하고, 다양한 이해관계를 잘 반영할 수 있는 결정을 내리는 데 필수적이다(Susskind & Cruikshank, 1987).

예시 다국적 기업의 글로벌 전략 수립 과정에서 각 지역의 팀원들이 다양한 문화적, 경제적 배경을 가지고 있을 때, 합의 구축을 통해 상충하는 의견을 조정하고, 최종적으로 모두가 동의할 수 있는 전략을 수립하는 과정이 이루어진다. 또 다른 예로, 정부의 정책 결정에서 다양한 이해관계자(정부 부처, 민간 기업, 시민단체 등)의 의견을 합의 구축을 통해 조율하여, 정책의 실현 가능성과 효과성을 극대화할 수 있다.

합의 구축 과정은 시간이 다소 소요될 수 있지만, 장기적으로는 조직의 목표 달성에 기여하고, 구성원들 간의 협력적 관계를 강화하는 데 중요한 역할을 한다.

(가) 활용 사례

① 도시 재개발 프로젝트에서 주민 의견 수렴을 통해 다양한 이해관계를 반영하고, 주민들의 지지를 얻는다.

② 다국적 기업의 글로벌 전략 협의 시, 각 국가 및 부서의 의견을 모아 공통의 목표를 설정한다.

(나) 활용 방법

① 이해관계자를 파악하여 참여를 유도하고, 그들의 의견을 수렴한다.

② 논의 과정을 투명하게 운영하여 구성원들의 신뢰를 얻고, 의견을 자유롭게 교환할 수 있는 환경을 만든다.

③ 합의점을 찾고 결론을 도출하여, 실행 가능한 결정을 내린다.

(2) 투표 기반 의사결정

다수결, 점수 투표 등을 통해 선택지를 평가한다(Arrow, 1963). 이 방식은 집단 내 다양한 의견을 빠르고 민주적으로 반영할 수 있어, 신속한 의사결정을 가능하게 한다. 투표는 참여자들이 각자의 선호를 명확하게 표현할 수 있도록 해주며, 다수의 의견을 반영한 결정을 도출하는 데 유용하다. 다만, 일부 소수 의견이 배제될 수 있기 때문에, 다수결이나 점수 투표 외에도 추가적인 의견 수렴과 토론이 필요할 수 있다.

투표 기반 의사결정은 주로 짧은 시간 내에 결정을 내려야 하는 상황에서 효과적이며, 각 선택지에 대한 대중의 선호도를 객관적으로 평가할 수 있는 장점이 있다 (Arrow, 1963).

(가) 활용 사례

① 기업 이사회에서 투자 결정을 내릴 때, 다양한 의견을 반영하고 다수결로 최종 결정을 한다.

② 학급에서 졸업 여행지를 선정할 때, 학생들이 투표를 통해 선호하는 여행지를 결정한다.

③ 정당의 주요 정책을 결정할 때, 당원들의 의견을 점수 투표로 평가하여 최종 방향을 설정한다.

(나) 활용 방법

① 선택지를 정의하고 명확화하여 참여자들이 투표할 항목을 분명히 한다.

② 참여자들에게 투표를 진행하여 각 선택지에 대한 선호도를 수집한다.

③ 결과를 분석하여 다수결 원칙을 적용하거나 점수제 방식으로 최종 결정을 내린다.

5. 의사결정 방법론의 상황별 적용

의사결정 방법론은 문제의 특성과 상황에 따라 선택되어야 한다. 각 상황에 맞는 적합한 방법론을 적용함으로써, 효율적이고 효과적인 의사결정을 내릴 수 있다.

(1) 정성적 방법론

초기 단계 문제나 창의적 해결이 필요한 경우 사용된다. 이러한 방법론은 수치화하기 어려운 주관적 요소나 복잡한 인간의 감정, 직관을 고려할 수 있는 접근법을 제공한다. 예를 들어, 새로운 사업 아이템의 아이디어를 발굴하거나, 고객의 불만 사항을 분석하는 경우 정성적 방법론이 유용하다. 이때 브레인스토밍, 델파이 기법과 같은 창의적이고 협업적인 방법이 효과적이다.

(2) 정량적 방법론

데이터 분석 및 최적화가 필요한 상황에서 사용된다. 수치 데이터를 기반으로 의사결정을 해야 할 때, 정량적 방법론이 유용하다. 예를 들어, 마케팅 캠페인의 성과 분석, 생산과정에서의 비용 절감, 재고 관리 등에서 수치적 데이터를 활용하여 최적의 결정을 내릴 수 있다. 이때 의사결정 나무, 분석적 계층화 프로세스(AHP), 비용-편익 분석 등의 기법을 사용하면 더욱 효과적인 결정을 도출할 수 있다.

(3) 데이터 기반 의사결정

빅데이터를 활용하여 정확도를 높이는 경우 사용된다. 대규모 데이터 분석을 통해 패턴과 트렌드를 도출하고, 실시간으로 의사결정을 내릴 수 있는 상황에서 데이터 기반 의사결정 방법론이 필요하다. 예를 들어, 온라인 쇼핑몰에서 고객의 구매 패턴을 분석하여 맞춤형 상품 추천을 제공하거나, 실시간 트래픽 데이터를 기반으로 물류 경로를 최적화하는 경우에 유용하다. 머신러닝, 시뮬레이션 기법을 활용해 정확도를 높일 수 있다.

(4) 협력적 방법론

다양한 이해관계자가 관여하는 복잡한 문제의 경우 사용된다. 다수의 이해관계자가 연관된 문제에서는 각자의 의견을 수렴하고 합의를 끌어내는 협력적 의사결정이 필수적이다. 예를 들어, 기업 내 타부서 간의 프로젝트 협업, 정부와 시민 간의 정책 결정, 사회적 가치와 경제적 가치를 동시에 고려해야 하는 문제에서는 합의 구축, 협력적 토론 등을 통한 의사결정이 중요하다.

이와 같은 접근법은 각 상황에 맞는 최적의 의사결정 방법을 선택함으로써, 복잡한 문제를 효과적으로 해결하고, 성과를 극대화하는 데 도움을 준다. 각기 다른 의사결정 방법론을 상황에 맞게 잘 조화시켜 사용하는 것이 중요한 사항이다.

학습활동

활동: 창업의 아이템을 구체화

① 창업의 아이템의 페르소나를 선정하세요.

② 5 Whys 기법과 원인과 결과 다이어그램(Fishbone Diagram)을 통해 시장의 문제와 개선 방향을 도출합니다.

학습정리

- 고객 페르소나(Customer Persona)는 특정 고객 유형을 대표하는 가상의 인물로, 고객의 특성, 행동, 욕구, 문제 등을 구체적으로 정의한다. 이는 마케팅, 제품 개발, 서비스 개선 전략을 수립할 때 타겟 고객을 명확히 이해할 수 있도록 돕는다.
- 고객 페르소나의 중요성은 고객 중심 전략의 출발점이 되어, 기업이 타겟 고객을 깊이 이해하게 하며, 이를 바탕으로 적합한 서비스와 제품을 제공할 수 있다. 주요 효과로는 타겟팅 정확도 향상, 고객 경험 개선, 의사결정 지원 등이 있으며, 이는 마케팅 캠페인, 제품 설계, 서비스 개선 등의 영역에서 중요한 역할을 한다.
- 고객 페르소나를 작성하는 과정은 자료수집과 구성요소로 구분한다. 자료수집은 정량적 데이터(설문 조사, 웹사이트 분석)와 정성적 데이터(심층 인터뷰, 사용자 피드백)를 통해 이루어지며, 이를 바탕으로 페르소나의 목표, 욕구, 행동 패턴, 문제점, 그리고 접하는 채널을 정의한다. 예를 들어, 페르소나는 이름, 나이, 직업, 위치 등의 구체적인 프로필을 갖추며, 그들의 목표와 욕구, 사용 패턴을 통해 해결해야 할 문제를 찾아낸다.
- 창업의 성공은 고객의 문제를 얼마나 정확하게 정의하고 해결하는지에 달려 있다. 명확한 문제 정의는 효과적인 솔루션 개발로 이어지며, 이는 고객에게 실질적인 가치를 전달하게 된다.
- 고객의 문제를 구체화하는 기법으로는 5 Whys 기법과 원인과 결과 다이어그램(Fishbone Diagram)이 있다. 5 Whys 기법은 문제의 근본 원인을 찾기 위해 반복적으로 "왜?"라는 질문을 다섯 번 하여 문제의 본질을 파악한다.
- 원인과 결과 다이어그램은 문제의 다양한 원인을 시각적으로 분류하고 분석하는 도구이다. 이 기법은 문제를 여러 범주(사람, 프로세스, 장비, 환경 등)로 나누어 분석하여 근본 원인을 찾아내는 데 유용하다. 이러한 기법들은 문제 분석과 해결을 체계적이고 시각적으로 도와주며, 팀 내 협업을 촉진하고 문제 해결의 공감대를 형성하는 데 중요한 역할을 한다.
- 의사결정 방법론은 문제 해결과 목표 달성을 위해 체계적으로 대안을 선택하는 과정이다. 이는 효율성, 합리성, 객관성을 극대화하여 더 나은 결과를 도출하는 것을 목표로 한다.
- 의사결정 방법론의 주요 목적은 문제 해결, 자원 배분, 객관적 판단, 대안 비교, 위험 관리, 협력 도출한다. 또한, 의사결정 방법론은 복잡한 문제 해결, 효율적 자원 활용, 성과 향상에 필수적이며, 문제 정의, 대안 탐색, 분석, 선택 및 실행, 결과 검토로 구성한다.
- 정성적 방법론은 창의적 문제 해결에, 정량적 방법론은 데이터 분석에 적합하며, 데이터 기반 의사결정은 정확한 분석을 지원한다. 협력적 의사결정은 팀 간 협력을 통해 최적의 결정을 도출한다. 상황에 맞는 방법론을 적용하면 효율적이고 합리적인 결정을 내릴 수 있다.

MEMO

PART 2

창업 실행을 위한 실전 가이드: 시장조사부터 재무 계획까지

SERVICE START-UP STRATEGY

CONTENTS

CHAPTER 04 시장조사 방법론

학습목표

4-1. 시장조사의 이해

4-2. 시장조사 방법론

4-3. 경쟁환경 분석기법

학습목표

1. 시장조사의 중요성을 이해하고, 이를 통해 얻을 수 있는 정보의 가치를 설명할 수 있다.
2. 다양한 시장조사 방법론을 이해하고, 적절한 방법을 선택하여 실질적인 자료를 수집할 수 있다.
3. 시장의 규모와 소비자를 정확히 분석하고, 경쟁사를 파악하여 비즈니스 모델을 설계할 수 있다.

4-1 시장조사의 이해

1 시장조사의 개념 및 중요성

1. 시장조사의 개념

시장조사는 기업이 당면하고 있는 구체적인 상황에 적합한 관련 자료를 체계적으로 설계, 수집, 분석하여 보고하는 것이다. 따라서 시장조사는 고객의 소리(Voice of Customer; VOC)를 반영하여 마케팅 전략의 수립과 결정에 의미 있는 정보를 제공하는 것이 목적이다. 시장조사는 상권분석, 경쟁업체 분석, 소비자 분석, 점포의 입지와 입지조건 분석으로 구분하여 조사한다(곽진만, 2023).

[그림 4-1] 시장조사

(1) 시장조사의 목적

시장조사의 목적은 소비자 행동, 경쟁사의 동향, 시장 환경 등을 분석하여, 기업이 의사결정을 내리는 데 필요한 정보를 제공하는 활동이다. 이를 통해 시장의 요구와 트렌드를 파악하고, 제품 개발 및 마케팅 전략을 최적화하는 데 중요한 역할을 한다. 시장조사는 기업이 경쟁력을 유지하고 성장할 수 있는 기반을 제공하며, 데이터 기반으로 효율적인 결정을 내리는 데 중요한 역할을 한다.

(가) 고객 요구 및 트렌드 파악

고객의 선호와 변화하는 요구를 추적하여, 제품 및 서비스가 시장에 적합하도록 조정한다. 고객의 행동을 심층적으로 분석하고, 그들이 현재와 미래에 원하는 바를 정확히 파악함으로써, 기업은 더 나은 고객 맞춤형 제품과 서비스를 제공할 수 있다. 또한, 고객의 요구를 예측함으로써 경쟁사보다 빠르게 시장에 대응할 수 있다.

(나) 제품 개발 및 마케팅 전략 수립 지원

시장조사 데이터를 기반으로 제품을 개선하고, 목표 고객을 정확히 설정하여 효과적인 마케팅 전략을 설계한다. 소비자 선호와 트렌드를 반영한 제품개발과, 타겟 시장에 맞춘 마케팅 활동을 통해 기업은 제품의 성공 가능성을 극대화할 수 있다. 또한, 경쟁사의 동향을 분석함으로써, 차별화된 경쟁전략을 수립하고, 마케팅 캠페인을 더욱 효과적으로 운영할 수 있다.

(다) 위기관리와 기회 탐색

시장의 불확실성을 줄이고, 잠재적인 기회를 식별하여 경쟁우위를 확보한다. 시장조사는 기업이 직면할 수 있는 위험요소를 예측하고, 이를 최소화하는 전략을 마련하는 데 도움을 준다. 또한, 신규시장이나 제품군에 대한 기회를 발견하여, 기업이 새로운 사업영역을 성공적으로 개척할 수 있도록 지원한다. 이를 통해 기업은 더 큰 성장을 추구하며, 시장에서의 리더십을 강화할 수 있다.

시장조사는 단순한 자료를 수집하는 과정이 아니라, 기업의 전략적 의사결정에 중요한 통찰을 제공하며, 변화하는 시장 환경에 민첩하게 대응할 수 있는 능력을 키워준다.

2. 시장조사의 중요성

시장조사는 기업이 성공적인 전략을 수립하고, 경쟁에서 우위를 점할 수 있도록 돕는 필수적인 활동이다. 시장의 동향을 정확하게 파악하고, 고객의 요구를 반영하는 과정은 기업의 성장과 지속 가능성에 큰 영향을 미친다. 시장조사는 단순히 정보 수집을 넘어, 기업의 미래를 예측하고, 경쟁력을 확보하는 데 중요한 역할을 한다.

(1) 고객 중심 전략 수립의 기초

시장조사를 통해 고객의 요구와 선호를 이해하고, 이를 바탕으로 고객 맞춤형 전략을 개발할 수 있다. 고객이 무엇을 원하는지, 어떤 문제를 해결하려는지를 파악함으로써, 기업은 고객의 기대를 충족시킬 수 있는 제품과 서비스를 제공할 수 있다. 고객의 의견을 반영한 전략은 고객의 충성도를 높이고, 기업의 브랜드 가치와 시장 점유율을 증대시키는 데 이바지한다. 또한, 고객의 변화하는 요구에 맞춰 신속하게 전략을 조정함으로써, 기업은 시장에서 지속적으로 경쟁력을 유지할 수 있다.

(2) 경쟁우위 확보

경쟁사 분석 및 시장 동향을 통해 시장에서 우위를 점할 수 있는 전략을 도출할 수 있다. 시장조사는 경쟁사의 강점과 약점을 파악하고, 자사의 차별화된 가치를 강조할 방법을 제시한다. 또한, 시장의 변화와 트렌드를 실시간으로 파악하여, 경쟁사보다 더 빠르게 대응할 수 있는 전략을 수립한다. 경쟁사보다 앞서가는 전략을 수립함으로써, 기업은 시장에서 선도적인 입지를 확보하고, 지속 가능한 경쟁우위를 창출할 수 있다.

(3) 투자와 자원 배분의 효과적 활용

시장조사는 자원을 효율적으로 배분하고, 위험을 최소화하며, 투자 결정을 더 정확히 할 수 있도록 돕는다. 시장의 잠재력과 수익성 있는 분야를 식별하고, 기업의 자원을 필요한 곳에 집중할 수 있게 한다. 또한, 시장조사는 위험성을 예측하고, 투자 시 발생할 수 있는 불확실성을 줄여줌으로써, 기업의 투자 결정이 더욱 신뢰할 수 있도록 만든다. 이를 통해 기업은 자원을 낭비하지 않고, 효율적으로 활용하여 최대의 수익을 올릴 수 있다.

3. 시장조사의 유형

(1) 탐색적 조사(Exploratory Research)

탐색적 조사는 주로 새로운 문제나 기회를 발견할 때 사용되며, 초기 단계에서 문제 정의와 아이디어 탐색에 집중한다. 이 방법은 기존의 정보가 부족하거나 모호할 때 유용하며, 문제를 명확히 이해하고, 향후 연구 방향을 설정하는 데 중요한 역할을 한다. 탐색적 조사는 인터뷰, 설문, 문헌 조사 등을 통해 자료를 수집하며, 이를 바탕으로 문제의 범위와 특성을 정의하고, 향후 심층적인 분석을 위한 기초 자료를 제공한다. 예를 들어, 새로운 시장에 진입하기 전에 해당 시장의 기본적인 특성과 고객의 잠재적인 요구를 파악하는 데 활용된다.

(2) 기술적 조사(Descriptive Research)

기술적 조사는 시장 현황, 고객의 행동, 시장 구조 등을 분석하는 데 초점을 맞춘다. 이 방법은 이미 존재하는 문제나 기회를 더 명확히 이해하고, 그 특징을 규명하는 데 중점을 둔다. 기술적 조사는 설문 조사, 관찰법, 기존 데이터 분석 등을 활용하여 정확하고 체계적인 정보를 수집하며, 이를 통해 고객의 행동 패턴, 시장 트렌드, 경쟁사의 동향 등을 자세히 분석할 수 있다. 예를 들어, 특정 지역의 소비자 선호도를 파악하거나, 제품의 판매 실적과 관련된 데이터를 분석하는 데 유용하다.

(3) 인과적 조사(Causal Research)

인과적 조사는 특정 변수 간의 원인과 결과 관계를 파악하여, 의사결정에 필요한 인사이트를 제공한다. 이 방법은 변수 간의 관계를 명확히 이해하고, 특정 요인이 다른 요소에 미치는 영향을 분석하는 데 사용된다. 인과적 조사는 실험적 설계나 고차원적인 분석기법을 활용하여 원인과 결과를 규명하며, 기업이 전략적 결정을 내릴 때 중요한 데이터 기반을 제공한다. 예를 들어, 광고 캠페인이 매출에 미치는 영향을 분석하거나, 가격 인상이 소비자 구매에 미치는 영향을 평가하는 데 사용된다. 이 방법은 실험적 데이터를 통해 명확한 인과 관계를 도출하여, 더 정확한 예측과 전략 수립을 돕는다.

2 상권분석의 이해와 분석방법

1. 상권분석의 이해

창업지역의 상권을 분석하여, 적정한 입지를 선택해야 한다. 입지 선정에 실패하게 되면 돌이킬 수 없게 된다. 그리고 사업에 대한 타당성 분석과 아울러 수익성 분석을 해보고, 그 결과에 따라 사업을 시작할 것인지를 판단해야 할 것이다.

[그림 4-2] **상권**(Commercial Area)

(1) 상권분석의 특성

① 소비자 행동, 선호, 동기 등을 이해하기 위해 자료수집 및 분석을 수행하는 체계적인 과정이다. 이를 통해 기업은 소비자의 요구와 행동 패턴을 파악할 수 있다.

② 소비자 조사는 시장의 요구를 파악하고, 제품 및 서비스를 개선하며, 마케팅 전략을 최적화하는 데 중요한 역할을 한다. 이를 통해 기업은 더 정확한 의사결정을 내리고, 소비자에게 더 효과적으로 다가갈 수 있다.

(2) 상권분석의 중요성

① 시장에서 창업 성공 요인으로 소비자 중심의 데이터 기반 접근 방식은 제품과 서비스의 성공 가능성을 높인다. 소비자의 요구와 행동을 정확히 파악하면, 시장에서의 경쟁력을 강화할 수 있다.

② 소비자 경험을 기반으로 한 차별화된 브랜드 전략을 구축하면, 브랜드의 신뢰도와 충성도를 높이는 데 중요한 역할을 한다.

2. 상권분석방법

상권분석은 특정 지역의 상업적 잠재력과 고객 흐름을 이해하기 위한 중요한 과정이다. 상권분석을 수행하는 방법은 여러 가지가 있으며, 설문 조사, 대인 인터뷰, 전화 인터뷰, 우편 인터뷰, 전자 인터뷰 등 다양한 방식으로 자료를 수집할 수 있다. 또한, 전문 컨설팅 기관, 부동산 업체, 소상공인시장진흥공단에서 제공하는 상권분석 자료나 데이터를 활용하여 더 심층적인 분석을 진행할 수 있다(곽진만, 2023). 이를 통해 기업은 상권의 특성과 그에 따른 소비자 행동을 예측하고, 시장 진입 전략을 수립할 수 있다.

(1) 상권분석의 사례

상권분석은 일반적으로 개점 예정 위치의 특성과 주변 환경을 바탕으로 고객 유입 흐름을 분석한다. 이를 위해서는 주로 거리별 상권 구분을 통해 상권을 나눈다. 1차 상권은 매장 반경 100~500m이네, 해당 지역에 거주하는 고객이 유입고객의 약 60%를 차지한다.

2차 상권: 500~1km 이내, 유입고객의 약 25%가 거주하는 지역이며, 마지막으로, 3차 상권은 앞서 언급한 두 지역 외의 더 넓은 지역을 포함하며, 그 범위는 보통 1km 이상의 지역을 포괄한다(곽진만, 2023).

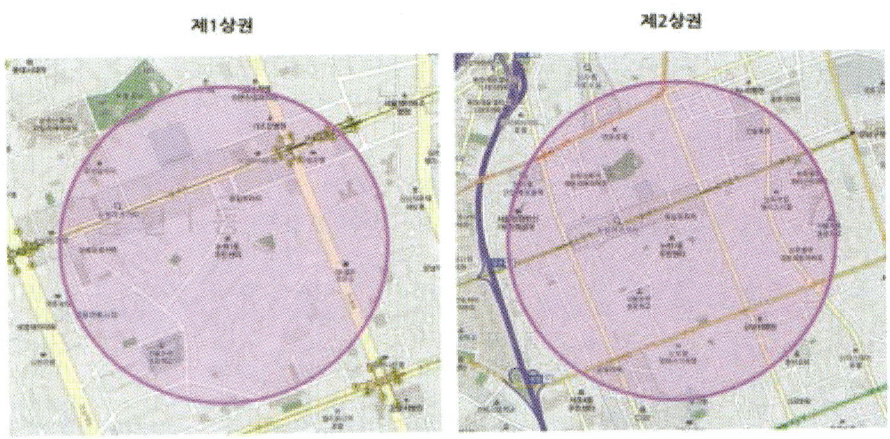

[그림 4-3] 상권분석(자료 출처: 소상공인시장진흥공단 상권정보)

상권분석은 이러한 구체적인 거리 범위별로 소비자의 패턴을 파악하고, 고객의 나이, 직업, 소득 수준 등 다양한 특성을 고려하여 나누어진 상권 내에서 어떤 제품이나 서비스가 성공할 가능성이 큰지 분석한다. 이를 통해 사업자는 매장의 입지 선정이나 마케팅 전략을 세울 때 더욱 효과적인 결정을 내릴 수 있다(곽진만, 2023). 예를 들어, 특정 지역의 유동인구가 많은 시간대나 주거 밀집도가 높은 구역을 파악함으로써, 매출을 극대화할 기회를 찾는 데 유용하다.

이와 같은 상권분석은 상업적 성공을 위한 중요한 기초 자료를 제공하며, 기업이 성공적인 매장 운영을 할 수 있도록 돕는다.

(가) 인구통계학적 분석

인구통계학적 분석은 나이, 직업, 인구 밀도, 성별, 가족 규모, 혼인 상태, 소득 수준, 종교, 가족 생활주기 상태, 학력, 지역, 기후, 주거 형태, 지역의 크기 등과 같은 통계적이고, 정량적으로 파악 가능한 요소들을 분석하는 것이다. 이를 통해 특정 지역이나 시장의 인구 구조와 특성을 명확히 이해할 수 있으며, 이 정보는 표적 시장을 정의하고, 마케팅 전략을 세울 때 매우 중요한 역할을 한다. 예를 들어, 특정 연령대나 소득 수준을 대상으로 한 제품 개발, 또는 기후와 관련된 특성에 맞춘 판매 전략 수립 등에서 활용된다. 이러한 분석은 소비자 행동의 패턴을 예측하고, 그에 맞는 맞춤형 서비스를 제공하는 데 도움이 된다.

상권명	구분	총인구수	연령대별 인구수						
			10세이하	10대	20대	30대	40대	50대	60대 이상
제1상권	전체	19,356 (100.0%)	871 (4.5%)	907 (4.69%)	3,744 (19.34%)	5,224 (26.99%)	3,085 (15.94%)	2,408 (12.44%)	3,117 (16.1%)
	남	8,952 (100.0%)	440 (4.92%)	479 (5.35%)	1,620 (18.1%)	2,344 (26.18%)	1,554 (17.36%)	1,122 (12.53%)	1,393 (15.56%)
	여	10,401 (100.0%)	432 (4.15%)	433 (4.16%)	2,120 (20.38%)	2,875 (27.64%)	1,527 (14.68%)	1,286 (12.36%)	1,728 (16.61%)

[그림 4-4] 상권분석의 예(자료 출처: 소상공인시장진흥공단 상권정보)

인구통계학적(Demographics) 분석을 통해 시장을 세분화하고, 목표 고객을 선정하는 과정은 목표 고객에 대한 대략적인 정보를 파악하고, 상대적 특성을 확인하는 데 중요한 역할을 한다. 이를 통해 나이, 성별, 소득 수준, 직업, 지역 특성 등 고객의 주요 특성을 이해할 수 있으며, 이러한 정보는 살롱의 콘셉트와 인테리어, 마케팅 전략 수립에 핵심적인 영향을 미친다. 예를 들어, 특정 연령대나 소득 수준을 대상으로 하는 프리미엄 살롱이나, 지역 특성에 맞춘 스타일링 서비스 제공 등을 고려할 수 있다. 따라서 이러한 분석은 브랜드 아이덴티티를 정의하고, 효율적인 고객 유치 및 유지 전략을 기획하는 데 기초가 된다.

(2) 점포의 입지와 점포요인 분석

점포의 입지와 점포요인 분석은 창업의 성공을 좌우하는 핵심 요소로, 사업의 성장 가능성과 지속적인 수익 창출에 큰 영향을 미친다. 점포입지의 지정학적 특성은 사업의 위치가 경제적 활동의 중심으로 어떤 역할을 할지에 대한 기본적인 틀을 제공한다.

업종	2015년 06월	2015년 12월	2016년 06월	2016년 12월	2017년 06월	2017년 12월
여성미용실	89	118	123	81	81	80
합계	89	118	123	81	81	80

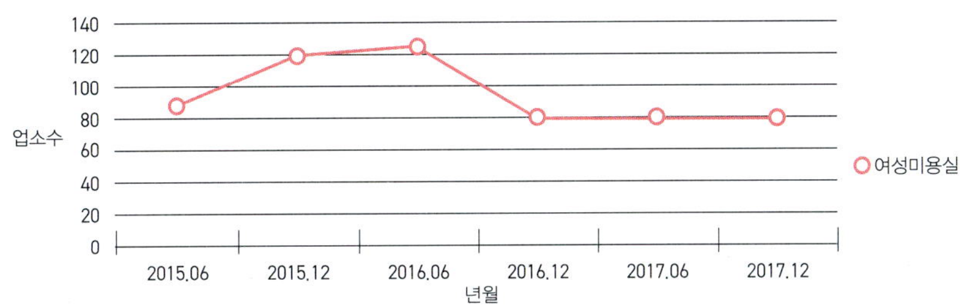

[그림 4-5] 상권분석의 예(자료 출처: 소상공인시장진흥공단 상권정보)

입지는 물리적이고 정적인 개념으로, 특정 지역 내에서 점포가 위치한 지리적 특성을 의미한다. 반면, 입지 선정은 동적이고, 시간적인 개념을 포함하며, 특정 장소를 선택하는 과정에서의 전략적 사고를 반영한다. 입지 선정은 고객 접근성, 경쟁 분석, 유동인구와의 관계, 그리고 특정 시간대에 맞춘 전략 등을 고려해야 하며, 이는 장기적으로 점포의 성공과 직결된다. 따라서, 점포의 입지와 점포요인 분석은 매출 성장과 시장 점유율 확대를 위해 매우 중요한 기준이 된다.

(가) 넬슨(Nelson)의 점포입지 8가지 원칙

점포입지 8가지 원칙은 창업자가 점포를 선정할 때 고려해야 할 중요한 요소들을 체계적으로 제시하며, 이는 점포의 성공 가능성을 높이는 데 중요한 기준이 된다.

각 원칙은 상권분석뿐만 아니라, 점포가 장기적으로 성장할 수 있는 전략적 방향을 제시하는 데 핵심적인 역할을 한다(Nelson, 1981).

1) 현재 상권 잠재력의 타당성

상권의 현재 상태뿐만 아니라 향후 발전 가능성에 대한 면밀한 분석을 통해, 해당 지역에서 사업을 지속할 가능성을 예측한다. 이는 사업이 진행되는 동안 상권 변화에 유연하게 대응할 수 있는 기반을 마련한다.

2) 상권에의 접근 가능성

고객들이 점포에 쉽게 접근할 수 있는지를 평가하는 중요한 요소이다. STP 전략(세그멘테이션, 타겟팅, 포지셔닝)을 활용하여, 타겟 고객층의 접근성 및 편리함을 분석한다.

3) 성장 가능성

해당 상권의 호재와 성장 요인들을 파악하여, 미래 성장 가능성을 예측한다. 이를 통해 점포의 장기적인 경쟁력을 확보할 수 있다.

4) 중간 저지성

기존 점포와 고객 간의 접근 경로를 차단할 수 있는 새로운 점포의 위치 선정이 중요하다. 중간에 새로운 점포가 자리를 잡으면, 기존 점포의 고객 유입을 방해할 수 있어서 이를 피해야 한다.

5) 누적적 흡입력

점포가 시간이 지남에 따라 고객을 지속적으로 끌어들일 수 있는지에 대한 가능성을 점검한다. 시간이 지날수록 점포의 고객 유입이 강화되도록 해야 한다.

6) 양립성

같은 유형의 업종이 인접할 경우 시너지를 낼 수 있다. 보완적인 관계에 있는 업종 간에 점포가 위치하면 서로의 고객을 유입할 수 있어 유리하다.

7) 경쟁 회피성

경쟁이 과도한 상권에서 점포를 개설하면 경쟁에서 밀릴 수 있다. 따라서 동일 업계의 경쟁자가 적은 상권을 선택하는 것이 유리하다.

8) 입지의 경제성

점포의 보증금, 임대료 및 권리금 등 경제적 요소를 고려해야 한다. 비용이 적은 입지는 초기 자금 부담을 줄여주지만, 너무 낮은 비용을 제시하는 상권은 경쟁력이 약할 수 있으므로 신중한 결정이 필요하다.

주요집객시설 (출처: 각급기관, 2017년 06월 기준)

● 주요/집객시설 현황

상권명	주요 시설				접객 시설			
	공공기관	금융기관	의료/복지	학교	대형유통	문화시설	숙박시설	교통시설
제1상권	2	18	81	10	84	5	6	0
제2상권	26	140	629	20	325	17	41	0

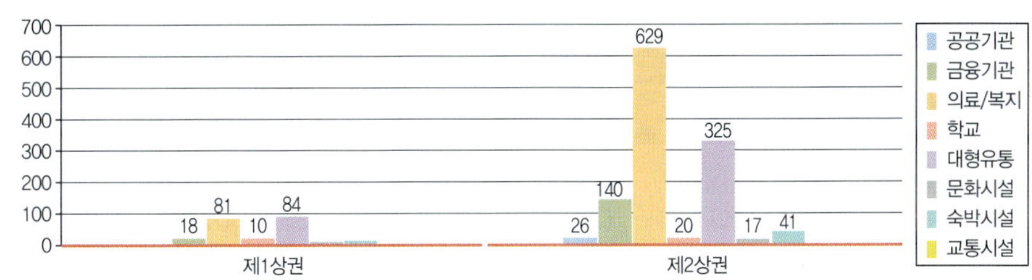

점포임대시세 (출처: 한국감정원 등, 2016년 12월 기준, 단위: 원, 제곱미터당 월 임대료)

● 지역별 평균 임대료 비교

지역	활성화 지역			비활성화 지역		
	지하	1층	2층 이상	지하	1층	2층 이상
강남구	27,097	37,612	34,159	20,815	32,340	27,301
서울	21,671	31,922	24,864	13,829	17,867	15,439
전국	13,006	17,480	12,025	9,427	13,336	7,783

● 인근 주요 상권 점포평균 임대시세

급지 구분	층수	면적	보증금(만원)	임대료(만원)	전세환산가(만원)	제곱미터당 월임대료(원)
활성화	지하	33.058m³	785	75	8,285	25,233
	1층	33.058m³	1,302	102	11,502	37,422
	2층 이상	33.058m³	1,120	87	9,820	29,202
비활성화	지하	33.058m³	656	62	6,856	18,449
	1층	33.058m³	1,215	81	9,315	27,439
	2층 이상	33.058m³	986	67	7,686	26,619

[그림 4-6] 상권분석의 예(자료 출처: 소상공인시장진흥공단 상권정보)

(3) 소비자 분석

1차, 2차 상권 내에서 유입 가능한 주요고객의 심리적 특성을 분석하는 것은 상권의 성공적인 운영을 위해 중요한 과정이다. 소비자 분석을 통해 각 상권 내에서 어떤 소비자들이 주로 유입될지, 이들이 어떤 구매 행동을 보일지에 대한 통찰을 얻을 수 있다. 특히, 심리적 특성을 분석함으로써 고객의 내면적인 요구와 선호를 이해하고, 그에 맞춘 마케팅 전략을 수립할 수 있다.

● 직장인구 현황

상권명	총인구 수	성별 인구 수		연령대별 인구 수				
		남	여	20대	30대	40대	50대	60대 이상
제1상권	31,943 (100.0%)	16,563 (51.85%)	15,440 (48.34%)	5,608 (17.56%)	11,435 (35.8%)	7,909 (24.76%)	3,870 (12.12%)	3,121 (9.77%)
제2상권	174,252 (100.0%)	88,746 (50.93%)	85,961 (49.27%)	31,165 (17.89%)	61,429 (35.25%)	43,842 (25.16%)	21,659 (12.43%)	16,157 (9.27%)

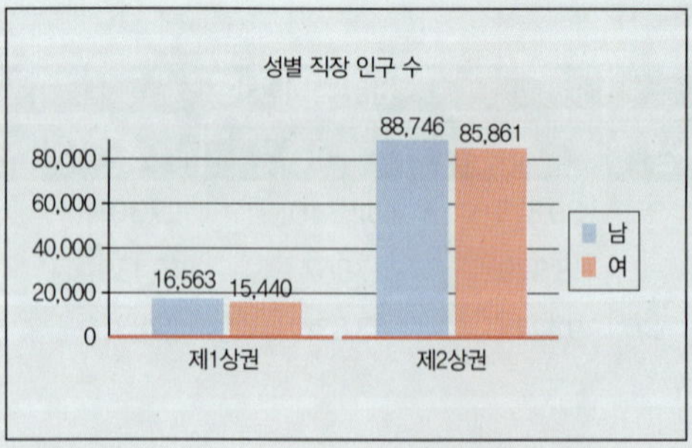

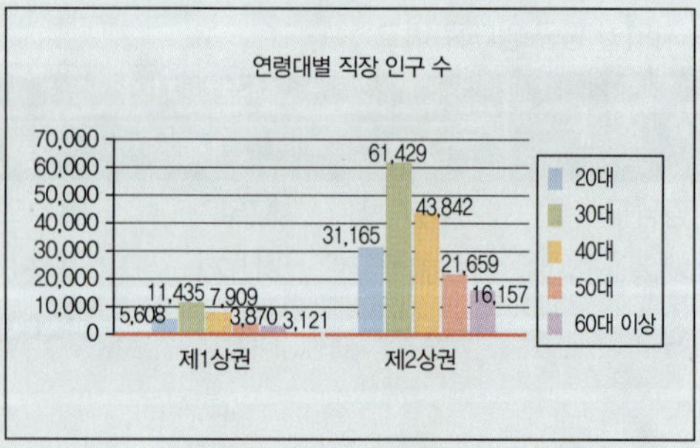

[그림 4-7] 상권분석의 예(자료 출처: 소상공인시장진흥공단 상권정보)

(가) 소비자의 심리학적 분석

소비자의 심리적 특성을 분석하는 것은 구매 행동을 예측하고, 제품이나 서비스에 대한 선호도를 이해하는 데 있어 핵심적인 역할을 한다. 단순한 관찰에 그치는 것이 아니라, 소비자 행동의 이면에 숨겨진 심리적 요인을 탐구함으로써 소비자에 대한 깊이 있는 통찰을 제공한다. 이러한 분석은 소비자들의 개성, 가치관, 동기, 생활 방식(Lifestyle), 그리고 제품이나 서비스에서 기대하는 편익에 대한 구체적인 이해를 가능하게 한다.

예를 들어, 동일한 연령대와 소득 수준을 가진 두 소비자라도 생활 방식과 가치관에 따라 선호하는 브랜드나 제품이 현저히 달라질 수 있다. 한 소비자는 실용성과 경제성을 중요시하는 반면, 다른 소비자는 개인의 표현과 프리미엄 경험을 더 중시할 수 있다. 이러한 차이는 단순한 인구통계학적 특성으로는 설명할 수 없으며, 심리적 분석을 통해서만 명확히 이해할 수 있다.

특히 심리적 분석은 소비자가 어떤 가치관을 따르고 무엇에 끌리며, 무엇을 가장 중요하게 여기는지를 파악하는 데 집중한다. 소비자가 제품을 선택할 때 느끼는 감정, 브랜드에 대해 형성된 신뢰, 그리고 구매 후 얻는 만족감 등이 이러한 분석의 주요 요소이다.

이러한 심리적 통찰은 기업이 보다 효과적인 마케팅 전략을 수립하는 데 중요한 역할을 한다. 기업은 소비자의 심리적 특성을 기반으로 차별화된 제품 개발, 개인화된 마케팅 메시지, 그리고 정서적 공감을 자극하는 브랜드 경험을 설계할 수 있다. 이를 통해 소비자와의 관계를 더욱 강화하고, 장기적으로 브랜드 충성도를 높일 수 있는 기반을 마련할 수 있다.

(나) 소비자 행동에 영향을 줄 수 있는 분석

소비자 행동은 여러 가지 요소들이 복합적으로 영향을 미친다. 이러한 요소들을 분석하려면 소비자들이 어떻게 의사결정을 내리는지, 구매 과정에서 어떤 외부 요인들이 영향을 미치는지, 그리고 구매 후 그들의 만족도나 재구매 의사 등에 관한 전반적인 이해가 필요하다. 소비자 행동을 분석하는 데 있어 고려해야 할 주요 요인은 다음과 같다.

1) 행동관습과 소비패턴

소비자들이 일반적으로 어떤 제품을 자주 구매하는지, 그리고 구매할 때 어떠한 패턴을 따르는지를 분석한다. 예를 들어, 특정 계절이나 이벤트에 따른 구매 패턴을 파악하면 마케팅 캠페인을 선정하는 데 유리하다.

2) 친구 관계와 사회적 영향

소비자들이 주위 사람들, 특히 친구나 가족, 동료들로부터 영향을 받는 경우가 많다. 이러한 사회적 관계망이 소비자 선택에 어떤 영향을 미치는지 분석하는 것이 중요하다.

3) 의사결정 형태와 영향력자

소비자가 제품을 구매할 때 그들의 결정을 내리는 과정에서 가장 중요한 역할을 하는 사람은 누구인지 파악한다. 예를 들어, 가정에서 소비자가 구매 결정을 내릴 때, 배우자나 부모 등의 의견이 큰 영향을 미칠 수 있다.

4) 여가활동과 매체 이용 형태

소비자들이 여가 시간에 어떤 활동을 즐기고, 어떤 매체를 주로 소비하는지에 대한 분석은 마케팅 전략 수립에 있어 핵심적인 역할을 한다. 예를 들어, 여가 시간에 스포츠 관람을 선호하는 소비자들에게는 스포츠 관련 콘텐츠를 활용한 광고가 효과적일 수 있으며, 소셜 미디어를 주로 사용하는 소비자들에게는 SNS 기반의 맞춤형 광고와 콘텐츠가 더욱 적합하다. 특히 스마트폰 사용 시간이 긴 소비자들에게는 모바일 광고, 푸시 알림, 또는 모바일 앱을 통한 개인화된 프로모션이 효과적일 가능성이 크다.

소비자 행동을 분석하는 과정에서는 개별 요소를 단순히 나열하거나 분리하여 이해하는 데 그치지 않고, 이러한 요소들이 소비자 결정 과정에서 어떤 방식으로 상호작용하는지를 종합적으로 분석하는 것이 중요하다. 예를 들어, 특정 소비자가 스마트폰을 통해 소셜 미디어 광고를 본 뒤, 친구들의 댓글을 통해 제품에 대한 신뢰를 형성하고, 최종적으로 온라인 쇼핑몰에서 구매를 완료하는 과정을 분석할 수 있다. 이 과정에서 소비자의 정보 탐색 습관, 사회적 영향, 그리고 구매 결정을 이끄는 동기 등이 중요한 분석 대상이 된다.

소비자 행동 분석을 통해 기업은 소비자들이 제품이나 서비스를 필요로 하는 이유를 더욱 명확히 이해할 수 있다. 또한, 소비자가 특정 브랜드를 선택하는 심리적, 정서적 요인과 해당 브랜드에 대한 태도 및 신뢰 형성 과정을 구체적으로 파악할 수 있다. 예를 들어, 프리미엄 제품을 선호하는 소비자에게는 고급스러운 브랜드 이미지를 강조하고, 가성비를 중시하는 소비자에게는 실용성과 경제적 가치를 부각하는 전략을 제시할 수 있다.

최종적으로, 소비자 행동 분석은 맞춤형 마케팅 전략을 설계하는 데 필수적인 기반이 된다. 기업은 소비자의 구매 행동과 선호도를 바탕으로 강점은 더욱 강화하고, 약점은 보완하는 전략을 마련할 수 있다. 예를 들어, 소비자가 구매를 망설이는 주된 이유가 배송 속도라면, 이를 개선하기 위한 빠른 배송 서비스 제공을 통해 경쟁력을 확보할 수 있다. 또한, 구매 후 만족도를 높이기 위해 사후 서비스나 리뷰 관리와 같은 추가적인 전략을 도입할 수도 있다.

이처럼 소비자 행동 분석은 단순한 데이터 수집이 아니라, 소비자의 심리와 행동에 대한 깊이 있는 이해를 바탕으로 기업이 장기적인 성공을 도모하는 데 필수적인 도구이다.

4-2 시장조사 방법론

1 시장 수요조사 테이터 분석

1. 시장 수요조사

시장 수요조사의 목표 설정은 기업의 전략적 방향을 제시하는 중요한 과정으로, 경제학의 수요 이론(Demand Theory)은 가격, 소득, 취향 등의 변화가 소비자 행동에 어떻게 영향을 미치는지를 설명하며, 이를 통해 기업은 시장과 소비자의 변화에 대응하는 전략을 세울 수 있다(Marshall, 1890).

(1) 수요이론(Demand Theory)

소비자의 수요를 가격, 소득, 선호도와 같은 주요 요소의 함수로 설명한다. 이는 경제학의 기초 이론 중 하나로, 가격 변화와 소득 변화가 소비자의 구매 결정을 어떻게 변화시키는지에 대한 중요한 통찰을 제공한다(Marshall, 1890).

(가) 가격 변화와 수요

가격이 하락하면, 일반적으로 수요는 증가하는 경향을 보인다. 이는 소비자들이 가격이 더 저렴한 제품을 선택하게 된다는 원리이다.

(나) 소득 변화와 수요

소비자의 소득이 증가하면 수요는 증가하는 경향이 있다. 즉, 더 많은 자원이 소비자에게 제공되면 그들은 더 많은 상품을 소비하려는 경향을 보인다.

(다) 선호도 변화와 수요

소비자의 취향이나 선호도가 변하면, 이 또한 수요에 영향을 미친다. 예를 들어, 특정 제품이나 브랜드가 인기를 끌면, 해당 제품의 수요는 증가할 수 있다.

(2) 목표 설정

목표 설정은 기업이 경제적 환경과 시장의 변화를 반영하여, 특정 시장이나 제품군에서 실현하고자 하는 결과를 명확하게 정의하는 과정이다. 이때 수요 이론은 기업이 효과적인 목표를 설정하는 데 필수적인 역할을 한다(Marshall, 1890).

(가) 수요 예측 및 목표 설정

기업은 수요 예측을 통해, 특정 제품이나 서비스에 대한 소비자의 수요가 어떻게 변할지를 예측한다. 예를 들어, 경제 상황 변화에 따라 소비자들의 지출 패턴이 어떻게 달라질지를 분석하여, 기업은 적절한 목표를 설정할 수 있다(Marshall, 1890).

(나) 제품 출시 및 가격 책정

시장의 수요를 예측한 후, 기업은 제품 출시 시점을 결정하고, 그에 맞는 가격 책정 전략을 수립할 수 있다. 가격 하락에 따른 수요 증가 예측을 통해, 가격 인하 전략을 세울 수 있으며, 소득 증가를 예측하고 프리미엄 제품의 시장을 공략할 수도 있다.

(다) 마케팅 전략 수립

기업은 마케팅 전략을 세울 때, 소비자의 선호도와 취향을 분석하고, 이를 바탕으로 맞춤형 광고, 프로모션 등을 기획할 수 있다. 예를 들어, 특정 계층의 소비자들이 가격에 민감하다면, 가격 인하나 할인 혜택을 통해 수요를 증가시킬 수 있다.

따라서 목표 설정은 단순히 내부적인 전략 수립에 그치는 것이 아니라, 경제적 변수를 고려하여 시장에서의 위치를 명확하게 하고, 실현 가능한 목표를 설정하는 중요한 과정이다. 수요 이론을 통해 변화하는 시장의 패턴을 정확하게 예측하고, 이에 맞는 목표를 설정하는 것이 성공적인 전략 수립의 핵심이라 할 수 있다.

2. 조사 설계

(1) 문제 정의

조사 목표를 명확히 설정하여 무엇을 조사할 것인지, 어떤 질문에 답을 할 것인지 정리한다. 이는 조사 과정의 방향을 결정하는 중요한 첫 단계이다.

(2) 표본 설계

표본 크기는 조사 결과의 정확성과 비용 사이에서 균형을 맞추어야 한다. 너무 작은 표본은 정확도가 떨어지고, 너무 큰 표본은 비용이 과다하게 발생할 수 있다.

(3) 표본 추출

조사대상자의 인구통계학적 특성과 표본 크기를 정의하여, 조사 대상이 연구하고자 하는 집단을 대표할 수 있도록 한다.

(4) 조사 도구개발

설문지, 인터뷰 가이드 등 자료수집을 위한 도구를 개발한다. 이는 조사 질문을 체계적으로 구성하여, 일관된 데이터를 얻는 데 중요하다.

(5) 윤리적 고려사항

① 개인정보 보호: 조사 응답자의 데이터는 익명성을 보장하여 보호해야 한다. 소비자의 개인정보는 동의 없이 유출되거나 사용되어서는 안 된다.

② 자발적 참여: 조사 목적과 데이터 사용 계획을 명시하여, 응답자가 자발적으로 참여할 수 있도록 해야 한다.

③ 사례: 페이스북(Facebook)은 데이터 유출 문제로 윤리적 조사의 중요성을 강조했으며, 이를 통해 개인정보 보호와 데이터 윤리에 대한 경각심을 일깨우게 되었다.

3. 자료수집

자료수집은 특정 목적을 달성하는 데 필요한 정보를 체계적으로 확보하는 과정이다. 이는 연구, 분석, 의사결정 등을 지원하기 위해 데이터나 정보를 수집하는 활동을 포함한다. 자료수집은 주로 두 가지 주요 단계로 나뉜다.

자료의 출처를 결정하는 과정에서는 필요한 정보가 내부에서 얻을 수 있는지, 아니면 외부에서 수집해야 하는지를 판단한다. 다음으로 자료를 수집하는 방법을 선택한다.

결과적으로 자료수집은 중요한 의사결정에 필요한 기초 정보를 제공하며, 이를 통해 분석과 전략 수립이 가능해진다.

(가) 내부 데이터

기업의 판매 데이터, 고객 정보, 제품 사용 데이터는 관계형 데이터베이스 관리 시스템(RDBMS, Relational DataBase Management System)을 통해 수집된다. RDBMS는 데이터를 효율적으로 저장하고 관리하며, 빠르게 데이터를 추출할 수 있게 해준다. 이러한 데이터베이스 시스템은 기업들이 고객 행동 분석, 판매 트렌드 분석 및 제품 선호도를 파악할 수 있는 중요한 도구로 활용된다(Date, 2004).

(나) 외부 데이터

경쟁사 동향, 경제 지표, 사회적 트렌드는 시장 구조 이론(Market Structure Theory)에 따라 수집된다. 시장 내 경쟁 상황과 기업 간 상호작용을 설명한다. 이를 통해 기업은 경쟁사 분석 및 시장의 경쟁적 환경을 이해할 수 있다. 또한 게임 이론(Game Theory)을 활용하여 경쟁사와의 상호작용을 예측하고 전략을 수립할 수 있다(Tirole, 1988).

4. 데이터 정제

데이터 정제 및 준비의 이론적 배경은 통계학적 방법론과 자료 분석 이론(Data

Consistency Theory)을 기반으로 한다. 이는 수집된 데이터를 분석에 적합하게 만들기 위한 필수적인 과정이다. 데이터 정제 과정은 불완전한 데이터나 부정확한 데이터를 수정하고, 분석에 적합한 형태로 변환하는 것이다.

(1) 결측값 처리

결측값 처리 이론에는 여러 방법론이 존재한다. 가장 널리 사용되는 방법은 최대우도법(MLE, Maximum Likelihood Estimation)이다. 최대우도법은 결측 데이터를 추정하여 가장 가능성 있는 값을 찾는 방법으로, 데이터의 분포를 가정하여 결측값을 추정한다.

다중 대체법(Multiple Imputation)은 결측값을 여러 번 대체하여 여러 개의 가능한 값을 생성하고, 이후 이를 종합적으로 분석하여 더 신뢰할 수 있는 추정값을 도출한다. 이 방법은 결측값 처리 시 불확실성을 반영할 수 있어 더 정확한 분석을 가능하게 한다(Rubin, 1987).

알아두기 우도(尤度)는 가능도(可能度), 영어로 likelihood로 확률 분포의 모수가 어떤 확률변수의 표집값과 일관되는 정도를 의미하며, 그 값이 최대화된 값.

(2) 정합성 검토

데이터 정합성을 유지하려면 정확한 데이터 처리가 필수적이다. 이를 위해 통계적 품질 관리(Statistical Quality Control, SQC) 기법이 활용된다. 통계적 품질 관리는 데이터의 품질을 높이는 방법으로, 표본 검사, 변동 분석 등을 통해 데이터의 오류를 탐지하고 수정한다. 이를 통해 데이터의 정확성과 신뢰성을 확보할 수 있다.

자료 정합성 검사(Data Consistency Check)를 통해 데이터의 일관성을 보장해야 한다. 이는 데이터 간의 상호 관계가 올바르게 설정되어 있는지, 예상된 범위 내에서 값이 입력되었는지 등을 검토하는 과정이다. 정합성 검사를 통해 오류나 중복된 데이터를 제거하고, 분석에 적합한 데이터만을 사용할 수 있다(Montgomery, 2009).

데이터 정제 및 준비는 분석의 품질을 높이는 데 필수적인 과정이다. 결측값 처리와 정합성 검토는 데이터를 정확하고 일관되게 유지하며, 분석 결과의 신뢰성을 확보하는 데 중요한 역할을 한다. 이를 통해 데이터 분석의 정확도를 높일 수 있다.

5. 데이터 분석

데이터 분석의 근거는 기초 통계학 이론, 회귀분석 이론, 시계열 분석 이론, 군집 분석 이론 등 다양한 통계적 기법에 기반한다. 데이터 분석은 시장의 특성을 파악하고, 예측 모델을 구축하며, 의사결정을 위한 근거를 제공하는 핵심적인 과정이다.

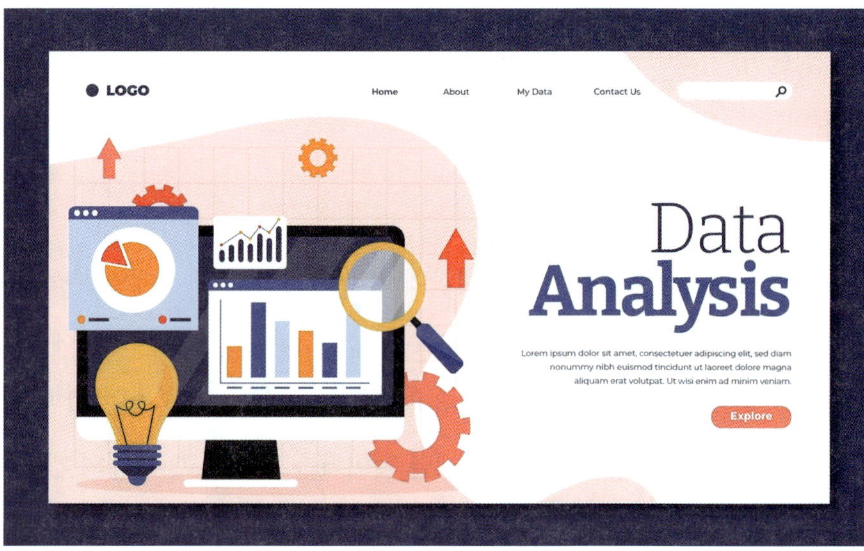

[그림 4-8] 시장 수요 테이터 분석

(1) 통계 분석

기본적인 통계적 분석은 기초 통계학 이론에 기반하여, 데이터를 요약하고 분포를 이해하는 데 사용된다. 주요 기법으로는 평균, 중앙값, 분산, 표준편차 등이 있으며, 이를 통해 데이터의 중심 경향성과 분포의 퍼짐 정도를 파악할 수 있다. 또한 정규분포나 이항분포와 같은 확률 분포를 사용하여 데이터의 패턴을 분석할 수 있다. 예를 들어, 고객의 구매 패턴이 정규분포를 따른다고 가정하면, 평균 구매 금액과 표준편차를 통해 고객의 구매 경향을 예측할 수 있다(Freund, & Walpole, 2007).

(2) 회귀 분석

회귀 분석 이론에서는 선형 회귀 모델과 비선형 회귀 모델을 사용하여 변수 간의 관계를 수학적으로 설명한다. 선형 회귀 모델은 독립 변수와 종속 변수 간의 관계를 직선으로 설명하며, 예를 들어, 가격과 수요 간의 관계를 설명할 때, 가격이 오르면 수요가 감소하는 경향을 분석할 수 있다. 이를 위해 최소제곱법(OLS)을 사용하여 회귀 계수를 추정하고, 모델의 적합도를 평가한다.

비선형 회귀 모델은 선형 관계가 아닌 경우 사용되며, 곡선 형태의 관계를 설명한다. 예를 들어, 가격이 증가하면 수요가 감소하지만, 특정 범위에서는 비선형적인 감소가 일어날 수 있다(Montgomery & Peck, 2001).

(3) 시계열 분석

시장 수요와 같은 경제적 변수들은 시간에 따라 변동하므로, 시계열 분석 이론이 매우 중요하다. ARIMA(Autoregressive Integrated Moving Average) 모델은 시간에 따른 데이터를 모델링하여 예측을 수행하는 데 유용하다. ARIMA 모델은 자기회귀(AR), 차분(I), 이동평균(MA) 요소를 결합하여, 시계열 데이터를 분석하고, 미래의 값을 예측할 수 있다. 예를 들어, 지난 2년 동안의 판매 데이터를 기반으로 ARIMA 모델을 사용하여, 내년의 판매량을 예측할 수 있다(Box et al., 2015).

(4) 군집 분석

군집 분석은 데이터를 그룹화하여 시장 세분화를 이해하는 데 사용된다. 군집 분석 이론은 고객의 특성을 유사한 그룹으로 묶어 각 세분화에 맞는 전략을 세울 수 있도록 돕는다. K-means 군집화는 데이터를 K개의 군집으로 나누는 대표적인 방법으로, 각 군집 내의 데이터는 유사하고 군집 간의 차이는 최대화하는 방식으로 작동한다. 또한 층화 샘플링을 통해 데이터의 각 층을 구분하여 분석할 수도 있다. 군집 분석을 통해 가격 민감도, 브랜드 충성도 등 다양한 특성에 따라 고객을 구분하고, 각 그룹에 맞는 마케팅 전략을 수립할 수 있다(Everitt & Hothorn, 2011).

데이터 분석은 다양한 통계적 기법을 활용하여, 데이터를 이해하고 예측하는 데 필수적인 과정이다. 통계 분석, 회귀 분석, 시계열 분석, 군집 분석 등의 방법을 통해 시장의 패턴과 관계를 명확히 파악할 수 있으며, 이를 기반으로 더 나은 의사결정을 할 수 있다. 데이터 분석은 기업의 전략적 방향을 설정하는 데 중요한 역할을 한다.

6. 자료 분석 도구

(1) 액셀(Excel)과 구글시트(Google Sheets)

Excel과 Google Sheets는 기본적인 데이터 분석 도구로, 그 사용의 용이성과 직관성 덕분에 널리 사용된다.

Excel은 함수와 피벗 테이블, 차트 도구 등을 통해 데이터를 정리하고, 계산하며, 결과를 시각적으로 나타낼 수 있다. 예를 들어, AVERAGE(평균값), MEDIAN(중앙값), STDEV(표준편차)와 같은 기본적인 통계 함수를 통해 데이터의 중심 경향성과 변동성을 파악할 수 있다.

Google Sheets는 Excel과 유사하지만, 클라우드 기반으로 실시간 협업과 데이터 공유에 유리하다. 또한 Excel에서 제공하는 기능 대부분을 그대로 지원한다.

① 장점: 데이터의 기본적인 분석 및 시각화에 매우 유용하고, 사용법이 간단하다.

② 단점: 대규모 데이터셋에 대한 처리나 고급 통계분석에 한계가 있다.

(2) R 또는 (파이썬)Python

R과 Python은 데이터 과학과 통계분석에 널리 사용되는 프로그래밍 언어로, 고급 분석을 처리할 수 있는 강력한 기능을 제공한다.

R은 통계분석에 특화된 언어로, 지지플롯2(ggplot2)와 디플라이알(dplyr) 등 다양한

라이브러리를 통해 데이터 분석 및 시각화, 데이터 처리 기능을 제공한다. 예를 들어, R에서는 회귀 분석, 군집 분석, 시계열 분석 등 복잡한 분석을 수행할 수 있다.

Python은 팬더스(Pandas)와 넘피(NumPy) 라이브러리로 데이터를 효율적으로 처리하고, 사이파이(SciPy)를 통해 수학적 계산과 고급 통계분석을 할 수 있다. 또한 맷플롯립(Matplotlib)과 씨본(Seaborn)을 사용하여 분석 결과를 시각화할 수 있다.

① 장점: 고급 분석과 복잡한 데이터 처리에 강력하며, 다양한 라이브러리와 커뮤니티 지원이 있다.

② 단점: 프로그래밍 지식이 필요하여 사용하기 어려운 점이 있을 수 있다.

(3) SPSS(Statistical Package for the Social Sciences, 사회과학통계패키지)

SPSS는 사회과학 연구에서 주로 사용되는 통계 분석 소프트웨어로, 사용하기 쉬운 그래픽 사용자 인터페이스(GUI)를 제공하여, 통계적 분석을 손쉽게 수행할 수 있게 해준다. 회귀 분석, 분산 분석(ANOVA), 상관 분석 등의 고급 통계 분석을 지원하며, 결과를 시각적으로 표현하거나, 보고서 형식으로 출력할 수 있다. 또한 SPSS Statistics는 시장 조사, 사회과학 연구, 심리학적 연구에서 널리 사용된다.

① 장점: 직관적인 사용법을 제공하여, 비전문가도 쉽게 사용할 수 있다.

② 단점: 상용 소프트웨어이기 때문에 구매 비용이 발생하며, 일부 고급 분석 기능에는 제한이 있을 수 있다.

(4) 매트랩(MATLAB)

MATLAB은 고급 수학적 계산과 수치해석을 위한 소프트웨어로, 주로 공학과 과학 연구에서 많이 사용된다.

MATLAB은 행렬 연산과 수학적 모형화에 강력한 기능을 제공하며, 시계열 분석, 확률 모형화, 데이터 시각화와 같은 고급 분석을 할 수 있다. 또한 MATLAB은 ARIMA(시계열 분석 및 시계열의 가능한 미랫값을 예측, Autoregressive Integrated Moving Average) 모델과 같은 복잡한 시간 시계열 예측 분석을 수행하는 데 유용하다. 이 외에도 시뮬링크(Simulink)와 같은 툴박스를 통해 복잡한 시스템 모델링을 수행할 수 있다.

① 장점: 고급 수학적 분석에 강력하며, 특히 공학적 및 과학적 연구에 적합하다.

② 단점: 가격이 비싸며, 프로그래밍 경험이 없는 사람에게는 사용이 어려울 수 있다.

(5) 미니탭(Minitab)

Minitab은 품질 관리 및 통계 분석을 위한 소프트웨어로, 주로 제조업 및 품질 관리 분야에서 널리 사용된다. 이는 품질 관리 도구(예: 관리도, 생산성 분석)와 기본 통계 분석을 제공하며, 회귀 분석, 가설 검정, 변량 분석(ANOVA) 등을 통해 다양한 통계적 분석을 수행할 수 있다. 또한 제조업체나 품질 관리 담당자가 효율적으로 문제를 해결하고 품질개선을 할 수 있도록 돕는다.

① 장점: 품질 관리 및 간단한 통계분석에 매우 유용하며, 사용이 쉽다.

② 단점: 다른 고급 분석 도구들보다 분석의 범위가 좁을 수 있다.

이와 같은 분석 도구들은 각기 다른 특성과 목적이 있어, 분석하려는 데이터의 특성, 분석의 깊이, 사용자의 기술 수준에 따라 적절한 도구를 선택하여 사용해야 한다.

2 시장과 고객의 연결 고리 찾기

1. 시장 수요 예측 분석

(1) 시장 수요 예측

시장 수요 예측은 소비자의 행동을 예측하고 시장의 변화를 이해하기 위한 중요한 과정이다. 이를 위해 다양한 이론과 방법론이 사용되며, 여기에는 머신러닝 이론, 시계열 예측 이론, 가격 탄력성 이론 등이 포함된다.

(가) 머신러닝 모델

머신러닝은 시장 수요 예측에서 강력한 도구로 사용된다. 특히 비선형 관계를 설명하는 데 효과적인 결정 트리(Decision Trees)와 랜덤 포레스트(Random Forest) 같은 알고리즘이 자주 사용된다. 결정 트리는 데이터를 계층적으로 분류하여 이해하기 쉽게 시각화할 수 있으며, 랜덤 포레스트는 다수의 결정 트리를 결합하여 예측의 정확성과 안정성을 높인다. 예를 들어, 소비자 행동에 영향을 미치는 요인으로 가격, 광고 노출 빈도, 계절성을 분석할 때 머신러닝 모델은 요인 간 복잡한 상호작용을 효과적으로 설명할 수 있다.

(나) 시계열 예측

시계열 예측은 과거 데이터를 기반으로 미래의 수요를 예측하는 데 초점을 맞춘다. ARIMA 모델은 자기회귀(AR), 차분(I), 이동평균(MA) 요소를 결합하여 데이터의 계절성과 트렌드 요소를 반영할 수 있다. 예를 들어, 특정 제품의 매출 데이터에서 계절적 변동을 고려하여 향후 수요를 예측할 때 유용하다. 지수 평활법(Exponential Smoothing)은 최근 데이터를 더 많이 반영하여 변화에 빠르게 대응할 수 있는 예측 기법으로, 단기 수요 예측에 적합하다.

(다) 가격 탄력성

가격 탄력성(Price Elasticity of Demand)은 가격 변화가 수요에 미치는 영향을 정량적으로 평가하는 방법이다. 탄력성이 높은 제품은 가격 변화에 민감하여 수요가 크게 변하지만, 탄력성이 낮은 제품은 가격 변화에 대한 반응이 상대적으로 적다. 이를 활용하면 특정 가격 전략이 수요에 미칠 영향을 예측할 수 있다. 예를 들어, 가격을 10% 인하했을 때 예상되는 수요 증가율을 계산하고, 이를 마케팅 및 가격 정책 수립에 반영할 수 있다.

시장 수요 예측은 위와 같은 다양한 이론과 방법을 통합하여 진행하며, 이를 통해 소비자 행동을 명확히 이해하고 시장 전략을 최적화할 수 있다.

2. 시장 수요 분석 결과

(1) 결과 분석

결과 해석은 데이터 분석에서 도출된 결과를 바탕으로 시장의 흐름을 이해하고 이를 전략에 반영하기 위한 중요한 단계이다. 이 과정은 사회적 네트워크 분석(SNA, Social Network Analysis)과 시장 세분화 이론(Market Segmentation Theory)을 기반한다.

(2) 시장 동향 파악

사회적 네트워크 분석(SNA)은 소비자와 기업 간의 관계망을 분석하여, 시장의 전반적인 동향을 이해하는 데 사용된다. 예를 들어, 특정 제품이나 서비스가 소셜 미디어에서 어떻게 언급되고 공유되는지를 분석하면, 시장에서의 인기와 트렌드를 파악할 수 있다. 또한 사회적 네트워크 분석을 통해 영향력이 큰 소비자(Influencers)를 식별하고 이들을 중심으로 한 마케팅 전략을 수립할 수 있다(Borgatti et al., 2018).

(3) 세분화 분석

시장 세분화 이론(Market Segmentation Theory)은 다양한 소비자 그룹의 특성을 이해하고, 각 그룹에 맞는 맞춤형 전략을 제시하는 데 유용하다. 예를 들어, 가격에 민감한 소비자 그룹은 프로모션이나 할인 정책을 통해 공략하고, 품질을 중요시하는 그룹에는 프리미엄 제품을 강조하는 전략을 채택할 수 있다. 이를 통해 각 세분화된 고객의 요구에 맞는 서비스를 제공함으로써 고객의 만족도를 높일 수 있다(Kotler & Keller, 2016).

3. 전략 수립

결과 해석을 바탕으로 기업은 구체적인 실행 전략을 수립하며, 이 과정에서 제품/서비스 개선, 가격 전략과 같은 다양한 요소를 고려한다. 이를 통해 데이터 분석과 이론적 근거를 기반으로 한 체계적인 전략 분석방법이 가능하다.

(1) 제품/서비스 개선

제품 또는 서비스 개선은 혁신이론(Innovation Theory)과 기술 수용 이론(Technology Adoption Theory)을 기반으로 하여, 시장 변화에 유연하게 대응하는 방안을 도출하는 과정이다(Drucker, 1985). 혁신이론은 제품과 서비스의 기능을 개선하거나 새로운 기술을 도입하여, 시장의 경쟁력을 확보하는 데 초점을 맞춘다. 예를 들어, 신기술을 기반으로 한 제품 개발은 기술 수용 이론을 통해 소비자들이 기술을 받아들이는 과정을 분석하여, 최적의 도입 시기를 결정한다. 이 접근법은 특히 기술 혁신이 중요한 IT, 전자기기, 바이오산업에서 효과적으로 활용된다(Rogers, 2003).

(2) 가격 전략

가격 전략은 시장의 수요와 공급, 소비자의 민감도를 반영하여, 최적의 가격 정책을 수립하는 과정을 포함한다. 특히 가격 탄력성(Price Elasticity of Demand) 분석은 가격 변화에 따른 수요 변동을 이해하는 데 중요한 역할을 한다(Varian, 2014).

① 탄력성이 높은 시장: 가격 인하 정책을 통해 소비자의 구매를 유도하고, 매출을 극대화할 수 있다. 예를 들어, 대규모 할인 행사나 한정 프로모션은 이러한 시장에서 효과적이다(Nagle et al., 2016).

② 탄력성이 낮은 시장: 품질, 브랜드 이미지, 독창성 등을 강조하여 소비자 충성도를 강화하는 전략이 유효하다.

이와 같은 시장에서는 가격 상승이 매출에 미치는 영향이 상대적으로 적으므로, 고급화 전략이나 프리미엄 가격 설정이 가능하다(Nagle et al., 2016).

(3) 마케팅 전략

차별화(Positioning) 이론과 STP(Segmentation, Targeting, Positioning) 전략은 시장을 세분화하고, 각 세분된 고객의 요구를 충족시키는 맞춤형 마케팅을 가능하게 한다. 예를 들어, 고급 제품 시장에서는 "프리미엄" 이미지를 강조하는 반면, 대중 시장에서는 가성비를 강조하는 차별화를 활용할 수 있다. 이를 통해 소비자의 마음속에 차별화된 이미지를 구축할 수 있다.

데이터 기반 시장 수요 분석은 경제학, 통계학, 경영학, 데이터 과학 등 다양한 학문적 이론을 바탕으로 수행된다. 이를 통해 기업은 시장을 보다 정확하게 이해하고, 최적의 전략을 수립할 수 있다. 데이터 분석과 이론적 근거를 결합한 전략적 접근은 기업 경쟁력을 높이는 데 기여한다.

4-3 경쟁환경 분석기법

1 경쟁환경 분석

경쟁사가 제공하는 제품이나 서비스를 분석하여, 자사의 차별화된 점을 찾고, 시장에서 경쟁우위를 확보할 수 있는 전략을 개발한다. 예컨대 경쟁업체들이 제공하는 가격, 품질, 기능 등을 분석하고, 자사의 제품이 어떻게 더 나은지 또는 고객의 욕구를 더 잘 충족시킬 수 있는지를 방안을 도출한다.

[그림 4-9] SWOT 분석 매트릭스

1. SWOT 분석기법

기업의 환경 분석을 통해 강점(Strength)과 약점(Weakness), 기회(Opportunity)와 위협(Threat) 요인을 규정하고 이를 토대로 전략을 수립하는 기법이다. 앞글자를 따서 합성된 단어이며, 이를 통해 경쟁사의 강점(S), 약점(W), 기회(O), 위협(T)을 분석하여 경쟁 환경을 이해하고 자사의 경쟁력을 높이는 방법을 모색한다.

① 강점(S): 다른 기업과 차별되는 우위의 내적 역량을 의미한다.

② 약점(W): 기업의 경쟁업체보다 경쟁 열위로 지닌 내적 특성을 의미한다.

③ 기회(O): 기업에 중요한 편익을 주는 환경과 사건 등을 의미한다.

④ 위협(T): 기업에 중대한 손상을 주게 되는 환경과 사건 등을 의미한다.

즉, SWOT 분석은 환경요인에 대하여 내부능력요인을 전개함으로써 전략적 대응을 모색하려는 최적의 기법이다.

기업이 당면한 환경 및 상황과 자신의 능력을 파악한 후 대응방안을 모색하기 위한 전략기법이다. 목표와 비전을 함께 고려하여, 조직의 강점과 약점, 기회와 위협요인에 대해 지속적으로 분석과 재평가를 하고 반영할 수 있어야 한다.

예를 들어 대형 프랜차이즈인 스타벅스의 SWOT 분석에서 강점은 브랜드 인지도, 약점은 높은 가격대, 기회는 친환경 제품 수요 증가, 위협은 지역 커피숍의 저가 경쟁 등이 될 수 있다.

(1) 내부 환경요인

(가) 강점(Strength)

외부기회를 이용하거나 위험요소를 최소화하기 위해 사용할 수 있는 보유한 자원 또는 능력을 의미한다. 강점은 기업이 경쟁에서 우위를 점할 수 있는 중요한 요소로 작용한다.

- 다른 기업(또는 경쟁자)과 비교하여 사업의 확장 가능성이 월등히 높은가?
- 위험을 피하거나 최소화할 수 있는 전략이 도출되는가?

이를 통해 강점은 기업의 경쟁력을 높이고, 시장에서의 위치를 확고히 할 수 있는 중요한 자원이다.

(나) 약점(Weakness)

목표를 달성하는 데 있어 기업의 능력을 저해하거나 실패를 초래할 수 있는 자원이나 능력의 결핍을 의미한다. 약점은 경쟁사에 취약점을 노출할 수 있는 요소로 작용할 수 있다.

- 강점으로 인식되는 것은 무엇인가?
- 약점으로 인식되는 것은 무엇인가?

약점을 인식하고 이를 극복하려는 전략을 마련하는 것이 중요하다. 이를 통해 기업은 자사 제품이나 서비스를 개선할 수 있으며, 목표 달성에 더 가까워질 수 있다.

위의 질문들을 통해 강점과 약점을 명확히 구분하고, 정리하는 것이 중요하다. 이를 바탕으로 기업의 전략을 수립하고, 내부적인 개선점을 도출할 수 있다.

(2) 외부 환경요인

(가) 기회(Opportunity)

기업이나 조직이 사업이나 시장을 확장하거나 개선할 수 있는 능력을 의미한다. 기회는 기업이 자사의 강점을 집중하여, 이익을 극대화할 수 있는 영역으로, 이를 활용하여 경쟁우위를 점할 수 있다.

- 유리한 기회의 요인은 무엇인가?

기회를 잘 활용하는 기업은 시장에서 빠르게 성장할 수 있으며, 더 많은 이익을 얻을 수 있다. 기업은 기회를 탐색하고 이에 집중하여 성장을 이끌어낼 수 있다.

(나) 위협(Threat)

경쟁사가 자사의 약점을 이용하여 경쟁에서 우위를 점할 수 있는 영역을 의미한다. 외부 환경에서 발생할 수 있는 위험요소는 기업에 큰 도전이 될 수 있다. 따라서 이를 인식하고 대비하는 것이 중요하다.

- 불리한 위협의 요인은 무엇인가?

위협을 파악하여 미리 대응방안을 마련하는 것은 경쟁력을 유지하는 데 중요한 역할을 한다. 기업은 외부 환경의 변화에 민감하게 반응하고, 위협을 최소화할 전략을 수립해야 한다.

위의 질문들을 통해 기회와 위협요인을 구분하고, 자사에 미치는 영향을 분석함으로써 외부 환경에 대한 전략적 대응을 할 수 있다. 이를 바탕으로 기업은 더 나은 의사결정을 내릴 수 있으며, 지속 가능한 성장을 이룰 수 있다.

(3) SWOT 분석을 통한 전략 수립

(가) SO 전략: 공격전략

강점을 가지고 기회를 살리는 전략, 전략상 가장 유리한 전략이며, 기업이 가진 장점이 있고 외부환경의 기회를 활용하여 목표를 원활히 달성할 방안이다.

(나) ST 전략: 위험 회피전략

강점을 활용해 위협을 회피하거나 최소화하는 전략이며, 자신의 강점을 이용하여 시장의 좋지 않은 상태를 극복할 방안을 말한다.

(다) WO 전략: 공격전략 및 포기전략

약점을 보완하여 기회를 살리는 전략, 자신이 가지고 있는 것은 불리한 약점을 보완할 것인지, 아니면 포기할 것인지에 대하여 결정하는 것이라 할 수 있다. 만약 약점을 보완하는 데 어려움이 있고 그 한계가 있다면 보완을 하기보다 포기하는 것이 효율적이다.

(라) WT 전략: 방어전략

약점을 보완하여 위협을 회피 또는 최소화하는 전략과 약점을 강점으로 최대한 커버하여 위협을 회피하는 전략을 말한다. 위 내용을 중심으로 전략을 수립하고, 각 요인 간의 관계와 중요도를 파악하며, 구체적인 전략을 수립할 수 있다. 최종적인 전략선택에 고려되어야 할 부분은 전략적 중요도가 높고 긴급하게 추진해야 한다. 전략적 중요도가 높고 자원투입 정도가 낮은 전략을 선택하는 것이 바람직하다.

(마) SWOT 분석 시 3가지 오류

SWOT 분석은 조직의 전략적 의사결정을 지원하는 중요한 도구이지만, 이를 잘못 활용하면 잘못된 결론을 도출할 수 있다. 특히, 다음과 같은 세 가지 오류를 피하는 것이 중요하다.

1) 기회와 위협 요소에 내부환경을 포함하는 경우

기회와 위협은 외부환경에서 발생하는 요소로, 기업이 직접 통제할 수 없는 요소이다. 따라서 기회와 위협 항목에 기업의 내부환경을 포함하는 것은 오류가 될 수 있다. 내부환경은 기업이 통제할 수 있는 부분이므로, 이를 분석할 때는 강점과 약점 항목에 포함해야 한다. 외부환경에서 발생하는 기회와 위협 요소를 정확히 파악하고, 내부환경과의 혼동을 피하는 것이 중요하다.

2) 4가지 요소에 가정적인 시나리오를 포함한 경우

SWOT 분석은 실질적인 데이터와 분석을 바탕으로 해야 한다. "만약~~~ 한다면"과 같은 가정적인 시나리오를 포함하는 것은 분석의 정확성을 떨어뜨린다. SWOT 분석은 현재와 과거의 실제 데이터에 근거하여 강점, 약점, 기회, 위협을 도출하는 것이며, 가정이나 추측을 포함해서는 실질적인 전략을 수립하는데 어려움을 겪을 수 있다. 이로 인해 불확실한 상황에 대비한 분석이 아닌, 잘못된 예측에 근거한 계획이 수립될 수 있다.

3) 경쟁 우위적 요소가 아닌 능력을 강점에 포함한 경우

회사가 잘하고 있는 점이나 잘할 수 있는 점을 강점으로 보는 것은 오해를 불러일으킬 수 있다. 강점 항목은 경쟁우위를 제공하는 요소여야 하며, 이를 통해 시장에서 다른 기업들과 차별화될 수 있어야 한다. 단순히 기업이 잘하는 활동이 강점으로 포함되면, 실제 경쟁우위와는 관계없는 내용이 분석에 포함되어, 전략적으로 유효하지 않은 방향으로 자원이 투입될 수 있다. 경쟁 우위적 요소가 아닌 능력을 강점에 포함하는 것은 기업의 자원을 비효율적으로 배분하는 결과를 초래할 수 있다.

SWOT 분석이 잘못되면, 기업은 잘못된 전략적 결정을 내리게 되고, 이는 자원의 낭비나 비효율적인 경영으로 이어질 수 있다. 따라서, 각 요소를 정확하게 정의하고 분석하는 것이 성공적인 전략 수립을 위해 매우 중요하다.

(4) 경쟁자 맵핑

경쟁자들을 경쟁력(가격, 품질, 혁신 등)에 따라 시각적으로 배치하여 시장에서의 상대적 위치를 파악한다. 이는 자사의 시장 위치를 분석하고, 어디에 집중해야 할지 결정하는 데 도움을 준다.

① 스마트폰 시장에서 애플(Apple), 삼성(Samsung), 화웨이(Huawei)를 가격대와 품질에 따라 구분하여 경쟁 상황을 맵핑한다.

2. 포터의 5 Forces 분석기법(Porter's 5 Forces)

포터의 5 Forces는 경쟁 분석 모델로, 특정 산업에서 경쟁 강도와 기업이 처한 경쟁 환경을 이해하는 데 유용한 기법이다. 이 모델은 산업의 경쟁 강도를 결정하는 다섯 가지 주요 요소를 분석한다(Porter, 2008).

(1) Porter's 5 Forces

(가) 산업 내 경쟁 강도(Industry Rivalry)

산업 내에서 동일한 기업들이 서로 경쟁하는 강도를 의미한다. 경쟁이 심할수록 기업들의 수익성은 낮아지고, 가격 전쟁과 마케팅 경쟁이 치열해진다.

(나) 공급자의 협상력(Bargaining Power of Suppliers)

원자재나 중요한 부품을 공급하는 공급자들이 가격이나 조건을 조정할 수 있는 능력을 의미한다. 공급자의 수가 적고, 대체 가능한 공급자가 적을 경우, 공급자의 협상력이 강해진다.

(다) 구매자의 협상력(Bargaining Power of Buyers)

소비자나 고객이 가격이나 품질에 대해 협상할 수 있는 능력을 의미한다. 구매자가 많거나 대체 가능한 제품이 많으면 구매자의 협상력이 강해진다.

(라) 대체 제품의 위협(Threat of Substitutes)

소비자에게 같은 니즈를 충족시키는 대체 제품이 시장에 등장할 경우 기존 제품의 수요가 줄어들 위험을 의미한다. 대체 제품이 많고, 저렴하거나 효율적이면 위협이 강해진다.

(마) 새로운 경쟁자의 위협(Threat of New Entrants)

새로운 기업이 시장에 진입하려는 위험을 나타낸다. 진입 장벽이 낮을수록 새로운 경쟁자의 위협이 강하게 나타난다.

(2) 나이키(Nike)의 5 Forces 분석을 통한 전략

Nike는 포터의 5 Forces 분석을 통해 경쟁 환경을 철저히 분석하고 전략을 구축했다. 특히 나이키(Nike)는 아디다스(Adidas)와의 경쟁에서 차별화된 전략을 강화하며 스포츠 분야에서 독자적인 브랜드 이미지를 구축하는 데 성공했다.

(가) 산업 내 경쟁 강도(Industry Rivalry)

나이키(Nike)는 스포츠 의류와 운동화 시장에서 아디다스(Adidas), 푸마(Puma), 언더아머(Under Armour) 등과 치열한 경쟁을 벌이고 있습니다. 경쟁이 치열하지만, 나이키는 혁신적인 디자인과 기술을 지속적으로 개발하며 브랜드 충성도를 높였다.

예를 들어, Nike Air 기술과 Nike+ 디지털 플랫폼은 차별화된 경쟁력을 제공하고 있다.

(나) 공급자의 협상력(Bargaining Power of Suppliers)

글로벌 공급망을 운영하고 있으며, 다양한 국가에서 원자재와 부품을 조달하고 있다. 공급자의 협상력은 상대적으로 낮지만, 특정 원자재(예: 고급 고무, 합성 섬유 등)에 대한 의존도가 높아지는 때도 있다. 이를 해결하기 위해 Nike는 다양한 공급처 확보와 장기 계약을 통해 협상력을 분산시켰다.

(다) 구매자의 협상력(Bargaining Power of Buyers)

스포츠 의류와 운동화 산업에서 소비자가 선택할 폭은 매우 다양하다. 그러나, 브랜드 충성도와 고유의 혁신적인 제품 라인을 통해 소비자들의 선택을 끌어내며 협상력을 약화했다. Nike Training Club, Nike Run Club과 같은 디지털 플랫폼을 통해 고객과의 상호작용을 강화하여 구매자의 협상력을 낮추는 전략을 취했다.

(라) 대체 제품의 위협(Threat of Substitutes)

운동화와 스포츠 의류 분야에서 대체 제품의 위협은 피트니스 기기나 대체 스포츠 브랜드와 같은 방향으로 나타낸다. 그러나 브랜드 이미지와 고유의 기술 혁신을 통해 대체 제품에 대한 위협을 최소화하고 있다. 또한, 지속 가능한 제품(예: Nike's Flyknit)을 선보이며 대체 제품에 대응하고 있다.

(마) 새로운 경쟁자의 위협(Threat of New Entrants)

스포츠 산업에 진입하려는 새로운 경쟁자의 위협은 브랜드 구축의 어려움과 기술적 차별화로 인해 상대적으로 낮다. 나이키는 글로벌 브랜드 인지도와 혁신적인 기술을 확보한 상태여서 새로운 경쟁자가 시장에 진입하더라도 큰 위협을 받지 않았다. 또한, 높은 진입 장벽(마케팅, 유통망, 공급망 등)이 존재하여 신규 진입자를 억제하는 효과를 거두고 있다.

(3) 나이키(Nike)의 전략적 대응

나이키는 포터의 5 Forces 분석을 통해 경쟁 환경을 철저히 이해하고, 차별화된 브랜드 이미지를 구축하기 위해 여러 전략을 추진했다. 아디다스와의 경쟁에서 기술 혁신, 브랜드 충성도 강화, 디지털 플랫폼 활용 등을 통해 경쟁력을 유지하고 있으며, 이는 나이키가 스포츠 의류와 운동화 시장에서 지속적으로 리더십을 유지하는 데 중요한 역할을 했다.

학습활동

활동: 시장 크기 추정 및 경쟁사 분석 실습

① 참가자들은 시장 세분화 기법을 통해 타겟 시장을 정의하고, 해당 시장의 크기를 추정하며, 경쟁사를 분석하고, 그에 대응하는 전략을 수립합니다.

학습정리

- 시장조사는 기업이 마케팅 전략을 수립하고 의사결정을 내리는 데 필요한 정보를 제공하는 과정이다. 시장조사의 목적은 소비자의 요구와 시장 트렌드를 파악하여 제품개발과 마케팅 전략을 최적화하고, 위험을 관리하며 기회를 탐색하는 것이다. 이를 통해 고객의 선호, 경쟁사의 동향, 시장 환경을 분석하고, 최적의 전략을 수립할 수 있다.
- 시장조사는 고객 중심 전략을 수립하는 데 중요한 역할을 하며, 경쟁우위를 확보하고 자원을 효율적으로 배분하는 데 이바지한다. 또한, 고객의 요구와 선호를 이해하고, 이를 바탕으로 맞춤형 전략을 개발하는 데 도움준다.
- 상권분석은 창업지역의 상권을 분석하여 적절한 입지를 선정하고, 사업의 타당성과 수익성을 분석하는 과정이다. 상권분석을 통해 소비자의 요구와 행동을 이해하고, 경쟁력 있는 전략을 도출할 수 있다.
- 상권분석 방법으로는 설문 조사, 대면 인터뷰, 전화 인터뷰 등 다양한 방식이 있으며, 이를 통해 상권의 인구통계학적 특성을 분석하여 목표 고객을 세분화하고, 해당 상권의 특성을 파악할 수 있다. 또한, 점포의 입지 선정은 사업의 성공에 중요한 요소로, 점포의 위치, 접근성, 경쟁 상황 등을 분석하여 성공 가능성을 높인다.
- 조사방법론은 자료를 수집하고 분석하여 시장에 대한 통찰을 도출하는 다양한 방법론을 포함한다.
- 질적 조사방법은 소비자의 동기와 행동을 심층적으로 이해하는 데 초점을 맞추며, 주요 기법으로 심층 인터뷰, 포커스 그룹, 관찰 조사가 있다.
- 양적 조사방법은 구조적이고 통계적으로 분석할 수 있는 자료를 수집하는 방법으로, 설문 조사, 실험 조사(A/B 테스트), 패널 조사 등이 포함한다.
- 혼합 조사방법은 질적 데이터와 양적 데이터를 결합하여 더 깊이 있는 분석을 가능하게 한다.
- 윤리적 고려사항으로는 개인정보 보호와 자발적 참여가 중요하며, 이를 통해 소비자의 신뢰를 얻고 윤리적인 조사를 진행할 수 있다.
- 시장 규모 분석은 먼저 시장을 고객 특성에 맞게 세분화하여 정확한 자료를 수집하는 것으로 시작한다. 이를 통해 소비자 행동, 경쟁 현황, 소비패턴 등을 파악하고, 서베이, 인터뷰, 온라인 리서치 등의 방법을 활용하여 시장 규모를 추정할 수 있다.
- SWOT 분석기법은 기업의 강점, 약점, 기회, 위협을 분석하여 전략을 수립하는 중요한 도구이다. 이를 통해 기업은 외부 환경과 내부 능력을 고려하여 최적의 전략을 모색할 수 있다.
- 포터의 5 Forces 분석은 산업 내 경쟁 강도와 기업이 처한 경쟁 환경을 이해하는 데 유용한 기법이다. 이 모델은 산업 내 경쟁 강도, 공급자의 협상력, 구매자의 협상력, 대체 제품의 위협, 새로운 경쟁자의 위협 등 다섯 가지 요소를 분석하여 기업의 전략을 도출한다.

CHAPTER 05 비즈니스 모델 캔버스

학습목표

5-1. 비즈니스 모델 캔버스(BMC)의 개념

5-2. 비즈니스 모델 캔버스(BMC)의 분석사례

5-3. 비즈니스 모델 캔버스를 통한 사업계획서 작성

학습목표

1. 비즈니스 모델 캔버스의 개념과 중요성을 이해하고, 비즈니스 전략 수립에 활용할 수 있는지 설명할 수 있다.
2. 비즈니스 모델 캔버스의 주요 구성요소를 이해하고, 각 요소가 비즈니스 모델에 어떻게 연결되는지 분석할 수 있다.
3. 비즈니스 모델 사례를 바탕으로 비즈니스 모델 캔버스를 작성하고, 이를 통해 사업 전략을 구체화할 수 있다.

5-1 비즈니스 모델 캔버스(BMC)의 개념

1 비즈니스 모델 캔버스의 개념과 구조 이해

1. 서비스 비즈니스 모델

비즈니스 모델(Business Model: BM)은 새로운 아이템과 비즈니스 프로세스를 개발하여 미래의 재무제표를 추정하는 것으로 미래의 기업의 가치를 수립하는 과정이다.

비즈니스 모델 캔버스(Business Model Canvas)란 사업 아이디어를 시각적으로 구조화하는 도구로, 사업의 핵심 구성요소들을 하나의 페이지에 담아낼 수 있도록 도와준다. 이는 창업자가 아이디어를 명확하게 정리하고, 사업의 성공 가능성을 높이는 데 유용하다. 따라서 사업의 핵심 요소들(고객, 가치 제안, 수익 모델 등)을 직관적으로 이해하고, 사업 모델을 효과적으로 설계하는 방법을 학습할 수 있다.

[그림 5-1] 비즈니스 모델 전략 수립

(1) 비즈니스 모델의 정의

지속적인 매출과 이윤을 창출하기 위한 기업의 비즈니스 논리로 매출과 이익을 만드는 메커니즘과 이와 관련된 구성요소(Building block), 그리고 구체적인 매출 모델은 어떻게 매출을 만들 것인가를 정의한다.

Timmers(1998)는 다양한 사업 참여자와 그들의 역할을 포함하는 제품 또는 서비스, 정보 흐름의 구조이며, 다양한 참여자들의 잠재적인 이익과 수익 원천을 설명해 주는 청사진이다. 또한, 고객 가치 제안, 수익 공식화, 핵심자원, 핵심 프로세스 4가지 구성요소가 서로 맞물려 가치를 창출하고 전달하는 것이다.

(2) 비즈니스 모델의 필요성

기업은 고객의 가치를 창조할 수 있는 새로운 수익 모델의 지속적인 개발이 이루어질 때만이 지속적인 성장이 가능하다. 일반적으로 사업계획서는 미래 재무적 예측자료 포함한 서류의 형태로 상세한 문서로 작성한다. 그러나 비즈니스 모델은 압축적이고 핵심적인 내용을 간략하게 표현한다.

기업이 수익이 창출하기 위한 구체적 방법을 서술해야 하며, 누구든지 쉽게 기억할 수 있을 정도로 충분히 작은 개념으로 표현한다. 서류로 작성된다면, 한 페이지면 족하며, 여러 말보다는 하나의 그림으로 표현되는 것이 적합하다.

1) 새로운 경쟁력의 원천

고객이 원하는 가치를 정확히 파악하고 그에 상응하는 제품과 서비스를 제공할 수 있는 비즈니스 모델의 개발은 기업 경쟁력의 핵심 요소를 파악할 수 있다.

2) 고객 지향적인 제품과 서비스 개발

자신이 보유한 기술을 구현하거나 문제 해결 중심으로 개발하는 경향보다 고객과 시장이 원하는 시장 지향적인 제품 또는 서비스를 개발할 수 있다.

3) 커뮤니케이션 문제 해결

비즈니스 모델은 최고경영자, 중간관리자, 사원 등 모든 구성원이 같은 목표를 가지고 같은 방향으로 조직의 힘을 모을 수 있어 커뮤니케이션 문제를 해결하는 좋은 방안을 제시한다.

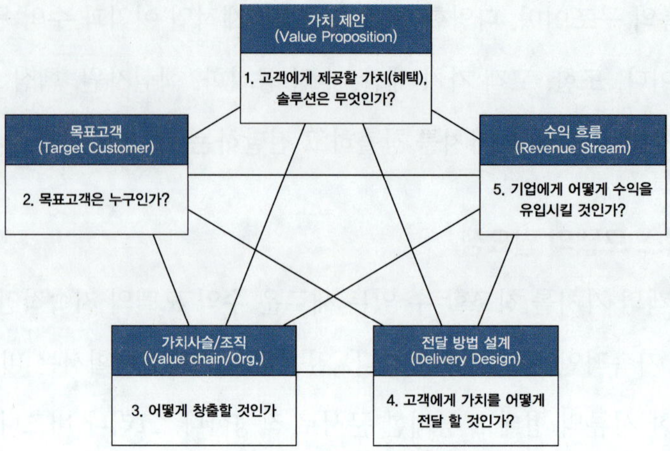

[그림 5-2] 비즈니스 모델의 구성요소

(3) 비즈니스 모델 구성요소

성공적인 비즈니스 모델을 수립하기 위해서는 많은 고객을 유인할 수 있어야 하며, 이를 수익과 연결할 수 있을 때 경쟁력 있는 비즈니스 모델이 수립된다. 또한, 가치 창출을 위한 활동들이 선순환적인 구조를 형성하여 경쟁자들이 쉽게 모방할 수 없게 설계가 되어야지만 지속성을 확보할 수 있다.

(가) 가치 제안

목표 고객과 주요 경쟁기업 그리고 자사의 제품 및 서비스의 장점을 포함하여 구체화하는 것이다.

(나) 목표 고객

시장의 규모와 성장률, 충족되지 않는 고객의 요구, 경쟁제품 혹은 경쟁사의 부재 등을 분석하여 목표 고객계층을 설정하는 것이다.

(다) 가치사슬

기업이 제품과 서비스를 만들고 유통하면서, 고객들에게 가치를 제공하는데 관련된 활동이다.

(라) 전달방법 설계

자사가 구체화한 고객 가치를 어떠한 방법으로 전달할 것인지를 설계하는 것이다.

(마) 수익 흐름

비즈니스를 통해 수입을 발생시켜 이윤을 창출하고, 창출된 이윤을 투자하여 높은 수익을 낼 수 있는 시스템을 구축하는 것이다.

2. 비즈니스 모델 캔버스의 9가지 구성요소

(1) 고객 세분화(Customer Segments)

제품이나 서비스를 제공하려는 주요고객 그룹을 정의하는 것은 기업의 성공적인 마케팅 전략을 수립하는 데 중요한 요소이다. 이를 위해 고객 세그먼트는 인구 통계적, 심리적, 행동적, 지리적 요소를 기준으로 나누어, 고객의 요구와 문제를 파악하고 특정한 타겟 그룹을 설정한다.

① 예시

- 스타벅스: 도시 지역에 거주하며 프리미엄 커피를 즐기는 20~40대 중산층 소비자. 이들은 고급 커피의 품질과 다양한 커스터마이징(Customizing) 옵션을 선호하며, 여유로운 시간을 즐기기 위해 스타벅스를 자주 방문하는 특징이 있다.
- 넷플릭스: 온디맨드 콘텐츠(On-Demand Content)를 소비하는 디지털 친화적 밀레니얼 세대와 Z세대. 이들은 언제 어디서나 스마트폰, 태블릿, TV를 통해 콘텐츠를 시청하며, 다양한 장르와 개인화된 추천 시스템을 선호한다.

(가) 시장 세분화 기준

① 특정한 제품 또는 서비스를 선호하는 그룹으로 분류한다.

② 서로 다른 유통채널을 통해 도달한 그룹으로 분류한다.

③ 제품 또는 서비스 제공자와 고객과의 관계 또는 고객 사이의 관계가 다른 그룹으로 분류한다.

④ 수익성의 관점에서 완전히 다른 양상을 가지는 그룹으로 분류한다.

⑤ 제품이나 서비스에 지불할 의사가 있지만, 서로 다른 면을 바라보고 지불하려는 그룹으로 분류한다.

(2) 가치 제안(Value Proposition)

고객이 제품을 구매하고 사용하게 만드는 핵심 가치와 차별화된 요소는 기업의 성공적인 경쟁력을 결정짓는 중요한 요소이다. 이는 경쟁사 대비 무엇이 더 나은지, 고객의 문제를 어떻게 해결하는지에 대한 명확한 정의를 바탕으로 형성된다. 품질, 혁신, 디자인, 가격, 브랜드 등은 차별화 요소가 될 수 있다.

① 예시

- 아이폰: 혁신적인 디자인, 높은 성능, 통합된 생태계(Apple Ecosystem). 아이폰은 사용자에게 직관적인 인터페이스와 통합된 Apple 서비스(예: iCloud, Apple Music, Apple Pay)를 제공하며, 이는 다른 스마트폰과 차별화되는 핵심 가치이다.
- 우버: 빠르고 편리한 차량 호출 서비스, 가격 투명성. 우버는 앱을 통해 신속하게 차량을 호출할 수 있으며, 실시간 가격 정보를 제공함으로써 고객에게 가격에 대한 투명성을 제공한다. 또한, 우버는 서비스의 일관성 및 편리함을 제공하여, 시장에서 경쟁우위를 점하고 있다. 이러한 차별화 요소들은 고객의 경험을 개선하고, 경쟁사와의 명확한 구분을 만들어내어 브랜드 충성도를 높이는 중요한 역할을 한다.

(가) 가치 제공

① 기존 제품 또는 서비스와 비교하면 우수한 성능(Performance)을 제공한다.

② 특정 고객을 위한 제품 또는 서비스의 고객화(Customization)를 할 수 있다.

③ 기존 제품 또는 서비스를 뛰어넘는 혁신 또는 창조(Innovation)할 수 있다.

④ 기존 제품 또는 서비스와 구분되는 탁월한 디자인(Design)을 제공할 수 있다.

⑤ 기존 제품 또는 서비스와 구분될 만큼 싼 가격(Price)에 제공할 수 있다.

⑥ 기존 제품 또는 서비스가 제공하지 못한 편익(Convenience)을 제공할 수 있다.

⑦ 기존고객에게 비용 절감의 기회(Cost reduction)를 제공할 수 있다.

⑧ 기존고객에게 위험 회피의 기회(Risk avoidance)를 제공할 수 있다.

⑨ 기존 제품 또는 서비스로 접근이 어려웠던 제품 또는 서비스 제공을 제공할 수 있다.

(3) 채널(Channels)

채널은 제품을 고객에게 전달하는 방법과 경로를 의미한다. 이는 고객과의 접점을 통해 제품 제공, 고객 서비스, 마케팅 등이 이루어지며, 두 가지 주요 채널 유형이 존재한다: 직접 채널(자체 운영)과 간접 채널(파트너를 통한 운영).

① 예시

- 아마존: 온라인 스토어(웹사이트, 모바일 앱). 아마존은 자체 웹사이트와 모바일 앱을 통해 고객에게 제품을 직접 제공한다. 이 채널은 빠르고 간편한 쇼핑 경험을 제공하며, 고객이 언제 어디서든 원하는 상품을 구매할 수 있도록 한다.
- 나이키: 자체 매장(Nike Town) 및 대형 유통채널(백화점, 스포츠용품점). 나이키는 브랜드를 직접 경험할 수 있는 매장과 대형 유통채널을 통해 다양한 고객층에 접근한다. 이를 통해 고객이 제품을 직접 보고 체험한 후 구매할 수 있는 기회를 제공한다. 이와 같은 채널 전략은 제품의 가용성을 높이고, 고객 경험을 개선하며, 브랜드와의 접점을 강화하는 데 중요한 역할을 한다.

(가) 채널의 기능

① 기업의 제품이나 서비스에 대한 이해도와 인지도를 높인다.

② 고객들이 기업의 가치 제안을 평가할 수 있도록 도와준다.

③ 고객들이 특정 제품이나 서비스를 구매할 수 있다.

④ 고객들에게 가치 제안을 직접 전달할 수 있다.

⑤ 구매 이후의 고객에 대한 지원을 담당한다.

(4) 고객 관계(Customer Relationships)

고객과의 관계는 기업의 성공에 중요한 역할을 하며, 이를 어떻게 설정하고 유지하며, 성장시킬 것인지에 대한 전략이 필요하다. 고객 유치를 위한 초기 전략부터 고객 유지 및 추천으로 이어지게 하는 과정이 중요하며, 이 과정에서는 자동화된 시스템이나 개인화된 접근 방식을 사용할 수 있다.

① 예시

• 넷플릭스: 개인화된 콘텐츠 추천, 알림 서비스. 넷플릭스는 사용자의 시청 기록을 분석하여 개인화된 콘텐츠를 추천하고, 이를 통해 고객의 관심을 지속적으로 유지한다. 또한, 새로운 콘텐츠가 업데이트될 때마다 알림을 보내 고객이 새로운 콘텐츠를 놓치지 않도록 돕는다.

• 테슬라: 고객 커뮤니티를 형성하고 지속적인 소프트웨어 업데이트 제공. 테슬라는 차량 소유자들 간의 커뮤니티를 형성하여 브랜드에 대한 충성도를 높이고, 지속적으로 소프트웨어 업데이트를 제공함으로써 고객의 경험을 향상시킨다. 이 과정은 차량 성능 향상뿐만 아니라 고객과의 지속적인 관계를 유지하는 데에도 중요한 역할을 한다. 이러한 고객 관계 전략은 고객의 만족도를 높이고, 장기적으로 기업의 충성 고객을 확보하며, 고객의 추천을 유도하는 효과적인 방법이 된다.

(가) 고객 관계관리

① 신규고객 확보 방안을 수립한다.

② 고객 관계 확대 방안을 수립한다.

③ 판매의 확대 방법을 수립한다.

(5) 수익원(Revenue Streams)

수익원은 사업을 통해 어떻게 수익을 창출할지에 대한 전략을 설명한다. 수익 모델은 제품 판매, 구독, 사용료, 광고 수익 등 다양한 방식으로 구성될 수 있다. 기업은 이 모델을 통해 고객에게 가치를 제공하고, 지속적인 수익을 창출할 수 있다.

① 예시

- 애플: 하드웨어(아이폰, 맥북) 판매 + 소프트웨어(앱 스토어, 애플 뮤직) 구독. 애플은 자사의 하드웨어 제품(아이폰, 맥북 등)을 판매하고, 동시에 앱 스토어나 애플 뮤직과 같은 소프트웨어 서비스의 구독 모델을 통해 지속적인 수익을 창출한다.
- 넷플릭스: 월 구독료를 통한 지속적인 수익 창출. 넷플릭스는 월별 구독료를 부과하여 지속적으로 수익을 창출하며, 사용자가 늘어날수록 안정적인 수익을 얻을 수 있다. 이러한 수익원 전략은 기업이 안정적인 현금 흐름을 확보하고, 장기적인 성장 가능성을 높이는 데 중요한 역할을 한다.

(가) 매출구조 유형

① 물품 판매: 제품의 직접적인 판매를 통해 얻게 되는 수익원이다.

② 이용료: 특정 서비스를 이용하게 됨으로써 발생하는 수익원(정액 이용료 등)이다.

③ 가입비: 서비스에 대한 지속적인 이용 권한을 판매함으로써 창출(연간 가입비 등)이다.

④ 대여료 및 임대료: 특정한 자산을 일정 기간 이용할 수 있는 권리를 주는 대가로 받는 수수료 등이다.

⑤ 라이센싱: 특허, 저작권 사용에 대한 사용료 등이다.

⑥ 중개 수수료: 중개자와 중개 의뢰인 간에 발생하는 비용으로 매개 역할에 대한 수수료 사용료 등이다.

⑦ 광고: 특정 제품이나 서비스, 브랜드 광고비를 통해 발생하는 수익원이다.

(6) 핵심 자원(Key Resources)

핵심 자원은 사업 운영을 위해 필수적인 주요 자원과 인프라를 정의한다. 이러한 자원은 사업을 원활하게 운영하고 경쟁우위를 확보하는 데 중요한 역할을 한다. 핵심 자원은 크게 유형 자산, 무형 자산, 그리고 인적 자원으로 나눌 수 있다.

① 예시

- 코카콜라: 브랜드 가치와 비밀 레시피 그리고 전 세계 유통망으로, 코카콜라는 강력한 브랜드 가치를 가지고 있다. 이를 통해 전 세계적으로 인지도를 얻고 있다. 또한, 비밀 레시피와 방대한 유통망은 코카콜라의 핵심 자원으로서, 시장에서의 경쟁력을 유지하는 데 중요한 요소이다.
- 구글: 검색 알고리즘, 데이터센터, AI 연구 인재로, 구글의 핵심 자원은 뛰어난 검색 알고리즘과 이를 지원하는 대규모 데이터센터이다. 또한, 인공지능(AI) 기술개발을 위한 인재들은 구글의 기술 혁신을 이끌어가는 중요한 자원이다. 핵심 자원은 기업이 지속적으로 경쟁력을 유지하고, 혁신적인 제품과 서비스를 제공할 수 있도록 하는 중요한 자산이다.

(가) 핵심자원

① 물적 자원: 공장, 공장설비, 자동차, 기계, 시스템, 물류 네트워크 등이다.

② 인적 자원: 생산적인 재능, 기술, 지식을 갖춘 인력 등이다.

③ 지적 자원: 브랜드, 독점적 지식, 특허나 저작권, 파트너십, 고객 데이터베이스 등이다.

④ 재무적 자원: 현금, 신용한도, 스톡옵션 등이다.

(7) 핵심 활동(Key Activities)

핵심 활동은 사업이 정상적으로 운영되기 위해 반드시 수행해야 하는 주요 활동들을 의미한다. 이러한 활동은 고객에게 가치 제안을 제공하기 위한 생산, 유통, 마케팅, 고객 서비스 등을 포함한다. 핵심 활동은 사업이 고객에게 약속한 가치를 실현할 수 있도록 하는 중요한 요소이다.

① 예시

- 테슬라: 전기차 설계와 제조, 배터리 기술 연구. 테슬라는 전기차와 배터리 기술의 혁신을 위한 설계와 제조 활동을 핵심적으로 수행하며, 이를 통해 지속적으로 발전하는 전기차 시장에서의 경쟁력을 확보하고 있다.
- 아마존: 물류 관리, 주문 처리, 클라우드 서비스(AWS) 운영. 아마존은 물류와 주문 처리를 효율적으로 관리하며, AWS 클라우드 서비스를 운영하여 지속적인 수익원을 창출하고 있다.

(가) 비즈니스 모델별 핵심 활동

① 마이크로소프트와 같은 소프트웨어 회사는 소프트웨어 개발이 중요한 핵심 활동이다.

② 인텔과 같은 PC 제조업체는 공급망 관리가 중요한 핵심 활동이다.

③ 맥킨지와 같은 컨설팅 회사는 주어진 문제를 푸는 것이 중요한 핵심 활동이다.

(8) 핵심 파트너(Key Partnerships)

핵심 파트너는 비즈니스 활동을 지원하는 외부 파트너들과의 협력 관계를 설명한다. 이러한 파트너와의 협력을 통해 공급망, 기술, 유통망 등을 보다 효율적으로 관리하고, 비즈니스의 경쟁력을 높일 수 있다.

① 예시

- 스타벅스: 커피 농장과의 장기 계약, 공정무역 파트너십. 스타벅스는 지속 가능한 커피 원료를 공급받기 위해 커피 농장과 장기 계약을 체결하고, 공정무역 파트너십을 통해 윤리적 원료 공급망을 구축하고 있다.
- 우버: 차량 소유자, 도시 규제 당국과의 협력. 우버는 차량 소유자와 협력하여 차량을 확보하고, 각 도시와의 규제 협력을 통해 서비스를 확장하고 있다.

(가) 파트너십 유형

① 비경쟁자와의 전략적 제휴 유형

② 경쟁자들과 전략적 파트너십 유형

③ 새로운 비즈니스 창출을 위한 조인트 벤처 유형

④ 신뢰성 있는 공급을 위한 구매와 공급 관계 유형

(9) 비용 구조(Cost Structure)

비용 구조는 사업을 운영하는 데 필요한 주요 비용 항목들을 정의한다. 비용을 최소화하거나 품질을 유지하며 효율적으로 운영하는 전략이 중요하다. 이를 통해 기업은 더 나은 비용 관리를 할 수 있다.

① 예시

- 아마존: 물류센터 운영비, 서버 유지비. 아마존은 글로벌 물류센터 운영과 클라우드 서비스 지원을 위한 서버 유지비용이 주요 비용 항목이다.
- 넷플릭스: 콘텐츠 제작 및 라이선스 비용. 넷플릭스는 독점 콘텐츠 제작과 외부 콘텐츠 라이선스 구매 비용이 주요 비용 항목이다. 이들 요소는 비즈니스 모델을 구성하는 핵심 부분이며, 각각이 유기적으로 결합하여 기업의 가치를 창출하고 운영을 최적화하는 데 중요한 역할을 한다.

(가) 비용 유형

① 비용 주도형: 가격경쟁이 중요한 상품 가치가 되는 비즈니스 모델 유형

② 가치 주도형: 프리미엄 상품의 경우 비용보다는 상품 가치가 더욱 중요한 유형

3. 비즈니스 모델 캔버스 작성의 중요성

비즈니스 모델 캔버스는 비즈니스를 체계적이고 전략적으로 설계하고, 실행 가능성을 검토하며, 변화에 유연하게 대응할 수 있는 강력한 도구이다. 특히, 초기 단계의 스타트업이나 새로운 프로젝트를 시작할 때, 빠르고 효과적인 전략 수립 및 소통

도구로 매우 중요하다.

(1) 비즈니스의 핵심 요소를 한눈에 파악 가능

① 9가지 요소(고객, 가치 제안, 채널 등)를 하나의 시트에 정리함으로 사업의 전반적인 구조를 명확하게 이해할 수 있다.

② 복잡한 사업계획서를 작성하기 전에 전체 비전을 간단하고 명확하게 요약할 수 있다.

(2) 팀 내 커뮤니케이션과 협업 강화

① 나인 블록은 시각적 도구로, 팀 구성원 간의 이해를 돕고, 논의와 아이디어 공유를 쉽게 할 수 있다.

② 직관적인 형식 덕분에 팀원 모두가 같은 방향으로 사업을 바라볼 수 있다.

(3) 고객 중심의 사업 전략 수립

① 고객 세그먼트와 가치 제안을 명확히 정의하면서, 고객에게 제공하려는 가치를 더 깊이 이해하게 된다.

② 비즈니스 모델 캔버스는 고객 만족도를 높이고, 충성도를 강화하는 데 이바지한다.

(4) 빠른 피드백과 개선 가능

① 비즈니스 모델 캔버스는 간단히 수정할 수 있어, 초기 아이디어에서 문제점을 발견하거나 더 나은 대안을 빠르게 적용할 수 있다.

② 시장 상황이나 고객의 요구 변화에 따라 유연하게 대응할 수 있는 틀을 제공한다.

(5) 전략과 실행 간의 연결 고리 제공

① 각 블록(예: 핵심 활동, 자원, 파트너)을 작성하면서 전략적인 목표와 실행 계획을 연결할 수 있다.

② 비즈니스의 실행 가능성을 점검하는 데 유용하다.

(6) 투자자와의 소통 도구

① 투자자나 이해관계자에게 사업 모델을 설명할 때 간단하면서도 체계적인 자료로 활용할 수 있다.

② 투자자가 사업의 수익성, 효율성, 성장 가능성을 한눈에 파악할 수 있게 한다.

(7) 위험요소 파악 및 위험 관리

① 비용 구조와 수익원을 명확히 하여, 재무적 위험을 식별하고 관리할 수 있다.

② 핵심 파트너와 활동을 분석하면서 의존도가 높은 요소들을 조기에 발견할 수 있다.

5-2 비즈니스 모델 캔버스(BMC)의 분석사례

1 비즈니스 모델 사례 분석

비즈니스 모델 사례를 분석하는 것은 기업의 성공요소와 문제점을 이해하고, 이를 기반으로 더 나은 전략을 설계하는 데 중요한 역할을 한다. 이는 성공적인 전략과 실행방안 학습, 실패 사례에서 교훈 도출, 새로운 비즈니스 모델 개발에 영감 제공, 시장 트렌드 및 경쟁 환경 이해, 실행 가능성과 위험성 평가, 지속 가능성 및 확장성 확인, 투자자와의 신뢰 구축 등으로 비즈니스 모델 사례 분석은 단순한 벤치마킹을 넘어, 성공적인 비즈니스 운영을 위한 통찰과 전략적 사고를 제공한다. 이를 통해 자신만의 경쟁력 있는 모델을 설계하고 시장에서의 성공 가능성을 높일 수 있다.

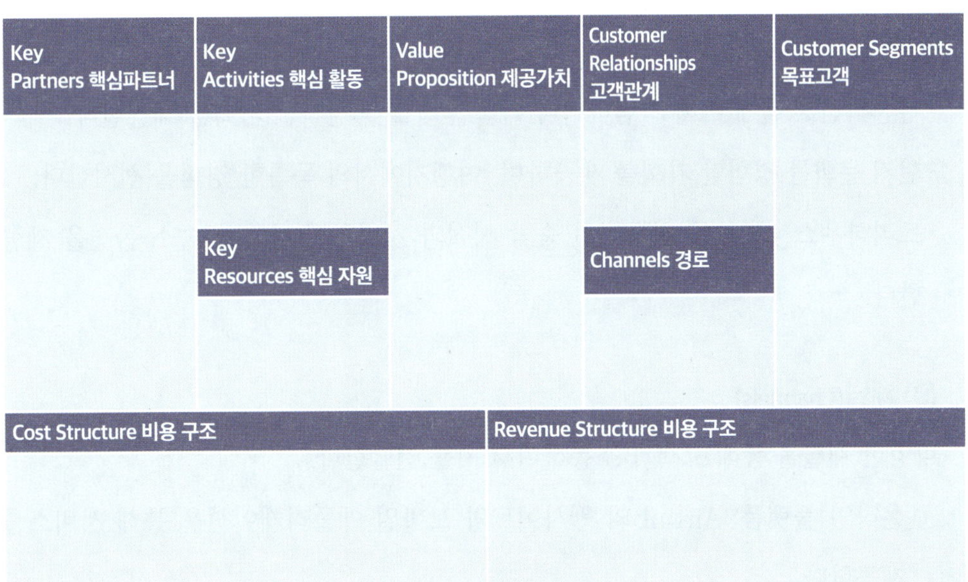

[그림 5-3] 비즈니스 모델 캠버스(출처: 곽진만, 2023)

1. 비즈니스 모델 사례 분석(Airbnb)

(1) 고객 세분화(Customer Segments)

에어비앤비(Airbnb)는 두 가지 주요고객을 대상으로 시장 세분화하였다.

① 호스트(Host): 숙소를 제공하거나 경험을 공유하는 개인 또는 단체를 의미한다.

② 게스트(Guest): 단기 숙박, 독특한 경험, 또는 여행 서비스를 찾는 여행객을 대상으로 한다.

(2) 가치 제안(Value Propositions)

각각의 고객 세그먼트에 대해 다음과 같은 가치를 제공한다.

① 호스트를 위한 가치

• 빈방, 집, 또는 독특한 공간을 활용하여, 수익을 창출할 기회를 제공한다.

• 사용자가 관리하기 쉬운 플랫폼을 제공하여 운영을 간편하게 한다.

② 게스트를 위한 가치

• 전통적인 호텔에 비해 저렴하거나 독특한 숙소를 선택할 기회를 제공한다.

• 현지 문화를 경험할 기회를 제공하며, 여행지에서의 독특한 경험을 선사한다.

• 트리하우스, 요트 등 전통적인 숙박 시설과 차별화된 다양한 숙소 옵션을 제공한다.

(3) 채널(Channels)

다양한 채널을 통해 고객과 소통하며 가치를 전달한다.

① 온라인 플랫폼: Airbnb의 웹사이트와 모바일 애플리케이션을 통해 서비스를 제공한다.

② 마케팅: 디지털 광고, 소셜 미디어, 이메일 캠페인, 추천 프로그램 등 다양한 마케팅 활동을 통해 고객을 유치한다.

③ 파트너십: 여행사, 관광 업체와의 협력을 통해 서비스의 범위를 확장한다.

(4) 고객 관계(Customer Relationships)

고객과의 관계를 다음과 같이 관리한다.

① 자동화된 고객 지원: 채팅봇과 FAQ를 통해 고객의 문의를 신속하게 해결할 수 있도록 한다.

② 커뮤니티 중심: 호스트와 게스트 간의 신뢰를 구축하기 위해 리뷰 시스템과 인증 절차를 운영한다.

③ 개인화된 추천: 고객의 선호도에 맞춘 숙소나 경험을 추천하여 더욱 맞춤화된 서비스를 제공한다.

(5) 수익원(Revenue Streams)

다양한 수익원을 통해 사업을 운영하고 있다.

① 거래 수수료

• 호스트로부터는 숙박료의 약 3% 정도를 수수료로 징수한다.

• 게스트로부터는 숙박료의 6~12%를 서비스 수수료로 부과한다.

② 경험 프로그램 수익: Airbnb Experiences를 통해 현지 활동이나 투어와 같은 경험을 제공하고, 이를 통해 추가적인 수익을 창출한다.

③ 광고 및 부가 서비스: 파트너십과 부가 서비스를 통해 추가적인 수익 모델을 운영한다.

(6) 핵심 자원(Key Resources)

핵심 자원은 다음과 같다.

① 기술 인프라: Airbnb의 웹사이트와 모바일 애플리케이션을 운영하는 기술 인프라이다.

② 브랜드 신뢰도: 고객에게 안전하고 신뢰할 수 있는 브랜드 이미지를 구축하여 신뢰를 얻고 있다.

③ 데이터와 알고리즘: 사용자 행동 데이터를 분석하여 맞춤형 서비스를 제공하

는 데 필요한 데이터 및 알고리즘을 보유하고 있다.

④ 글로벌 네트워크: 전 세계의 호스트와 게스트를 연결하는 방대한 네트워크를 운영하고 있다.

(7) 핵심 활동(Key Activities)

다음과 같은 핵심 활동을 통해 비즈니스를 운영한다.

① 플랫폼 관리: 웹사이트와 애플리케이션을 지속적으로 유지보수하고 업데이트한다.

② 안전과 신뢰 강화: 사용자 리뷰, 인증 시스템, 고객 지원을 통해 안전과 신뢰를 강화한다.

③ 마케팅 및 커뮤니티 관리: 호스트와 게스트 커뮤니티를 적극적으로 관리하고, 이를 통해 사용자 참여를 유도한다.

④ 규제 대응: 지역 법률 및 정책을 준수하며, 규제 대응에 필요한 절차를 운영한다.

(8) 주요 파트너(Key Partnerships)

다양한 파트너와 협력하고 있다.

① 호스트: 숙소를 제공하는 개인 또는 단체와 협력한다.

② 여행 관련 업체: 항공사, 여행사, 현지 투어 가이드 등과 협력하여 종합적인 여행 서비스를 제공한다.

③ 정부 및 규제 기관: 법적 준수 및 지역 정책 협력을 위해 정부 및 규제 기관과 협력한다.

④ 기술 파트너: 클라우드 서비스 제공 업체, 결제 시스템 등 기술 파트너와 협력한다.

(9) 비용 구조(Cost Structure)

주요 비용 항목은 다음과 같다.

① 플랫폼 운영: 서버 운영과 기술개발에 필요한 비용이 발생한다.

② 마케팅: 광고 및 사용자 확보를 위한 비용이 포함한다.

③ 고객 지원: 고객 지원을 위한 서비스 팀 운영 비용이 발생한다.

④ 법률 및 규제 대응: 법적 문제 해결과 규제 준수를 위한 비용이 소요된다.

5-3 비즈니스 모델 캔버스를 통한 사업계획서 작성

1 비즈니스 모델 캔버스

비즈니스 모델 캔버스는 사업 아이디어를 명확히 정리하고, 사업 모델을 시각적으로 표현하는 도구이다. 이를 통해 각 사업의 핵심 요소들을 간결하게 다룰 수 있다. 비즈니스 모델 캔버스의 9가지 구성요소를 기반으로 투자 제안서를 작성하는 방법은 다음과 같다.

1. 핵심 파트너(Key Partners)

① 핵심 질문: 누가 함께 해야 성공할 것인가?

② 작성 방법: 사업이 성공하는 데 필요한 주요 파트너(공급업체, 제휴사 등)와 그들의 역할을 명확히 정의한다. 이들은 제품 개발, 배급, 마케팅 등에 중요한 역할을 한다.

2. 핵심 활동(Key Activities)

① 핵심 질문: 무엇을 해야 하는가?

② 작성 방법: 사업의 성공을 위한 주요 활동을 나열한다. 예를 들어, 제품 개발, 마케팅 캠페인, 고객 서비스 등의 핵심 활동을 구체적으로 설명한다.

3. 핵심 자원(Key Resources)

① 핵심 질문: 사업을 운영하는 데 필요한 자원은 무엇인가?

② 작성 방법: 사업을 운영하는 데 필요한 자원(인적 자원, 기술, 지적 재산 등)을 나열하고, 이 자원들이 사업에 어떻게 이바지하는지 설명한다.

4. 가치 제안(Value Propositions)

① 핵심 질문: 어떤 문제를 해결하고, 어떤 가치를 제공할 것인가?

② 작성 방법: 고객의 문제를 해결하거나 욕구를 충족시키는 제품이나 서비스의 주요 가치를 설명한다. 경쟁우위, 독창성 등을 강조하여 시장에서 차별화되는 점을 제시한다.

5. 고객 관계(Customer Relationships)

① 핵심 질문: 고객과의 관계는 어떻게 구축될 것인가?

② 작성 방법: 고객과의 관계 형성 방안을 설명한다. 예를 들어, 개인화된 서비스 제공, 고객 지원 시스템, 커뮤니티 구축 등이 될 수 있다.

6. 채널(Channels)

① 핵심 질문: 고객에게 어떻게 접근하고, 제품을 전달할 것인가?

② 작성 방법: 제품이나 서비스를 고객에게 전달하는 채널을 설명한다. 오프라인 매장, 온라인 플랫폼, 배급 파트너 등을 포함할 수 있다.

7. 고객 세그먼트(Customer Segments)

① 핵심 질문: 누구를 대상으로 하는가?

② 작성 방법: 타겟 고객층을 명확히 정의한다. 이를 통해 고객의 요구 사항을 맞추고, 사업이 해결하려는 문제를 구체화한다.

8. 비용 구조(Cost Structure)

① 핵심 질문: 비용은 어떻게 발생하는가?

② 작성 방법: 사업 운영을 위한 주요 비용 항목(인건비, 생산비, 마케팅비 등)을 나열하고, 이들 비용을 관리하는 전략을 제시한다.

9. 수익원(Revenue Streams)

① 핵심 질문: 수익은 어떻게 창출되는가?

② 작성 방법: 수익 창출 방식(직접 판매, 구독 서비스, 라이센스 수수료 등)을 구체적으로 설명하며, 수익 모델이 사업에 어떻게 이바지하는지 강조한다.

2 사업계획서

1. 사업계획서 의의

사업 계획서(Business plan)는 사업에 대한 타당성을 분석하는 설계도이며, 추진하고자 하는 사업을 타인에게 설득하는 중요한 도구이다.

[그림 5-4] 사업 계획서(Business plan)

(1) 기획은 경영활동의 핵심 기능

① 경영의 기본기능을 갖는다.

② 기획은 경영의 기본기능 중에서도 업무성과에 가장 큰 영향을 미칠 수 있는 핵

심 요소다.

③ 효과적인 기획은 목표를 설정하고 그 달성수단을 결정하는 과정이다.

(2) 사업계획서는 사업 활동의 지침에 역할

① 사업계획서는 단순한 연구계획서가 아닌 것을 기억해야 한다.

② 단순한 개발 계획이 아니라, 무엇을 어떻게 개발, 생산, 판매해서 이익을 실현할 것인가를 다루어야 한다.

③ 아이디어의 기술적 타당성과 시장에서 소비자에게 얼마나 받아들여질 수 있는가를 설명해야 한다.

사업계획서의 핵심 내용으로 사업 활동을 기획한 결과로 사업계획서 작성과정을 통해 명확한 사업 타당성 분석 필요하다.

2. 사업계획서 작성의 목적

사업계획서 작성을 통하여 부족한 부분이 있다면 반드시 보완하여야 하며, 필요자금은 충분한지를 따져봐야 한다. 이를 간과하게 되면 개점 후 얼마 되지 않아 자금에 압박을 받아 사업을 제대로 펴보지도 못하고 폐업을 하는 상황을 겪을 수도 있다, 그리고 창업 시기를 잘 판단해야 한다. 좋은 아이템이라 할지라도 시기를 잘못 선택하여 실패하는 때도 있다.

① 사업계획서는 미래의 사업성과를 추정하면서 목표를 설정하는 것으로 창업자 관점에서 자신의 사업 방향을 정하는 나침반이다.

② 사업계획서는 계획하고 있는 사업과 관련하여 사업목적인 최대의 수익을 창출하기 위해서 투자, 생산, 판매. 재무 등의 추진 계획을 정리하여 작성한 보고서이다.

③ 사업계획서는 사용하고자 하는 상황에 따라 형식이나 내용 면에서 차이가 있으므로 그 용도에 따라 작성하는 것은 중요하다.

④ 사업계획서는 남을 설득하는 것이 가장 큰 목적이다. 설득하려면 논리성을 가지는 것이 필요하다. 논리성을 바탕으로 설득하기 위해서는 사업계획서를 작성할 때 이해 가능성, 객관성, 일관성, 독창성 원칙들을 고려해야 한다.

3. 사업계획서의 필요성

(1) 감정적 편견을 제거

감상적 아이디어 또는 경험에 의존하는 주먹구구식 계획을 탈피하고 과학적 분석기법의 활용으로 더욱 체계적인 사업 계획의 수립이 가능하다.

(2) 사업에 대한 열정을 파악

창업자가 자기 사업에 대한 상당한 노력과 시간의 투자로 더욱 성공 가능성이 큰 사업 계획을 수립한다.

(3) 계획 및 실행방안의 정당성 입증

구체적이고 세부적인 사업 계획은 계획 및 아이디어의 정당성을 입증하여 현실감과 실행 가능성을 높여준다.

(4) 사업 아이디어의 검증

사업계획서를 작성하면서 나타날 수 있는 문제를 파악함으로 중대한 실수를 사전에 점검하도록 하여 사업의 실패확률을 낮춰준다.

(5) 일관성 있는 전략으로 발전

계획을 문서로 작성하는 것은 사업과 관련된 제반 요소를 재검토, 재인식하게 하여 핵심 성공요소들을 끌어내어 전략으로 발전시킬 수 있다.

(6) 신뢰성의 향상

사업계획서는 계획적이고 설득력 있게 잘 작성된 문서로 이해관계자의 관심을 유발하고 창업자의 신뢰도를 높여준다.

4. 사업계획서의 장점

(1) 사업 계획의 체계화

① 창업을 준비하는 과정에서 사업계획서를 작성하면, 그것이 실제 사업 계획으로 발전할 수 있다. 이를 통해 사업의 비전과 목표를 명확히 설정하고, 구체적인 실행 전략을 수립할 수 있다.

② 사업 아이디어나 아이템을 바탕으로 계획을 수립함으로써 사업을 시작하기 위한 준비가 체계적으로 이루어질 수 있다. 이를 통해 사업의 각 단계를 미리 대비하고, 예상되는 문제들을 해결할 수 있다.

③ 사업이 복잡하고 준비가 많이 필요한 경우, 사업계획서는 계획의 전체적인 흐름과 각 부분을 명확하게 정리해주어 효율적인 추진을 돕는다.

(2) 사업 타당성의 검증

사업 아이디어나 아이템을 체계적으로 분석하고 평가함으로써 타당성을 검증할 수 있다. 시장 조사, 경쟁 분석, 재무 분석 등을 통해 실질적인 데이터를 확보하고, 사업이 실제로 실행 가능한지 판단할 수 있다.

이를 통해 사업에 대한 자신감이 생기고, 사업 아이디어가 실제로 실행 가능한지 검토하는 과정을 통해 사업의 추진 의욕을 높일 수 있다.

(3) 사업 방향의 제시

사업을 시작한 후 방향을 잃고 방황할 수가 있다. 이때, 창업 시 작성한 사업계획서를 통해 목표를 다시 설정하고, 사업이 나아가야 할 길을 명확하게 파악할 수 있다.

(4) 이해관계자에게 신뢰성 제공

사업계획서는 투자자, 금융기관, 파트너 등 다양한 이해관계자들에게 신뢰를 줄 수 있는 중요한 도구이다. 이를 통해 사업의 비전과 목표를 명확히 전달하고, 사업이 실제로 실현 가능한지를 입증함으로써 갈등을 해소하고, 투자 유치를 원활하게 할 수 있다.

(5) 미래 예측이 가능

사업계획서는 사업 타당성 분석을 통해 향후의 환경변화에 대해 예측하고, 이에 맞는 전략을 수립할 수 있는 기반을 제공한다. 이를 통해 예기치 않은 상황에 대비할 수 있으며, 사업이 장기적으로 성장할 수 있도록 하는 방향성을 제시한다.

5. 사업계획서 작성 기본방향

(1) 전략적 측면을 고려해야 한다.

사업 아이디어 또는 아이템의 사업 타당성의 유무를 검토하고 전략적 적합성을 갖는 창업전략을 사업계획서로 구체화해야 한다.

(2) 경제적 측면을 고려해야 한다.

적정한 투자 경제성의 확보와 더불어 이를 달성하기 위한 시장성과 재무수익성, 공익성을 만족시킬 수 있는 구체적이고 현실성 있는 방법과 기술의 여부를 검토해야 한다.

(3) 요소적 측면을 고려해야 한다.

사업 아이디어 또는 아이템이 기업화되기 위해서는 사업화에 필요한 인적 요소(경영자, 창업구성원), 물적 요소(창업자금, 장비 등), 산출요소(기술, 아이디어)가 적절하게 결합하여 좋은 결과로 도출될 수 있느냐를 검토해야 한다.

학습활동

활동: 비즈니스 모델 캔버스(Business Model Canvas) 작성

① 참가자들은 창업의 아이디어를 명확하게 정리하고, 사업의 성공 가능성을 높이기 위해 가치사슬(Value Chain)의 관계를 정리합니다.

학습정리

- 비즈니스 모델 캔버스는 사업 아이디어를 시각적으로 구조화하는 도구로, 사업의 핵심 구성요소들을 하나의 페이지에 담아내어 창업자가 아이디어를 명확히 정리하고 사업의 성공 가능성을 높이는 데 유용하다.
- 모델은 9가지 핵심 요소로, 고객 세그먼트로, 제품이나 서비스를 제공할 주요고객 그룹을 정의한다. 치 제안으로, 고객에게 제공하는 핵심 가치와 차별화 요소를 나타낸다. 채널은 제품을 고객에게 전달하는 방법을, 고객 관계는 고객과의 관계 설정 및 유지 방법을 다룬다. 수익원은 사업을 통해 수익을 창출하는 방법을 정의하고, 핵심 자원은 사업 운영을 위한 주요 자원과 인프라를 설명한다. 핵심 활동은 사업을 운영하기 위해 수행해야 하는 주요 활동을 포함하며, 핵심 파트너는 비즈니스를 지원하는 외부 파트너와의 협력 관계를 설정한다. 마지막으로 비용 구조는 사업 운영에 필요한 주요 비용 항목들을 정의한다.
- 비즈니스 모델 캔버스를 작성하는 것은 사업의 핵심 요소를 한눈에 파악하고, 팀 내 협업을 강화하며, 고객 중심의 전략을 수립하는 데 도움이 된다. 또한, 빠른 피드백과 개선을 가능하게 하고, 전략과 실행 간의 연결 고리를 제공한다. 투자자와의 소통 도구로도 유용하며, 사업에 대한 위험요소를 파악하고 위험성을 관리하는 데 이바지한다.
- 고객 관계는 고객과의 관계를 어떻게 구축할지 설명하고, 채널은 제품이나 서비스를 고객에게 전달하는 방법을 나타낸다. 고객 세그먼트는 타겟 고객층을 정의하고, 비용 구조는 주요 비용 항목을 나열하여 관리 방안을 제시한다. 마지막으로 수익원은 수익 창출 방식을 구체적으로 설명해야 한다.
- 사업계획서는 사업 아이디어의 타당성을 분석하고, 창업자나 투자자를 설득하는 중요한 도구로 사용된다. 이를 통해 사업을 성공적으로 추진하기 위한 전략과 방향을 제시하며, 사업의 목표와 비전을 명확히 하고 시장에서의 경쟁력을 확보하는 데 필요한 분석을 수행한다.
- 사업계획서는 사업 타당성 분석, 목표 설정, 시장 분석, 자금 확보 등 모든 면에서 구체적인 계획을 세울 수 있도록 돕는다. 이러한 과정을 통해 사업을 효율적으로 운영할 수 있는 지침을 마련하고, 창업자는 사업을 진행하는 데 있어 더 나은 의사결정을 내릴 수 있다.
- 사업계획서를 작성하는 목적은 사업 아이디어의 실행 가능성을 높이고, 시장에서의 위험을 줄이며, 투자자나 이해관계자에게 신뢰를 줄 수 있도록 하는 것이다.
- 사업계획서는 창업자의 비전과 목표를 명확히 하고, 사업 진행 과정에서의 핵심 성공요소를 파악하여 전략을 개발하는 데 필수적인 문서로, 잘 작성된 사업계획서는 사업의 미래 예측과 실행 가능성을 높이는 데 이바지한다..

CHAPTER 06 서비스 설계와 프로토타입 제작

학습목표

6-1. 서비스 청사진과 설계 원칙

6-2. 사용자 여정 맵 작성

6-3. 프로토타입 제작

학습목표

1. 서비스 청사진의 개념과 설계 원칙을 이해하고, 이를 통해 서비스 개선 전략을 수립할 수 있다.
2. 사용자 여정 맵을 작성하여 사용자의 경험을 분석하고, 개선점을 도출할 수 있다.
3. 아이디어를 시각적으로 표현하고, 프로토타입을 제작하여 제품 또는 서비스 제공에 적용할 수 있다.

6-1 서비스 청사진과 설계 원칙

1 서비스 청사진의 개념과 구성요소

1. 서비스 청사진의 개념

서비스 전달에서 발생할 수 있는 잠재적 실패 요인을 식별하고, 고객이 중요하게 여기는 서비스의 핵심 요소를 파악함으로써, 서비스 전반의 문제를 효율적으로 진단하고 해결할 수 있도록 지원하는 기법으로 정의할 수 있다.

서비스 청사진 기법은 서비스 마케팅 분야에서 Shostack(1982)에 의해 처음 개발되었고, Kingman-Brundage(1989)에 의해 서비스 전달시스템의 도식화 기법인 서비스 맵으로 발전되었다. 서비스 청사진(Service Blueprint)은 고객의 경험을 기반으로 한 서비스 제공 과정의 시각적 표현이다. 서비스가 고객에게 전달되는 전체 흐름을 명확하게 보여주고, 각 단계에서 발생하는 상호작용과 백엔드 프로세스를 시각화하여 서비스 설계를 지원한다.

(1) 서비스 청사진의 활용 목적

서비스 청사진은 서비스 프로세스를 최적화하거나, 새로운 서비스를 설계할 때 활용할 수 있다.

① 문제점 발견: 고객 경험에서 발생할 수 있는 병목 지점을 시각적으로 확인할 수 있다.

② 효율성 개선: 백스테이지와 지원 프로세스를 분석해 더 나은 운영 방안을 마련할 수 있다.

③ 직원 교육: 신규 직원을 위한 직무별 역할 이해와 교육 도구로 활용할 수 있다.

(2) 서비스 청사진 작성의 단계

① 청사진으로 나타내야 할 프로세스를 정의한다.

② 서비스를 체험하는 고객과 세분된 시장을 파악한다.

③ 고객 관점에서 서비스 프로세스를 도식화한다.

④ 전방 종업원의 행동, 후방 종업원의 행동을 정의한다.

⑤ 접점 활동과 내부지원 기능을 연결한다.

⑥ 고객 행위 단계마다 서비스의 물리적 증거를 추가한다.

(3) 서비스 청사진의 장점

① 종업원 자신의 업무와 전체 서비스 관계를 파악할 수 있어, 고객 지향적 사고를 강화할 수 있다.

② 서비스 활동의 연결이 약한 서비스의 실패 점을 파악해 품질개선을 위해 노력하게 한다.

③ 고객과 종업원 사이의 상호작용선을 통해 고객 역할을 인식하게 하여, 서비스를 설계하는 데 도움을 준다.

④ 가시선은 고객이 보는 것과 고객과 접촉하는 종업원을 나타내 줌으로써 합리적인 서비스 설계가 가능하다.

⑤ 상호작용선은 부서 상호의존성 및 부서 간 경계영역 명확화로 서비스 품질개선 기회에 도움을 준다.

⑥ 서비스 구성 요소와 연결성을 명확히 하여, 전략적 논의를 용이하게 한다.

⑦ 서비스 각 요소에서 투입되는 비용과 수익 및 자본을 파악하고, 평가하는 기초를 제공해 준다.

⑧ 내부 및 외부마케팅을 위한 합리적인 기반을 제공한다.

⑨ 품질개선을 위한 상하전달을 촉진한다.

2. 서비스 청사진의 구성요소

(1) 고객 행동(Customer Actions)

고객이 서비스를 이용하는 모든 행동이나 단계를 나열한다. 서비스 청사진에서 고객의 행동은 각 서비스 단계를 시각적으로 추적하고, 고객이 경험하는 과정을 명확히 정의하는 데 중요한 역할을 한다. 예를 들어, 커피숍에서는 고객이 매장에 들어와 메뉴를 확인하고, 주문하고 결제하며 음료를 픽업한 후 매장을 퇴장하는 등의 행동이 포함한다.

(2) 접점(Frontstage)

접점은 고객과 직접 상호작용하는 직원들의 활동을 정의한다. 이는 고객 경험을 직접적으로 형성하는 요소로, 직원의 행동과 서비스의 품질을 명확히 규명한다. 예를 들어, 고객이 바리스타와 소통하며 음료를 주문하고, 결제하는 과정이 접점에 해당한다. 접점은 고객의 만족도와 직결되므로 중요한 부분이다.

(3) 비접점(Backstage)

비접점은 고객과 직접 상호작용하지는 않지만, 서비스 제공을 지원하는 내부 활동이다. 이는 서비스가 원활하게 진행되도록 하기 위한 백오피스 작업을 포함한다. 예를 들어, 바리스타가 음료를 준비하는 과정이나 주방팀이 원재료를 준비하는 활동이 비접점에 해당한다.

(4) 지원 프로세스(Supporting Processes)

지원 프로세스는 서비스 제공을 위해 필요한 시스템이나 부서의 역할을 정의한다. 예를 들어, 커피숍에서는 재료 관리 시스템이 원활하게 작동해야 하며, POS(Point Of Sale) 시스템은 결제와 재고 관리 등을 효율적으로 지원해야 한다. 이러한 시스템은 서비스의 품질과 효율성을 높이는 데 중요한 역할을 한다.

(5) 물리적 증거(Physical Evidence)

물리적 증거는 고객이 서비스를 경험하며 접하게 되는 물리적 요소들을 포함한다. 이는 고객의 경험을 시각적으로 강화하고, 브랜드 정체성을 전달하는 중요한 요소이다. 예를 들어, 커피숍에서 제공되는 메뉴판, 결제 영수증, 음료 컵, 매장 인테리어 등이 물리적 증거에 해당한다. 물리적 증거는 고객에게 서비스의 품질을 전달하며, 브랜드의 인식에 큰 영향을 미친다.

3. 서비스 청사진 사례: 커피숍(예: 스타벅스)

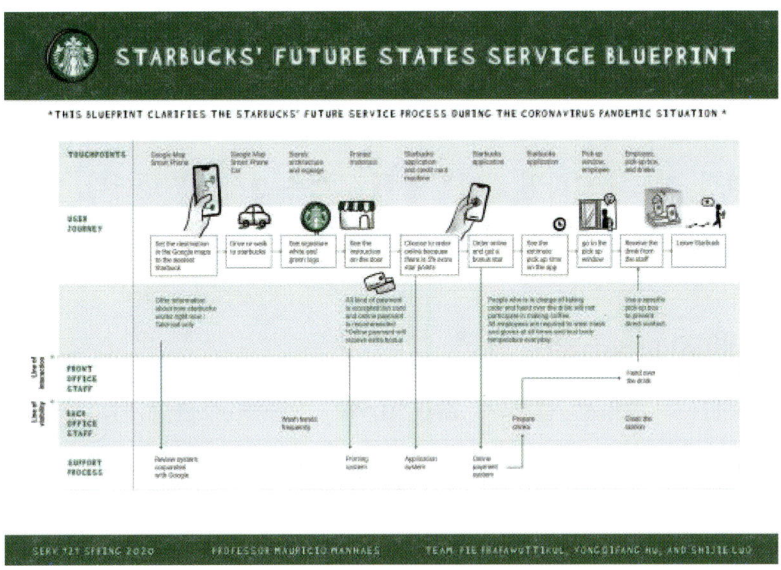

[그림 6-1] 스타벅스 서비스 청사진(출처: https://www.behance.net/)

(1) 고객 행동(Customer Actions)

스타벅스 서비스 청사진에서 고객의 행동은 카페 방문부터 음료 픽업, 퇴장까지의 전 과정을 포함한다. 각 단계는 고객의 경험을 바탕으로 명확히 구분되어, 서비스 제공의 흐름을 이해하는 데 중요한 역할을 한다.

① 매장 방문: 고객은 카페 입구에서 들어온다.

② 메뉴 확인: 고객은 메뉴판을 보고 음료를 선택한다.

③ 주문 및 결제: 고객은 바리스타와 주문을 진행하고, 결제 시스템에서 결제한다.

④ 음료 픽업: 고객은 대기 후 음료를 받는다.

⑤ 매장 퇴장: 음료를 받은 후 고객은 매장을 떠난다.

(2) 프론트스테이지(Frontstage)

프론트스테이지는 고객과 직접 상호작용하는 부분으로, 스타벅스의 주요 접점들이 여기에 포함된다. 이 부분은 고객의 경험을 직관적으로 만들며, 중요한 접점은 다음과 같다.

① 메뉴판과 주문 대화: 고객은 바리스타와 대화를 통해 메뉴를 선택하고 주문을 한다.

② 결제 과정: 카드나 모바일 결제를 통해 고객은 결제를 진행한다.

③ 음료 수령: 고객은 음료를 준비된 대로 바리스타에게서 받는다.

(3) 백스테이지(Backstage)

백스테이지는 고객이 직접 보지 않는 곳에서 이루어지는 서비스 활동을 나타낸다. 고객의 만족스러운 경험을 제공하기 위해 바리스타와 주방 팀이 필요한 모든 작업을 한다.

① 음료 준비: 바리스타는 음료를 준비하고, 고객의 요구 사항에 맞게 음료를 만든다.

② 재료 준비 및 보충: 주방에서 원재료를 준비하고, 음료 제조 기계를 활용한다.

③ 주문 조율: 바리스타는 음료 준비 현황을 확인하고, 고객 주문 순서를 조율한다.

(4) 지원 프로세스(Support Processes)

지원 프로세스는 서비스 제공의 원활함을 보장하기 위한 모든 시스템적 활동을 포함한다. 백스테이지에서 이루어지는 지원 활동은 서비스의 질을 높인다.

① 물류 시스템: 음료 재료와 원재료의 공급을 원활하게 관리한다.

② POS 시스템: 결제와 동시에 재고를 자동으로 관리하는 시스템이 작동한다.

③ 인력 관리: 매장에서 직원들의 배치와 역할 분담이 이루어진다.

(5) 물리적 증거(Physical Evidence)

물리적 증거는 고객이 서비스와 상호작용하면서 접하게 되는 물리적이고 시각적인 요소들을 나타낸다. 이 요소들은 브랜드의 정체성과 고객 경험을 강화한다.

① 매장 인테리어: 브랜드의 정체성을 반영한 분위기와 카페의 설비들이 고객을 맞이한다.

② 메뉴판: 벽에 걸려 있는 메뉴판과 디지털 디스플레이에서 고객은 음료를 선택할 수 있다.

③ 영수증: 결제 후 고객에게 제공되는 영수증은 서비스 증빙 자료 역할을 한다.

④ 브랜드 음료 컵: 로고가 새겨진 음료 컵과 스트로우 등은 브랜드를 시각적으로 전달하는 물리적 증거이다.

스타벅스의 서비스 청사진은 고객 경험을 단계별로 세분화하여 각 접점과 백스테이지 활동을 명확히 구분하고, 지원 시스템을 체계적으로 구성한다. 이를 통해 고객은 만족스러운 서비스를 경험하게 되며, 매장 운영과 서비스 개선에 중요한 지침이 된다.

6-2 사용자 여정 맵 작성

1 사용자 여정 맵

1. 사용자 여정 맵(User Journey Map)의 개념

소비자의 여정을 이해하기 위해 모든 접점에서의 사용자 경험(UX)을 통합적으로 분석해야 한다. 사용자 여정 맵은 이를 체계적으로 표현하기 위한 도구이다(Lemon & Verhoef, 2016). 즉, 사용자의 경험을 시간의 흐름에 따라 시각적으로 표현하는 기법이다. 사용자가 서비스를 경험하는 전체 과정을 파악하고, 그 과정에서 겪는 감정, 요구, 문제를 시각적으로 나타낸다.

사용자 여정 맵은 사용자의 경험을 전반적으로 분석하고, 서비스 설계과정에서 강점과 문제점을 식별하기 위해 사용한다. 또한, 사용자 중심의 서비스 디자인과 UX 설계과정에서 필수적인 도구로 활용한다.

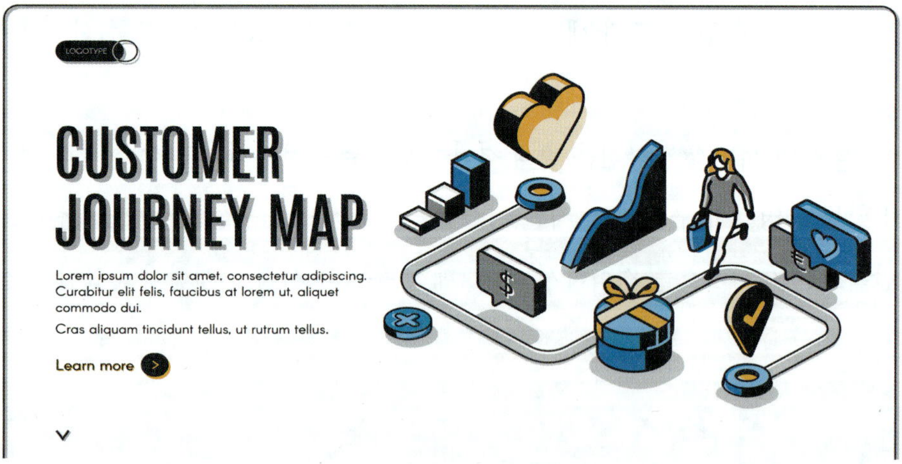

[그림 6-2] 사용자 여정 맵

2. 사용자 여정 맵의 구성요소

(1) 단계(Stages)

사용자가 서비스와 상호작용하는 각 단계를 나타낸다. 이는 사용자가 서비스를 경험하는 과정에서 일어나는 주요 단계를 시각적으로 표현하는 부분으로, 예를 들어 정보 검색, 제품 구매, 배송, 피드백 등의 과정을 포함할 수 있다.

(2) 사용자 행동(User Actions)

각 단계에서 사용자가 수행하는 구체적인 행동을 나타낸다. 예를 들어, 상품을 검색하고 리뷰를 확인한 후 장바구니에 담고 결제를 완료하는 등의 사용자의 실제 행동이 포함된다. 이 요소는 서비스의 각 단계에서 사용자가 무엇을 하고 있는지를 명확히 보여준다.

(3) 고객의 감정(Emotions)

각 단계에서 사용자가 느끼는 감정을 기록한다. 이 부분은 사용자 경험에서 중요한 역할을 하며, 고객의 감정 흐름을 이해하는 데 필수이다. 예를 들어, 상품 탐색 단계에서 기대감을 느끼고, 결제 단계에서 불안을 느끼거나, 배송 지연으로 좌절감을 느끼는 등, 감정은 서비스 개선의 핵심 단서를 제공한다.

(4) 터치 포인트(Touch points)

사용자가 서비스와 접촉하는 지점을 명확히 나타낸다. 이는 사용자가 웹사이트, 모바일 앱, 고객센터, 이메일 등 다양한 채널을 통해 서비스와 연결되는 접점을 포함한다. 각 터치 포인트는 사용자가 서비스를 경험하는 중요한 순간들이며, 사용자 경험에 큰 영향을 미친다.

(5) 문제점(Pain Points)

사용자 경험 중에서 문제가 발생하는 부분을 식별하고 개선할 기회를 찾는 요소이다. 예를 들어, 로그인 과정에서의 복잡함이나 결제 페이지에서의 불편함 등 사용자 경험을 방해하는 문제를 찾아내고 이를 해결할 수 있는 아이디어를 도출한다. 이는 서비스 개선의 기회를 제공하는 중요한 요소이다.

3. 사용자 여정 맵 사례

(1) 사례: e-Commerce 플랫폼의 사용자 여정 맵

(가) 단계

① 탐색 → 제품 비교 → 구매 → 배송 → 피드백

(나) 사용자 행동

① 탐색 단계에서 사용자는 키워드를 검색하거나 추천 상품을 클릭하여 원하는 제품을 찾는다.

② 구매 단계에서 결제 옵션을 선택하고 결제를 진행한다.

③ 배송 추적 페이지를 통해 배송 상태를 확인한다.

(다) 감정

① 탐색 단계에서 사용자는 제품을 찾을 수 있을 것 같다는 기대감을 느낀다.

② 결제 단계에서는 환불 정책에 대한 불확실성으로 불안을 느낄 수 있다.

③ 배송 지연이 발생하면 사용자는 좌절감을 느끼게 된다.

(라) 터치 포인트

① 웹사이트, 이메일, 알림 메시지 등 다양한 채널에서 터치 포인트가 발생한다.

(마) 문제점

① 검색 필터가 비효율적이고, 원하는 제품을 빠르게 찾기 어려운 점이 있다. 이를 개선하기 위해 사용자 친화적인 필터를 도입할 필요가 있다.

(2) 사례: 호텔 예약 서비스

(가) 단계

① 검색 → 예약 → 체크인 → 체류 → 체크아웃

(나) 사용자 행동

① 사용자는 원하는 숙소를 검색한다.

② 결제 정보를 입력하고 예약을 완료한다.

③ 체크인 시, 리셉션에서 대기하는 과정을 겪는다.

(다) 감정

① 체크인할 때 대기시간이 길면 고객은 좌절감을 느낄 수 있다. 이는 숙박 경험에 부정적인 영향을 미친다.

(라) 터치 포인트

① 모바일 앱, 이메일 예약 확인, 현장 리셉션 등 다양한 터치 포인트가 있다.

(마) 문제점

① 체크인 속도가 느린 경우, 고객의 만족도가 떨어진다. 이를 해결하기 위해 키오스크 도입 등의 자동화 옵션을 제공할 필요가 있다.

사용자 여정 맵은 각 터치 포인트와 감정을 시각적으로 정리하여 사용자 경험을 깊이 있게 이해하고, 서비스 개선을 위한 혁신적 아이디어를 발굴하는 데 중요한 도구이다. 이 맵을 활용하면 서비스 제공자는 사용자의 경험 흐름을 명확히 분석하고, 문제점을 식별하여 효율적인 개선 작업을 할 수 있다.

2 서비스 디자인 프로세스 모델(Service Design Process Model)

1. 서비스 디자인 프로세스 모델의 개념

서비스 디자인 프로세스는 고객 경험을 개선하기 위한 단계별 접근 방식을 제공하며, 각 단계에서 창의적이고 실용적인 솔루션을 개발하는 데 중점을 둔다. Moritz(2005)는 이 프로세스를 탐색(Exploration), 창의적 아이디어 발굴(Creation), 프로토타입 개발(Reflection), 실행(Implementation)의 네 가지 주요 단계로 구성된다.

[그림 6-3] 서비스 디자인 프로세스

(1) 탐색(Exploration)

이 단계는 서비스 문제를 깊이 이해하고, 사용자의 요구와 환경을 분석하는 과정이다. 탐색 단계의 목적은 문제의 본질을 파악하고, 해결해야 할 핵심 이슈를 정의하는 것이다. 이 단계에서 주요 활동은 다음과 같다.

(가) 사용자 연구(User Research)

고객과 직접 인터뷰하거나 관찰하여 그들의 요구와 기대를 파악한다. 다양한 방법을 사용해 고객의 목소리를 직접 듣는다.

(나) 문제 정의(Problem Definition)

문제를 명확히 정의하고 서비스 개선을 위한 주요 목표를 설정한다.

(다) 경쟁 분석(Competitive Analysis)

경쟁 서비스를 분석하여 차별화될 수 있는 점을 파악한다.

(라) 정보 수집

서비스와 관련된 데이터를 수집하고, 고객 여정 지도(Customer Journey Map)나 공감 지도(Empathy Map) 등을 사용하여 고객 경험을 시각적으로 분석한다.

(마) 목표

고객의 숨겨진 요구를 발견하고, 서비스를 혁신적으로 개선할 수 있는 기회를 찾는다.

2. 창의적 아이디어 발굴(Creation)

이 단계는 탐색 단계에서 수집한 정보와 인사이트를 바탕으로 창의적인 아이디어를 도출하는 과정이다. 이 단계에서는 다양한 아이디어를 제시하고, 이를 평가하여 가장 효과적인 솔루션을 찾아낸다.

(가) 브레인스토밍(Brainstorming)

팀원들과의 협업을 통해 가능한 모든 아이디어를 창출하고, 비판 없이 아이디어를 나눈다.

(나) 아이디어 선정(Idea Selection)

창출된 아이디어 중에서 실현 가능한 아이디어를 선택하고, 가장 중요한 요구를 충족할 수 있는 솔루션을 도출한다.

(다) 서비스 컨셉(Service Concept)

선택된 아이디어를 바탕으로 서비스의 핵심 컨셉을 정의하고, 고객에게 가치를 제공할 방법을 구체화한다.

(라) 협업(Co-Creation)

서비스의 각 이해관계자와 협력하여 아이디어의 질을 높이고 실현 가능성을 평가한다.

(마) 목표

창의적인 아이디어를 발굴하고, 고객의 요구를 충족하는 혁신적인 서비스를 설계한다.

3. 프로토타입 개발(Reflection)

프로토타입 개발 단계는 서비스 아이디어를 실제 형태로 구현하여 테스트하는 과정이다. 이 단계에서는 서비스가 어떻게 실행될지 시뮬레이션하며, 이를 통해 실현 가능성을 검토한다.

(가) 프로토타입 만들기(Prototype Creation)

간단한 모델이나 시나리오를 만들어 서비스가 실제로 어떻게 동작하는지 시뮬레이션한다. 이는 디지털 제품일 수도 있고, 물리적인 서비스 경험일 수도 있다.

(나) 테스트 및 피드백(Test and Feedback)

프로토타입을 실제 사용자에게 테스트해보고, 그들의 피드백을 통해 서비스 디자인을 개선한다. 사용자 경험을 반영하여 서비스의 기능이나 디자인을 반복적으로 조정한다.

(다) 문제 해결

프로토타입에서 나타난 문제를 해결하고, 예상치 못한 문제에 대한 해결책을 찾아낸다.

(라) 목표

아이디어를 실제 형태로 구현하여 서비스가 고객에게 어떻게 전달될지 이해하고, 개선점을 찾는다.

4. 실행(Implementation)

실행 단계는 최종적으로 설계한 서비스를 실제 환경에서 실행하고, 서비스를 운영하는 단계이다. 이 단계에서는 서비스가 고객에게 제공되는 과정을 관리하고 최적화한다.

(가) 서비스 론칭(Service Launch)

서비스가 실제로 고객에게 제공되도록 론칭 계획을 세우고 실행한다. 이를 위해 마케팅, 교육, 기술적 지원 등을 준비한다.

(나) 운영 및 관리(Operation and Management)

서비스가 원활하게 운영될 수 있도록 내부 시스템을 관리하고, 서비스 품질을 지속적으로 모니터링한다.

(다) 지속적인 개선(Continuous Improvement)

서비스가 고객에게 전달된 후에는 서비스 품질을 지속적으로 향상시키기 위해 피드백을 수집하고, 서비스를 개선하는 노력을 이어간다.

(라) 목표

최종적으로 서비스를 실제 환경에서 성공적으로 실행하고, 고객에게 지속적인 가치를 제공할 수 있도록 한다.

5. 서비스 디자인 프로세스 모델의 종합

Moritz(2005)가 제시한 서비스 디자인 프로세스는 고객의 요구를 깊이 이해하고, 창의적인 해결책을 도출하며, 실제 실행 가능한 서비스로 구현하는 일련의 과정이다. 이 프로세스는 반복적이고 협업적인 접근 방식을 통해, 고객 경험을 최적화하고 서비스 혁신을 이룰 수 있도록 돕는다.

① 탐색: 문제 정의 및 고객 요구 파악

② 창의적 아이디어 발굴: 창의적 솔루션 개발

③ 프로토타입 개발: 아이디어 실험 및 피드백 수집

④ 실행: 서비스 론칭 및 지속적 개선

서비스 디자인 프로세스를 통해 기업은 고객 중심의 혁신적인 서비스를 설계하고, 이를 실행하여 경쟁력을 높일 수 있다.

6-3 프로토타입 제작

1 프로토타입 제작의 개념과 중요성

1. 프로토타입(Prototype)의 개념

프로토타입은 실제 서비스나 제품의 기능을 시각적으로 구현한 초기 모델로, 최종 제품을 설계하기 전에 아이디어를 실험하고 테스트하는 데 사용된다. 이를 통해 서비스의 핵심 기능을 빠르게 구현하여 문제를 발견하고 수정할 수 있다.

[그림 6-4] 프로토 타입 개발

2. 프로토타입(Prototype)의 중요성

(1) 아이디어 구체화

추상적이거나 개념적인 아이디어를 시각적이고 물리적인 형태로 전환함으로써 제품이나 서비스의 가능성을 검토할 수 있다. 디자인 씽킹에서 프로토타입은 아이디어를 현실적으로 구현하는 첫 번째 단계로 팀원 간의 이해를 증진하고 방향성을 설정하는 데 이바지한다(Brown, 2009). 아이디어를 시각화하면 팀 내부의 협업이 촉진되고 더 나은 창의적 결과를 도출할 수 있다(Buxton, 2010).

(2) 사용자 피드백

프로토타입을 통해 잠재 사용자와 상호작용하고, 사용자 경험(UX)과 요구를 더 정확히 파악한다. 사용자는 프로토타입을 통해 자신의 기대와 우려를 표현하고 제품 개발자와 실질적인 대화를 나눌 수 있다(Schrage, 1999). 또한, 반복적인 사용자 피드백은 사용자 중심 디자인(UCD) 과정에서 필수적이며, 프로토타입이 그 중심 역할을 한다.

(3) 비용 절감

제품 개발 초기 단계에서 발견되는 오류는 수정 비용이 적게 들지만, 후반부나 출시 후에는 비용이 급증할 수 있으며, 프로토타입은 이러한 비용 상승을 방지한다. 소프트웨어 개발 생명주기에서 초기에 발견된 결함의 수정 비용은 출시 후 결함 수정 비용의 1/100 수준일 수 있다(Boehm, 1988). 또한, 린 스타트업 방법론에서는 최소 기능 제품(MVP, Minimum Viable Product)을 프로토타입으로 정의하며, 초기 사용자 피드백을 통해 비용을 최소화하고 제품의 성공 가능성을 높인다(Ries, 2011).

3. 프로토타입(Prototype)의 사례

(1) 에어비앤비(Airbnb)의 초기 프로토타입

(가) 배경

① 창업 초기에 간단한 웹사이트를 통해 사용자가 자신의 집을 단기 숙박으로 제공할 수 있도록 프로토타입을 개발하였다.

(나) 활용

① 창업자들은 사용자 인터뷰와 피드백을 통해 사용자가 원하는 기능과 UI를 파악한다.

② 프로토타입 테스트를 통해 호스트와 게스트 간 신뢰를 구축할 수 있는 리뷰 시스템을 추가한다.

(다) 결과

① 프로토타입 단계에서 얻은 피드백은 이후 에어비앤비의 성공적인 플랫폼 구축에 이바지한다.

(2) 아이데오(IDEO)의 쇼핑카트 디자인

(가) 배경

① 혁신적인 쇼핑카트를 설계하기 위해 프로토타입을 활용했다.

(나) 활용

① 쇼핑카트의 구조를 종이와 간단한 소재로 빠르게 제작할 수 있다.

② 사용자를 관찰하고 인터뷰하면서 불편 요소(예: 작은 물건이 떨어지는 문제, 공간 부족)를 파악할 수 있다.

(다) 결과

① 프로토타입 개선 과정을 통해 사용자가 더욱 편리하게 사용할 수 있는 최종 제품을 개발할 수 있다.

(3) 마이크로소프트(Microsoft)의 프로토타입

(가) 배경

① 새로운 소프트웨어 기능을 릴리스하기 전에 와이어 프레임과 클릭 가능한 프로토타입을 제작해 테스트하였다.

(나) 활용

① UX 테스트를 통해 사용자의 흐름과 기능 이해도를 검토할 수 있다.

② 피드백을 기반으로 UI 디자인과 워크플로우를 개선할 수 있다.

(다) 결과

① 초기에 사용자 인터페이스를 검증하여 개발 시간과 자원을 절약할 수 있다.

프로토타입은 제품이나 서비스를 구체화하고, 사용자 피드백을 수집하며, 개발 초기 단계에서 오류를 수정해 비용을 절감하는 데 필수적인 도구다.

Airbnb, IDEO, Microsoft와 같은 사례는 프로토타입이 성공적인 제품 개발에 어떻게 이바지했는지 보여준다.

2 서비스 디자인(Service Design)

1. 서비스 디자인의 개념

서비스 디자인은 고객 경험(CX)을 중심으로 서비스를 설계하고, 모든 접점에서의 사용자 경험을 최적화하려는 학문적 접근이다. 이는 제품 중심에서 벗어나 고객 중심적인 사고를 통해 서비스의 가치를 극대화하는 데 중점을 둔다(Stickdorn & Schneider, 2010).

① 사용자 중심성: 고객의 요구와 기대를 깊이 이해하고 이를 중심으로 서비스를 설계한다.

② 협업: 다양한 이해관계자와의 협력을 통해 최적의 솔루션을 도출한다.

③ 공감적 설계: 고객의 감정과 행동을 공감하며 문제를 해결하는 데 중점을 둔다.

④ 시각화: 복잡한 프로세스와 개념을 시각적으로 표현하여 이해를 돕는다.

서비스 디자인은 서비스 경제가 발전함에 따라 중요성이 더욱 커졌으며, 고객 경험을 개선하고 경쟁력을 확보하기 위해 조직 전반에서 널리 사용되고 있다(Mager, 2009).

2. 서비스 디자인의 목적

(1) 고객 만족 극대화

고객의 기대와 요구를 충족시켜 만족도를 높이고 충성도를 확보한다.

(2) 서비스 품질 향상

서비스 과정에서 발생할 수 있는 문제를 사전에 파악하고 개선하여 품질을 최적화한다.

(3) 효율성 증대

자원을 효과적으로 배분하고 운영 효율성을 향상시켜 비용을 절감한다.

(4) 혁신 촉진

새로운 서비스 아이디어를 창출하고, 기존 서비스를 혁신적으로 개선한다.

3. 활용 방법 및 사례

(1) 고객의 요구와 기대 파악

① 방법: 고객 인터뷰, 설문 조사, 현장 관찰, 페르소나 개발 등을 통해 고객의 니즈를 구체적으로 파악한다.

② 사례: 항공사 A 사는 고객 설문 조사를 통해 체크인 과정에서 발생하는 불편함을 발견하고, 모바일 앱을 활용한 자동 체크인 서비스를 도입했다.

(2) 서비스 프로세스 시각화

① 방법: 고객 여정 지도(Customer Journey Map), 서비스 블루프린트(Service Blueprint)를 활용하여 서비스 과정을 시각적으로 분석한다.

② 사례: 소매업체 B 사는 고객 여정 지도를 통해 고객이 결제 단계에서 자주 이탈한다는 점을 발견, 간편 결제 시스템을 도입해 이탈률을 20% 감소시켰다.

(3) 문제점과 기회 도출

① 방법: 서비스 과정에서 발생하는 문제점을 식별하고 개선 방안을 도출한다.

② 사례: 레스토랑 C 사는 고객 대기시간을 문제로 인식하여 예약 관리 시스템을 디지털화, 대기시간을 30% 단축했다.

(4) 협업과 공감적 설계

① 방법: 이해관계자 간의 협업을 통해 고객과 직원의 관점에서 서비스를 설계한다.

② 사례: 병원 D는 환자와 의료진의 의견을 수렴하여 예약부터 진료까지의 과정을 개선, 환자 만족도를 25% 향상시켰다.

(5) 프로토타입 개발 및 테스트

① 방법: 서비스 설계 아이디어를 소규모로 구현하고 테스트를 통해 개선점을 발

견한다.

② 사례: IT 기업 E는 새로운 고객 지원 채팅봇을 프로토타입으로 개발해 1개월간 테스트를 진행, 고객의 긍정적 반응에 따라 정식 도입했다.

학습활동
활동: 창업의 아이템을 구체화 ① 참가자들은 창업의 아이템이 서비스면, 서비스 청사진을 통해 사용자 여정 맵을 작성하세요. ② 참가자들은 창업의 아이템이 제품 개발이면, 프로토타입을 통해 사용자 여정 맵을 작성하세요.

학습정리

- 서비스 청사진은 고객이 경험하는 서비스 과정과 그에 따른 상호작용 및 백엔드 프로세스를 시각적으로 표현한 기법이다. 이는 고객 경험을 분석하고, 서비스 제공 과정에서 발생할 수 있는 문제점을 쉽게 파악하여 개선할 수 있도록 도와준다.
- 서비스 청사진을 작성하는 과정은 서비스 프로세스를 정의하고, 고객과 시장을 세분화하며, 각 단계를 고객 관점에서 도식화하는 것으로 시작된다. 그 후, 고객 행동, 종업원의 행동, 접점 활동, 물리적 증거 등을 포함한 서비스를 시각적으로 표현하여 서비스의 전체 흐름을 명확하게 보여준다.
- 서비스 청사진의 장점은 직원들이 자신의 역할과 서비스 전반의 관계를 이해하는 데 도움을 주고, 서비스의 품질개선 및 부서 간 상호작용을 명확히 하여 효율적인 전략을 마련할 수 있게 한다.
- 사용자 여정 맵(User Journey Map)은 사용자가 서비스와 상호작용하는 전체 과정을 시간의 흐름에 따라 시각적으로 표현한 기법이다. 이 맵은 사용자의 경험을 통합적으로 분석하고, 서비스 설계과정에서 강점과 문제점을 식별하는 데 중요한 도구로 활용된다.
- 사용자 여정 맵은 각 단계에서 사용자가 취하는 행동, 그 과정에서 느끼는 감정, 접점, 문제점 등을 시각적으로 정리하여, 사용자 경험을 깊이 있게 이해하고 서비스 개선을 위한 혁신적인 아이디어를 도출한다.
- 사용자 여정 맵의 감정은 각 단계에서 사용자가 느끼는 감정을 기록하며, 터치 포인트는 사용자가 서비스와 접촉하는 지점을 나타낸다. 문제점은 사용자 경험 중 발생하는 불편함이나 개선이 필요한 부분을 식별하는 요소이다. 이 맵은 서비스 제공자가 사용자 경험을 분석하고, 개선 기회를 찾아 효율적인 서비스 개선 작업을 할 수 있도록 돕는다.
- 프로토타입은 실제 서비스나 제품의 기능을 시각적으로 구현한 초기 모델로, 최종 제품을 설계하기 전에 아이디어를 실험하고 테스트하는 데 사용된다. 이를 통해 서비스의 핵심 기능을 빠르게 구현하고 문제를 발견하여 수정할 수 있다.
- 프로토타입은 아이디어 구체화, 사용자 피드백 수집, 비용 절감 등의 중요성을 가지고 있으며, 제품 개발 초기 단계에서 오류를 발견하고 수정함으로써 후반부나 출시 후의 비용 상승을 방지한다.
- 프로토타입의 중요성은 크게 아이디어를 구체화하고, 사용자 피드백을 통해 제품이나 서비스의 개선점을 파악하며, 비용을 절감하는 데 있다. 아이디어를 시각화함으로써 팀 간 협업을 촉진하고 창의적인 결과를 도출할 수 있으며, 사용자 피드백을 통해 사용자 중심 디자인을 실현할 수 있다.

CHAPTER 07 재무 계획과 투자유치

학습목표

7-1. 자금 계획과 예산 관리

7-2. 수익 모델 설계

7-3. 투자 제안서 작성

학습목표

1. 초기 자금 계획을 수립하고, 예산을 효과적으로 관리하는 방법을 이해할 수 있다.
2. 다양한 수익 모델을 설계하고, 사업에 적합한 모델을 선택하여 적용할 수 있다.
3. 투자자에게 사업 아이디어를 효과적으로 전달할 수 있는 투자 제안서를 작성할 수 있다.

7-1 자금 계획과 예산 관리

1 자금조달 및 예산 관리 방법

1. 초기 자금조달

(1) 자기 자금(Self-funding)

자기 자금은 창업자가 자신의 자산(저축, 주택 담보 대출 등)을 사용하여, 초기 사업 자금을 마련하는 방식으로, 사업 운영에 대한 전적인 통제권을 유지할 수 있다. 기업 자본 구조와 자금조달의 중요성을 다루며, 초기 자금조달에서 창업자의 지분 희석이 없다는 점이 자기 자금의 강점으로 평가된다.

[그림 7-1] 자기 자금

(2) 가족 및 친구

지인으로부터 자금을 유치하면 금융기관의 엄격한 심사 과정 없이 신속하게 자금을 조달할 수 있다. 경제학자 조셉 슘페터는 창업 초기 단계에서 가까운 지인들로부터 자금을 유치하는 것은 금융기관의 엄격한 심사 과정을 거치지 않고 신속하게 자금을 조달할 방법이다. 이는 혁신적인 아이디어와 사업 모델을 실현하는 데 중요한 기회를 제공한다. 슘페터는 기업가가 자원을 재조합하고 새로운 경제적 가치를 창출하는 과정에서, 기존의 자원이나 자금이 중요한 역할을 한다(Schumpeter, 1942).

(3) 엔젤 투자자(Angel Investor)

엔젤 투자자는 창업 초기 단계에서 자금을 제공하며, 투자 후 멘토링과 네트워크를 통해 창업자의 성장을 돕는다. 벤처 자금조달 이론(Venture Capital Financing Theory)에 따르면, 엔젤 투자자는 벤처 캐피털 투자보다 초기 단계에서 자금을 제공하며, 이는 사업 초기의 높은 위험을 감수하는 대신 향후 기업의 성장으로부터 높은 수익을 기대하는 방식이다. 창업 초기 단계에서 자금은 성공 가능성을 높이는 중요한 역할을 한다(Bygrave & Timmons, 1992).

(4) 벤처 캐피털(VC, Venture Capital)

벤처 캐피털은 성장 가능성이 큰 스타트업에 자금을 투자하는 형태의 금융 활동을 의미한다. 벤처 캐피털은 일반적으로 높은 위험을 감수하지만, 그만큼 높은 수익을 추구한다. 투자자들은 기술 혁신을 이루거나 새로운 시장을 창출할 가능성이 있는 신생기업에 자본을 제공하여, 기업의 성장에 필요한 자금을 확보하도록 돕는다. 이러한 벤처 캐피털은 기업가정신과 혁신을 촉진하며, 경제 성장에 중요한 역할을 한다.

케인즈의 유효수요 이론은 벤처 캐피털은 시장에서 발생하는 비효율성을 극복하는 데 중요한 역할을 한다. 시장의 자원 배분이 항상 효율적이지 않으며, 이때 벤처 캐피털은 혁신적인 기업이 자금을 조달하는 데 도움을 주어 경제에 필요한 자원 흐름을 원활하게 만든다. 벤처 캐피털의 투자자들은 잠재력이 큰 스타트업에 자금을 투입하고, 그 결과 혁신적 기업들이 성장할 수 있도록 지원한다(Keynes, 1936).

(5) 크라우드 펀딩

크라우드 펀딩은 다수의 개인으로부터 소액의 자금을 모집하는 방식으로, 자본 비용을 낮추고 시장 검증을 동시에 수행할 수 있다. Spence(1973)의 신호 이론(Signal Theory)은 정보가 불완전한 시장에서 신호를 통해 중요한 결정을 내리는 방법을 설명하며, 이는 크라우드 펀딩과 같은 자금 모집 방식에서 중요한 역할을 한다.

(6) 정부 지원금 및 대출

정부는 경제 성장과 일자리 창출을 위해 창업 지원금 및 저리 대출을 제공한다. 공공 선택 이론(Public Choice Theory)에 따르면, 정부의 지원은 시장 실패를 보완하고 창업 환경을 개선할 수 있다(Buchanan & Tullock, 1962).

성공적인 자금 계획을 수립한 기업으로 Airbnb는 창업 초기 자금은 창업자들이 자신의 자산을 이용하거나, 크라우드 펀딩을 통해 확보했다. 초기 단계에서 자금 부족 문제를 해결하며 사업을 확장할 수 있었다(Guttentag, 2015).

고프로(GoPro)는 창업 초기 자금을 엔젤 투자자로부터 조달했고, 이후 지속적인 자금 유치로 성공적인 제품을 출시하며 성장할 수 있었다(Weiner, 2015).

2. 예산 관리의 중요성

사업 초기 단계에서 예산 관리는 사업 성공의 핵심 요소 중 하나이다. 초기 자본은 한정되어 있으며, 이를 어떻게 배분하고 운용하느냐에 따라 사업의 생존 가능성과 지속 가능성이 결정된다.

(1) 자금의 효율적 배분

창업 초기 자금은 제한적이므로, 필수 항목(고정비, 제품 구매, 마케팅 등)에 먼저 할당

해야 한다. 자본 배분은 기업 재무관리 이론에서 제한된 자원의 최적화로 설명되며, ROI(Return on Investment)를 기준으로 우선순위를 결정해야 한다.

(2) 현금 흐름 관리

창업 초기에는 수익보다 비용이 먼저 발생하기 때문에, 현금 유출을 효과적으로 관리하지 않으면 자금 부족으로 사업이 중단될 위험이 크다. 따라서 현금 흐름표(Cash Flow Statement)을 통해 유입과 유출을 체계적으로 관리하는 것이 기업 회계 관리의 기본이다.

(3) 비용 통제

창업 초기에는 불확실성이 크기 때문에 계획되지 않은 지출이 발생할 수 있다. 이를 사전에 통제하지 않으면 자본이 빨리 소진된다. 따라서 비용 통제를 위한 예산 편성과 차이 분석을 통해 예산 초과를 방지한다.

(4) 손익분기점의 명확한 설정

손익분기점은 사업이 수익을 내기 시작하는 지점을 나타낸다. 이를 명확히 이해하면 목표 매출 설정과 비용 구조 최적화에 도움이 된다. 손익분기점(Break-even Point) 분석은 원가-조업-이익 분석(CVP, Analysis, Cost-Volume-Profit Analysis)에서 핵심 요소로, 초기 예산 계획에 반드시 포함되어야 한다.

(5) 위험 관리

초기 자금이 부족하거나 예산 초과가 발생하면 사업 실패로 이어질 수 있다. 예산 관리는 이런 위험성을 예방하는 역할을 한다. 재무 위험 관리 이론에서는 예비 자금을 비상 자금으로 정의하며, 이는 사업 안정성을 높이는 중요한 전략이다.

사업 초기의 예산 관리는 자금의 효율적 배분, 현금 흐름 관리, 비용 통제, 손익분기점 분석, 위기관리를 통해 사업의 성공 가능성을 높이고, 생존을 보장하는 데 필수적이다. 이를 위해 체계적이고 현실적인 예산 계획과 실행이 요구된다.

3. 손익분기점(Break-even Point)과 공헌이익(Contribution Margin)

(1) 고정비(Fixed Cost)

① 고정비는 사업의 생산량과 관계없이 매달 일정하게 발생하는 비용을 의미한다. 이러한 비용은 생산량이나 판매량에 상관없이 지속적으로 발생하므로, 사업의 규모에 영향을 받지 않는다. 고정비는 사업이 시작되거나 운영되는 동안 일정하게 발생하며, 이는 기업의 재정적인 안정성을 이해하는 데 중요한 요소가 된다.

- 임대료: 사업장이 위치한 공간에 대해 매월 지급해야 하는 임대료.
- 직원 급여: 직원에게 지급되는 월급, 이는 직원 수에 따라 변할 수 있지만, 기본적으로 일정한 급여를 지급.
- 설비 감가상각비: 장비나 시설 등의 설비가 시간에 따라 가치를 감소시키는 비용으로, 매달 일정액을 감가상각비로 계산.

고정비는 사업 초기에 큰 영향을 미치지 않지만, 일정 기간이 지나면 이 비용이 사업의 수익성에 큰 영향을 미치게 된다. 특히 고정비가 높을 경우, 사업이 확장되거나 수익이 증가하기 전까지 지속적인 운영 부담을 초래할 수 있다.

② 원가-조업-이익 분석(CVP, Cost-Volume-Profit Analysis)은 기업이 특정 생산량과 판매량에서 비용, 판매 가격, 수익 간의 관계를 분석하여 이익을 극대화할 수 있는 최적의 전략을 찾는 도구이다. 이 분석은 주로 기업이 원가 구조를 이해하고, 생산과 판매가 증가하거나 감소할 때 기업의 이익이 어떻게 변화하는지 예측하는 데 사용한다.

예시 한 카페의 고정비는 월 임대료 200만 원과 직원 급여 300만 원으로, 총 고정비는 500만 원이다. 이 금액은 판매량과 관계없이 매달 같게 발생한다.

(2) 변동비(Variable Cost)

① 변동비(Variable Cost)는 생산량에 따라 달라지는 비용을 의미한다. 이는 제품을

생산하거나 판매하는 양에 비례하여 증가하거나 감소하는 비용이다.

예시 제품을 만드는 데 필요한 재료비, 제품을 판매한 후 발생하는 제세공과금, 그리고 판매된 제품에 대한 유통비 등이 변동비에 포함한다.

② 경제학의 총비용 이론(Total Cost Theory)에 따르면, 변동비는 제품 단위당 고정적이지만, 생산량 증가에 따라 총비용이 선형적으로 증가한다.

예시 위 카페에서 커피 한 잔을 만들 때 드는 재료비는 1,000원입니다. 1,000잔을 판매하면 변동비는 1,000,000원이 된다.

(3) 공헌이익(Contribution Margin)

① 제품 단위당 매출에서 변동비를 차감한 금액으로 고정비를 충당하고, 이익을 창출하는 데 기여한다.

- 계산식: 공헌이익 = 매출액 - 변동비

② 공헌이익 분석은 제품 라인 수익성 분석(Product Line Profitability Analysis)에서 활용되며, 수익성이 높은 제품과 낮은 제품을 구분해 자원을 효과적으로 배분하는 데 도움을 준다.

예시 카페에서 커피 한 잔의 판매 가격이 5,000원이고, 변동비가 1,000원이라면, 한 잔의 공헌이익은 5,000 - 1,000 = 4,000원이다.

(4) 손익분기점(Break-even Point, BEP)

① 손익분기점은 고정비와 변동비를 기준으로, 총매출액과 총비용이 일치하는 지점을 의미한다.

계산식(판매량 기준): 손익분기점(판매량) = 고정비/공헌이익 (1개)

② CVP 분석에 따르면, 손익분기점은 사업의 최소 생존 매출 수준을 제시하여 운영 안정성과 이익 창출 가능성을 평가하는 기준이 된다. 고정비가 많이 들고 공헌이익률이 낮을수록 손익분기점은 높아져 위험성이 커진다.

예시 위 카페의 고정비가 500만 원, 커피 한 잔의 공헌이익이 4,000원이라면,

손익분기점(판매량) = 500,000/4,000 = 125잔으로 매달 125잔 이상 판매해야 이익을 창출할 수 있다.

(5) 분석사례

① 비용 구조 분석

- 고정비: 임대료 200만 원, 직원 급여 300만 원 (총 500만 원/월)
- 변동비: 커피 1잔당 재료비 1,000원
- 판매 가격: 커피 1잔당 5,000원
- 공헌이익(1잔) = 5,000 − 1,000 = 4,000원

② 손익분기점(판매량) =고정비/공헌이익(1잔) = 500,000/4,000=125잔

- 월 125잔 이상의 판매가 이루어져야 손익분기점에 도달한다.

③ 손익분기점(매출액 기준) = 125 × 5,000 = 625,000원

4. 추정재무제표 작성 방법

추정재무제표(Projected Financial Statements)는 향후 일정 기간 예상되는 수익, 비용, 자산, 부채 등을 기반으로 기업의 재무 상황을 예측한 재무제표이다. 창업 초기 단계에서 사업계획서를 작성할 때 매우 중요한 부분이며, 투자자들에게 기업의 재무 상태와 성장 가능성을 보여주는 중요한 자료로 활용된다.

(1) 수익(Revenue) 추정

수익은 제품이나 서비스 판매로 예상되는 총금액을 의미한다. 예상되는 매출을 추정하기 위해서는 시장 규모, 가격, 예상 판매량 등을 고려해야 한다.

① 예시

- 단가: 100,000원, 월 판매 예상량: 500개
- 예상 월 매출 = 100,000원 * 500개 = 50,000,000원

(2) 비용(Expenses) 추정

사업 운영에 드는 비용을 추정한다. 여기에는 고정비(임대료, 급여 등)와 변동비(원재료비, 생산비 등)가 포함된다.

① 고정비: 변하지 않는 비용 (임대료, 인건비 등)

② 변동비: 매출에 따라 달라지는 비용 (원재료비, 배송비 등)

③ 예시

- 고정비: 임대료 1,000,000원, 급여 5,000,000원
- 변동비: 제품 원가 30,000원/개, 배송비 5,000원/개

(3) 이익 추정(Profit)

매출에서 비용을 차감한 순이익을 추정한다. 일반적으로 매출에서 비용을 빼면 영업이익(EBIT)을 얻고, 여기에 세금이나 이자 등의 비영업적 비용을 반영하면, 순이익(Net Income)을 추정할 수 있다.

① **예시** 매출: 50,000,000원, 고정비: 6,000,000원, 변동비: 35,000,000원

- 예상 영업이익 = 매출 - 고정비 - 변동비 = 50,000,000 - 6,000,000 - 35,000,000 = 9,000,000원, 순이익은 세금 등을 고려해 추가로 조정할 수 있다.

(4) 현금 흐름(Cash Flow) 추정

현금 흐름은 실제로 사업에서 발생하는 현금의 유입과 유출을 추정한다. 매출에서 이익을 얻더라도, 실제 현금 유입이 지연될 수 있어서 현금 흐름을 별도로 추정한다.

① **예시** 수금 주기: 30일 후 수금 예상, 월별 수익의 일부는 현금으로 바로 수금되지만, 나머지는 외상 매출로 남을 수 있다.

(5) 자산과 부채

자산과 부채는 예상되는 재무 상태를 나타낸다. 자산은 기업이 보유한 현금, 재고, 고정자산 등을 포함하며, 부채는 대출, 외상 매출금 등을 포함한다.

① 예시 자산: 현금 2,000,000원, 재고 10,000,000원, 부채: 대출금 5,000,000원

(6) 추정재무제표 작성 시 고려할 사항

① 시장조사: 매출 예측과 비용 추정에 필요한 정보를 제공하기 위해 철저한 시장조사와 고객 분석이 필요하다.

② 현실성: 사업 계획과 예측은 너무 낙관적이지 않도록 현실적으로 작성해야 한다.

• 변수 고려: 예기치 않은 변수나 위험성을 반영하여, 시나리오별 재무 예측을 준비하는 것이 좋다.

③ 지속적인 업데이트: 사업이 성장함에 따라 추정재무제표를 주기적으로 업데이트하여 현실적인 사업 계획을 유지해야 한다.

④ 추정재무제표는 투자자나 금융기관과의 소통에서 중요한 역할을 하며, 기업의 재무 건강을 평가할 수 있는 중요한 자료이다.

(7) 추정재무제표 작성 예시

(가) 추정 손익계산서(Income Statement): 사업의 수익성과 안정성 평가

추정 손익계산서는 매출, 비용, 이익을 체계적으로 보여주어, 사업의 수익성을 평가하는 데 도움을 준다.

1) 추정 손익계산서작성의 목적

투자자와 대출 기관에 수익성과 지속 가능성을 증명할 수 있는 근거가 된다.

항목	금액	설명
매출	50,000,000	단가(100,000)원 × 판매량(500개)
매출원가	35,000,000	변동비(제품 우너가 30,000원 × 500개 + 배송비 5,000원 × 500개)
매출총이익	15,000,000	매출 - 매출원가
고정비	6,000,000	임대료(1,000,000) + 급여(5,000,000)
영업이익(EBIT)	9,000,000	매출총이익 - 고정비
세금(20%)	1,800,000	예상 세율 20% 적용
순이익	7,200,000	영업이익 - 세금

[그림 7-2] 추정 손익계산서

(나) 현금흐름표(Cash Flow Statement): 현금 유동성 관리

현금흐름표는 실제 현금의 유입과 유출을 예측하여, 자금 운용 계획을 세우는 데 필수적이다.

1) 추정 현금흐름표 작성의 목적

자금 부족 시기를 예측하여 운영 자금을 안정적으로 확보할 수 있다.

항목	금액	설명
영업활동 현금흐름		
매출(현금 유입)	35,000,000	외상 매출 비율 30%, 현금 수급 70%(50,000,000 × 70%)
외상대출금 증가	(15,000,000)	외상 매출 비율 30%(50,000,000 × 30%)
고정비 지급	(6,000,000)	임대료와 급여 비용
변동비 지급	(35,000,000)	매출원가 지급
영업활동 순현금흐름	(21,000,000)	
투자활동 현금흐름		
초기 설비 투자	(10,000,000)	초기 설비 및 친환경 제품 구매
재무활동 현금흐름		
대출금 유입	5,000,000	소상공인 대출 확보
순현금 흐름	(26,000,000)	영업 + 투자 + 재무활동

[그림 7-3] 추정 현금흐름표

(다) 대차대조표 (Balance Sheet): 재무 상태 점검

대차대조표는 자산, 부채, 자본의 균형을 보여주어 사업의 재무 상태를 체계적으로 파악한다.

1) 추정 대차대조표작성의 목적

부채 비율이 너무 높지 않도록 안정적인 사업 구조를 설계한다.

항목	자산	부채 및 자본
유동자산		
현금	2,000,000	초기 자본 및 대출금
외상매출금	15,000,000	판매 후 미수금
재고	10,000,000	초기 구매한 제품
유동자산 합계	27,000,000	
비유동자산		
설비 투자	10,000,000	친환경 설비
자산 총계	37,000,000	
부채		
대출금	5,000,000	소상공인 대출
자본		
초기 자본	3,000,000	개인 투자
순이익	7,200,000	사업 초기 이익
부채 및 자본 총계	37,000,000	

[그림 7-4] 추정 대차대조표

7-2 수익 모델 설계

1 수익 모델

1. 다양한 수익 모델

(1) 구독형 모델(Subscription Model)

사용자가 일정 금액을 주기적으로 지급하고, 서비스를 이용하는 방식이다. 경제학의 반복 소비 모델(Repeated Consumption Model)에 따르면, 구독형 모델은 소비자가 서비스를 지속적으로 이용하도록 유도하며, 안정적인 수익 창출을 가능하게 한다. 또한, 고객 생애 가치(LTV, Lifetime Value)를 극대화하여, 마케팅 비용 대비 높은 수익성을 제공한다.

① **사례: 넷플릭스**(Netflix)

월간 구독료를 받고 영화와 드라마를 스트리밍으로 제공하는 서비스를 운영한다.

다양한 구독 옵션(베이직, 스탠다드, 프리미엄)을 통해 고객의 다양한 니즈를 충족시킨다. 이와 같은 유연한 구독 모델을 통해 고객에게 맞춤형 서비스를 제공하며, 지속적으로 만족도를 높여가고 있다.

(2) 광고형 모델(Advertising Model)

사용자가 무료로 서비스를 이용하고, 대신 광고를 보여주는 방식이다. 양면 시장 이론(Two-Sided Market Theory)에서는 광고형 모델이 두 시장(사용자와 광고주)을 연결하며 네트워크 효과를 창출한다. 사용자 수가 증가할수록 광고 수익이 증가하는 비례 관계가 특징이다.

① **사례: 구글**(Google)

검색 엔진 서비스를 무료로 제공하며, 광고주로부터 광고비를 받아 수익을 창출한다.

Google Ads는 키워드 기반으로 맞춤형 광고를 제공하여 높은 클릭률을 기록하며, 이를 통해 광고주에게 효율적인 마케팅 솔루션을 제공하고 있다.

(3) 제품 판매 모델(Product Sales Model)

제품이나 서비스를 판매하여 수익을 창출하는 전통적인 방식이다. 경제학의 공급과 수요 법칙(Law of Supply and Demand)에 따르면, 제품 판매 모델은 가격 경쟁력을 유지하며 고객의 구매 의사를 유도하는 전략이 중요하다. 규모의 경제를 통해 단위당 비용을 절감할 수 있다.

① **사례: 아마존**(Amazon)

전자상거래 플랫폼을 통해 전 세계적으로 물리적 및 디지털 제품을 판매하고 있다.

프라임 멤버십과 클라우드 서비스(AWS)를 포함한 다양한 제품군을 제공하여 수익 구조를 다각화하고 있다.

(4) 라이선스 모델(Licensing Model)

기술, 콘텐츠 또는 지적 재산(IP)을 다른 기업에 사용권(라이선스)을 부여하고, 대가를 받는 모델이다. 지적 재산권 이론(Intellectual Property Rights Theory)에 따르면, 라이선스 모델은 자산 소유권을 유지하면서도 반복적인 수익을 창출하는 데 적합하며, 기술적 우위를 가진 기업에 안정적인 수익 기반을 제공한다.

① **사례: 마이크로소프트**(Microsoft)

윈도우 OS와 오피스 소프트웨어를 기업과 개인에게 라이선스 형태로 제공하고 있다.

정기적인 업그레이드와 기술 지원을 통해 사용자 유지를 돕고 있다.

(5) 프리미엄 모델(Freemium Model)

기본 서비스는 무료로 제공하고, 고급 기능이나 추가 서비스를 유료로 제공하는 모델이다. 프리미엄 가격 책정 이론(Premium Pricing Theory)에 따르면, 프리미엄 모델은 사용자가 기본 서비스를 통해 가치를 경험한 후 업그레이드하도록 유도한다. 무료 사용자 기반이 커질수록 유료 전환율이 높아지는 특징이 있다.

① **사례: 드롭박스**(Dropbox)

사용자에게 일정 용량의 무료 클라우드 저장 공간을 제공하고 있다.

추가 용량 및 비즈니스 도구를 유료화하여 수익 창출하고 있다.

(6) 경매 모델(Auction Model)

제품을 경매 방식으로 판매하여, 최고 입찰자에게 판매하는 방식이다. 경매 이론(Auction Theory)에 따르면, 경매 모델은 시장에서 제품의 적정 가격을 효율적으로 발견하는 데 유리하다. 다수의 입찰자가 경쟁할수록 판매자는 더 높은 가격을 받을 가능성이 크다.

① **사례: 이베이**(eBay)

개인과 기업이 경매 방식으로 제품을 판매하도록 중개한다.

플랫폼 수수료와 양방향성공 보수로 수익을 창출하고 있다.

7-3 투자 제안서 작성

1 투자 제안서를 작성

나인 블록(9-Block) 모델은 투자 제안서를 작성할 때 각 핵심 항목을 9개의 블록으로 나누어 체계적으로 정리하는 방법이다. 이 모델은 투자자들에게 명확하고 구체적인 정보 제공을 통해 설득력을 높인다. 각 항목은 다음과 같은 방식으로 작성한다.

[그림 7-5] 투자 제안서

1. 사업의 소개

① 핵심 질문: 나는 누구이며, 무엇을 하려는가?

② 작성 방법: 강렬한 비전과 창업 배경을 간결하게 설명하여, 사업이 무엇이고, 누구에 의해 이루어지는지 전달한다.

2. 문제 정의

① 핵심 질문: 어떤 문제를 해결하려는가?

② 작성 방법: 해결하려는 문제의 심각성과 필요성을 통계와 사례를 통해 입증하며, 이 문제를 해결하는 것이 왜 중요한지 강조한다.

3. 문제의 해결방안

① 핵심 질문: 어떻게 해결할 것인가?

② 작성 방법: 고객의 문제를 어떻게 해결할 것인지 구체적인 솔루션을 제시하고, 이 솔루션이 문제와 어떻게 연결되는지 설명한다.

4. 시장 기회

① 핵심 질문: 시장이 얼마나 큰가?

② 작성 방법: 시장의 크기와 성장 가능성에 대한 데이터를 제시하고, 해당 시장에서 사업이 차지할 수 있는 위치를 강조한다.

5. 비즈니스 모델

① 핵심 질문: 수익은 어떻게 창출되는가?

② 작성 방법: 수익 창출 방안을 시각적 도구(예: 캔버스)를 사용해 명확하게 제시하고, 어떻게 지속 가능한 수익 모델을 구축할 것인지 설명한다.

6. 경쟁우위

① 핵심 질문: 왜 우리가 더 나은가?

② 작성 방법: 경쟁력 있는 요소를 기술, 비용, 브랜드 등 여러 측면에서 논리적으로 설명하여, 투자자에게 경쟁우위를 입증한다.

7. 재무 예측

① 핵심 질문: 얼마나 벌고 얼마나 쓸 것인가?

② 작성 방법: 예상 수익과 비용, 투자금 사용 계획을 데이터로 제시하여 투자자에게 재무 상태를 투명하게 보여준다.

8. 팀 소개

① 핵심 질문: 누가 이끌고 있는가?

② 작성 방법: 팀원의 전문성과 성공 경험을 강조하며, 이들이 사업을 성공으로 이끌 수 있다는 신뢰를 제공한다.

9. 투자 요청

① 핵심 질문: 얼마를 원하고, 무엇을 줄 것인가?

② 작성 방법: 투자자에게 요청하는 자금의 용도와 투자자가 받을 수 있는 회수 가능성(ROI)을 구체적으로 설명한다.

학습활동

활동: 창업의 아이템을 구체화

① 참가자들은 사업의 아이템에 맞는 사업계획서 또는 투자 제안서를 작성합니다.

② 위 내용에는 추정재무제표, 추정 현금흐름표, 추정 손익계산서를 포함합니다.

학습정리

- 초기 자금조달은 창업자가 사업을 시작하는 데 필요한 자금을 마련하는 중요한 과정으로, 여러 가지 방식이 있다.
- 자기 자금(Self-funding)은 창업자가 자신의 자산을 사용하여 사업 자금을 마련하는 방식으로, 사업 운영에 대한 전적인 통제권을 유지할 수 있다.
- 가족 및 친구로부터 자금을 조달하는 방식은 금융기관의 심사 과정을 거치지 않아 신속하게 자금을 확보할 수 있으며, 창업자와 가까운 사람들과의 신뢰 관계를 바탕으로 자금을 유치하는 방법이다.
- 엔젤 투자자(Angel Investor)는 창업 초기 단계에서 자금을 제공하며, 후속 멘토링과 네트워크 지원을 통해 창업자의 성장을 돕는다.
- 벤처 캐피털(VC)은 성장 가능성이 큰 스타트업에 자금을 투자하는 방식으로, 높은 위험성을 감수하면서도 향후 기업의 성장 가능성을 통해 높은 수익을 기대한다.
- 크라우드 펀딩은 다수의 개인으로부터 소액의 자금을 모집하는 방식으로, 자본 비용을 낮추고 시장 검증을 동시에 수행할 수 있다.
- 정부 지원금 및 대출은 경제 성장과 일자리 창출을 목표로 정부가 창업자에게 제공하는 자금을 의미한다.
- 예산 관리는 사업 초기 단계에서 매우 중요하다. 제한된 초기 자본을 효율적으로 배분하고, 현금 흐름을 관리하며, 예산 초과를 방지하기 위한 비용 통제를 철저히 해야 한다. 또한, 손익분기점(BEP)을 명확히 설정하여 사업의 생존 가능성을 평가하고, 위기관리 전략을 세워야 한다.
- 손익분기점은 고정비와 변동비를 기준으로, 총매출액과 총비용이 일치하는 지점을 의미하며, 이를 통해 사업이 최소한의 이익을 얻기 위한 판매량을 도출할 수 있다.
- 공헌이익은 제품 단위당 매출에서 변동비를 차감한 금액으로, 이는 고정비를 충당하고 이익을 창출하는 데 이바지한다..
- 추정재무제표 작성은 향후 일정 기간 예상되는 수익, 비용, 자산, 부채 등을 기반으로 기업의 재무 상태를 예측하는 중요한 작업이다. 이를 통해 투자자들에게 재무 상황과 성장 가능성을 보여줄 수 있다.
- 추정손익계산서, 현금흐름표, 대차대조표는 사업의 수익성, 현금 유동성, 재무 상태를 평가하는 중요한 도구로 활용된다. 이를 통해 사업의 안정성과 지속 가능성을 확보할 수 있다.
- 수익 모델에는 구독형 모델, 광고형 모델, 제품 판매 모델, 라이선스 모델, 프리미엄 모델, 경매 모델로 이처럼 각 수익 모델은 고유한 특징을 가지고 있으며, 기업은 자신의 사업 환경과 고객의 요구에 맞는 모델을 선택하여 수익을 창출한다.

MEMO

PART

3

마케팅 전략과 브랜딩: 디지털 마케팅에서 타겟 마케팅까지

SERVICE START-UP STRATEGY

CONTENTS

CHAPTER 08 마케팅과 디지털 마케팅 전략

학습목표

8-1. 마케팅의 이해

8-2. 전략의 이해

8-3. 디지털 마케팅 전략

학습목표

1. 마케팅의 기본 개념과 중요성을 이해하고, 이를 통해 시장에서의 경쟁력을 확보할 수 있다.
2. 전략 수립의 기본 원리를 이해하고, 이를 바탕으로 비즈니스 목표를 달성할 수 있는 전략을 수립할 수 있다.
3. 디지털 마케팅의 주요 전략을 이해하고, 온라인 채널을 통해 효과적인 마케팅을 설계하고 활용할 수 있다.

8-1 마케팅의 이해

1 마케팅(Marketing)

1. 마케팅의 개념

마케팅(Marketing)은 고객의 필요와 욕구를 충족시키기 위해 제품, 서비스, 아이디어를 창출, 전달, 교환하는 과정과 활동을 의미한다. 이는 단순히 판매나 광고에 국한되지 않고, 고객과 기업 간의 관계를 구축하고 유지하며, 장기적인 가치를 창출하는 것을 목표한다. Philip Kotler는 마케팅은 개인과 조직이 제품과 가치를 창출하고 교환함으로써, 자신의 필요와 욕구를 충족시키는 사회적, 관리적 과정이다.

마케팅은 조직과 이해관계자들에게 이익이 되도록 고객 가치를 창출하고, 의사소통을 전달하며, 고객 관계를 관리하는 조직기능이자 프로세스의 집합이다. 즉, 마케팅은 제품의 판매를 활성화하는 기법으로 고객 가치를 창조하고, 이를 효과적으로 전달하여 고객을 확보, 유지 및 증대하는 활동을 의미한다.

고객 가치(Customer value)는 고객이 지출한 비용보다 효익을 더 높은 것을 의미한다.

① 고객 중심적이다. 즉, 고객의 수요를 감지하고 대응하는 것이다.

② 고객을 찾는 대신에 고객을 가꾸고 돌보는 것이다.

③ 시장을 분석, 수요를 예측하여 시장성 있는 기술을 고안하는 기술기획 단계도 중요하다.

④ 판매 이후의 활동도 매우 중요한 요소이다.

[그림 8-1] 마케팅의 개념

2. 마케팅의 핵심 요소

마케팅 전략을 수립할 때 가장 중요한 요소들은 소비자의 요구를 충족시키는 것에 중점을 둔다. 이는 니즈와 원츠의 이해를 바탕으로, 고객에게 가치를 제공하며, 교환과 거래를 통해 성공적인 관계를 구축하는 과정이다. 고객 중심의 접근법은 마케팅의 근본적인 원칙이 되어, 기업이 시장에서 경쟁력을 확보할 수 있게 돕는다.

(1) 니즈와 원츠(Needs and Wants)

① 니즈(Needs): 인간의 기본적인 생리적 또는 심리적 요구를 의미한다. 니즈는 모든 사람에게 공통으로 존재하며, 이는 생존과 복지에 필요한 요소들이다.

- 예: 음식, 의복, 주거와 같은 기본적인 생리적 요구 등이 있다.

② 원츠(Wants): 니즈가 개인의 문화적, 사회적 환경 및 개인적인 선호에 따라 구체화한 형태이다. 욕구는 같은 니즈라도 사람마다 다르게 나타날 수 있으며, 각자가 원하는 방식으로 나타난다.

- 예: 고급 레스토랑에서의 식사, 특정 브랜드의 의류 또는 차량 등이 있다.

③ 디멘츠(Demands): 원츠가 구매력을 갖추어 구체적인 구매 행동으로 이어진 것을 의미한다. 즉, 원츠를 충족시키기 위해 자원이 동반된 요구된다.

• 예: 새로운 스마트폰이 갖고 싶다는 원츠가 구매력을 통해 특정 브랜드의 스마트폰 구매로 나타나는 경우이다.

(2) 가치(Value)

① 고객은 제품이나 서비스를 구매할 때, 가격 대비 얻는 이익을 바탕으로 가치를 평가한다. 가치는 고객이 지급한 가격에 비해 느끼는 이익이나 만족도를 의미하며, 이는 제품의 품질, 서비스, 브랜드 이미지 등을 포함한 다양한 요소에 의해 결정된다.

② 기업은 고객에게 더 높은 가치를 제공하려는 노력으로 경쟁우위를 확보할 수 있으며, 고객의 만족도가 높을수록 브랜드 충성도가 증가하고, 재구매율도 높아진다.

(3) 교환과 거래(Exchange and Transaction)

① 교환(Exchange): 마케팅은 고객과 기업 간의 교환 과정을 포함한다. 교환은 양측이 서로 원하는 것을 주고받는 과정으로, 고객은 자신의 자원(금전)을 제공하고, 기업은 제품이나 서비스를 제공한다.

② 거래(Transaction): 교환이 완료된 결과로 금전적 가치의 교환이 이루어지며, 이때 발생하는 것은 거래이다. 거래는 마케팅 활동에서 중요한 지표로, 성공적인 마케팅 전략은 이러한 거래를 유도하고 관리하는 데 초점을 맞춘다.

(4) 고객 중심(Customer Orientation)

고객 중심의 마케팅은 기업이 고객의 요구를 철저히 이해하고, 이를 충족시키는 것을 핵심으로 한다. 고객의 기대에 부응하고, 고객의 요구를 넘어서 그들의 욕구까지 충족시키려는 노력이 필수적이다. 예를 들어, 아마존의 고객 맞춤형 추천 시스템은 고객의 구매 이력과 선호도를 바탕으로 개인화된 상품을 추천하여 고객 만족도를 높인다. 이는 고객이 쉽게 원하는 제품을 찾을 수 있게 해줌으로써, 아마존의 고객 충성도를 강화하고 재구매를 유도한다.

3. 마케팅의 발전과정

마케팅은 시대의 변화에 따라 점차 발전해왔으며, 시대마다 기업의 전략적 접근 방식이 달라졌다. 초기에는 제품 생산이나 판매에 중점을 두었지만, 점차 고객의 요구와 사회적 책임을 반영하는 방향으로 발전해왔다. 이러한 변화는 기업이 시장에서의 경쟁력을 확보하고, 소비자와의 관계를 강화하는 데 중요한 역할을 해왔다.

(1) 생산 지향적 마케팅(Production-Oriented Marketing)

초기에는 제품의 생산 자체에 초점을 맞추었다. 기업은 가능한 많은 제품을 생산하여 공급하고, 시장에서의 수요를 만족시키기보다는 생산의 효율성에 집중하였다. 이 시기의 기업들은 소비자가 제품을 구매할 것으로 기대하고, 제품의 유통에 힘을 쏟았다. 고객의 욕구는 비교적 적게 고려되었으며, 주로 제품이 시장에 충분히 공급되도록 하는 데 중점을 두었다. 예를 들어, 포드 자동차의 T 모델은 대량 생산 방식으로 자동차를 저렴한 가격에 공급하여 대중화하는 데 중요한 역할을 했다.

(2) 제품 지향적 마케팅(Product-Oriented Marketing)

이 시기에는 제품의 품질과 혁신에 집중하였다. 기업들은 소비자에게 더 나은 품질과 혁신적인 기능을 제공하려는 노력을 기울였다. 제품 자체의 우수성을 강조하며 마케팅 전략을 펼쳤지만, 품질만으로는 고객의 다양한 욕구를 완전히 충족시키지 못할 수 있음을 인식했다. 제품에 대한 자부심과 기술적 혁신이 핵심적인 요소가 되었으며, 이는 시장에서의 경쟁력을 높이는 데 이바지했다. 예를 들어, 소니의 워크맨은 혁신적인 포터블 오디오 시스템을 통해 시장에서 큰 반향을 일으켰다. 그러나 단순히 제품의 혁신만으로는 모든 소비자의 요구를 충족시키지는 못했다.

(3) 판매 지향적 마케팅(Sales-Oriented Marketing)

판매 지향적 마케팅은 생산된 제품을 어떻게든 판매하는 데 집중하는 전략이었다. 적극적인 프로모션과 영업 전략을 통해 소비자에게 제품을 강력하게 판매하려는 노력이 이루어졌다. 이 시기의 기업들은 소비자들이 제품을 자발적으로 선택하도록 유도하기보다는 강력한 판매 촉진과 광고 활동에 의존하였다. 경쟁이 치열해짐에 따라 판매를 증대시키기 위한 다양한 방법들이 활용되었다. 예를 들어, 보험산업의 초기 판매 전략은 보험 상품을 적극적으로 판매하기 위해 텔레마케팅과 같은 강력한 판매 촉진 전략이 사용되었다.

(4) 고객 지향적 마케팅(Customer-Oriented Marketing)

고객 지향적 마케팅은 고객의 요구와 욕구를 중심으로 제품과 서비스를 설계하는 전략이다. 기업은 소비자의 요구를 이해하고, 이를 충족시키기 위한 맞춤형 제품을 개발하려는 노력을 기울였다. 고객 중심의 마케팅은 고객 만족을 핵심으로 삼으며, 고객과의 관계를 강화하는 데 중요한 역할을 했다. 시장 세분화와 타겟팅을 통해 특정 고객군의 욕구에 맞춘 마케팅 전략이 중요해졌다. 예를 들어, 스타벅스의 맞춤형 음료 제공 - 스타벅스는 고객의 개별적인 취향을 반영한 맞춤형 음료를 제공하여, 고객 만족을 극대화하고, 브랜드 충성도를 강화했다.

(5) 사회 지향적 마케팅(Societal Marketing)

사회 지향적 마케팅은 기업의 이익뿐만 아니라 사회적 책임과 지속 가능성을 고려한 전략이다. 기업은 환경 보호, 윤리적 소비, 사회적 책임을 마케팅 전략에 통합하려는 노력을 기울였다. 소비자들이 사회적 책임을 다하는 브랜드를 선호하게 되면서, 기업은 환경적, 사회적 가치를 반영한 마케팅을 통해 브랜드 이미지를 강화하고, 사회적 변화를 이끌어가는 중요한 역할을 했다. 예를 들어, 테슬라는 친환경적인 전기차를 생산하며 지속 가능한 미래를 지향하는 브랜드 가치를 강조하여 소비자들의 긍정적인 반응을 끌어냈다.

4. 마케팅의 목표

마케팅 활동은 기업이 시장에서 경쟁력을 갖추고 지속 가능한 성장을 이루기 위해 설정된 다양한 목표를 달성하는 데 집중한다. 각 목표는 소비자와의 관계를 강화하고, 기업의 이익을 증대시키는 방향으로 설정한다.

(1) 고객 만족(Customer Satisfaction)

고객의 기대를 충족시키거나 초과 달성하는 것은 기업의 성공에 필수적이다. 고객이 만족할 때 재구매율이 높아지고, 브랜드 충성도가 강화된다. 이는 입소문 마케팅으로 이어져 자연스러운 광고 효과를 낳을 수 있다.

(2) 시장 점유율 확보(Market Share)

경쟁사 대비 높은 시장 점유율을 확보함으로써 기업은 시장에서의 지배력을 강화한다. 이를 통해 가격 결정권과 브랜드 신뢰도를 높이고, 자원을 효율적으로 배분할 수 있는 기반을 마련한다.

(3) 장기적 관계 구축(Relationship Building)

고객과의 지속 가능한 관계를 구축하는 것은 기업의 장기적인 성공에 중요한 요소이다. 충성 고객을 확보하면 브랜드에 대한 긍정적인 태도와 재구매가 이루어지며, 이는 안정적인 수익원으로 이어진다.

(4) 기업 이익 증대(Profit Maximization)

마케팅은 고객 가치 창출을 통해 매출을 증가시키는 과정이다. 고객이 지급하는 가격과 제공하는 제품의 가치를 극대화하여, 기업의 이익을 증대시키고 재정적 안정성을 확보한다.

5. 마케팅의 주요 활동

마케팅 활동은 기업이 목표를 달성하기 위해 추진하는 전략적이고 실행 가능한 작업으로 구성된다. 각 활동은 시장의 변화를 분석하고, 고객의 요구를 반영하는 방식으로 진행한다.

(1) 시장조사(Market Research)

시장조사는 소비자 요구와 시장 동향을 분석하는 중요한 활동이다. 고객의 행동 패턴과 선호를 이해하고, 경쟁사의 활동을 파악함으로써, 기업은 효과적인 마케팅 전략을 수립할 수 있다.

(2) STP 전략(Segmentation, Targeting, Positioning)

Segmentation(세분화)은 시장을 다양한 특성에 따라 세분화하여, 각 세분 시장의 요구에 맞는 전략을 수립한다. Targeting(목표화)은 세분된 시장 중에서 기업의 자원과 전략에 맞는 가장 적합한 시장을 선정하여 집중한다. Positioning(차별화)은 선택된 목표 시장에서 경쟁 브랜드와 차별화되는 고유한 이미지를 형성하여, 브랜드의 가치를 확립한다.

(3) 마케팅 믹스(4P)

제품(Product)은 목표 시장의 요구와 기대에 맞는 제품을 개발하고, 경쟁력을 갖춘 품질과 기능을 제공한다. 가격(Price)은 타겟 시장의 지불 능력에 맞는 합리적인 가격 책정을 통해 가치를 전달한다. 유통(Place)은 고객이 편리하게 접근할 수 있는 유통채널을 선택하고, 효율적인 물류 시스템을 구축한다. 판촉(Promotion)은 효과적인 광고, 판촉, 이벤트 등을 통해 브랜드 인지도를 높이고, 고객의 관심을 끌어낸다.

(4) 디지털 마케팅(Digital Marketing)

디지털 마케팅은 소셜 미디어, SEO(검색 엔진 최적화), 이메일 마케팅 등 다양한 디지털 채널을 활용한 마케팅 활동이다. 온라인 플랫폼에서의 브랜드 존재감을 강화하고, 고객과의 직접적인 소통을 통해 마케팅 효과를 극대화한다. 디지털 분석 도구를 통해 실시간 데이터를 활용한 최적화가 가능하다.

6. 마케팅 활동 사례

(1) 애플(Apple)

① 요구와 욕구의 충족: 혁신적이고 사용자 친화적인 제품으로 고급 기술을 원하는 소비자 욕구 충족한다.

② 브랜드 가치 제안: "Think Different"라는 슬로건으로 독창성을 강조한다.

(2) 코카콜라(Coca-Cola)

① 고객 중심 마케팅: 고객의 감성을 자극하는 캠페인을 활용한다.

② 사회적 책임: 지속 가능성을 강조하며 친환경 패키징 도입한다.

(3) 테슬라(Tesla)

① 사회 지향적 마케팅: 전기차를 통한 환경 문제 해결에 이바지한다.

② 차별화된 가치 제안: 자율주행 및 혁신적 디자인을 적용한다.

2 마케팅 커뮤니케이션(Marketing Communication)

1. 마케팅 커뮤니케이션 믹스(Marketing Communication Mix)

기업이 고객과 의사소통하기 위해 사용하는 다양한 도구와 방법들을 조합한 것을 의미한다. 이를 통해 기업은 제품이나 서비스에 대한 정보를 전달하고, 브랜드 이미지를 구축하며, 고객의 구매를 촉진한다.

(1) 마케팅 커뮤니케이션 믹스 구성요소

마케팅 커뮤니케이션 믹스는 다양한 채널과 기법을 활용하여 고객과의 효과적인 소통을 목표로 한다. 각 요소는 고유의 목적과 활용 방식을 통해 브랜드 메시지를 전달하고, 고객의 관심과 참여를 유도한다.

(가) 광고(Advertising)

① 유료 매체를 통해 대중에게 메시지를 전달하는 방법이다.

② 다양한 매체를 활용하여 브랜드 인지도를 높이고, 제품의 장점을 효과적으로 전달할 수 있다. 예를 들어, TV, 라디오, 인쇄물, 디지털 광고, 옥외 광고 등을 활용할 수 있다.

(나) 판매 촉진(Sales Promotion)

① 고객의 즉각적인 구매를 유도하기 위해 제공되는 단기적 프로모션을 의미한다.

② 구매 장벽을 낮추고, 고객의 구매 결정을 촉진하는 데 효과적이다. 예를 들어, 할인 쿠폰, 1+1행사, 경품 이벤트, 무료 샘플을 제공할 수 있다.

(다) 홍보 및 PR(Public Relations)

① 기업의 긍정적 이미지를 구축하거나 위기 상황을 관리하기 위한 활동을 의미한다.

② 신뢰도를 높이고, 장기적으로 브랜드 가치를 강화하는 데 중점을 둔다. 예를 들어, 언론 보도, 소셜 미디어 캠페인, 사회공헌 활동(CSR, Corporate Social Responsibility), 이벤트 기획 등을 활용할 수 있다.

(라) 인적 판매(Personal Selling)

① 판매자가 고객과 직접 대면하여 제품을 설명하고 설득하는 과정을 의미한다.

② 주로 고관여(high-involvement) 제품이나 고가 상품에서 효과적이다. 예를 들어, 자동차, 부동산, 금융 상품 판매 등에 활용한다.

(마) 직접 마케팅(Direct Marketing)

① 고객 개개인에게 직접 접근하여 개인화된 메시지를 전달하는 방법을 의미한다.

② 고객과의 1:1 소통을 통해 관계를 강화하고 구매 전환율을 높이는 데 이바지한다. 예를 들어, 이메일 마케팅, DM(Direct Mail), 텔레마케팅, SMS 캠페인 등을 활용할 수 있다.

(바) 디지털/소셜 미디어(Digital/Social Media)

① 디지털 플랫폼을 활용한 마케팅을 의미한다.

② 실시간 소통과 정교한 타겟팅을 통해 효과적인 메시지 전달이 가능하다. 예를 들어, SNS 광고(페이스북, 인스타그램), 인플루언서 마케팅, SEO(검색 엔진 최적화), 유튜브 콘텐츠 마케팅 등을 활용할 수 있다.

2. 통합 마케팅 커뮤니케이션(Integrated Marketing Communication)

통합 마케팅 커뮤니케이션(IMC)은 기업이 여러 커뮤니케이션 채널을 통합하여 일관된 메시지를 전달하고, 이를 통해 마케팅 효과를 극대화하려는 전략이다. 다양한 채널 간의 협력을 통해 고객과의 모든 접점에서 강력하고 일관된 브랜드 경험을 제공하는 것이 목표이다.

(1) 통합 마케팅 커뮤니케이션(IMC)의 주요 원칙

(가) 일관성(Consistency)

① 정의: 모든 커뮤니케이션에서 동일한 메시지와 브랜드 이미지를 유지하는 것을 의미한다.

② 중요성: 서로 다른 채널에서 전달되는 메시지가 불일치할 경우 고객의 혼란과 브랜드 신뢰도 저하로 이어질 수 있다.

③ 예시 코카콜라는 TV 광고, 디지털 캠페인, 오프라인 매장에서 동일한 브랜드 메시지인 "행복과 연결"을 지속적으로 강조한다.

(나) 통합성(Integration)

① 정의: 각 채널이 독립적으로 기능하는 것이 아니라, 상호 보완적으로 작동하여 시너지 효과를 창출하는 것을 의미한다.

② 중요성: 단일 채널보다 다채널 캠페인이 더 강력한 효과를 발휘하며, 전체적인 마케팅 메시지의 효과를 극대화할 수 있다.

③ **예시** 패션 브랜드는 SNS 광고를 통해 제품을 홍보하고, 이메일 마케팅으로 할인 코드를 제공하며, 오프라인 이벤트로 고객 참여를 유도하는 방식으로 하나의 통합 캠페인을 구성한다.

(다) 고객 중심(Customer-Centricity)

① 정의: 모든 커뮤니케이션 활동이 고객의 경험, 니즈, 행동 데이터를 중심으로 설계되는 것을 의미한다.

② 중요성: 고객의 기대와 요구가 다양해지는 만큼, 데이터를 기반으로 한 개인화된 커뮤니케이션이 고객 만족도와 충성도를 높이는 데 핵심적이다.

③ **예시** 아마존은 고객의 구매 이력과 검색 데이터를 분석하여 맞춤형 제품 추천 및 이메일 캠페인을 진행해 높은 구매 전환율을 달성한다.

통합 마케팅 커뮤니케이션(IMC)은 단순히 여러 채널을 사용하는 것을 넘어, 모든 채널이 하나의 목표와 메시지를 공유하도록 체계적으로 설계되어야 한다. 이를 통해 고객과 브랜드 간의 신뢰와 관계를 강화하고, 마케팅 투자 대비 효율을 극대화할 수 있다.

(2) 통합 마케팅 커뮤니케이션(IMC)의 장점

(가) 브랜드 일관성 강화

모든 커뮤니케이션 채널에서 동일한 메시지를 전달함으로써 고객의 신뢰를 높이고 브랜드 충성도를 강화한다.

(나) 효율성 제고

중복된 마케팅 활동을 줄이고 자원(Resource)을 최적화하여 비용 대비 효과를 극대화할 수 있다.

(다) 성과 극대화

여러 채널 간의 협력을 통해 시너지 효과를 창출하고, 투자 대비 수익(ROI)을 상승시킨다.

IMC는 단순히 각기 다른 마케팅 활동을 나열하는 것을 넘어, 채널 간의 유기적인 통합을 통해 고객과의 소통을 강화하고, 궁극적으로 기업의 성과를 극대화하는 데 기여한다.

(3) 마케팅 커뮤니케이션 믹스와 통합 마케팅 커뮤니케이션(IMC)의 차이점

마케팅 커뮤니케이션 믹스는 개별 도구의 활용을 통해 특정 목표를 달성하는 데 중점을 두는 반면, IMC는 모든 도구를 통합하여 시너지 효과를 창출하고 브랜드 경험을 강화하는 데 초점을 맞춘다. 접근 방식에서는 마케팅 커뮤니케이션 믹스가 독립적이고 분리된 커뮤니케이션 도구를 사용하는 데 비해, IMC는 도구 간의 조화를 통해 일관된 메시지를 전달한다.

마케팅 커뮤니케이션 믹스는 단기적이고 특정 활동 중심으로 실행되는 반면, IMC는 전략적이고 장기적인 통합적 접근을 지향한다. 효율성 측면에서는 마케팅 커뮤니케이션 믹스가 개별 활동의 효율성에 초점을 맞추는 데 비해, IMC는 채널 간 협력을 통해 전반적인 효율성과 투자 수익률(ROI)을 극대화한다.

마케팅 커뮤니케이션 믹스는 할인 쿠폰 제공이나 광고 캠페인 실행 등 개별 활동에 그치는 경우가 많다. 반면, IMC는 광고, 소셜 미디어, 판매 촉진 등 다양한 커뮤니케이션 도구를 하나의 캠페인으로 통합하여 더 큰 효과를 거두는 방식으로 진행된다.

3. AIDA 모델

AIDA 모델은 소비자의 구매 행동 과정을 단계적으로 분석하고 설명하는 대표적인 마케팅 이론이다. 이 모델은 Attention(관심), Interest(흥미), Desire(욕구), Action(행동)이라는 네 가지 단계를 기반으로 하며, 고객의 심리적 변화를 이해하고 이를 효과적으로 촉진하기 위한 광고와 프로모션 설계에 활용된다. 이를 통해 마케팅 활동이 고객의 구매 의사결정에 미치는 영향을 체계적으로 접근할 수 있다.

AIDA 모델은 기업이 소비자의 관심을 끌고, 흥미를 지속적으로 유지하며, 구매 욕구를 자극하고 최종적으로 구매 행동을 유도하는 데 초점을 맞춘다. 이 접근 방식은 다양한 마케팅 전략과 통합되어 고객 경험을 강화하고 브랜드 충성도를 높이는 데 기여한다.

(1) AIDA의 단계

(가) 관심(Attention)

① 정의: 고객이 제품 또는 브랜드를 처음으로 인식하는 단계이다.

② 목표: 고객의 주의를 끌고 브랜드를 알리는 것이다.

③ 활용 전략

- 콘텐츠 마케팅: 상세한 제품 설명과 유용한 정보를 제공하여 신뢰감을 형성한다.
- 소셜 미디어 활용: FAQ, 제품 사용법 동영상, 고객 리뷰를 공유한다.

예시 넷플릭스는 새로운 드라마의 호기심을 유발하는 티저 영상을 공개해 고객1의 흥미를 유발했다.

알아두기 티저 영상(Teaser video)은 예고편의 한 형식으로 영화 또는 방송의 장면을 조금만 보여주거나 전혀 보여주지 않는 것으로 관객의 호기심을 자극하는 영상물.

(나) 흥미(Interest)

① 정의: 관심을 끈 고객이 제품이나 서비스에 대해 더 알고 싶어 하는 단계이다.

② 목표: 제품의 특징과 이점을 설명하여 흥미를 유지한다.

③ 활용 전략

• 콘텐츠 마케팅: 상세한 제품 설명과 유용한 정보를 제공하여 신뢰감을 형성한다.

• 소셜 미디어 활용: FAQ, 제품 사용법 동영상, 고객 리뷰를 공유한다.

예시 넷플릭스는 새로운 드라마의 호기심을 유발하는 티저 영상을 공개해 고객의 흥미를 유발했다.

(다) 욕구(Desire)

① 정의: 제품이나 서비스에 대한 호감이 구매 욕구로 발전하는 단계이다.

② 목표: 감정적 및 실질적 혜택을 강조하여 구매를 유도한다.

③ 활용 전략

• 감성 마케팅: 고객이 제품을 소유했을 때 느낄 감정과 라이프 스타일 변화를 상상하게 한다.

• 차별화된 가치 제안: 경쟁 제품과의 차별점을 부각하여 독창성을 강조한다.

예시 자동차 광고에서 "프리미엄과 안전성을 동시에 제공"이라는 메시지로 고객의 욕구를 자극했다.

(라) 행동(Action)

① 정의: 소비자가 최종적으로 구매 결정을 내리고 행동에 옮기는 단계이다.

② 목표: 구매를 실행하거나 브랜드와 상호작용을 촉진한다.

③ 활용 전략

• 판매 촉진: 한정 할인, 무료 배송, 특별 프로모션을 제공한다.

• 구매 편의성: 간단한 결제 프로세스와 구매 후 혜택 안내로 고객 만족도를 높인다.

예시 e커머스 플랫폼에서 "오늘만 20% 할인!"과 같은 강력한 메시지를 제공해 고객 행동을 유도했다.

3 마케팅 전략(Marketing Strategy)

마케팅 전략은 기업이 특정 목표를 달성하기 위해 자원을 효과적으로 활용하여 시장에서 경쟁우위를 확보하고, 고객의 요구를 충족하며, 이익을 극대화하기 위해 수립하는 포괄적 계획이다. 마케팅 전략은 목표 시장의 정의, 고객의 니즈를 분석, 차별화된 가치 제공, 실행 계획 수립 등으로 구성된다.

[그림 8-2] 마케팅 전략 회의

1. 마케팅 전략의 구성요소

(1) STP 전략(Segmentation, Targeting, Positioning)

STP 전략은 시장을 분석하고, 고객의 특성을 반영한 맞춤형 마케팅 활동을 설계하는 핵심 요소이다. 이를 통해 기업은 자원을 효율적으로 활용하고, 고객의 요구에 맞는 제품과 서비스를 제공할 수 있다.

(가) 세분화(Segmentation)

세분화는 전체 시장을 인구통계, 심리, 행동 등의 기준에 따라 나누어 각 고객군의 특성과 요구를 파악하는 단계이다. 예를 들어, 스포츠음료 시장에서는 소비자를 연령대별로 세분화할 수 있다(예: 10대, 20~30대, 40대 이상).

(나) 표적 시장 선정(Targeting)

표적 시장 선정은 세분된 시장 중 가장 매력적이고 수익성이 높은 세분 시장을 선택하여 마케팅 활동을 집중하는 단계이다. 예를 들어, 고급스러운 스포츠음료를 20~30대 운동 애호가를 주요 대상으로 설정할 수 있다.

(다) 포지셔닝(Positioning)

차별화는 고객의 마음속에 브랜드의 독특한 이미지를 명확하게 자리 잡게 하여 경쟁우위를 확보하는 단계이다. 예를 들어, 브랜드가 운동 후 최고의 리프레시 음료로 차별화될 수 있다.

STP 전략은 고객 중심적 접근을 통해 경쟁 시장에서 차별화된 가치를 제공하고, 브랜드 충성도를 강화하는 데 필수적인 마케팅 전략이다.

2. 마케팅 믹스(4P/7P 모델)

(1) 4P 전략

마케팅 믹스의 4P(Product, Price, Place, Promotion)는 기업이 목표 고객에게 가치를 전달하고, 시장에서 성공적으로 경쟁하기 위해 사용하는 핵심 전략 요소이다. 각각의 요소는 아래와 같은 역할과 중요성을 가진다.

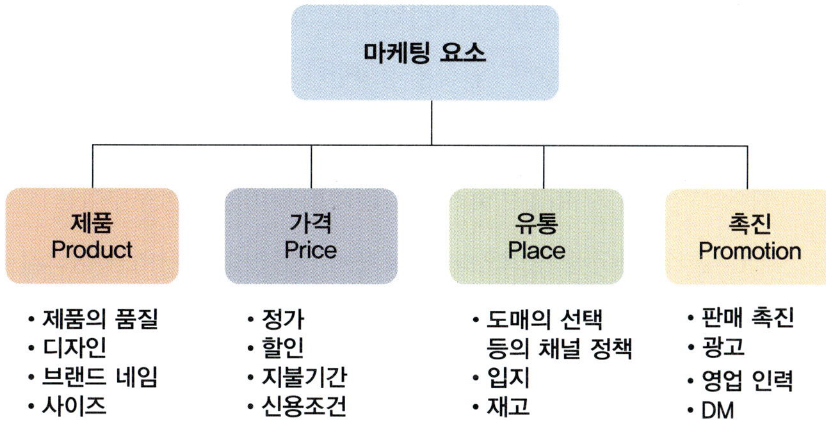

[그림 8-3] 4P 믹스

(가) Product(제품)

제품은 소비자의 요구와 욕구를 충족시키기 위해 제공되는 물리적 상품, 서비스, 아이디어 등을 포함하며, 고객에게 가치를 제공하는 핵심 요소이다. 제품은 단순히 기능적인 측면을 넘어 소비자의 감성과 요구를 만족시키는 중요한 역할을 한다. 품질, 디자인, 기능, 브랜드는 소비자의 구매 결정에 큰 영향을 미치며, 경쟁 시장에서 브랜드를 차별화하는 요소로 작용한다.

1) 구성요소

① 제품의 품질은 성능과 신뢰성을 나타내며, 고객에게 제품이 기대한 대로 제대로 작동할 것이라는 확신을 준다. 품질은 소비자의 만족도와 재구매 의향을 높이는 중요한 요소이다. 예를 들면, 애플 제품은 고성능과 내구성을 자랑하며, 고객이 오랜 시간 사용하면서도 품질에 대한 신뢰감을 유지하게 만든다.

② 디자인은 고객의 미적 감각과 편의성을 고려하여, 제품을 시각적, 감각적으로 매력적으로 만들고, 사용하기 쉽도록 설계하는 과정이다. 디자인은 소비자가 제품을 선택하는 중요한 기준이 될 수 있다. 예를 들면, 테슬라 자동차

는 혁신적이고 미래지향적인 디자인으로, 고급스럽고 효율적인 이미지를 소비자에게 전달하며 브랜드 인식을 강화한다.

③ 기능은 제품이 제공하는 특성과 사용 목적을 의미하며, 고객이 제품을 사용하는 이유와 그 가치가 무엇인지를 결정한다. 기능적인 우수성은 고객이 제품을 선택할 때 가장 중요한 기준이 된다. 예를 들면, 다이슨 청소기는 강력한 흡입력과 혁신적인 기술로 소비자에게 실질적인 편리함을 제공하며, 청소 효율을 높인다.

④ 브랜드는 고객이 제품을 인식하고 신뢰할 수 있도록 돕는 이름, 로고, 이미지 등을 포함하며, 브랜드는 제품에 대한 소비자의 감정적 연결을 형성한다. 강력한 브랜드는 고객 충성도를 높이고, 시장에서의 경쟁력을 강화하는 데 중요한 역할을 한다. 예를 들면, 나이키는 스우시(Swoosh) 로고와 "Just Do It" 슬로건을 통해 브랜드 본질을 확립하고, 운동과 도전적인 이미지를 소비자에게 강하게 각인시킨다.

(나) Price(가격)

가격은 소비자가 제품이나 서비스를 구매하기 위해 지급해야 하는 금전적 대가를 의미하며, 이는 기업의 수익성에 큰 영향을 미친다. 적절한 가격 전략을 통해 소비자의 구매 의사결정에 큰 영향을 미칠 수 있으며, 제품의 가치와 기업의 이익을 동시에 고려한 가격 책정이 필요하다. 가격은 시장의 수요와 경쟁 상황에 맞추어 설정되어야 하며, 이를 통해 경쟁력을 확보하고 고객의 관심을 끌 수 있다.

1) 구성요소

① 가격 전략은 시장 상황, 경쟁, 제품 가치를 고려하여, 적절한 가격을 책정하는 전략이다. 제품의 초기 가격 책정에 따라 시장 내 인지도와 수요를 변화시킬 수 있다. 예를 들면, 스키밍 전략은 고가로 출시 후 점차 가격을 인하하여 초기 높은 수익을 창출하는 방식이고, 침투 전략은 저가로 시장에 진입하여

빠르게 시장 점유율을 확대하는 전략이다.

② 할인 정책은 특정 시점에 가격을 일시적으로 낮추어 소비자에게 혜택을 제공하는 프로모션 전략이다. 할인은 소비자의 구매 의사결정을 자극하고, 단기적으로 판매를 촉진하는 데 효과적이다. 예를 들면, 블랙 프라이데이 할인은 대규모 세일을 통해 소비자들의 즉각적인 구매를 유도하고, 브랜드의 인지도를 높이는 효과를 얻는다.

③ 심리적 가격은 소비자가 가격을 합리적으로 느끼도록 설정된 가격 전략이다. 가격의 끝자리를 낮추는 방식은 소비자에게 더 낮은 가격처럼 인식되게 한다. 예를 들면, "9,990원"과 같은 가격 설정은 소비자에게 10,000원보다 더 저렴하게 느껴져 구매를 유도하는 효과가 있다.

(다) Place(유통)

유통은 제품이 생산자로부터 소비자에게 전달되는 경로와 과정을 의미하며, 제품의 가용성을 높이고 고객의 구매 편의성을 증대시킨다. 효율적인 유통 전략은 제품을 적시에 적합한 장소에 공급할 수 있게 하여 소비자와의 접점을 확대한다. 유통 경로의 최적화는 기업의 경쟁력을 높이고, 고객 만족도를 증가시킬 수 있다.

1) 구성요소

① 유통 경로는 제품이 제조업체에서 소비자에게 전달되는 경로로, 도매, 소매, 직판 등이 포함된다. 다양한 유통 경로를 활용하면 제품의 가용성과 접근성을 높일 수 있다. 예를 들면, 아마존을 통한 전자상거래는 소비자가 온라인에서 직접 제품을 주문하고 빠르게 배송받을 수 있는 경로를 제공한다.

② 유통채널은 물리적 매장, 온라인 플랫폼 등 소비자와 직접 연결되는 접점으로, 소비자가 제품을 구매할 수 있는 다양한 방법을 제공한다. 예를 들면, 애플은 오프라인 매장(Apple Store)과 온라인 스토어를 통해 고객에게 다양한 구매 경로를 제공하며, 제품에 대한 직관적인 경험을 할 수 있게 한다.

③ 입지 선정은 소비자가 제품에 쉽게 접근할 수 있도록 매장의 위치를 선정하는 과정이다. 적절한 입지는 고객의 구매 편의성을 높이고, 매출 증대에 기여할 수 있다. 예를 들면, 편의점 CU는 주요 교통 요충지에 매장을 배치하여, 소비자가 쉽게 방문할 수 있도록 하고, 빠른 쇼핑 경험을 제공한다.

(라) Promotion(촉진)

촉진은 제품이나 브랜드의 가치를 고객에게 알리고, 이를 통해 구매를 유도하는 모든 의사소통 활동을 포함한다. 촉진 활동은 소비자에게 제품에 대한 인식을 높이고, 브랜드 이미지를 강화하며, 고객의 행동을 촉진하는 데 중요한 역할을 한다. 효과적인 촉진 전략은 고객의 참여를 끌어내고, 제품의 판매를 증가시킬 수 있다.

1) 구성요소

① 광고는 TV, 라디오, 온라인 등 다양한 매체를 통해 제품 정보를 전달하는 중요한 마케팅 도구이다. 광고는 대중에게 브랜드를 인식시키고, 소비자에게 제품의 특장점을 알리는 데 효과적이다. 예를 들면, 코카콜라는 TV 광고 캠페인을 통해 브랜드의 메시지와 가치를 널리 알리며, 제품에 대한 긍정적인 인식을 형성한다.

② 판매 촉진은 한정 할인, 쿠폰, 사은품 제공 등 소비자에게 즉각적인 혜택을 제공하여 구매를 유도하는 전략이다. 판매 촉진은 단기적으로 판매를 증대시키고, 브랜드의 관심을 끌 수 있다. 예를 들면, 대형할인점의 묶음 상품 행사나 가격 할인을 통해 소비자의 구매를 자극하고, 고객을 매장으로 유도한다.

③ PR(공공 관계) 및 홍보는 브랜드 이미지를 구축하고, 고객과의 신뢰를 형성하는 활동이다. 긍정적인 기업 이미지는 고객의 충성도를 높이고, 기업에 대한 신뢰를 증가시킨다. 예를 들면, 기업의 CSR(사회적 책임) 활동을 통해 긍정적인 이미지를 구축하고, 사회적 책임을 다하는 모습을 소비자에게 전달한다.

④ 디지털 마케팅은 소셜 미디어, 이메일 마케팅 등을 통해 소비자와 직접 소통

하는 전략이다. 디지털 마케팅은 개인화된 메시지 전달과 실시간 반응이 가능하여 고객과의 관계를 강화할 수 있다. 예를 들면, 인스타그램을 활용한 기업의 소비자 참여 이벤트는 고객의 참여를 유도하고, 브랜드에 대한 친밀감을 증가시킨다.

(2) 7P 전략(서비스 산업 중심)

서비스 마케팅에서는 전통적인 4P(Product, Price, Place, Promotion) 모델에 더해 인적 요소(People), 프로세스(Process), 물리적 증거(Physical Evidence)를 포함한 7P 모델을 사용한다. 이는 서비스의 무형성과 고객과의 상호작용 중요성을 반영한 개념이다.

(가) 인적 요소(People)

인적요소는 서비스를 제공하거나 고객의 경험에 영향을 미치는 모든 사람을 포함하며, 여기에는 서비스 제공자, 직원, 고객 자신이 포함된다. 서비스 산업에서 사람 간의 상호작용은 중요한 역할을 하며, 고객은 직원의 태도와 행동을 통해 브랜드에 대한 신뢰를 형성한다. 직원의 전문성, 친절도, 역량은 서비스 품질을 결정짓는 주요 요소이며, 고객의 기대를 충족시키는 데 핵심적인 영향을 미친다.

1) 중요성

① 서비스는 종종 사람 간의 상호작용에서 경험되므로, 직원의 태도, 역량, 행동이 서비스 품질에 큰 영향을 미친다.

② 고객의 기대를 충족시키고 브랜드 이미지를 형성하는 데 핵심적인 역할을 한다.

2) 관리 전략

① 직원 교육 및 훈련: 직원의 서비스 기술과 커뮤니케이션 능력을 강화하여 고객 만족을 지속적으로 증대시킨다.

② 동기부여: 성과 기반 보상 체계와 긍정적인 조직 문화를 통해 직원들의 적

극적 참여를 유도한다.

③ 고객 관리: 기존고객도 긍정적인 경험을 통해 새로운 고객에게 영향을 미칠 수 있으므로, 고객 관리 또한 중요한 요소이다.

3) 예시

① 스타벅스 바리스타는 친절한 서비스와 개인화된 경험을 제공하여 브랜드 충성도를 높인다.

② 항공사 승무원의 세심한 고객 서비스는 고객의 만족도를 결정짓는 중요한 요소이다.

(나) 프로세스(Process)

프로세스는 서비스가 고객에게 전달되는 절차, 메커니즘, 그리고 흐름을 의미하며, 서비스 제공의 일관성과 효율성을 확보하는 데 중요한 역할을 한다. 효율적인 프로세스는 고객의 기대와 실제 경험 간의 격차를 줄이고, 고객의 만족도를 높이는 데 필수적이다.

1) 중요성

① 서비스 품질의 일관성을 유지하고 고객 만족도를 높이는 데 필수이다.

② 고객의 기대와 실제 경험 간의 격차를 줄이는 데 기여한다.

2) 관리 전략

① 서비스 표준화: 정형화된 프로세스를 통해 서비스 품질의 일관성을 보장한다.

② 고객 중심 설계: 고객의 편리함과 경험을 최우선으로 고려한 프로세스를 설계한다.

③ 기술 활용: 디지털 도구와 자동화 시스템을 통해 고객의 서비스 이용을 간소화하고 효율성을 높인다. 예를 들면, 온라인 예약 시스템과 자동화된 키오스

크는 고객이 편리하게 서비스를 이용할 수 있도록 돕는다.

3) 예시

① 맥도날드의 패스트푸드 주문 및 제작 시스템은 효율적이고 예측 가능하며 일관된 고객 경험을 제공한다.

② 우버(Uber)는 앱을 통해 차량 호출부터 요금 지불까지 단순하고, 투명한 프로세스를 제공하여 고객의 편리한 이용을 지원한다.

(다) 물리적 증거(Physical Evidence)

물리적 증거는 고객이 서비스를 경험하거나 판단할 때 사용하는 눈에 보이는 요소를 의미한다. 서비스는 본질적으로 무형적이지만, 물리적 증거를 통해 고객은 서비스의 품질을 인식하고, 신뢰를 형성한다. 물리적 환경은 고객 경험을 강화하고, 브랜드 이미지를 확립하는 중요한 도구가 된다.

1) 중요성

① 물리적 환경은 고객 경험을 강화하고, 서비스 품질을 인지하는 데 도움을 준다.

② 브랜드 이미지를 강화하며, 고객이 서비스 경험을 긍정적으로 기억하도록 돕는다.

2) 관리 전략

① 환경 디자인: 매장, 로고, 포장, 유니폼 등 시각적 요소들을 브랜드 이미지와 일관되게 제작하여 고객 경험을 향상시킨다.

② 감각 마케팅: 조명, 향기, 음악 등 감각적 요소를 통해 고객에게 긍정적인 경험을 제공하고 브랜드와의 연결을 강화한다.

③ 품질 증명 자료: 고객 리뷰, 상패, 인증서 등 신뢰를 강화하는 자료를 활용하여 고객의 신뢰를 높인다.

3) 예시

① 호텔 로비의 고급스러운 인테리어와 아늑한 분위기는 고객에게 높은 서비스 품질을 연상시키며, 긍정적인 브랜드 이미지를 형성한다.

② 스타벅스는 매장의 음악, 인테리어 디자인, 로고 컵 등을 통해 브랜드 아이덴티티를 강화하고, 고객에게 일관된 경험을 제공한다.

인적요소, 프로세스, 물리적 증거는 각각 서비스 품질과 고객 경험에 직결되는 중요한 요소이며, 이 세 가지 요소를 효과적으로 관리하는 것은 브랜드 신뢰도를 높이고, 고객 만족과 충성도를 강화하는 데 큰 도움이 된다.

8-2 전략의 이해

1 전략(Strategy)

1. 전략의 개념

전략(Strategy)은 기업이나 조직이 목표를 달성하기 위해 설정하는 계획이나 방향을 의미한다. 이는 조직이나 기업이 주어진 조건이나 환경에서 관리자들이 적절한 결과를 달성할 수 있도록 목적, 목표, 정책, 그리고 각 프로그램이 서로 양립하지 않도록 조합하여 수행하는 행위를 의미한다.

전략은 기업의 외부 환경과 내부 자원을 분석하여 경쟁우위를 확보하고, 지속 가능한 성과를 얻기 위한 구체적인 행동 계획을 수립하는 과정이다. 전략은 장기적 관점에서 기업의 성장과 발전을 도모하기 위한 중요한 요소이다.

전략은 크게 전사적 전략, 사업부 전략, 기능 전략 등 다양한 분야에 걸쳐 적용된다. 특히 기업 전략은 기업의 목표 달성 방법을 정의하고, 경쟁전략은 시장에서 경쟁우위를 확보하는 방법을 설정한다.

2. 전략의 수준

기업의 사명(Mission)은 기업이 존재하는 목적, 설립의 취지, 그리고 사업영역을 규명하며, 비전(Vision)은 기업이 달성하고자 하는 장기적인 목표를 설정한다. 이러한 목표를 이루기 위해 기업은 다양한 전략을 수립하게 되며, 이 전략들은 전략 수준(Level of strategy)별로 다르게 정의된다. 전략 수준은 경영자가 내리는 의사결정의 범위와 수준, 그리고 전략이 수립되고 실행되는 조직 내의 계층에 따라 달라진다. 따라서 기업 전략은 크게 세 가지 수준으로 나뉜다.

첫째, 기업 수준전략(Corporate level strategy)은 전체 기업의 방향을 제시하며, 기업의 포트폴리오와 관련된 의사결정을 포함한다.

둘째, 사업단위 수준전략(Business unit level strategy) 또는 경쟁전략(Competitive strategy)은 특정 사업 부문 또는 시장 내에서 경쟁우위를 확보하기 위한 전략이다.

셋째, 기능 수준전략(Functional level strategy)은 각 부서나 기능별로 목표를 달성하기 위한 전략으로, 마케팅, 생산, 인사 등 기능별 세부 전략을 포함한다.

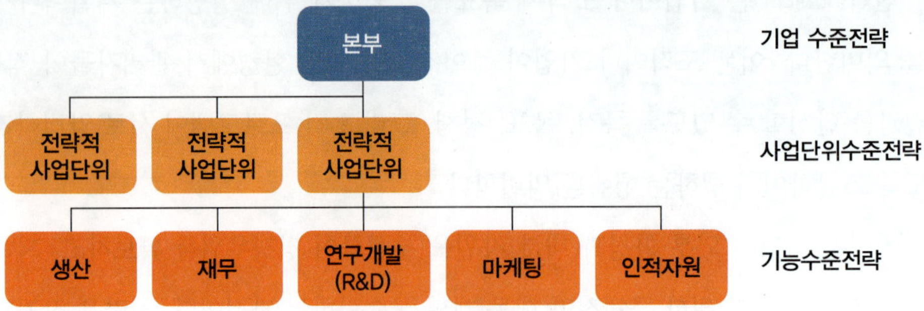

[그림 8-4] 전략의 수준(출처: 곽진만, 2023)

3. 전략의 주요 구성요소

(1) 목표 설정

기업이 추구하는 성과와 목표를 명확히 설정하여, 전략의 방향성을 제시한다. 목표 설정은 기업의 비전과 미션에 부합하는 구체적인 목표를 설정하는 데 중요한 역할을 한다.

(2) 환경 분석

외부 환경(시장, 경쟁자 등)과 내부 환경(자원, 역량 등)을 종합적으로 분석하여, 전략적 방향을 결정하는 기초 작업을 수행한다. 이 분석은 기업이 전략을 수립할 때 중요한 정보와 통찰을 제공한다.

(3) 전략적 선택

기업의 목표를 달성하기 위한 전략적 방향을 선택한다. 이는 시장의 특성과 경쟁자의 동향을 반영한 방향으로 설정되어야 한다.

(4) 실행 계획

설정된 전략을 실현하기 위해 구체적인 실행방안을 마련한다. 실행 계획은 전략을 효과적으로 구현하는 데 필요한 구체적인 단계와 자원을 포함한다.

(5) 평가와 피드백

전략 실행 후 결과를 평가하고, 그에 따른 피드백을 바탕으로 필요할 때 전략을 조정한다. 이를 통해 지속적인 개선과 성과 향상을 도모한다.

4. 전략 수립의 기본 과정

(1) 환경 분석

외부 환경(PEST 분석)과 내부 환경(SWOT 분석)을 분석하여, 기업이 처한 상황과 기회를 정확하게 파악한다. 이를 통해 전략적 방향을 설정할 수 있다.

(2) 목표 설정

기업의 비전과 미션에 맞는 명확하고 구체적인 목표를 설정하여, 전략의 기반을 마련한다. 목표 설정은 전략 수립의 핵심적인 첫 단계이다.

(3) 전략 개발

환경 분석을 바탕으로 경쟁우위를 확보할 수 있는 전략을 수립한다. 이를 통해 기업은 시장에서의 차별화를 이루고 경쟁력을 강화할 수 있다.

(4) 실행 및 평가

수립된 전략을 실행하고, 실행 결과를 평가하여 필요한 조정을 한다. 이 과정은 전략이 실제로 목표를 달성하는지 여부를 점검하고, 개선 사항을 반영할 수 있는 중요한 단계이다.

5. 전략의 유형

전략유형은 전략경영론의 Miles & Snow(1984)가 제시한 사업전략모형과 산업조직론의 Porter(1980)가 제시한 본원적 경쟁전략모형으로 상황적 접근법에서 가장 많이 이용된다.

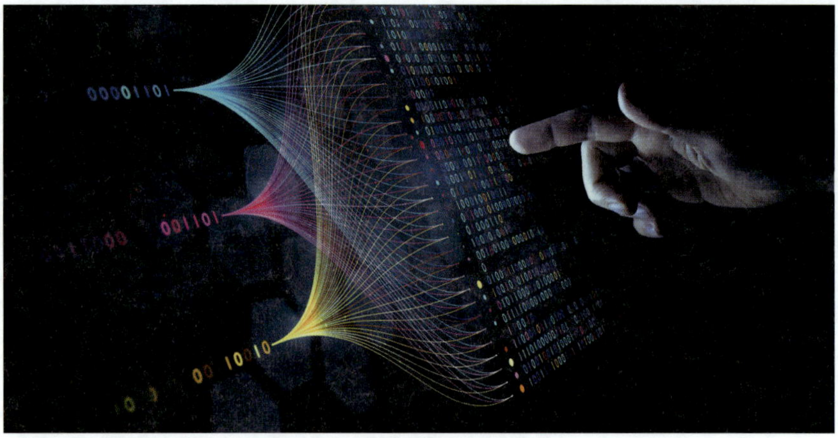

[그림 8-5] 전략 분석

(1) 사업전략모형

Miles & Snow(1978)가 제시한 사업전략모형은 기업이 환경에 적응하고, 내부기능을 관리하는 데 있어 최고경영자의 역할이 크다고 강조하며, 기업가적 문제, 기술적 문제, 관리적 문제를 인식하여, 기업의 상황에 맞는 전략을 선택해야 한다.

기업가적 문제는 기업의 제품과 시장의 범위에서 나타나며, 기술적 문제는 생산과 유통의 기술에 집중하고, 관리적 문제는 조직의 구조와 정책과정에 있어 공식화, 합리화, 혁신을 포함하고 있다. 이에 따라 전략을 공격형(Prospector), 방어형(Defender), 분석형(Analyzer), 반응형(Reactor)으로 구분하였으며, 기업 환경을 어떻게 인식하느냐에 따라 기업 내부에서 발생한 문제를 해결하는 방법이 다르다.

(가) 공격형 전략

공격형 전략을 취하는 기업들은 새로운 제품과 시장을 끊임없이 추구한다. 이들은 불확실한 경영환경에 대해 지속적인 감시를 시행하고, 새로운 기회를 찾기 위해 다양한 기술개발을 추구한다. 즉, 다른 기업들보다 빠른 제품개발과 신규시장진입에 많은 관심을 가지며, 연구개발과 마케팅 분야에 대한 중요성을 강조한다. 이를 위해 기업들은 변화와 불확실에 대비하고 효율보다 혁신에 관심을 가진 조직을 유지하기 위해 낮은 공식적 계층, 분권화된 통제, 수직·수평적 의사소통이 중요하다.

(나) 방어형 전략

방어형 전략은 제한된 분야에서 높은 전문성을 지니고 있지만, 안정된 제품과 시장을 범위로 하여 경쟁에 소극적인 유형의 전략이다. 즉, 신규시장에 대한 진입이나 기회를 탐색하기보다는 한정된 제품 또는 서비스를 가지고 시장을 유지한다는 것이다. 이러한 기업들은 기업 목적을 원가절감, 품질향상, 능률향상, 서비스 강화 등에 두고 있으며, 수평적 분화, 집권화된 통제, 공식화 등의 조직구조 형태를 보인다.

(다) 분석형 전략

분석형 전략은 위험은 최소화하면서 이윤을 최대화하는 방어형 전략과 변화와 혁신을 강조하는 공격형 전략의 중간적인 형태를 가지고 있다. 따라서 분석형 전략은 제한된 영역에서의 사업수행을 가장 기본으로 두는 안정성과 환경변화에 민감하게 반응하는 유연성을 모두 추구하는 이중적 모델이라고 볼 수 있다. 만약 기업이 분석형 전략을 완벽하게 실행할 수 있다면, 새로운 기회에 대한 신속한 대응과 현 상황에 대한 능률을 동시에 추구할 수 있다.

(라) 반응형 전략

반응형 전략은 비일관적이고 비안정적인 형태를 띠는 유형이다. 이 유형은 다른 것들에 비해 상대적으로 환경변화에 대한 대응능력이 부족하고, 조직 구조적으로 상당히 불안정하다. 따라서 반응형 전략을 채택하는 기업들은 전략적으로 실패한 기업으로 인식되고 있다.

(2) 포터의 경쟁 전략(Porter's Competitive Strategy)

마이클 포터(Michael E. Porter)는 기업이 시장에서 경쟁우위를 확보하기 위한 세 가지 기본 전략을 제시했다. 이 전략들은 기업의 내부 역량과 외부환경에 따라 달라지며, 각 전략은 원가 우위 전략(Cost Leadership), 차별화 전략(Differentiation), 집중화 전략(Focus)로 구분한다.

(가) 원가 우위 전략(Cost Leadership Strategy)

원가 우위 전략은 기업이 업계에서 가장 낮은 비용으로 제품이나 서비스를 제공함으로써 경쟁우위를 확보하는 전략이다. 기업은 대규모 생산, 효율적인 운영, 비용 절감 기술 등을 통해 경쟁자보다 낮은 가격을 제공하며, 가격 경쟁력을 확보한다. 이를 통해 소비자에게 저렴한 가격으로 제품을 제공하면서도 이익을 창출할 수 있다.

1) 특징

① 대량 생산과 규모의 경제를 활용한다.

② 효율적인 공급망 관리와 운영 최적화한다.

③ 비용 절감 기술이나 자동화 시스템 도입한다.

④ 소비자에게 가격경쟁 우위 제공한다.

2) 사례

① 월마트(Walmart): 대규모의 유통망과 공급망을 활용하여 운영 비용을 최소화

하고, 이를 통해 제품을 저렴한 가격에 제공. 고객에게는 저렴한 가격을 제공하고, 경쟁사보다 우위를 점하고 있다.

② 라이언에어(Ryanair): 유럽의 저가 항공사인 라이언에어는 비용 절감을 위해 단일 기종 항공기, 최소한의 서비스 제공, 추가 비용을 통한 수익 창출 등의 방법을 사용하여 원가 우위 전략을 성공적으로 구현하였다.

(나) 차별화 전략(Differentiation Strategy)

차별화 전략은 기업이 독특하고 차별화된 제품이나 서비스를 제공하여, 경쟁우위를 확보하는 전략이다. 이를 통해 소비자는 가격과 관계없이 제품이나 서비스를 선택하게 된다. 차별화된 특성으로는 제품의 기능성, 디자인, 브랜드 이미지, 서비스 품질 등이 포함될 수 있다.

1) 특징

① 독창적이고 차별화된 제품이나 서비스 제공한다.

② 브랜드 이미지와 고객 충성도 강화한다.

③ 기술 혁신, 고급 디자인 등으로 시장에서 차별화한다.

④ 소비자는 가격보다는 제품의 독특한 가치에 중점을 두고 선택한다.

2) 사례

① 애플(Apple): 혁신적인 디자인, 사용 편의성, 고급 기술을 통해 차별화 전략을 성공적으로 실행한 대표적인 사례다. 아이폰(iPhone)이나 맥북(MacBook)은 고유한 브랜드 가치를 강조하며, 프리미엄 가격을 제공하면서도 고객들의 충성도를 얻고 있다.

② 나이키(Nike): 스포츠와 관련된 혁신적인 제품 디자인과 마케팅 전략을 통해 차별화된 브랜드 이미지를 구축. 또한, 기능적인 요소와 감성적인 브랜드 메시지를 통해 고객들의 충성도를 높였다.

(다) 집중화 전략(Focus Strategy)

집중화 전략은 기업이 특정 표적 시장이나 지역에 집중하여, 경쟁우위를 확보하는 전략이다. 기업은 넓은 시장에서 경쟁하기보다 특정 고객층이나 시장에 초점을 맞춰 세분된 요구를 충족시키는 제품이나 서비스를 제공한다. 집중화 전략은 크게 비용 집중화와 차별화 집중화로 나눌 수 있다.

① 비용 집중화: 특정 세분 시장에서 원가 우위를 확보하려는 전략이다.

② 차별화 집중화: 특정 세분 시장에서 차별화된 제품이나 서비스를 제공하려는 전략이다.

1) 특징

① 특정 시장이나 고객층에 대한 집중한다.

② 좁은 시장에서 더 큰 경쟁우위 확보한다.

③ 고객의 세밀한 요구에 맞춘 제품이나 서비스 제공한다.

④ 세분된 시장에서 경쟁우위를 확보하려는 전략이다.

2) 사례

① 롤렉스(Rolex): 고급 시계 시장에 집중하여 차별화 전략을 실행. 고급 브랜드 이미지를 유지하면서 가격을 높게 책정하고, 특정 고객층을 표적화하여 시장 내에서 독점적 위치를 확립하였다.

② 테슬라(Tesla): 초기에는 고급 전기차 시장에 집중하여, 전기차 시장을 선도했다. 이후 차별화된 디자인, 혁신적 기술, 지속 가능한 에너지 비전 등을 통해 특정 고객층에 강력한 브랜드 충성도를 형성하였다.

마이클 포터의 경쟁전략 이론은 기업이 경쟁에서 우위를 점하기 위한 세 가지 기본 전략을 제시하며, 각 전략은 기업이 직면한 시장 환경에 맞춰 선택할 수 있다. 원가 우위 전략은 효율성을 중시하고, 차별화 전략은 독창성 및 고유한 가치를 제공하며, 집중화 전략은 특정 시장에 집중하여 경쟁우위를 확보하는 방식이다.

이러한 전략들은 각기 다른 시장 상황과 기업의 역량에 따라 적용될 수 있으며, 기업이 시장에서 경쟁력을 유지하고 성장하기 위해 필수적인 전략적 선택을 돕는다.

8-3 디지털 마케팅 전략

1 디지털 마케팅 전략

디지털 마케팅은 현대 마케팅 전략에서 중요한 위치를 차지하며, 인터넷과 디지털 기술을 활용하여, 소비자와 효과적으로 소통하고 비즈니스 목표를 달성하는 것을 목표로 브랜드를 홍보하고 제품을 판매하는 전략이다.

[그림 8-6] 디지털 마케팅

1. 검색 엔진 최적화(SEO, Search Engine Optimization)

검색 엔진 최적화(SEO_는 검색 엔진에서 웹사이트의 가시성을 높이고, 이를 통해 트래픽(Traffic)을 증대시키는 디지털 마케팅의 핵심 전략 중 하나이다. 이 전략은 검색 엔진의 작동 방식을 이해하고, 알고리즘이 웹페이지를 어떻게 평가하는지 파악하여, 웹사이트의 순위를 향상시키는 것을 목표로 한다. 대표적으로 Google의 PageRank 알고리즘이 사용되며, 이는 링크 구조와 키워드의 적합성을 평가한다.

키워드 최적화와 링크 빌딩이 SEO 성과를 좌우하는 중요한 요소임을 강조하며, 적절한 키워드 조사를 통해 검색 트래픽과 ROI(Return on Investment)가 증가한다

(Bhatia ,2018). SEO는 단기적인 결과보다는 장기적인 관점에서 웹사이트의 신뢰성을 구축하고 유지하는 데 초점을 맞춘다.

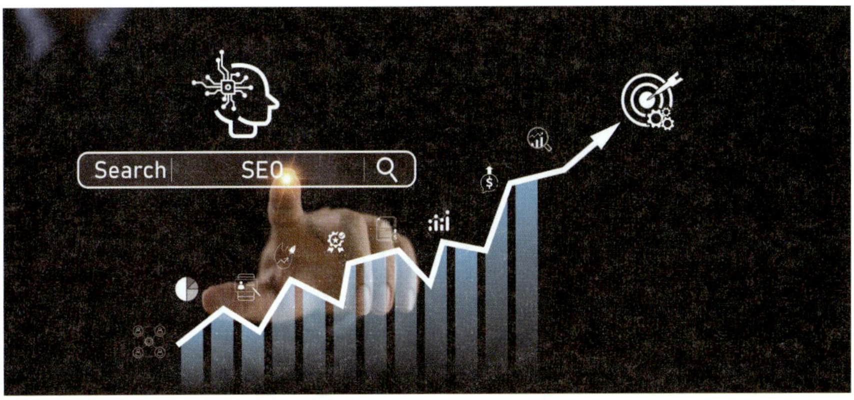

[그림 8-7] 검색 엔진 최적화

(1) 검색 엔진 최적화(Search Engine Optimization)의 세 가지 주요 단계

(가) 크롤링(Crawling)

① 검색 엔진 봇(예: Google bot)이 웹사이트를 탐색하며, 페이지의 콘텐츠를 수집한다.

② 봇이 웹사이트의 모든 페이지를 탐색할 수 있도록, 웹사이트의 구조는 체계적이고 명확해야 한다.

③ 검색 엔진이 탐색할 페이지를 명확히 지정하려면, robots.txt 파일이나 XML 사이트 맵을 활용해야 한다.

▶ robots.txt 파일은 웹사이트의 크롤러에게 어떤 페이지를 크롤링하고, 어떤 페이지를 크롤링하지 말아야 하는지 지시하는 파일.

▶ 크롤링(Crawling)은 웹사이트를 자동으로 탐색하여, 페이지를 수집하고 데이터를 가져오는 과정.

▶ XML 사이트 맵은 웹사이트의 모든 페이지를 목록화한 파일로, 검색 엔진이 사이

트의 구조를 더 쉽게 이해하고 효율적으로 크롤링.

(나) 색인화(Indexing)

① 수집된 데이터가 검색 엔진의 데이터베이스에 저장하고 분석한다.

② 검색 엔진이 페이지를 올바르게 색인화하도록 적절한 메타 태그(Meta tags)와 키워드를 사용하는 것이 중요하다.

(다) 순위화(Ranking)

① 검색 엔진은 사용자의 질의에 가장 관련성 높은 결과를 표시하기 위해 페이지 순위를 매긴다.

② 페이지 랭크(Page Rank)는 알고리즘은 초기 구글 검색 엔진에서 사용된 알고리즘으로, 페이지의 링크 구조를 평가하여, 페이지의 권위를 점수화한다.

③ 랭크 브래인(Rank Brain)과 같은 머신러닝 기술이 도입되며 사용자 의도와 행동 분석도 중요한 순위 요인으로 작용한다.

(2) 주요 순위 결정 요소

(가) 온 페이지 SEO

① 콘텐츠 품질: 키워드를 적절히 사용하고, 유용하고 고품질의 정보를 제공하는 것이 중요하다.

② HTML(Hypertext Markup Language) 요소 최적화: 제목 태그(Title tags), 메타 설명(Meta descriptions), 헤더 태그(H1~H6) 등을 최적화하여, 검색 엔진이 페이지를 더 잘 이해할 수 있도록 한다. 참고로 HTML은 World Wide Web(www)에서 웹페이지를 작성하기 위해 사용되는 언어의 이름을 말한다.

③ URL 구조: 간단하고, 키워드가 포함된 URL은 검색 엔진에 긍정적인 영향을 미친다. 참고로 Uniform Resource Locator(URL)은 웹에서 자원의 위치를 나타내는 주소. 예를 들어, "https://www.example.com"과 같은 형태로 웹페이지나 파일

을 찾을 수 있는 경로를 제공한다.

(나) 오프 페이지 SEO

① 백링크(Backlinks): 다른 신뢰할 수 있는 외부 웹사이트로부터의 링크는 페이지의 권위를 높이고, 검색 순위에 긍정적인 영향을 미친다.

② 소셜 시그널: 소셜 미디어에서의 브랜드 언급과 활동은 검색 엔진에 신뢰를 더해 주며, 간접적으로 순위에 영향을 줄 수 있다.

(다) 기술적 SEO

① 웹사이트 로딩 속도: 빠른 웹사이트 로딩 속도는 사용자 경험을 개선하고, 검색 엔진 순위에 긍정적인 영향을 미친다.

② 모바일 최적화: 모바일 기기에서 웹사이트가 잘 작동하도록 최적화하는 것은 SEO에서 중요한 요소이다.

③ HTTPS(Hypertext Transfer Protocol Secure) 보안 프로토콜 사용: 보안이 강화된 HTTPS 웹사이트는 신뢰성이 높고, 검색 엔진에서 우선순위를 부여받는다.

(3) 아마존의 SEO 전략 사례 분석

아마존은 세계 최대의 전자상거래 플랫폼으로, SEO를 통해 검색 엔진에서 지속적으로 상위에 노출되고 있다.

(가) 키워드 분석 및 최적화

① 고객의 검색 의도를 파악하기 위해 데이터를 분석한다.

② 제품 제목과 설명에 자주 검색되는 키워드를 포함시킨다.

• 예: 제품 제목에서 무선 헤드폰, 블루투스, 소음 제거와 같은 구체적인 키워드를 사용한다.

(나) 리뷰 및 사용자 생성 콘텐츠 활용

① 고객 리뷰는 검색 엔진에서 콘텐츠로 간주하며, 관련 키워드가 포함될 가능성이 크다. 이로 인해 제품 페이지는 동적으로 SEO 최적화가 이루어진다.

(다) 기술적 SEO 최적화

① 웹사이트의 로딩 속도를 단축하고, 모바일 환경에서도 최적화된 경험을 제공한다.

② 제품 이미지에 대체 텍스트를 추가해 검색 엔진이 콘텐츠를 이해할 수 있도록 한다.

구글 트랜드(Google Trends)를 사용해 특정 키워드의 검색 트렌드를 분석한다. 이를 통해 계절적 또는 지역적 트렌드에 맞는 키워드를 적용한다.

키워드 최적화와 사용자 경험(UX) 개선이 검색 순위 향상의 핵심이며, 지속적인 데이터 분석과 기술적 최적화는 SEO의 성과를 꾸준히 유지하게 해준다. 따라서 SEO는 단순히 검색 엔진에 맞추는 작업이 아니라, 사용자 중심의 콘텐츠 제작과 신뢰성 있는 웹사이트 구축이 중요하다.

2. 콘텐츠 마케팅(Content Marketing)

콘텐츠 마케팅은 설득 이론(Persuasion Theory)과 이용 및 만족 이론(Uses and Gratifications Theory)에 기초한다. 콘텐츠 마케팅은 고객에게 유용하고 가치 있는 콘텐츠를 제공함으로써 브랜드 신뢰를 구축하고, 소비자 행동을 유도하며, 궁극적으로 비즈니스 목표를 달성하는 마케팅 전략이다. 이는 소비자가 자발적으로 브랜드와 상호작용하도록 유도하며, 장기적인 관점에서 고객 충성도를 형성하는 데 중점을 준다.

콘텐츠 마케팅의 핵심은 브랜드를 알리거나 직접 판매하려는 메시지가 아닌, 고객에게 가치 있는 콘텐츠를 제공함으로써 행동을 유도하는 것이라고 강조했다(Pulizzi, 2012). 이를 통해 고객의 신뢰를 얻고, 브랜드와 소비자 간의 관계를 구축해야 한다.

[그림 8-8] 콘텐츠 마케팅

(1) 설득 이론 (Persuasion Theory)

설득 이론은 효과적인 커뮤니케이션을 통해 사람들의 태도, 신념, 행동을 변화시키는 과정이다. 콘텐츠 마케팅은 이 이론을 활용하여 소비자에게 설득력 있는 메시지를 전달한다.

(가) 신뢰성(Credibility)

① 제공되는 콘텐츠가 신뢰할 수 있을 때 소비자는 브랜드를 긍정적으로 인식한다.

- 예: 전문가의 의견, 데이터 기반 자료, 성공 사례 등을 포함한다.

(나) 감정적 호소(Emotional Appeal)

① 인간의 감정에 호소하는 스토리텔링 콘텐츠는 소비자와의 정서적 연결을 강화한다.

- 예: 코카콜라의 Share a Coke 캠페인은 개인화된 메시지를 통해 소비자에게 감정적으로 다가갔다.

(2) 이용 및 만족 이론(Uses and Gratifications Theory)

이용 및 만족 이론은 사람들이 자신의 욕구를 충족하기 위해 특정 매체나 콘텐츠를 선택한다.

(가) 정보적 욕구

① 소비자는 자신의 문제를 해결하거나 새로운 정보를 얻기 위해 콘텐츠를 소비한다.

• 예: 허브스팟(Hub Spot)의 디지털 마케팅 블로그는 기업의 마케팅 과제를 해결하는 유용한 정보를 제공한다.

(나) 오락적 욕구

① 재미있거나 감동적인 콘텐츠는 소비자를 끌어들이고 브랜드에 대한 긍정적인 이미지를 형성한다.

• 예: 레드불(Red Bull)의 익스트림 스포츠 비디오 콘텐츠는 소비자에게 흥미와 재미를 제공한다.

(다) 사회적 욕구

① 소비자는 자신의 정체성을 표현하거나 타인과 소통하기 위해 콘텐츠를 소비하고 공유한다.

• 예: Share a Coke 캠페인은 소비자가 자신과 관련된 콘텐츠를 공유하도록 유도했다.

(3) 코카콜라(Coca-Cola) 사례 분석

코카콜라의 Share a Coke 캠페인은 개인화된 콘텐츠 마케팅의 대표적인 사례로 꼽힌다.

(가) 개인화된 스토리텔링

코카콜라는 병 라벨에 전 세계적으로 흔한 이름을 인쇄하여, 소비자에게 개인화된 경험을 제공한다. 나만의 병이라는 아이디어는 소비자가 브랜드와 정서적으로 연결되도록 유도했다.

(나) 소셜 미디어와의 통합

소비자들은 자신과 친구 이름이 적힌 병을 구매하여 SNS에 사진을 공유했다. 이는 자연스럽게 브랜드의 바이럴(Viral) 효과를 극대화했다.

(다) 참여 유도

소비자가 코카콜라 웹사이트에서 특정 이름을 요청하거나 직접 참여할 수 있도록 했다. 이 과정에서 브랜드와 소비자 간의 양방향 소통이 강화되었다.

(라) 성과

코카콜라의 매출은 캠페인 기간 약 2% 증가했으며, 소비자 참여율이 크게 상승했고, "Share a Coke"는 전 세계적으로 확산하였다.

콘텐츠 마케팅은 고객의 구체적인 문제를 해결할 수 있는 유용한 정보를 제공하고, 소비자가 브랜드와 감정적으로 연결될 수 있는 콘텐츠를 설계해야 한다. 또한, 소비자가 콘텐츠에 직접 참여하거나 공유할 기회를 제공해야 하며, 즉각적인 판매보다 고객과의 신뢰 관계를 구축하는 데 초점을 맞춰야 한다.

3. PPC(Pay-Per-Click) 광고

PPC는 클릭당 비용을 지불하는 온라인 광고 방식으로, 검색 엔진, 소셜 미디어, 디지털 디스플레이 네트워크 등 다양한 채널을 통해 실행된다. 광고주는 소비자가 광고를 클릭할 때만 비용을 지불하며, 이를 통해 명확한 ROI(투자 대비 수익) 분석이 가능한다.

[그림 8-9] 페이퍼 클릭

(1) 즉각성의 법칙(Law of Immediate Response)

PPC는 사용자가 광고를 클릭하면 곧바로 광고와 연관된 웹사이트, 제품 정보, 혹은 랜딩 페이지로 이동하게 하는 즉각적인 반응을 목표로 한다.

(가) 사용자 중심 설계

① 광고는 사용자가 현재 직면한 문제를 즉각적으로 해결하거나 필요를 충족시킬 수 있는 정보를 제공한다.

• 예: 저렴한 항공권 광고를 클릭하면 바로 항공권 예약 페이지로 이동한다.

(나) 즉각적인 ROI 측정 가능

PPC는 광고 클릭 수와 전환율을 실시간으로 측정하여, 캠페인의 성공 여부를 바로 확인할 수 있다.

(2) 실험 설계 이론(Experimental Design Theory)

PPC는 효과적인 광고 메시지를 도출하기 위해 A/B 테스트와 같은 실험적 접근을 활용한다.

(가) A/B 테스트

① 두 가지 이상의 광고 버전을 만들어 클릭률(CTR), 전환율(CVR) 등을 비교한다.

• 예: Expedia는 최저가 항공권과 항공권 특가라는 두 가지 광고 제목을 테스트하여 더 나은 성과를 내는 옵션을 채택한다.

(나) 최적화 과정

테스트 결과를 바탕으로 광고 문구, 타겟팅, 이미지, 키워드 등을 반복적으로 개선한다.

(3) 주요 특징 및 실행 과정

(가) 주요 플랫폼

1) 구글 광고(Google Ads)

① 키워드 기반의 검색 광고(Search Ads): 사용자가 검색하는 키워드를 기반으로 광고가 노출된다. 이는 고객의 검색 의도에 맞는 광고를 보여준다.

② 고객의 검색 의도를 분석하여, 관련성 높은 광고를 검색 결과 상단에 노출하며, 지역 타겟팅을 통해 특정 지역 사용자에게 광고를 타겟팅할 수 있다.

③ 확장 가능한 광고 네트워크를 제공하여, 다양한 웹사이트에 광고를 배치할 수 있다.

2) 페이스북 광고(Facebook Ads)

① 인구통계학적 정보(나이, 성별, 지역)와 관심사를 바탕으로 정교한 타겟팅을 할 수 있다.

② 이미지 및 비디오 광고를 통해 브랜드 인지도와 전환율을 높일 수 있다. 비주얼 중심의 콘텐츠가 효과적인 광고 형식이다.

3) 인스타그램 광고(Instagram Ads)

① 비주얼 중심 플랫폼으로, 매력적인 이미지와 동영상을 통해 소비자의 관심을 유도한다.

② 스토리 광고와 쇼핑 태그 기능을 활용하여, 사용자가 광고를 통해 직접 구매로 이어지게 할 수 있다.

(나) 실행단계

1) 목표 설정

광고 캠페인의 목적을 명확히 설정해야 한다. 예를 들어, 트래픽 증가, 리드 생성, 매출 증대 등의 목표를 설정하여 광고 전략을 결정한다.

2) 키워드 조사 및 선택:

① 구글 키워드 플래너(Google Keyword Planner)나 알레프스(Ahrefs)와 같은 도구를 사용하여 관련 키워드를 선정한다.

② 키워드 설정 방식에는 정확 일치, 구문 일치, 부분 일치 등 다양한 방식이 있으며, 목표와 캠페인 유형에 맞춰 선택한다.

3) 광고 제작

① 클릭을 유도하는 제목과 매력적인 메시지를 작성하여, 광고 효과를 극대화합니다.

② 광고 내용이 사용자 경험과 일관되도록 하고, 타겟 고객의 관심을 끌 수 있는 메시지를 제공합니다.

4) 성과 분석 및 최적화

① 광고 성과는 클릭률(CTR), 클릭당 비용(CPC), 전환율(CVR), 광고비용 대비 수익(ROAS) 등의 지표를 분석하여 평가한다.

② A/B 테스트를 통해 두 가지 이상의 광고 버전을 비교하여, 성과가 더 좋은 버

전으로 최적화한다.

검색 의도에 맞는 키워드를 선정하고, 이를 중심으로 광고 메시지를 설계해야 하며, 소비자의 관심사, 지역, 기기 유형 등을 세밀히 설정하여 효율적인 광고 운영하는 것이 중요하다. 또한, 광고와 랜딩 페이지의 일관성 있게 하여 광고 클릭 후의 사용자 경험이 매끄러워야 전환율이 높아진다.

3. 인플루언서 마케팅(Influencer Marketing)

인플루언서 마케팅은 소셜 미디어를 중심으로 영향력 있는 인플루언서((Influencer)을 활용하여, 브랜드나 제품을 홍보하는 마케팅 방식이다. 이는 팔로워와 신뢰 관계를 형성한 인플루언서의 권위와 개인적 추천을 통해 소비자의 구매 결정을 유도한다. 특히 밀레니얼 세대와 Z세대처럼 소셜 미디어를 적극적으로 활용하는 젊은 층 사이에서 효과적이다.

[그림 8-10] 인플루언서 마케팅

(1) 사회적 증거 이론(Social Proof Theory)

Robert Cialdini가 제시한 사회적 증거 이론은 사람들이 다른 사람들의 행동이나 선택을 기준으로 자신의 결정을 내리는 경향이 있다고 설명한다.

(가) 권위와 신뢰

① 인플루언서는 특정 분야에서 권위자이거나 소비자와 비슷한 입장에서 제품을 사용하는 모습을 보여줌으로써 소비자의 신뢰를 얻는다.

• 예: 뷰티 블로거가 화장품 사용법을 보여주는 튜토리얼이 한 예이다.

(나) 군집 행동

① 사람들이 다수가 사용하는 제품에 더 큰 관심을 두게 되는 심리적 효과를 활용한다.

• 예: Instagram에서 많은 사람이 특정 브랜드를 태그하거나 사용 후기를 올릴 때 긍정적인 이미지를 형성한다.

(2) 구전 효과(WOM, Word-of-Mouth)

인플루언서 마케팅은 전통적인 구전 효과의 디지털화된 형태로 볼 수 있다. 소비자의 92%는 광고보다 개인의 추천을 더 신뢰한다(Nielsen, 2015). 따라서 인플루언서의 콘텐츠는 소비자들에게 자연스럽게 제품 정보를 전달하며, 강요받는 느낌 없이 브랜드 메시지를 전달할 수 있다.

(3) 주요 플랫폼

(가) Instagram

① 비주얼 중심 플랫폼으로, 뷰티, 패션, 여행 등 라이프 스타일 관련 브랜드가 주로 활용한다.

• 예: 해시태그(#Sponsored, #Ad)를 사용해 광고임을 명시하면서도 감각적인 이미지로 소비자에게 다가간다.

(나) YouTube

① 심층적인 제품 리뷰와 튜토리얼을 제공하여 구매 결정을 돕는 데 효과적이다.

• 예: 테크 블로거가 전자 제품을 리뷰하거나 뷰티 유튜버가 메이크업 튜토리얼을 제공한다.

(다) 틱톡(TikTok)

① 짧고 창의적인 영상 콘텐츠로 젊은 층에 빠르게 메시지를 전달한다.

• 예: 특정 제품의 챌린지 캠페인을 통해 바이럴 효과를 극대화된다.

4. 브랜디드 콘텐츠(Branded Content)

브랜디드 콘텐츠는 브랜드가 직접 제작한 콘텐츠를 통해 제품, 서비스, 또는 브랜드 메시지를 자연스럽게 홍보하는 마케팅 전략이다. 광고와 달리 직접적인 판매보다는 고객의 흥미를 끌고 브랜드와 감정적으로 연결되는 경험을 제공하는 데 초점을 둔다.

(1) 스토리텔링 이론(Storytelling Theory)

브랜디드 콘텐츠는 스토리텔링 이론에 기반하여, 소비자와 브랜드 간의 감정적 유대감을 형성한다. 사람들은 이야기 형식으로 정보를 이해하고, 이야기를 통해 의미를 공유한다. 따라서 강렬한 이야기 구조는 소비자에게 기억에 남는 경험을 제공하고, 브랜드에 대한 긍정적인 감정을 유도한다(Fisher, 1984).

(2) 참여 이론 (Engagement Theory)

브랜디드 콘텐츠는 단순히 메시지를 전달하는 것을 넘어 소비자가 콘텐츠에 몰입하고 참여하도록 설계된다. 몰입 이론(Flow Theory)은 흥미롭고 도전적인 콘텐츠는 사용자를 몰입 상태로 만들 수 있다. 소비자가 직접 공유하거나 반응을 보일 때, 브랜드 메시지가 더 강력해진다(Csikszentmihalyi, 1990).

(3) 감정적 연결 이론(Emotional Connection Theory)

소비자와 브랜드 간 감정적 연결은 충성도를 높이는 데 핵심적인 역할을 한다. 브랜드가 제공하는 콘텐츠가 긍정적인 감정을 유발하면 소비자는 브랜드를 더 신뢰하고 선호한다(Schmitt, 2012).

(가) 브랜드 충성도 증대

감정적으로 연결된 소비자는 브랜드를 다른 브랜드보다 선호하고 지속적으로 제품을 구매하는 경향이 있다. 감정적 연결은 가격보다는 감정적인 경험을 중시하게 만든다.

(나) 소비자의 긍정적인 태도 형성

감정적으로 연결된 소비자는 브랜드에 대한 긍정적인 태도를 보이며, 브랜드에 대한 신뢰와 애정이 증가한다. 이러한 태도는 브랜드에 대한 옹호와 구전 마케팅으로 이어질 수 있다.

(다) 고객 경험의 차별화

브랜드가 소비자에게 긍정적인 감정적 경험을 제공하면, 소비자는 그 경험을 타인과 공유하고, 다른 경쟁 브랜드와의 차별성을 느끼게 된다. 이는 장기적으로 브랜드 인지도와 고객 충성도를 증가시킨다.

(4) 브랜디드 콘텐츠 사례 분석

(가) 레드불(Red Bull)

레드불은 브랜디드 콘텐츠 마케팅의 대표적 성공 사례로 꼽힌다.

(나) 극한 스포츠 콘텐츠 제작

① 익스트림 스포츠와 어드벤처에 초점을 맞춘 콘텐츠를 제작하여, 브랜드 이미지를 강화했다.

• 예: 레드불 스트라토스(Red Bull Stratos) 프로젝트에서 펠릭스 바움가트너가 약 39km 상공에서 스카이다이빙을 한 기록적인 순간을 생중계했다.

(다) 콘텐츠와 브랜드의 자연스러운 연결

① 레드불은 제품보다는 한계를 뛰어넘는 도전이라는 가치를 홍보했다.

② 브랜드 로고가 콘텐츠에 자연스럽게 포함되어 고객에게 인지되도록 설계했다.

(라) 성과

① 전 세계적으로 5000만 명 이상이 Red Bull Stratos 생중계를 시청했다.

② 이 프로젝트 이후 브랜드 인지도와 매출이 많이 증가했다.

학습활동

활동: 마케팅 전략 수립

① 참가자들은 사업의 아이템에 맞는 마케팅 전략을 수립합니다. 여러분 어떠한 전략과 마케팅 기법을 활용할지 자세하게 정리합니다.

학습정리

- 마케팅은 고객의 필요와 욕구를 충족시키기 위한 제품, 서비스, 아이디어의 창출, 전달, 교환 과정과 활동을 의미하며, 기업과 고객 간의 장기적인 관계를 구축하고 가치를 창출하는 것을 목표로 한다.
- 마케팅의 핵심 요소는 니즈와 욕구, 가치, 교환과 거래, 그리고 고객 중심의 접근이다. 이를 통해 고객의 요구를 이해하고 충족시키는 것이 중요하며, 판매 이후의 활동도 중요한 요소로 다뤄진다.
- 마케팅은 생산 지향적, 제품 지향적, 판매 지향적, 고객 지향적, 그리고 사회 지향적 마케팅의 발전과정을 거쳐왔다. 각 단계에서 마케팅의 초점은 변화하며, 현재는 고객의 필요와 욕구를 충족시키는 것이 중심이다.
- 마케팅 커뮤니케이션은 기업이 고객과의 의사소통을 위해 사용하는 다양한 도구와 방법을 의미한다. 여기에는 광고, 판매 촉진, PR, 인적 판매, 직접 마케팅, 디지털/소셜 미디어 등이 포함되며, 통합 마케팅 커뮤니케이션(IMC)은 여러 채널을 통해 일관된 메시지를 전달하여 마케팅 효과를 극대화하는 전략이다.
- AIDA 모델은 소비자의 구매 행동을 분석하는 대표적인 마케팅 이론으로, 관심, 흥미, 욕구, 행동의 순서로 이루어진다. 이 모델은 광고와 프로모션 설계에서 고객의 심리적 변화를 촉진하기 위한 기법을 제시한다.
- 마케팅 전략은 목표 시장을 정의하고, 고객의 니즈를 분석하여 차별화된 가치를 제공하는 계획을 수립하는 것이다. STP 전략을 통해 시장을 세분화하고, 표적 시장을 선정한 후, 고객의 마음속에 명확한 브랜드 이미지를 구축하는 차별화 전략을 사용한다. 또한, 4P(제품, 가격, 유통, 촉진) 및 7P(서비스 산업에서 인적요소, 프로세스, 물리적 증거 추가) 전략을 통해 기업은 목표 고객에게 가치를 전달하고 경쟁우위를 확보할 수 있다.
- 전략은 기업이나 조직이 목표 달성을 위해 설정하는 계획이나 방향을 의미한다. 이는 외부 환경과 내부 자원을 분석하여 경쟁우위를 확보하고 지속 가능한 성과를 얻기 위한 구체적인 계획이다. 전략은 크게 기업 수준전략, 사업단위 수준전략, 기능 수준전략으로 나뉘며, 각각은 기업의 목표 달성과 경쟁우위 확보를 위해 다양한 의사결정을 포함한다.
- 전략 수립은 목표 설정, 환경 분석, 전략적 선택, 실행 계획, 평가와 피드백의 과정을 거친다. 이를 통해 기업은 외부 환경과 내부 자원을 바탕으로 전략을 개발하고 실행하며, 성과를 평가하여 필요할 때 조정한다.
- 전략유형은 Miles & Snow의 사업전략모형과 Porter의 경쟁전략으로 나눠진다. Miles & Snow의 모형은 공격형, 방어형, 분석형, 반응형 전략을 제시한다. Porter의 경쟁전략은 원가 우위 전략, 차별화 전략, 집중화 전략으로, 각 전략은 기업이 경쟁우위를 확보하는 방법에 따라 선택한다.

CHAPTER 09 SNS 마케팅의 모든 것

학습목표

9-1. SNS 마케팅의 이해

9-2. 브랜드 아이덴티티와 SNS 활용

9-3. SNS 마케팅 분석

학습목표

1. SNS 마케팅의 개념과 중요성을 이해하고, 이를 비즈니스에 어떻게 활용할 수 있는지 설명할 수 있다.
2. 브랜드 아이덴티티를 확립하고, SNS를 통해 이를 효과적으로 전달하는 방법을 이해하고 적용할 수 있다.
3. SNS 마케팅 캠페인의 효과를 분석하고, 데이터를 기반으로 SNS 마케팅 개선 전략을 수립할 수 있다.

9-1 SNS 마케팅의 이해

1 SNS 마케팅(Social Networking Service Marketing)

소셜 네트워크 서비스는 사용자 간의 자유로운 의사소통과 정보 공유, 그리고 인맥 확대 등을 통해 사회적 관계를 생성하고 강화해주는 온라인 플랫폼을 의미한다.

SNS 마케팅은 소셜 미디어 플랫폼을 활용해 브랜드와 소비자 간의 관계를 강화하고, 정보를 확산시킨다. 바이럴 효과를 창출하는 전략으로 SNS를 활용하여, 브랜드를 홍보하고 소비자와 소통하는 활동으로, 브랜드 인지도와 매출을 높이는 데 기여한다.

[그림 9-1] Social Networking Service

1. 소셜 네트워크 이론(Social Network Theory)

소셜 네트워크 이론은 사람들의 상호작용과 그들이 형성하는 네트워크가 정보의 확산, 행동, 그리고 사회적 영향력에 미치는 영향을 분석한다. 소비자는 다양한 네트워크를 통해 서로 연결되며, 그 네트워크 내에서 정보는 빠르게 확산한다. SNS에서는 이런 네트워크가 디지털 공간으로 확장되어, 정보가 더욱 빠르고 광범위하게 퍼질 수 있다.

(1) 정보 확산

소셜 네트워크 내에서 개인들은 자신의 지인들에게 정보를 전달하고, 이는 빠르게 다른 사람들에게 전파된다. 이러한 전파 과정은 기업들이 SNS를 통해 바이럴 마케팅 효과를 얻을 수 있다.

(2) 브랜드와 소비자의 상호작용

소셜 미디어가 브랜드와 소비자 간의 관계를 강화하는 데 중요한 역할을 한다. 소셜 미디어에서는 브랜드와 소비자가 직접 상호작용하며, 소비자들이 브랜드의 메시지를 전달하고 변형할 기회를 제공한다. 이러한 상호작용은 브랜드 충성도를 높이고, 자연스럽게 바이럴 마케팅 효과를 유도한다(Kaplan & Haenlein, 2010).

(3) 사용자 생성 콘텐츠(UGC)

소비자들이 자신이 경험한 제품이나 서비스에 대해 콘텐츠를 생성하고, 이를 다른 소비자들과 공유하는 방식으로 브랜드의 메시지가 더욱 자연스럽고 신뢰성 있게 전달된다. 이는 소비자가 브랜드에 대해 긍정적인 경험을 공유하게끔 유도하며, 결과적으로 브랜드와 소비자 간의 감정적 연결을 강화한다.

2. 소셜 네트워크의 특성

SNS는 정보가 빠르게 확산하며, 사용자들이 상호 작용할 수 있는 네트워크가 형성된다. 이를 통해 브랜드의 가시성을 높이고, 충성도를 강화하는 중요한 마케팅 전략이다. SNS는 브랜드와 소비자가 더 밀접하게 상호작용할 기회를 제공하며, 사용자 생성 콘텐츠(UGC, User-Generated Content)를 통해 자연스러운 홍보 효과를 얻을 수 있다.

(1) 연결 중심성(Centrality)

SNS에서는 특정 개인이 중심에 위치할 경우, 그 사람이 브랜드의 메시지를 더 많이 확산시킬 수 있다. 예를 들어, 유명 인플루언서나 SNS에서 큰 영향을 미치는 개인이 브랜드와 협업하면, 정보 확산이 더욱 효과적이다.

(2) 네트워크의 강도

강한 네트워크 내에서 정보가 빠르게 퍼지며, 정보의 전파 속도가 증가한다. 강한 네트워크를 활용한 마케팅은 소비자들이 브랜드에 대해 긍정적인 인식을 하게끔 유도할 수 있다.

(3) 바이럴 마케팅

SNS에서 사용자들이 콘텐츠를 자발적으로 공유하며 발생하는 바이럴 마케팅은 정보 확산의 대표적인 예이다. 이 방식은 소비자들이 스스로 콘텐츠를 확산시키기 때문에, 브랜드와 소비자 간의 신뢰도를 더욱 강화할 수 있다.

3. SNS 마케팅의 기본 원칙

SNS 마케팅은 목표 달성을 위해 전략적으로 접근해야 하며, 각 원칙은 브랜드가 소비자와 효과적으로 상호작용하고 결과를 극대화한다.

(1) 타겟 고객 정의

(가) 목표 고객군 설정

SNS 마케팅의 첫 번째 단계는 타겟 고객을 정의한다. 즉, 나이, 성별, 관심사, 지역 등 다양한 인구통계학적 특성뿐만 아니라, 소비자들이 선호하는 SNS 플랫폼 및 콘텐츠 스타일을 파악하는 것도 중요하다.

- 예: 20대 여성이 주로 사용하는 Instagram을 활용하거나, 30대 이상의 사용자가 주로 활동하는 Facebook을 활용할 수 있다.

(나) 플랫폼 이용 패턴 분석

SNS 플랫폼마다 사용자들이 활동하는 방식이 다르다. 예를 들어, Instagram은 이미지와 스토리로 감성적이고 시각적인 마케팅이 유효하며, Facebook은 긴 글이나 커뮤니티 중심의 소통에 적합하다. 이를 바탕으로 각 플랫폼에 적합한 콘텐츠를 제공해야 한다.

(2) 콘텐츠 가치 제공

(가) 정보 제공

소비자가 필요한 정보를 제공함으로써, 브랜드는 신뢰를 얻을 수 있다. 유용한 정보는 소비자에게 가치를 전달하고 브랜드에 대한 긍정적인 인식을 형성한다.

- 예: 헬스케어 브랜드가 유용한 건강 팁을 제공하거나, 테크(technology) 기업이 신제품에 대한 자세한 설명을 제공하는 콘텐츠.

(나) 유머와 공감

유머나 공감을 불러일으키는 콘텐츠는 소비자와의 감정적 연결을 강화하는 데 매우 중요하다. 밈(meme)이나 감성적인 메시지는 소비자들의 관심을 끌고 공유를 유도할 수 있다.

- 예: Coca-Cola의 감성적인 광고 캠페인이나 Nike의 도전적이고 긍정적인 메시지가 포함된 콘텐츠는 브랜드의 감정적 연결을 강조하고, 소비자와의 깊은 관계를 형성한다.

알아두기 밈(meme)은 문화적 행동이나 지식이 다른 사람에게 복제되어 전달되는 것을 의미하는 용어다. 인터넷 커뮤니티나 SNS 등에서 유행하는 패러디물, 짤 등이 밈에 해당한다. 또한, 언어에 국한되지 않고 사진이나 영상 속 요소 등 다양한 미디어를 넘나들고 있다.

(3) 지속적인 소통

(가) 댓글과 메시지 응답

SNS는 쌍방향 소통이 핵심이다. 소비자의 질문이나 댓글에 신속하고 친절하게 응답함으로써, 브랜드와 소비자 간의 신뢰 관계를 구축할 수 있다.

- 예: Apple은 고객의 질문에 빠르게 응답하고, Zara는 제품에 대한 피드백을 적극적으로 수용하여 브랜드 신뢰도를 높인다.

(나) 소셜 리스닝

브랜드는 소비자들이 말하는 내용을 주의 깊게 들음으로써, 고객의 의견을 수집하고, 이를 기반으로 향후 마케팅 전략을 조정할 수 있다.

(4) 데이터 기반 전략

(가) 정기적인 성과 분석

SNS 마케팅의 성과는 정기적으로 측정하고 분석해야 한다. 클릭률(CTR), 전환율, 참여도 등의 지표를 통해 캠페인의 성공 여부를 파악하고, 개선할 부분을 찾아내는 것이 중요하다.

- 예: Google Analytics나 Facebook Insights, Instagram Analytics 등을 활용하여, 각 게시물이나 광고의 성과를 측정하고 개선한다.

(나) 피드백 반영

고객의 피드백을 반영하여, 마케팅 내용이나 콘텐츠 형식을 개선한다. A/B 테스트를 통해 어떤 콘텐츠가 더 효과적인지 파악하고, 그에 따라 전략을 수정하는 것이 중요하다.

4. 주요 SNS 플랫폼 분석

각 SNS 플랫폼은 고유한 특징과 이용자층을 가지고 있으므로, 마케팅 전략을 세울 때 해당 플랫폼의 특성을 잘 이해하고 활용하는 것이 중요하다.

(1) 인스타그램(Instagram)

(가) 이미지와 스토리텔링 중심

비주얼 콘텐츠(사진, 동영상, 스토리 등)에 집중하는 플랫폼으로, 감성적이고 창의적인 콘텐츠가 인기를 끈다. Instagram Stories나 Reels는 짧고 강렬한 메시지를 전달하기에 유용하며, 브랜드와 소비자 간의 감정적 연결을 강화하는 데 효과적이다.

(나) 브랜드 활용

패션, 뷰티, 여행, 라이프 스타일 등의 산업에서 특히 강력한 플랫폼이다. 해시태그를 통한 유기적인 노출이 가능하고, 인플루언서 마케팅과 결합하여 더 큰 효과를 볼 수 있다.

(다) 마케팅 팁

고품질 이미지와 시각적으로 매력적인 콘텐츠를 통해 소비자의 관심을 끌고, 헤시테그(#Hashtags)와 사용자 생성 콘텐츠(UGC)를 적극적으로 활용하여 브랜드 노출을 극대화한다.

(2) 페이스북(Facebook)

(가) 다양한 연령층을 대상으로 한 커뮤니티 중심 마케팅

여러 연령대가 활동하는 플랫폼으로, 커뮤니티와 그룹 중심의 상호작용이 활발하다. 정보나 의견을 공유하고 토론하는 데 적합한 환경을 제공한다.

(나) 광고 기능

매우 정교한 타겟팅 기능을 제공하여 특정 나이, 관심사, 위치 등으로 소비자를 세분화하고 그에 맞는 광고를 전달할 수 있다.

(다) 브랜드 활용

커뮤니티 운영과 이벤트 홍보가 효과적이며, Facebook Groups를 활용한 마케팅은 특정 관심사를 가진 소비자들과 직접 소통하는 좋은 방법이다.

(3) 유튜브(YouTube)

(가) 심층적 비디오 콘텐츠

비디오 콘텐츠가 주된 형식이며, 강력한 시청각적 메시지를 전달할 수 있는 플랫폼이다. 긴 형식의 콘텐츠를 통해 제품의 기능을 상세히 설명하거나, 브랜드의 스토리를 풀어내는 데 유리하다.

(나) 브랜드 활용

제품 리뷰, 튜토리얼, 고객 인터뷰, 비하인드 씬 등 다양한 형식의 비디오를 통해 고객에게 깊이 있는 정보를 제공하고 신뢰를 구축할 수 있다.

(다) 마케팅 팁

비디오 콘텐츠는 SEO에도 효과적이며, 검색 기능을 통해 브랜드나 제품이 쉽게 노출될 수 있다. YouTube Ads는 특히 검색된 키워드에 맞는 표적화를 통해 광고 효율을 높인다.

(4) 틱톡(TikTok)

(가) 짧고 트렌디한 영상 콘텐츠

짧고 간결한 동영상 콘텐츠로 유명하며, Z세대와 밀레니얼 세대를 주요 타겟으로 한다. 유행하는 트렌드나 챌린지를 빠르게 확산시킬 수 있는 장점이 있다.

(나) 브랜드 활용

주로 재미있고 창의적인 콘텐츠가 주목받는 플랫폼이다. 브랜드는 유머러스한 콘텐츠나 챌린지를 통해 자연스럽게 소비자와 연결될 수 있다.

(다) 마케팅 팁

TikTok의 알고리즘은 창의적이고 유머러스한 콘텐츠를 선호하므로, 브랜드는 트렌드를 빠르게 반영하고, 사용자 참여를 유도하는 콘텐츠를 제작해야 한다.

SNS 마케팅의 성공은 타겟 고객을 명확히 정의하고, 각 플랫폼의 특성에 맞는 콘텐츠를 제공하며, 지속적으로 소통하고 데이터를 기반으로 전략을 개선하는 것에 달려 있다. 각 플랫폼은 고유의 특성이 있으므로 해당 플랫폼의 장점을 잘 활용하는 것이 중요하다. 이를 통해 브랜드는 소비자와의 관계를 강화하고, 마케팅 효과를 극대화할 수 있다.

5. SNS 마케팅 사례 분석

나이키의 SNS 마케팅에서는 유명한 운동선수, 인플루언서 등과 협업하여 그들의 영향력을 활용했다. 이러한 중심적인 인물들이 '#Just do it' 해시태그를 사용하여 콘텐츠를 공유하면서, 정보는 빠르게 다른 사람들에게 전달되었다. 영향력 있는 사람들이 콘텐츠를 공유함으로써, 그들의 팔로워와 팬들도 자연스럽게 캠페인에 참여하게 되었다.

강한 네트워크(Strong Ties)는 개인적인 관계가 강한 사람들 간의 정보 교환을 의미하며, 약한 네트워크(Weak Ties)는 서로 덜 친밀하지만 넓은 관계망을 통해 정보가 확산하는 구조를 의미한다.

나이키 캠페인은 두 가지 네트워크를 모두 활용하여, 사용자들이 운동하는 모습을 친구들과 공유하며 강한 네트워크를 활용하고, 해시태그를 통해 더 넓은 사람들과 정보를 공유함으로써 약한 네트워크도 활용했다.

(1) 나이키(Nike)의 캠페인

나이키가 Instagram을 포함한 다양한 소셜 미디어 플랫폼을 활용해 진행한 마케팅 전략이다. 이 캠페인은 사용자가 자신이 운동하는 모습을 '#Just do it' 해시태그와 함께 공유하도록 유도했다. 주요 목표는 소비자들이 나이키 브랜드와 상호작용하면서 자연스럽게 콘텐츠를 생성하도록 한다.

(2) SNS 마케팅의 핵심 전략

(가) 사용자 생성 콘텐츠(UGC)

나이키는 소비자들이 자발적으로 자신이 운동하는 모습을 공유하도록 유도하였다. 사용자가 직접 만든 콘텐츠는 광고보다 더 신뢰성 있고 친숙하게 소비자에게 다가갔다.

(나) 브랜드 메시지 확산

소비자들이 자신의 운동 성과를 소셜 미디어에 게시할 때, '#Just do it' 해시태그를 사용하도록 유도함으로써, 나이키는 자연스럽게 브랜드 메시지가 확산하도록 했다. 해시태그를 통해 각 사용자의 콘텐츠는 그들의 팔로워들에게도 전파되며, 나이키는 브랜드 노출을 확대할 수 있었다.

(3) 캠페인 효과

(가) 브랜드 충성도 강화

소비자들이 나이키와 상호작용하면서 브랜드에 대한 감정적 연결이 강화되었다. 나이키는 단순한 스포츠 브랜드를 넘어서, 운동을 사랑하고, 스스로 한계를 도전하는 사람들을 응원하는 이미지로 자리매김했다.'#Just do it' 캠페인은 나이키의 브랜드 충성도를 높이는 데 기여했다.

(나) 자연스러운 브랜드 홍보

SNS 마케팅은 소비자들이 자발적으로 브랜드 메시지를 확산시키는 방식을 사용함으로써, 나이키는 강제적이지 않고 자연스러운 홍보 효과를 얻을 수 있었다. 사용자들이 자신의 운동 모습을 공유함으로써 나이키의 브랜드 메시지가 친구, 가족, 팔로워들에게 전파되었다.

(다) 소셜 미디어 참여도 증대

나이키는 소비자들이 자신의 운동 모습을 공유하고, 다른 사용자들과 소통하는 것을 장려함으로써 소셜 미디어에서의 참여도를 크게 높였다. 이 참여도는 브랜드의 디지털 환경에서의 인지도와 관계를 더욱 강화하는 데 기여했다.

9-2 브랜드 아이덴티티와 SNS 활용

1 브랜드 아이덴티티(Brand Identity)

브랜드 정체성(Brand Identity)은 소비자에게 브랜드가 어떻게 인식되고, 어떤 이미지를 형성할지에 대한 모든 요소를 총칭하는 개념이다. 이는 브랜드가 소비자에게 전달하고자 하는 이미지와 감정적 연결을 형성하기 위한 전략적 접근을 포함한다. 브랜드 아이덴티티는 단순히 로고나 색상 같은 시각적 요소에만 국한되지 않으며, 브랜드의 가치, 미션, 목표, 개성과도 깊게 연결된다.

[그림 9-2] 브랜드 아이덴티티

1. 브랜드 아이덴티티의 구성요소

(1) 비주얼 아이덴티티(Visual Identity)

(가) 로고

로고는 브랜드의 상징적인 디자인으로, 브랜드를 쉽게 인식할 수 있도록 돕는다. 로고는 브랜드의 핵심 아이디어와 가치를 간결하고 직관적으로 표현하며, 소비자에게 강한 첫인상을 남길 수 있는 중요한 요소이다. 예를 들어, 나이키의 스우시 로고는 간결하면서도 역동적인 이미지를 전달한다.

(나) 색상

특정 색상은 감정이나 이미지를 불러일으키며, 브랜드를 시각적으로 구분할 수 있게 만든다. 색상은 소비자에게 강한 기억을 남기고 브랜드의 성격을 직관적으로 전달한다. 예를 들어, 레드 색상은 열정과 에너지를 나타내며, 블루 색상은 신뢰성과 안정감을 상징한다. 브랜드 색상은 통일성 있는 마케팅과 광고에서 중요한 역할을 한다.

(다) 타이포그래피

글꼴의 선택은 브랜드의 성격과 스타일을 표현하는 데 중요한 역할을 한다. 브랜드의 타이포그래피는 그 브랜드가 어떤 이미지를 전달하고자 하는지를 나타낸다. 이는 고객의 경험을 형성하는 데 큰 영향을 미친다. 예를 들어, 구글은 깔끔하고 현대적인 서체를 사용하여 접근성과 친근함을 강조한다.

(라) 디자인 요소

브랜드 웹사이트, 포장, 광고 등에서 일관되게 사용하는 디자인 요소들이 브랜드 아이덴티티의 일환이다. 이러한 요소들은 브랜드의 시각적 스타일을 강화하며, 소비자가 브랜드를 쉽게 인식하고 기억할 수 있도록 돕는다. 예를 들어, 애플은 간결하고 세련된 디자인을 모든 제품과 광고에 일관되게 적용하여, 고유의 브랜드의 본질을 확립한다.

(2) 브랜드 가치와 철학

브랜드의 철학과 가치관은 소비자가 브랜드를 선택할 때 중요한 요소이다. 예를 들어, 미국의 의류업체인 파타고니아(Patagonia)는 지속 가능성(Sustainability)과 환경 보호를 브랜드 아이덴티티의 핵심으로 삼고 있다. 브랜드가 추구하는 가치나 미션은 소비자와의 신뢰를 구축하고, 브랜드 충성도를 높이는 데 중요한 역할을 한다.

(3) 목표 고객

브랜드 아이덴티티는 특정 고객층을 대상으로 설정되며, 이를 통해 브랜드는 타겟 시장에서 독특한 위치를 차지한다. 브랜드는 소비자에게 자신의 정체성을 분명히 전달하고, 이들이 브랜드에 대해 어떤 이미지를 갖게 할지 결정한다.

(4) 브랜드 톤과 메시지

브랜드 아이덴티티는 커뮤니케이션 스타일에도 반영된다. 이는 브랜드가 소비자와 소통하는 방식, 즉 친근한 톤인지 전문적인 톤인지, 진지한 톤인지 유머러스한 톤인지를 포함한다. 예를 들어, 나이키는 도전적이고 동기 부여적인 메시지를 자주 사용한다.

(5) 브랜드 경험

브랜드 아이덴티티는 소비자와의 모든 접점에서 일관되게 전달돼야 한다. 예를 들어, Apple은 직관적인 사용자 경험(UX)과 세련된 제품 디자인을 통해 소비자에게 브랜드 아이덴티티를 명확하게 전달된다.

2. 브랜드 아이덴티티의 중요성

브랜드 아이덴티티는 브랜드의 비전, 미션, 가치 등을 포함하며, 브랜드가 시장에서 차별화될 수 있는 핵심이다.

(1) 차별화

경쟁이 치열한 시장에서 브랜드 아이덴티티는 소비자에게 브랜드를 차별화하는 중요한 역할을 한다. 독특한 브랜드 아이덴티티는 브랜드가 다른 경쟁자들과 구별될 수 있도록 도와준다.

(2) 브랜드 충성도

일관된 브랜드 아이덴티티를 유지하면 소비자는 브랜드에 더 강한 신뢰와 감정적 연결을 느끼게 된다. 이는 브랜드 충성도를 구축하고 장기적인 관계를 유지하는 데 도움이 된다.

(3) 브랜드 인지도

잘 구축된 브랜드 아이덴티티는 소비자가 브랜드를 쉽게 인식하게 하고, 브랜드의 가치를 쉽게 떠올리게 만든다. 예를 들어, 코카콜라의 빨간색과 흰색 로고는 전 세계에서 즉시 인식될 수 있다.

(4) 일관된 메시지 전달

브랜드 아이덴티티는 다양한 채널을 통해 전달되는 메시지를 일관되게 만든다. 일관된 메시지는 소비자에게 신뢰감을 주고, 브랜드의 철학이나 목표가 분명하게 전달된다.

브랜드 아이덴티티는 브랜드가 소비자와 관계를 형성하고, 시장에서 독특한 입지를 구축할 수 있도록 돕는 중요한 요소다. 소비자와의 감정적 연결을 형성하며, 신뢰를 쌓고, 충성도 높은 고객을 만들어내기 위한 전략적이고 일관된 접근이 필요하다.

9-3 SNS 마케팅 분석

1 SNS 마케팅 분석

1. SNS 마케팅 효과 분석방법

SNS 캠페인 효과 분석은 기업이나 브랜드가 디지털 마케팅 전략을 평가하고 최적화하는 데 중요한 역할을 한다. 각 지표(KPI)는 캠페인의 성과를 측정하고, 효율성을 분석하는 데 필수적인 도구이다.

(1) 도달 범위(Reach)

도달 범위는 캠페인 게시물이 얼마나 많은 사용자에게 전달되었는지를 나타내는 지표이다. 이는 캠페인의 가시성이나 노출도를 측정한다.

(가) 분석방법

도달 범위는 주로 SNS 플랫폼에서 제공하는 분석 툴을 통해 추적된다. 예를 들어, Facebook, Insights나 Twitter Analytics와 같은 도구를 사용하여 게시물이 본 사람의 수를 확인할 수 있다.

[그림 9-3] SNS 마케팅 분석

1) 개인화 및 타겟팅

SNS 마케팅 캠페인의 도달 범위는 타겟 마케팅 이론을 바탕으로 분석할 수 있다. 높은 리치란 목표 고객에게 도달한 횟수가 많다는 의미로, 이는 특정 시장 세분화에 대한 타겟 마케팅이 효과적이었다는 것을 시사한다(Kotler et al., 2017).

2) 사회적 영향 이론

도달 범위가 넓어질수록 사용자들 사이의 사회적 영향이 확대된다. 이는 사회적 증거(Social proof)와 관련이 있으며, 긍정적인 피드백과 상호작용이 더 많은 사용자에게 영향을 미칠 수 있음을 의미한다(Cialdini, 2009).

(2) 참여도(Engagement)

참여도는 사용자들이 캠페인 콘텐츠와 얼마나 상호작용했는지를 측정하는 지표로, 좋아요, 댓글, 공유, 클릭 등이 포함한다.

(가) 분석방법

참여도는 캠페인 게시물에 대한 직접적인 피드백을 바탕으로 계산되며, 각 플랫폼에서 제공하는 분석 툴을 통해 참여 횟수, 참여율(참여 수/도달 범위)을 확인할 수 있다.

1) 사용자 참여 이론

참여도는 디지털 마케팅에서 중요한 역할을 한다. 사용자 참여가 높을수록 콘텐츠에 관한 관심이 크고, 이는 브랜드와의 관계를 강화하는 요소로 작용한다(Van Doorn et al., 2010).

2) 자기표현 이론

SNS에서 사용자는 자신을 표현하기 위해 활동하며, 이는 브랜드와의 관계를 증진하는 원동력이 된다. 사용자의 참여는 자아 표현의 하나로 볼 수 있다(Schau et al., 2009).

(3) 전환율(Conversion Rate)

전환율은 SNS 마케팅을 통해 사용자가 원하는 행동(예: 구매, 가입 등)을 실제로 취한 비율을 나타낸다.

(가) 분석방법

전환율은 캠페인의 성과를 평가하는 중요한 지표이다. 이는 캠페인 페이지에서 방문자가 실제로 전환된 수(예: 회원 가입 또는 구매)를 방문자 수로 나누어 계산한다.

1) 행동 경제학

전환율은 사용자가 SNS 마케팅에서 어떤 행동을 하도록 유도하는데 필요한 심리적 장벽을 분석하는 데 유용하다. 사용자는 자신의 경제적 이익을 극대화하려는 경향이 있으므로, 전환율을 높이기 위해서는 더 나은 가치 제공과 결정을 촉진하는 요소가 필요하다(Thaler & Sunstein, 2008).

2) AIDA 모델

Attention(주의), Interest(흥미), Desire(욕구), Action(행동) 순으로 전환을 유도하는 AIDA 모델은 전환율을 높이기 위한 전략적 접근을 제시한다(Strong, 1925).

(3) CPC(Cost Per Click) & CPA(Cost Per Action)

CPC는 광고가 클릭 될 때마다 발생하는 비용을 나타내며, CPA는 광고를 통해 특정 행동(구매, 가입 등)이 발생할 때마다 발생하는 비용이다.

(가) 분석방법

CPC와 CPA는 각각 클릭당 비용과 전환당 비용을 분석하는 데 사용한다. 이 값들은 캠페인에서 지출한 광고비를 클릭 수 또는 전환 수로 나누어 계산한다.

1) 효율성 분석 이론

광고비용 대비 성과를 측정하는 데 사용되는 지표로, 광고의 효율성을 평가할 수 있다. CPC와 CPA는 비용 대비 효과적인 광고 캠페인을 실행하는 데 필수적인 정보를 제공한다(Batra & Ray, 1986).

2) ROI 최적화 이론

CPC와 CPA를 고려한 ROI(투자 대비 수익) 최적화 이론은 캠페인의 성과를 최적화하는 방법을 제공한다(Keller, 2001).

(4) ROI(Return on Investment, 투자 대비 수익)

ROI는 SNS 마케팅에 투자한 비용에 비해 얻은 이익을 평가하는 지표이다.

(가) 분석방법

ROI는 (수익 - 투자 비용)/투자 비용으로 계산한다. 이는 SNS 마케팅의 경제적 효과를 분석하는 데 중요한 도구이다.

1) 경제적 효율성 이론

ROI는 캠페인의 경제적 효율성을 평가하는 데 필수적인 지표이다. ROI가 높을수록 캠페인이 효과적이었음을 나타낸다. 이는 자원의 최적 분배와 관련이 있다(Farris et al., 2010).

2) 이익-비용 분석 이론

ROI 분석은 SNS 마케팅의 이익과 비용을 비교하여, 경제적 가치를 평가하는 데 사용한다(Little, 1960).

SNS 마케팅의 효과 분석은 다양한 지표를 통해 캠페인의 성과를 평가한다. 각 지표는 캠페인의 성공을 측정하고, 이를 통해 향후 마케팅 전략을 최적화하는 데 이바지한다. 이는 마케팅 전략의 효과적인 실행을 위한 중요한 지침을 제공한다.

2. SNS 마케팅 효과 분석 도구

(1) 구글 애널리틱스(Google Analytics)

Google Analytics는 웹사이트나 캠페인 랜딩 페이지의 방문자 행동을 추적하고 분석하는 데 사용된다. SNS 마케팅의 트래픽, 전환율, 사용자 흐름을 분석할 수 있다.

[그림 9-4] 구글 애널리틱스

(가) 분석방법

1) 트래픽 분석

SNS 마케팅 URL에 UTM(우측추적 코드)을 추가하여 방문자가 어디서 왔는지 추적할 수 있다. 예를 들어, 캠페인 배너나 광고에서 클릭한 사용자의 유입 경로를 확인할 수 있다.

① UTM(Urchin Tracking Module) 코드는 웹사이트 방문자의 출처를 추적하고, 분석할 수 있게 해주는 URL 매개변수이다. 마케팅 캠페인에서 UTM 코드를 활용하면 방문자가 어떻게 특정 페이지에 도달했는지, 즉 그들의 출처나 클릭한 링크, 사용하는 광고 캠페인 등을 추적할 수 있다.

2) 전환 추적

Google Analytics의 목표(Goals) 설정을 통해 특정 행동(예: 구매, 가입)을 완료한 방문자의 수를 추적할 수 있다. 이를 통해 전환율을 계산하고, 캠페인이 얼마나 효과적인지 평가한다.

3) 사용자 흐름 분석

Behavior Flow를 활용하여 사용자가 웹사이트 내에서 어떻게 이동했는지 시각적으로 분석한다. 이를 통해 특정 페이지에서 이탈하거나, 전환이 발생하는 지점을 확인할 수 있다.

4) 마케팅 성과 분석

애쿠시션(Acquisition, 획득) 탭을 통해 캠페인 성과를 비교하고, 어떤 트래픽 채널(소셜 미디어, 유기적 검색, 유료 검색 등)이 가장 효과적인지 확인할 수 있다.

5) 예시

마케팅을 통해 유입된 트래픽에서 얼마나 많은 사용자가 실제로 구매나 가입을 완료했는지, 그리고 어느 채널(예: 페이스북 광고, 구글 검색 등)에서 유입이 가장 활발한지 확인하는 방법이다.

(나) 사용용도

① 웹사이트 최적화 및 개선을 위한 데이터 분석을 수행한다.

② 마케팅 캠페인의 성과를 측정하는 데 유용하다.

③ 사용자 경험을 분석하고 개선하는 데 사용된다.

④ 콘텐츠와 UX 디자인을 최적화하는 데 활용된다.

Google Analytics는 웹사이트나 앱의 구체적인 사용자 행동과 비즈니스 성과를 분석하는 데 유용한 도구로, 세밀한 데이터 추적과 전환율 분석을 지원한다.

(다) 장점

① 상세하고 구체적인 데이터를 제공하여, 사이트의 실적을 정확히 측정할 수 있다.

② 웹사이트 최적화 및 효율적인 마케팅 전략 수립에 유용하다.

③ 사용자 맞춤형 리포트와 대시보드를 생성할 수 있다.

(라) 단점

① 웹사이트에 대한 세밀한 추적 관찰(Tracking)이 필요하므로 구현에 일정한 시간과 비용이 소요될 수 있다.

② 고급 기능을 활용하려면 다소 복잡한 설정과 학습이 필요하다.

(2) 구글 트렌드(Google Trends)

Google Trends는 특정 검색어의 인기도와 관련된 트렌드를 시간과 지역별로 분석하는 도구이다. 주로 사람들이 무엇에 관심을 가지는지, 어떤 키워드가 유행하는지를 파악하는 데 사용된다.

(가) 주요 기능

① 검색어 트렌드 분석: 특정 검색어가 시간에 따라 어떻게 변했는지를 보여준다.

② 지역별 인기 검색어: 특정 국가나 지역에서의 검색 트렌드를 확인할 수 있다.

③ 비교 분석: 두 개 이상의 키워드를 비교하여 어느 것이 더 인기 있는지 분석할 수 있다.

④ 관련 검색어 제공: 인기 있는 관련 키워드를 추천하여 마케팅 전략에 도움을 준다.

⑤ 데이터 시각화: 검색어의 인기도 변화를 그래프 형태로 쉽게 시각화하여 확인할 수 있다.

(나) 용도

① 시장조사 및 트렌드 분석을 수행한다.

② 마케팅 전략을 수립하는 데 유용하다.

③ 콘텐츠 제작 시 최신 트렌드를 반영할 수 있다.

④ 검색엔진 최적화(SEO) 전략 수립을 위한 인기 검색어를 파악하는 데 활용된다.

(다) 장점

① 직관적인 인터페이스와 쉽게 접근할 수 있는 데이터 제공이 가능하다.

② 특정 키워드의 변화를 시각적으로 파악할 수 있어 빠르게 트렌드를 알 수 있다.

③ 무료로 제공되며, 글로벌 데이터와 지역별 세부 정보까지 파악할 수 있다.

(라) 단점

① 구체적인 사용자 행동 데이터를 제공하지 않으므로, 개별 웹사이트나 앱에 대한 상세 분석은 불가능하다.

② 특정 검색어에 대한 인기도만 파악할 수 있으며, 실시간 데이터의 정확도는 떨어질 수 있다.

Google Trends는 검색어의 인기 변화를 분석하는 도구로, 시장 트렌드 파악과 키워드 연구에 유용하다. 두 도구는 각기 다른 목적에 맞게 사용되며, 종합적으로 활용하면 더 효과적인 마케팅 전략을 수립할 수 있다.

(3) Facebook Insights 및 Instagram Insights

Facebook Insights와 Instagram Insights는 SNS 마케팅의 성과를 측정할 수 있는 기본적인 도구로, 각 플랫폼 내에서의 사용자 참여, 도달 범위, 전환 등을 분석할 수 있다.

(가) 분석방법

1) 도달 범위(Reach)

캠페인 게시물이 얼마나 많은 사용자에게 도달했는지 확인한다. 이는 브랜드 인지도 측정에 중요한 지표이다.

2) 참여도(Engagement)

좋아요, 댓글, 공유, 클릭 등의 지표를 통해 사용자가 캠페인 콘텐츠와 얼마나 상호작용했는지 분석한다. 높은 참여도는 마케팅의 관심도를 높이며, 장기적인 관계 형성에 기여한다.

3) 도달 대비 참여율

도달 범위에 비례한 참여율을 분석하여, 마케팅의 반응성을 평가한다. 예를 들어, 도달 범위가 10,000명이지만, 참여도가 500명이라면 참여율은 5%이다.

4) 전환 추적

Facebook과 Instagram에서 캠페인 링크를 클릭한 후, 웹사이트에서 구매나 가입과 같은 전환 행동을 한 사용자 수를 추적한다. 이를 통해 ROI와 전환율을 평가할 수 있다.

5) 타겟 오디언스 분석

사용자의 나이, 성별, 지역 등을 기반으로 타겟 시청자의 반응을 분석하여 더 세밀한 타겟팅을 할 수 있다.

6) 예시

Instagram 광고 캠페인을 실행한 후, 게시물 도달, 좋아요 수, 댓글 수, 공유 수, 프로필 클릭 수 등의 자료를 수집하여 캠페인의 효과를 분석하고, 향후 마케팅 전략을 조정하는 방법이다.

(4) 훗스위트(Hootsuite)

Hootsuite는 여러 SNS 계정을 관리하고, 캠페인의 성과를 관찰할 수 있는 도구이다. 또한, 다양한 소셜 미디어 플랫폼을 한 곳에서 관리하고, 분석할 수 있도록 도와준다.

(가) 분석방법

1) 게시물 성과 모니터링

대시보드에서 각 SNS 플랫폼의 게시물 성과를 실시간으로 추적할 수 있다. 각 게시물의 도달 범위, 참여도, 클릭 수 등을 분석한다.

2) 다채널 분석

여러 SNS 채널에서 동시에 진행 중인 캠페인의 성과를 비교할 수 있다. 예를 들어, Facebook, Twitter, Instagram의 성과를 한눈에 비교하여, 각 플랫폼에서 어떤 마케팅이 더 효과적인지 분석한다.

3) 보고서 생성

자동으로 캠페인 성과 보고서를 생성할 수 있다. 주간 또는 월간 보고서를 통해 각 SNS 채널에서의 성과를 정리하고, 향후 전략을 조정할 수 있다.

4) 키워드 및 해시태그 분석

캠페인에 사용한 특정 키워드나 해시태그에 대한 성과를 분석하고, 오디언스 타겟팅(Audience Targeting)의 반응을 모니터링한다.

5) 예시

한 주 동안 진행된 캠페인 게시물에 대한 도달, 참여, 링크 클릭 등의 데이터를 분석하고, 각 SNS 채널에서의 성과를 비교하여 향후 마케팅 전략을 개선하는 방법이다.

(5) 버퍼(Buffer)

Buffer는 여러 SNS 플랫폼에서 콘텐츠를 예약하고, 캠페인 성과를 분석하는 데 사용되는 도구이다. Buffer는 Hootsuite와 비슷한 기능이 있으며, 소셜 미디어 분석을 제공한다. Buffer는 SNS(유튜브, 틱톡, 인스타그램 등) 계정을 연동하여 숏폼(Short form) 콘텐츠를 한 번에 올려 시간을 단축해주는 소셜 통합 관리 도구이다.

(가) 분석방법

1) 마케팅 참여도

대시보드에서 각 게시물에 대한 참여도(좋아요, 댓글, 공유 등)를 실시간으로 확인한다. 이를 통해 콘텐츠에 대한 반응을 분석하고, 향후 콘텐츠 전략을 결정할 수 있다.

2) 팔로워 성장 추적

각 SNS 계정의 팔로워 수 변화를 추적할 수 있다. 캠페인 기간 팔로워 수가 증가했는지 확인하고, 어떤 콘텐츠가 가장 많은 팔로워를 유도했는지 분석한다.

3) 게시물 성과 비교

분석 툴을 통해 각 게시물의 성과를 비교하여 어떤 유형의 콘텐츠가 더 높은 참여를 유도하는지 파악할 수 있다.

4) 최적화된 포스팅 시간

게시물이 게시된 시간대에 대한 성과 분석을 통해, 가장 많은 참여를 이끌어낼 수 있는 최적의 시간을 찾아낼 수 있다.

5) 예시

Buffer를 통해 매일 게시한 콘텐츠가 좋아요, 댓글, 공유를 비교하고, 어떤 유형의 콘텐츠가 가장 많은 참여를 유도했는지 분석하여 다음 마케팅에 반영하는 방법이다.

SNS 마케팅 성과 분석 도구들은 각기 다른 방식으로 자료를 수집하고 분석하는 데 유용하다. Google Analytics는 웹사이트 트래픽 및 전환을 추적하는 데 강력한 도구이며, Facebook Insights 및 Instagram Insights는 각각의 플랫폼 내에서 캠페인의 성과를 상세하게 분석할 수 있다. Hootsuite와 Buffer는 여러 SNS 채널을 동시에 관리하고 분석할 수 있는 강력한 다채널 분석 도구이다. 이들 도구를 활용하면 마케팅의 효과를 정확하게 평가하고, 향후 전략을 최적화하는 데 중요한 인사이트를 얻을 수 있다.

학습활동

활동: 브렌드 아이덴티티 설정

① 참가자들은 수립한 마케팅 전략에 맞는 브랜드 아이덴티티를 설정합니다. 또한, 다양한 브렌드를 찾고 분석해 봅니다.

학습활동

활동: 실제 SNS 캠페인 성과 분석

① 참가자들은 자신이 설계한 SNS 캠페인을 가상으로 실행하고, 제공된 분석 도구를 통해 성과를 평가합니다.

② 성과지표를 바탕으로 캠페인의 성공 여부를 판단하고 개선점을 도출합니다.

학습정리

- SNS 마케팅은 소셜 네트워크 서비스를 활용하여 브랜드와 소비자 간의 관계를 강화하고 정보를 확산시키는 전략이다. 이를 통해 브랜드 인지도를 높이고, 소비자와의 소통을 강화하며, 매출 증대에 이바지할 수 있다.
- SNS 마케팅의 주요 이론인 소셜 네트워크 이론은 정보 확산, 브랜드와 소비자 간의 상호작용, 그리고 사용자 생성 콘텐츠(UGC)의 중요성을 강조한다.
- SNS의 특성상 정보는 빠르게 확산하며, 사용자 간의 강한 네트워크와 약한 네트워크를 통해 브랜드 메시지가 전파한다.
- SNS 마케팅의 핵심 원칙은 타겟 고객 정의, 콘텐츠 가치 제공, 지속적인 소통, 데이터 기반 전략이다. 각 SNS 플랫폼의 특성에 맞는 콘텐츠를 제공하는 것이 성공적인 마케팅의 열쇠이다.
- Instagram은 비주얼 콘텐츠가 중요하며, Facebook은 커뮤니티 중심의 마케팅이 효과적입니다. YouTube는 심층적 비디오 콘텐츠가 강점이고, TikTok은 짧고 트렌디한 콘텐츠가 유리하다.
- 나이키의 #just doit# 캠페인은 SNS 마케팅의 대표적인 성공 사례로, 소비자들이 자발적으로 콘텐츠를 생성하고 브랜드 메시지를 확산시키도록 유도했다. 이 캠페인은 강한 네트워크와 약한 네트워크를 모두 활용하여 브랜드 충성도를 높이고 자연스러운 브랜드 홍보 효과를 끌어냈다.
- SNS 마케팅의 성공은 타겟 고객을 정확히 파악하고, 각 플랫폼의 특성을 고려한 전략을 수립하며, 지속적인 소통과 데이터 분석을 통해 개선하는 과정에서 이루어진다.
- 브랜드 아이덴티티는 브랜드가 소비자에게 전달하고자 하는 이미지와 감정적 연결을 형성하는 전략적 접근을 의미한다.
- 브랜드 아이덴티티의 구성요소는 비주얼 아이덴티티(로고, 색상, 디자인 등), 브랜드 가치와 철학, 목표 고객, 브랜드 톤과 메시지, 브랜드 경험 등이다. 이는 브랜드 차별화, 충성도 구축, 인지도 향상, 일관된 메시지 전달을 통해 시장에서 중요한 역할을 한다.
- SNS 마케팅 효과 분석은 캠페인의 성과를 평가하고 최적화하는 데 필수이다. 주요 분석 지표는 도달 범위, 참여도, 전환율, CPC, CPA, ROI 등이 있으며, 이를 통해 캠페인의 효율성을 측정한다.
- SNS 마케팅 효과 분석 도구(예: Google Analytics, Facebook Insights, Hootsuite, Buffer 등)를 활용하여 캠페인의 성과를 추적하고 향후 전략을 최적화할 수 있다.'

CHAPTER 10 타겟 마케팅 전략

학습목표

10-1. 타겟 마케팅 개념과 중요성

10-2. 타겟 마케팅 전략 수립

10-3. 타겟 마케팅의 실행과 평가

학습목표

1. 타겟 마케팅의 개념과 중요성을 이해하고, 이를 활용하여 효과적인 시장 접근 방안을 설명할 수 있다.
2. 타겟 마케팅 전략 수립 과정을 이해하고, 목표 시장에 적합한 마케팅 전략을 수립할 수 있다.
3. 타겟 마케팅 전략을 실행하고, 마케팅 성과를 평가하여 개선 방안을 도출할 수 있다.

10-1 타겟 마케팅 개념과 중요성

1 타겟 마케팅 개념과 중요성

1. 타겟 마케팅(Target Marketing)

마케팅 전략에서 중요한 개념으로, 시장을 세분화하여 특정 시장을 세분화에 맞춰 마케팅 활동을 집중하는 전략이다. 이는 고객의 요구, 선호도, 행동 패턴을 분석하여 가장 적합한 고객층을 선정하고, 그에 맞는 마케팅 전략을 설계하는 과정이다. 타겟 마케팅의 핵심은 시장 세분화, 목표 선정, 차별화를 통해 자사의 마케팅 활동을 집중시키는 것이다.

[그림 10-1] 고객 세분화를 통한 타켓팅

(1) 시장 세분화(Segmentation)

세분화는 전체 시장을 다양한 기준에 따라 구분하여, 각 시장 세분화(Segmentation)가 더욱 명확하게 정의될 수 있도록 하는 과정이다. 다양한 소비자 특성을 기준으로 시장을 세분화함으로 이를 통해 기업은 모든 고객을 대상으로 마케팅을 펼치기보다는, 특정 집단을 목표로 더 집중적이고 효율적인 마케팅을 전개할 수 있다. 세분화가 효과적인 마케팅 전략을 수립하기 위한 첫 번째 단계이다(Kotler & Keller, 2016). 즉, 세분된 시장을 정확하게 이해함으로써, 더 명확하고 차별화된 마케팅 메시지를 전달할 수 있다.

(가) 세분화 기준

시장 세분화는 다양한 소비자 요구와 특성에 맞춰 효과적으로 마케팅 전략을 수립하기 위한 중요한 과정이다. 세분화 기준은 다음과 같이 네 가지 주요 범주로 나눌 수 있다.

1) 인구통계학적 세분화(Demographic Segmentation)

인구통계학적 세분화는 나이, 성별, 소득 수준, 교육 수준, 직업 등과 같은 통계적 요소를 기반으로 시장을 나누는 방법이다. 이 기준은 가장 일반적으로 사용되며, 소비자의 기본적인 특성을 통해 시장을 정의하고, 각 집단의 특성에 맞춘 전략을 개발할 수 있다.

2) 지리적 세분화(Geographic Segmentation)

지리적 세분화는 국가, 지역, 도시 크기, 기후 등과 같은 지리적 요소를 바탕으로 시장을 구분하는 방법이다. 각 지역의 문화적, 기후적 차이를 반영하여 마케팅 전략을 조정할 수 있으며, 특히 지역적 특성이 중요한 산업에서 효과적으로 활용된다. 예를 들어, 기후에 따라 겨울철 제품과 여름철 제품을 별도로 마케팅할 수 있다.

3) 심리적 세분화(Psychographic Segmentation)

심리적 세분화는 소비자의 가치관, 생활 방식, 성격, 라이프 스타일 등을 기준으로 시장을 나누는 방법이다. 이 세분화는 소비자들의 내적 동기와 개인적인 신념에 기반을 두어, 보다 감성적이고 심층적인 차원의 마케팅 전략을 수립할 수 있다. 소비자의 자아실현 욕구나 사회적 지위 추구와 같은 요소를 고려해 타겟을 설정할 수 있다.

4) 행동적 세분화(Behavioral Segmentation)

행동적 세분화는 소비자의 구매 행동, 제품 사용도, 충성도, 가격 민감도 등을 기준으로 시장을 세분화하는 방법이다. 이 기준은 소비자들이 실제로 어떻게 제품을 사용하고 구매하는지를 분석하여, 그들의 행동 패턴에 맞는 맞춤형 마케팅 전략을 개발할 수 있다. 예를 들어, 높은 구매 빈도를 보이는 충성 고객을 표적으로 한 맞춤형 혜택을 제공하거나, 가격에 민감한 소비자를 위한 할인 전략을 적용할 수 있다.

(2) 타겟팅(Targeting)

표적화(Targeting)는 세분된 시장 중에서 가장 적합한 시장을 선택하고, 해당 시장을 대상으로 마케팅 전략을 설정하는 중요한 단계이다. 이 과정에서 기업은 각 세분 시장의 매력도, 시장의 성장 가능성, 자원의 배분 가능성 등을 종합적으로 고려하여 최적의 목표 시장을 선정한다. 목표 시장을 선정하는 방식에 따라 마케팅 전략의 초점과 방향성이 달라지므로 신중하게 결정해야 한다.

(가) 타겟팅 전략

표적화 전략은 시장 세분화 후, 각 세분 시장의 특성에 맞춰 가장 적합한 방식으로 마케팅을 실행하는 방법이다. 주요 타겟팅 전략은 다음과 같다.

1) 집중 마케팅(Niche Marketing)

집중 마케팅은 특정 세분 시장을 선택하여, 집중적으로 마케팅을 전개하는 전략이다. 이 전략은 비교적 작은 시장을 표적으로 하여, 한정된 자원과 마케팅 활동을 집중시킨다. 예를 들어, 고급 소비자층을 대상으로 하는 프리미엄 브랜드 마케팅이 이에 해당한다. 고유한 특성을 가진 고객을 대상으로 독특한 제품이나 서비스를 제공하는 방식이다. 이는 경쟁이 적고, 충성도 높은 고객을 확보할 수 있는 장점이 있다.

2) 차별화 마케팅(Differentiated Marketing)

차별화 마케팅은 여러 세분 시장을 대상으로 각각 다른 마케팅 믹스를 사용하는 전략이다. 이는 각 세분 시장이 가진 특성과 요구에 맞춰 맞춤형 제품이나 서비스를 제공함으로써, 다양한 소비자 집단을 공략할 수 있다. 예를 들어, 삼성전자가 스마트폰, TV, 가전제품 등 각기 다른 제품 라인에 맞춘 개별 마케팅 전략을 펼치는 방식이 여기에 해당한다. 이 전략은 시장 점유율을 높이는 데 효과적이다.

3) 무차별 마케팅(Unsegmented Marketing)

무차별 마케팅은 시장을 세분화하지 않고 전체 시장을 대상으로 동일한 마케팅 전략을 사용하는 방식이다. 주로 대중적인 제품이나 서비스에서 활용되며, 목표 시장을 구체적으로 구분하지 않고, 광범위한 소비자층을 대상으로 한 마케팅을 진행한다. 예를 들어, 일반 소비자 대상의 식음료 제품이나 일상용품이 이에 해당한다. 이 전략은 대규모의 비용 절감과 효율적인 시장 접근이 가능하지만, 각 소비자의 다양한 요구를 반영하기 어려운 단점이 있다.

4) 집합적 마케팅(Mass Customization)

집합적 마케팅은 고객 개개인의 세부적인 요구 사항을 반영하여, 맞춤형 제품을 제공하는 전략이다. 이는 고객 맞춤형 제품이나 서비스를 제공함으로써 차별화된 가치를 제공한다. 예를 들어, Nike의 'Nike ID' 서비스에서는 소비자가 자신만의 운동화를 디자인할 수 있도록 하여, 개인화된 제품을 제공한다. 이 전략은 고객의 특별한 요구를 충족시킬 수 있으며, 브랜드 충성도와 만족도를 높이는 데 효과적이다.

타겟팅 전략은 그 특성에 맞는 시장 환경과 자원에 따라 최적화되어야 하며, 전략을 선택하는 과정에서 기업의 목표와 경쟁 상황을 철저히 분석해야 한다.

(3) 포지셔닝(Positioning)

차별화는 목표 시장에서 자사 브랜드가 경쟁 브랜드와 차별화되어 어떤 이미지나 인식을 가질 것인지를 정의하는 과정이다. 이는 소비자가 브랜드를 어떻게 인식하고 느끼게 할 것인지에 대한 전략적 결정으로, 브랜드 포지셔닝이 브랜드 이미지와 소비자 충성도를 결정짓는 중요한 요소로 작용한다. 효과적인 포지셔닝 전략은 브랜드가 시장 내에서 고유한 위치를 차지하게 도와주며, 경쟁력을 확보하는 데 핵심적인 역할을 한다(Kapferer, 2012).

(가) 차별화 전략

차별화 전략은 브랜드가 시장에서 어떤 위치를 차지하고, 어떻게 차별화될 것인지를 명확하게 설정하는 과정이다. 각기 다른 차별화 전략은 브랜드의 강점과 시장 환경에 따라 달라지며, 주요 전략은 다음과 같다.

1) 품질 중심 차별화

품질 중심 차별화는 브랜드가 고품질을 강조하여, 시장에서 고급화되는 전략이다. 이 전략은 소비자에게 품질을 최우선으로 여기는 인식을 심어주며, 브랜드의 명성을 높이는 데 중요한 역할을 한다. 예를 들어, 애플(Apple)은 고급스러운 디자인과 뛰어난 기술력을 통해 차별화되며, 프리미엄 브랜드로 자리 잡고 있다. 고품질 이미지는 브랜드에 대한 소비자의 신뢰를 쌓고, 충성도를 강화하는 데 기여한다.

2) 가격 중심 포지셔닝

가격 중심 차별화는 경쟁력 있는 가격으로 시장에서의 위치를 차지하는 전략이다. 소비자에게 가격 대비 가성비가 뛰어난 브랜드 이미지를 구축하는 것을 목표로 한다. 예를 들어, 이케아(IKEA)는 저렴한 가격에 품질 좋은 가구를 제공하면서 가격 중심의 차별화를 이루고 있다. 가격 중심 위치는 가격에 민감한 소비자를 공략하는 데 효과적이며, 가격 경쟁력이 강한 브랜드로 인식된다.

3) 기능 중심 차별화

기능 중심 차별화는 브랜드가 특정 기능이나 특장점을 강조하여 차별화되는 전략이다. 이 전략은 제품의 기술적 장점이나 성능을 강조하여, 소비자에게 실제로 유용한 가치를 제공한다는 메시지를 전달한다. 예를 들어, 다이슨(Dyson)은 강력한 흡입력을 강조하여, 청소기 시장에서 강력한 기능 중심 차별화를 구축하였다. 기능 중심 차별화는 기술적 우수성을 중시하는 소비자들에게 큰 호응을 얻는다.

4) 감성적 차별화

감성적 차별화는 감정적, 심리적 요소를 강조하여, 소비자와의 감성적 연결을 중시하는 전략이다. 이 전략은 소비자의 감정과 연결된 브랜드 이미지를 구축하여 브랜드 충성도를 높이는 데 초점을 맞춘다. 예를 들어, 코카콜라(Coca-Cola)는 '행복과 즐거움'이라는 감성적 메시지를 강조하여 차별화된다. 감성적 위치는 소비자에게 긍정적인 감정을 불러일으키며, 브랜드에 대한 깊은 감정적 유대를 형성한다.

5) 고객의 문제 해결 중심 차별화

고객의 문제 해결 중심 차별화는 소비자의 문제나 요구를 해결하는 기능을 강조하는 전략이다. 이 전략은 소비자에게 실질적인 해결책을 제공함으로써 브랜드에 대한 가치를 높이는 방향으로 발전한다. 예를 들어, FedEx는 '빠르고 정확한 배송'을 차별화의 핵심으로 삼고 있다. 이와 같은 문제 해결 중심 차별화는 소비자가 느끼는 문제를 효과적으로 해결해주는 브랜드로서 인식되며, 신뢰성을 강조하는 데 효과적이다.

차별화 전략은 브랜드의 목표, 시장 환경, 소비자 요구에 맞춰 선택되며, 이를 통해 브랜드는 차별화된 이미지와 위치를 시장 내에서 확립할 수 있다.

2. 타겟 마케팅의 중요성

타겟 마케팅은 마케팅 전략의 효율성을 극대화하는 데 중요한 역할한다. 이 전략을 통해 마케팅 자원은 더 집중적으로 활용되고, 고객의 특성에 맞는 맞춤형 접근이 가능해진다. 타겟 마케팅의 주요 장점은 다음과 같다.

(1) 효율적인 자원 배분

타겟 마케팅은 특정 고객군을 표적화하여, 자원을 낭비하지 않고, 효과적인 마케팅 활동을 할 수 있게 도와준다. 시장을 세분화하고, 각 세분 시장에 맞춘 전략을 세움으로써, 자원을 집중적으로 투입하여, 더욱 높은 마케팅 효율을 달성할 수 있다. 이는 마케팅 비용을 최적화하고, 더 큰 ROI(투자 대비 수익)를 창출하는 데 이바지한다.

(2) 고객 맞춤형 접근

타겟 마케팅은 고객의 요구와 특성에 맞춘 맞춤형 메시지를 전달할 수 있는 장점이 있다. 각 고객 세분화에 맞는 제품이나 서비스를 제공함으로써, 반응률을 높이고, 브랜드 충성도를 증가시킬 수 있다. 이는 고객의 니즈를 충족시키는 동시에, 브랜드에 대한 긍정적인 이미지를 형성하는 데 도움이 된다.

(3) 경쟁우위 확보

특정 시장이나 고객군에 집중함으로써 경쟁자보다 유리한 위치를 점할 수 있다. 타겟 마케팅은 경쟁 브랜드가 놓치고 있는 세분 시장을 공략하거나, 경쟁자보다 더 효과적으로 고객의 요구를 충족시킬 기회를 제공한다.

나아키(Nike)는 다양한 고객 세분화에 맞춰 타겟 마케팅을 통해 브랜드 가치를 높였으며, 예를 들어, 20대 후반의 젊은 소비자를 위한 고급 스포츠 웨어 라인과 저가형 소비자를 위한 라인을 세분화하여 각 시장에 맞는 메시지와 광고를 집행했다.

이를 통해 Nike는 다양한 시장에서 강력한 경쟁우위를 확보할 수 있었다(Kotler & Keller, 2016).

3. STP 전략

STP 전략은 Segmentation(세분화), Targeting(목표화), Positioning(차별화)의 세 가지 핵심 단계를 통해 시장을 분석하고, 효율적인 마케팅 전략을 수립하는 기법이다. 이 전략은 고객의 요구와 특성에 맞춰 브랜드를 효과적으로 차별화하고, 최적의 시장을 타겟으로 마케팅을 전개하는 방법을 제공한다.

(1) 효율적인 자원 활용

STP 전략을 통해 마케팅 자원은 특정 세분 시장에 집중적으로 배분할 수 있다. 이를 통해 불필요한 비용을 절감하고, 자원을 보다 효율적으로 활용할 수 있다. 세분된 시장을 대상으로 한 전략은 마케팅 활동의 초점이 명확해지므로 자원의 낭비를 줄이고, 마케팅 효과를 극대화할 수 있다.

(2) 차별화된 메시지 전달

타겟 고객에게 맞는 맞춤형 메시지를 전달함으로써, 소비자와의 정서적 유대감을 강화하고, 브랜드의 경쟁력을 높일 수 있다. 각 세분 시장에 적합한 커뮤니케이션 전략을 수립함으로써, 소비자의 마음을 사로잡을 수 있으며, 브랜드 충성도와 고객 만족을 높이는 데 중요한 역할을 한다.

(3) 시장 경쟁우위 확보

세분화, 목표화, 차별화를 통해 시장에서 독특한 위치를 확보하면, 경쟁 브랜드들보다 더 효과적으로 소비자에게 접근할 수 있다. 이러한 전략은 시장에서의 경쟁우위를 확보하고, 브랜드의 독특한 가치를 전달하는 데 유리한 위치를 제공한다. 타겟 마케팅 전략을 통해 차별화된 경쟁력을 얻을 수 있다.

(4) 고객 만족도 향상

고객의 다양한 요구를 충족시키는 맞춤형 제품과 서비스를 제공함으로써, 고객 만족도를 높이고, 브랜드 충성도를 강화할 수 있다. STP 전략을 통해 고객의 필요에 더욱 정확히 부합하는 제품을 제공함으로써, 고객의 만족도를 극대화하고, 장기적인 관계를 형성할 수 있다. 이는 브랜드에 대한 긍정적인 평가를 끌어내며, 지속적인 성장을 위한 기초를 마련한다.

기업이 경쟁에서 우위를 점하려면, 제품이나 서비스를 경쟁 브랜드들과 차별화하는 전략이 필요하다(Porter, 1985). 이러한 차별화는 소비자에게 더 높은 가치를 제공하고, 경쟁자들과의 직접적인 대결을 피할 기회를 마련한다.

STP 전략은 소비자의 세분된 요구를 충족시키는 맞춤형 마케팅을 가능하게 하며, 이를 통해 각 세분 시장에 맞는 정확한 메시지와 제품을 제공할 수 있다. 또한, 기업의 자원을 효율적으로 배분할 수 있게 해, 불필요한 비용을 절감하면서도 마케팅 활동의 효과를 극대화할 수 있다. 결과적으로, STP 전략은 브랜드 충성도를 높이고, 시장 점유율을 확장하는 데 중요한 역할을 한다. 이 과정에서 기업은 타겟 시장에 적합한 포지셔닝을 확립하여, 지속적인 경쟁우위를 확보할 수 있다.

10-2 타겟 마케팅 전략 수립

1 타겟 마케팅 전략 수립 절차

1. 타겟 마케팅 전략 수립

기업이 자원의 효율적인 사용을 위해 세밀한 계획을 세워야 하는 과정이다. 목표 시장 선정은 시장 세분화 후, 특정 세분 시장에 집중하여 경쟁우위를 확보할 방법을 제시한다. 예를 들어, 제품의 가격, 품질, 독특한 기능 등을 통해 목표 시장에서 차별화를 끌어낸다. 선택된 목표 시장에 대해 차별화된 가치를 제공하는 방식으로 각 단계를 보다 구체적으로 설명하고, 그에 맞는 실행방안을 제시한다.

(1) 마케팅 믹스 조정

목표 시장에 맞춰 마케팅 전략의 4P(제품, 가격, 유통, 판촉)를 최적화한다. 마케팅 믹스를 목표 시장에 맞게 조정하는 전략을 설명하며, 이를 통해 목표 시장에서 경쟁력을 확보할 수 있음을 강조한다(Kotler & Keller, 2016).

서비스 산업에서는 마케팅 믹스를 조정하기 위해 7P 전략을 활용한다. 이는 기존의 4P(Product, Price, Place, Promotion) 모델에 더하여 인적 요소(People)와 프로세스(Process), 물리적 증거(Physical Evidence)를 포함하여, 서비스의 특성인 무형성과 고객과의 상호작용 중요성을 반영한 조정 전략이다.

[그림 10-2] 4P 전략

(가) 제품(Product)

목표 고객의 요구와 기대를 반영한 제품 특성 및 기능을 개발한다. 고객의 요구를 정확하게 파악하고 이를 제품에 반영함으로써, 제품이 소비자에게 더 큰 가치를 제공할 수 있도록 한다.

서비스 산업의 경우, 서비스의 본질이 형체가 없어 목표 고객의 요구를 반영하여 서비스를 개발한다. 고객의 기대를 충족시키기 위해, 서비스의 품질, 특성, 그리고 고객 경험을 설계하는 것이 중요하다. 서비스 제공의 범위와 성격을 명확히 정의하고, 고객에게 실질적인 혜택을 제공할 수 있도록 한다.

(나) 가격(Price)

목표 시장의 구매력과 가격 민감도를 고려한 가격 책정을 진행한다. 가격은 소비자에게 제품의 가치와 품질을 전달하는 중요한 요소이므로, 경쟁력 있는 가격을 설정하여 목표 시장의 소비자들에게 매력적인 선택이 되도록 한다.

서비스 산업의 경우, 서비스의 가격은 고객의 지불 의향을 반영하여 가격을 설정한다. 가격 책정에서 중요한 점은 서비스의 품질에 대한 인식을 고려하고, 경쟁사의 가격과 고객의 기대를 반영하는 것이다. 가격 책정은 고객에게 제공되는 서비스의 가치와 맞물려 있어야 하며, 시장의 수요와 지급 능력에 맞춰 유연하게 조정할 수 있다.

(다) 유통(Place)

목표 고객이 선호하는 유통채널을 선택하고, 제품이 고객에게 원활하게 도달할 수 있도록 유통 경로를 최적화한다. 온라인과 오프라인 채널을 적절히 조합하여, 소비자가 원하는 방식으로 제품을 구매할 수 있게 만든다.

서비스 산업의 경우, 서비스의 유통채널은 고객이 원하는 방식으로 서비스에 접근할 수 있도록 최적화해야 한다. 오프라인 매장뿐만 아니라, 온라인 플랫폼이나 모바일 앱 등 다양한 경로를 제공하여 고객이 언제 어디서든 서비스를 이용할 수 있도록 한다. 유통 방식에 대한 차별화를 통해 고객의 편리성을 극대화할 수 있다.

(라) 판촉(Promotion)

목표 시장에 맞는 광고 및 프로모션 방법을 적용하여 소비자의 관심을 유도하고, 구매를 촉진한다. 목표 고객의 행동 패턴과 선호도를 반영한 광고 메시지와 프로모션 활동을 통해, 제품에 대한 인지도를 높이고 소비자 참여를 유도한다.

서비스 산업의 경우, 서비스의 판촉은 고객에게 브랜드 이미지를 전달하고, 서비스의 가치를 인식시키는 중요한 과정이다. 광고, 프로모션, 이벤트 등을 통해 고객에게 서비스의 장점과 혜택을 전달하고, 입소문을 활용하여 서비스의 신뢰성을 높인다. 고객 피드백과 추천을 적극적으로 반영하여 판촉 전략을 강화하고, 고객 충성도를 높일 수 있다.

(마) 사람(People)

서비스 산업에서 인적요소는 매우 중요하다. 직원들은 고객 경험을 직접 영향을 미치는 중요한 역할을 한다. 따라서 직원들의 교육, 전문성 향상, 친절함과 커뮤니케이션 능력 강화가 필요하다. 고객 서비스에서 중요한 역할을 하는 직원들이 서비스의 질을 결정짓는 요소이므로, 직원 역량 강화를 통해 고객 만족도를 높이고 충성도를 강화한다.

(바) 프로세스(Process)

서비스 제공의 효율성과 일관성을 높이기 위한 프로세스를 설계하는 것이 중요하다. 고객의 요구를 빠르고 정확하게 처리할 수 있는 체계적인 프로세스가 필요하다. 서비스 제공 과정에서의 절차가 고객에게 신뢰감을 주며, 오류나 불편을 최소화하고, 고객의 기대를 충족시킬 수 있는 프로세스를 개선해 나가야 한다.

(사) 물리적 증거(Physical Evidence)

서비스는 무형이기 때문에, 물리적 증거가 고객에게 중요한 신뢰 요소로 작용한다. 물리적 증거는 서비스 환경, 디자인, 시설, 프로모션 자료 등 고객이 경험할 수 있는 실질적인 요소들이다. 예를 들어, 서비스 제공 장소의 청결도, 디자인, 웹사이트의 사용 편의성 등은 서비스 품질을 간접적으로 보여주는 중요한 증거가 된다.

2. 마케팅 믹스(Marketing Mix) 실행

마케팅 믹스 실행은 각 7가지 요소(Product, Price, Place, Promotion, People, Process, Physical Evidence)를 전략적으로 적용하여 목표 시장에 최적화된 마케팅 활동을 전개하는 과정이다. 이를 통해 브랜드 가치와 고객 만족을 극대화하고, 경쟁우위를 확보할 수 있다. 아래는 마케팅 믹스의 각 요소를 실제 실행에 어떻게 적용할 수 있는지에 대한 구체적인 내용이다.

[그림 10-3] 마케팅 믹스

(1) 실행방안

(가) 제품(Product)

1) 고객 요구 반영

목표 시장의 고객 요구를 분석하고, 이를 반영한 제품이나 서비스의 특성을 명확히 한다. 고객의 불만이나 피드백을 바탕으로 지속적인 개선 작업을 시행하여 품질 높은 서비스를 제공한다.

2) 제품 차별화

경쟁사와 차별화되는 고유의 제품 특성을 개발하여 고객에게 더 큰 가치를 제공한다. 예를 들어, 고객 맞춤형 서비스를 제공하거나 독특한 기능을 강조하는 방식으로 차별화를 꾀한다.

(나) 가격(Price)

1) 가격 전략 설정

타겟 시장의 경제적 특성에 맞춰 가격을 책정한다. 고급 시장을 겨냥할 경우 프리미엄 가격 책정을 하고, 중저가 시장에서는 가격 경쟁력을 강화한다. 가격 책정은 경쟁사의 가격과 시장의 수요를 반영하여 결정한다.

2) 가격 변동성 관리

계절별, 트렌드에 따라 가격 변동을 전략적으로 운영하며, 할인, 끼워팔기, 프로모션을 통해 가격 민감도가 높은 소비자들을 겨냥한다.

(다) 유통(Place)

1) 유통 채널 선택

목표 시장이 선호하는 유통채널을 통해 서비스를 제공한다. 온라인 플랫폼, 모바일 앱, 오프라인 매장 등 다양한 유통채널을 적극적으로 활용하여 고객이 편리하게 서비스를 이용할 수 있도록 한다.

2) 유통 네트워크 확장

서비스 지역을 확장하거나 신규 유통채널을 개척하여, 더 많은 고객에게 서비스를 전달할 수 있도록 한다. 고객의 위치나 이동 경로에 맞춘 유통 경로를 설계한다.

(라) 프로모션(Promotion)

1) 프로모션 계획

광고, 이벤트, 소셜 미디어 캠페인 등을 통해, 타겟 고객에게 효과적인 메시지를 전달한다. 시즌별, 이벤트별 프로모션을 통해 고객의 관심을 끌고, 브랜드 인식을 강화한다.

2) 고객 참여 유도

고객이 자발적으로 참여할 수 있는 프로그램을 운영한다. 예를 들어, 소비자 리뷰 이벤트나 추천인 혜택을 제공하여, 고객의 참여를 유도하고, 입소문 마케팅을 촉진한다.

(마) 사람(People)

1) 직원 교육 및 훈련

직원들이 서비스 품질을 일관되게 유지할 수 있도록 교육 프로그램을 마련한다. 고객 서비스 마인드를 강조하고, 고객의 기대를 충족시키기 위한 기술과 지식을 습득시킨다.

2) 고객과의 소통

고객과의 상호작용에서 친절함, 전문성, 공감을 바탕으로 긍정적인 인상을 남길 수 있도록 한다. 고객 피드백을 적극적으로 반영하고, 고객과의 신뢰를 쌓기 위한 노력을 지속한다.

(바) 프로세스(Process)

1) 서비스 제공 절차 최적화

서비스 제공 프로세스를 표준화하여 일관된 품질의 서비스를 유지한다. 고객의 요구에 즉시 반응할 수 있도록 서비스 절차를 간소화하고, 문제 발생 시 신속한 해결 프로세스를 마련한다.

2) 효율성 향상

내부 운영 프로세스를 효율적으로 관리하고, 자동화 기술을 도입하여, 서비스 제공의 속도와 품질을 개선한다. 프로세스 개선은 고객의 대기시간을 줄이고, 만족도를 높이는 중요한 요소이다.

(사) 물리적 증거(Physical Evidence)

1) 서비스 환경 개선

고객이 접하는 서비스 환경을 개선하여 물리적 증거를 강화한다. 예를 들어, 매장이나 서비스 공간의 청결함, 인테리어 디자인, 사용하기 쉬운 웹사이트 등을 통해 서비스 품질을 시각적으로 증명한다.

2) 브랜딩 요소 강화

로고, 디자인, 포장, 사무실 환경 등 물리적 증거를 통해 브랜드 이미지를 일관되게 전달한다. 고객에게 신뢰감을 줄 수 있는 요소로서, 모든 접점에서 긍정적인 경험을 제공한다.

마케팅 믹스를 실행하는 과정에서 각 요소가 상호작용하며, 조화를 이루도록 관리하는 것이 중요하다. 이를 통해 기업은 목표 시장에서의 경쟁력을 강화하고, 고객 만족도를 높일 수 있다. 마케팅 믹스는 각 요소가 연계되어 최적화될 때 비로소 효율적이며, 지속 가능한 성장으로 이어진다.

3. 성과 측정 및 피드백

마케팅 전략의 실행 후 성과를 측정하고, 이를 바탕으로 전략을 수정하거나 개선하는 과정은 매우 중요한 단계이다. 이 과정은 마케팅 활동이 얼마나 효과적이었는지를 평가하고, 향후 전략을 더욱 효과적으로 발전시킬 기회를 제공한다. 이를 위해 효과적인 데이터 분석과 피드백 시스템을 구축하는 것이 필요하다. 지속적인 개선을 통해 마케팅 전략의 유효성을 확보하고, 시장에서 경쟁력을 유지할 수 있다.

(1) 실행 방법

(가) 고객 반응 분석

고객의 피드백과 행동을 분석하여, 마케팅 전략의 효과를 평가한다. 고객의 구매 패턴, 서비스 사용 빈도, 만족도 조사를 통해 그들의 반응을 실시간으로 수집하고 분석한다. 고객의 긍정적인 피드백은 물론 불만 사항이나 문제점도 자세히 분석하여 전략 개선에 반영한다. 또한, 고객의 온라인 활동(소셜 미디어, 리뷰 등)을 추적하여 마케팅 전략에 대한 고객의 인식을 평가한다.

(나) 성공 지표 설정

판매량, 브랜드 인지도, 고객 충성도 등 다양한 성공 지표를 설정하여, 전략의 성공을 측정한다. 판매량은 매출 증대와 직결되며, 브랜드 인지도는 시장에서의 브랜드 입지를 가늠할 수 있는 중요한 요소이다. 고객 충성도는 장기적인 브랜드 가치와 관련이 깊으며, 리텐션율과 재구매율을 통해 측정된다. 이러한 지표들은 마케팅 전략의 목표 달성 여부를 판단하는 기준이 된다.

(다) 데이터 기반 최적화

Google Analytics, 소셜 미디어 분석 도구 등을 사용하여 데이터를 기반으로 전략을 지속적으로 최적화한다. 웹사이트 방문자 수, 클릭률(CTR), 전환율 등의 데이터는 마케팅 캠페인의 실시간 효과를 보여준다. 또한, 소셜 미디어상의 참여도, 댓글, 공유 횟수 등을 분석하여 소비자와의 상호작용을 파악하고, 향후 마케팅 활동에 반영한다. 데이터를 기반으로 한 피드백 루프를 구축하여 마케팅 전략이 효과적으로 개선될 수 있도록 한다.

성과 측정 및 피드백은 마케팅 전략의 개선을 위한 필수 과정이다. 고객 반응 분석, 성공 지표 설정, 데이터 기반 최적화는 전략이 시장에서 어떻게 받아들여지고 있는지 명확히 보여주며, 이를 통해 전략을 효과적으로 조정할 수 있다.

10-3 타겟 마케팅의 실행과 평가

■ 타겟 마케팅 전략 실행과 평가

1. 타겟 마케팅 전략 실행

타겟 마케팅 전략을 실행하기 위해서는 구체적인 실행 계획을 수립하고, 캠페인 설계 및 자원 할당을 철저히 해야 한다. 이 과정에서 시간표를 설정하여, 각 마케팅 활동의 일정을 정리해야 한다.

2. 타겟 마케팅 전략 평가

타겟 마케팅 전략은 시간이 지남에 따라 시장 환경이나 소비자 행동, 경쟁 상황이 변화함에 따라 조정이 필요하다. 따라서, 초기 전략을 세운 후 지속적으로 평가하고, 필요한 부분을 수정하여 최적화하는 과정이 필수다.

3. 타겟 마케팅 전략 평가 과정

(1) 시장 세분화(Segmentation) 평가

세분화는 소비자의 특성을 바탕으로 시장을 나누는 과정이다. 이 과정에서 중요한 점은 각 세분화가 실제로 존재하는 시장 내에서 유의미하고, 마케팅 전략에 적합한지를 확인하는 것이다.

[그림 10-4] 시장 세분화 평가

(가) 평가 방법

① 시장 규모: 각 세분된 시장이 충분히 크고, 성장 가능성이 있는지 평가한다.

② 소비자의 반응: 각 세분된 시장의 마케팅 활동에 어떻게 반응하는지를 살펴본다.

③ 세분화 기준의 유효성: 세분된 기준(인구통계학적, 심리적, 행동적 등)이 타당한지 평가한다.

(나) 조정 방법

기존 세분 시장이 너무 광범위하거나 너무 좁다면, 세분 시장을 재정의하거나 추가적인 세분화를 고려할 수 있다. 예를 들어, 소비자의 새로운 트렌드나 기술 발전에 맞추어 세분화 기준을 변경할 수 있다.

(2) 타겟팅(Targeting) 평가

타겟팅은 어느 세분 시장을 목표로 삼을지 결정하는 단계다. 목표 시장이 적절한지 평가하는 과정이다.

(가) 평가 방법

① 시장 반응: 목표 시장의 반응을 측정한다. 판매량, 고객의 피드백, 시장 점유율 변화 등을 모니터링한다.

② 경쟁 분석: 경쟁 브랜드가 해당 목표 시장에서 어떻게 활동하는지 평가하고, 자사 전략이 경쟁자들과 차별화되는지를 확인한다.

③ 리소스 분석: 목표 시장을 대상으로 하는 마케팅 활동이 자원의 배분과 실행 가능성 측면에서 적합한지 평가한다.

(나) 조정 방법

목표 시장에서 효과를 얻지 못한다면, 다른 세분 시장 방향을 조정하거나 기존 타겟에 맞춘 새로운 프로모션 전략을 제시할 수 있다. 예를 들어, 나이키가 특정 연령대의 운동을 선호하는 소비자들을 대상으로 한 캠페인을 더욱 강화할 수 있다.

(3) 포지셔닝(Positioning) 평가

차별화는 브랜드가 소비자 마음속에서 차지하는 위치를 정의하는 단계다. 브랜드 메시지와 시장 내 브랜드의 위치가 실제로 소비자에게 잘 전달되는지를 평가하는 과정이다.

(가) 평가 방법

① 브랜드 인지도: 브랜드의 인지도와 시장 내 평판을 평가한다.

② 소비자 인식: 소비자들이 브랜드를 어떻게 인식하는지 설문 조사나 인터뷰 등을 통해 파악한다.

③ 경쟁우위 분석: 경쟁 브랜드와 비교하여 자사 브랜드의 차별화된 요소를 평가한다.

(나) 조정 방법

만약 자사 브랜드의 차별화가 소비자들에게 혼란을 주거나 불명확하다면, 포지셔닝 메시지를 수정해야 할 필요가 있다. 예를 들어, 애플(Apple)이 제품의 기술력보다는 프리미엄 이미지를 강조하는 방향으로 위치를 재조정할 수 있다.

4. 타겟 마케팅 전략의 조정 사례

(1) 나이키(Nike)

(가) 시장 세분화

나이키는 운동을 즐기는 소비자와 스포츠를 전문적으로 하는 소비자를 대상으로 시장을 세분화하였다. 이를 통해 다양한 소비자의 요구를 충족시키는 맞춤형 제품과 서비스를 제공하고, 각 세분 시당에 특화된 마케팅 전략을 수립한다. 예를 들어, 운동을 즐기는 소비자에게는 일상에서 활용 가능한 스포츠 웨어와 액세서리를, 스포츠 전문가에게는 성능이 중요한 전문 스포츠 장비를 제공하였다.

(나) 목표화

나이키는 운동을 즐기는 연령대별 소비자들을 대상으로 맞춤형 캠페인을 운영한다. 예를 들어, Nike Air Max와 같은 제품은 20대 후반과 30대 초반의 젊은 소비자들로 타겟팅하여 스타일과 성능을 중시하는 소비자층을 겨냥한다. 나이키는 각 연령대와 소비자 행동에 맞춘 맞춤형 제품 출시와 마케팅을 통해 브랜드의 영향력을 확장하였다.

(다) 차별화

나이키는 "Just Do It"이라는 강렬한 메시지를 통해 자신의 브랜드를 자신감과 도전정신을 상징하는 브랜드로 차별화하였다. 이 메시지로 단순히 스포츠 제품을 판매하는 것을 넘어서, 소비자들에게 자기 도전과 성취를 강조하며, 나이키 브랜드의 가치를 널리 알린다. 나이키는 이러한 메시지를 지속적으로 강화하며, 소비자들에게 도전정신을 불어넣는 브랜드 이미지를 구축하였다.

(2) 아마존(Amazon)

(가) 시장 세분화

아마존은 소비자의 구매 패턴과 제품 카테고리를 기반으로 시장을 세분화한다. 예를 들어, 아마존 프라임(Amazon Prime) 고객은 프리미엄 서비스를 선호하는 소비자로 분류하여, 빠른 배송과 특별 혜택을 제공한다. 또한, 고객의 이전 구매 이력과 관심사를 바탕으로 맞춤형 추천 시스템을 운영하여, 각 세그먼트에 적합한 제품을 제안한다.

(나) 목표화

아마존은 다양한 세분 시장에 맞는 맞춤형 서비스를 제공한다. 예를 들어, Prime Video는 영화를 좋아하는 소비자를 타겟팅하여, 다양한 영화와 TV 프로그램을 제공하며 고객의 오락 욕구를 충족시킨다. 또한, 아마존은 고객의 라이프 스타일에 맞춘 서비스(예: 아마존 프레시, 아마존 뮤직 등)도 제공하여, 각기 다른 소비자층에 접근한다.

(다) 차별화

아마존은 편리한 쇼핑 경험을 강조하며, 빠르고 효율적인 배송 서비스와 다양한 제품군을 바탕으로 시장에서 차별화된 포지셔닝을 구축했다. 고객이 원하는 제품을 언제 어디서나 쉽게 구매할 수 있도록 하며, Prime 회원에게는 무료 배송, 독점 콘텐츠, 특별 할인 등의 추가 가치를 제공하여 경쟁우위를 점하고 있다.

5. 타겟 마케팅 전략 조정의 필수 요소

(1) 소비자 행동 분석

소비자의 행동이 변화하는 경향에 맞춰 STP 전략을 조정해야 한다. 예를 들어, 소비자들이 온라인 쇼핑을 선호하거나 모바일 장비에서 쇼핑을 더 많이 하는 트렌드가 보일 경우, 타겟팅 전략과 마케팅 채널을 디지털 중심으로 조정할 필요가 있다.

(2) 경쟁 환경 분석

경쟁자들의 전략을 지속적으로 관찰하고, 그에 맞춰 자사의 STP 전략을 조정해야 한다. 예를 들어, Apple은 경쟁 브랜드들이 스마트폰 시장에서 가격을 내리는 추세에 맞서 프리미엄 시장을 지속적으로 강조하는 차별화를 유지한다.

(3) 기술 변화와 혁신

기술 발전에 따라 소비자들에게 제공할 수 있는 가치가 변화할 수 있다. 예를 들어, 인공지능(AI) 기반 제품 추천 시스템을 활용한 마케팅 전략은 소비자 행동 예측을 더욱 정교하게 만들 수 있다. 이런 변화를 반영하여 세분화 및 타겟팅 방안을 지속적으로 수정해야 한다.

6. 타겟 마케팅 전략 평가 및 조정 도구

(1) 소비자 설문 조사 및 피드백

소비자로부터 직접 피드백을 수집하여 세분 시장별 전략이 효과적인지 확인하고, 필요한 부분을 조정하는 데 사용한다.

(가) 활용 방법

1) 설문 조사

문항의 구성은 소비자의 관심사, 구매 패턴, 브랜드 인식, 만족도 등을 조사한다.

• 예: “이 제품/서비스가 어떤 점에서 매력적으로 느껴지셨나요?”

• 예: “우리 브랜드가 경쟁 브랜드와 비교했을 때 어떤 점이 더 우수합니까?”

2) 플랫폼 활용

구글 폼(Google Forms), 서베이몽키(Survey Monkey), 타입폼(Type form) 등의 설문 플랫폼을 통해 쉽고 빠르게 자료를 수집한다.

3) 피드백 시스템

웹사이트나 이메일, 소셜 미디어를 통해 간단한 피드백을 요청하거나, 고객 리뷰 및 평가를 분석하여, 특정 세분 시장에서 어떤 요소가 유효했는지 파악한다.

• 예: 아마존(Amazon)의 제품별 리뷰 시스템은 소비자들이 가장 선호하는 특성과 개선점을 파악하는 데 유용하다.

4) 장점

① 세분 시장별 소비자들의 직접적인 목소리를 듣고, 각 그룹의 니즈를 구체적으로 이해할 수 있다.

② 전략 조정 시 소비자의 반응을 예측하기 쉬워진다.

(2) 경쟁 분석 도구

경쟁사의 마케팅 활동을 분석하고, 자사 전략이 경쟁우위를 확보할 수 있는지 평가한다.

(가) 활용 방법

1) 에스이엠러시(SEMrush)

SEMrush는 경쟁사의 SEO(검색 엔진 최적화)와 PPC(유료 클릭 광고) 캠페인, 키워드 전략, 웹 트래픽 소스를 분석하는 도구이다. 이를 통해 경쟁사가 타겟으로 삼고 있는 키워드와 광고 캠페인의 성과를 파악할 수 있다. 예를 들어, 경쟁사가 어떤 키워드를 활용하여, 높은 검색 순위를 얻고 있는지, 어떤 광고 캠페인이 성공적인지 분석할 수 있어, 자사의 마케팅 전략을 보다 효과적으로 개선할 수 있다.

2) 시밀러웹(Similarweb)

Similarweb은 경쟁사의 웹사이트 방문 트래픽, 유입 경로, 주요고객 및 세분시장을 비교 분석할 수 있는 도구이다. 이를 활용하여 경쟁사의 웹사이트 방문자 정보(예: 지역, 연령대, 관심사)와 자사의 데이터를 비교함으로써, 경쟁사의 타겟 고객층과 마케팅 전략을 이해할 수 있다. 이를 통해 자사의 디지털 마케팅 전략을 최적화하고, 시장에서의 경쟁우위를 확보할 수 있다.

3) 소프라우트 소셜(Sprout Social)

Sprout Social은 소셜 미디어에서 경쟁 브랜드의 활동과 소비자 반응을 모니터링하는 도구이다. 이를 통해 경쟁사의 인기 게시물이나 참여율이 높은 캠페인을 참고하여 자사의 소셜 미디어 전략을 개선할 수 있다. 예를 들어, 경쟁사가 어떤 콘텐츠나 해시태그를 사용하여 높은 참여를 끌어낸 것인지 분석할 수 있으며, 이를 통해 자사의 마케팅 활동을 더욱 효과적으로 조정할 수 있다.

4) 장점

① 경쟁사의 효과적인 전략을 벤치마킹하거나, 경쟁사의 약점을 공략할 기회를 찾을 수 있다.

Sprout Social을 통해 경쟁사의 소셜 미디어 활동을 면밀히 분석함으로써, 효과적인 전략을 벤치마킹하거나 경쟁사의 약점을 발견하고, 이를 공략할 기회를 얻을 수 있다.

② 자사의 세분화 및 타겟팅 전략이 시장 내에서 경쟁우위를 확보하고 있는지 확인할 수 있다.

소셜 미디어에서 자사의 활동과 경쟁사의 반응을 비교 분석함으로써, 자사의 세분화 및 타겟팅 전략이 실제로 시장 내에서 경쟁우위를 확보하고 있는지 확인할 수 있다. 이를 통해 필요한 전략적 조정을 가능하게 한다.

(3) 성과 측정 도구

마케팅 성과를 실시간으로 분석할 수 있는 도구(Google Analytics, CRM 시스템 등)를 활용하여 전략의 유효성을 평가한다.

(가) 활용 방법

1) Google Analytics

Google Analytics는 웹사이트 트래픽 분석을 통해 세분 시장별 방문자 수, 유입 경로, 페이지 체류 시간, 전환율 등을 추적할 수 있다. 이를 통해 자사 웹사이트 방문자의 행동을 면밀히 분석하여 더 효과적인 마케팅 전략을 수립할 수 있다. 예를 들어, 특정 세그먼트(20대 여성)가 모바일을 통해 가장 많이 유입되었다면, 모바일 중심의 캠페인을 강화하여 해당 세그먼트에 더욱 집중할 수 있다.

① 웹사이트 트래픽 분석은 웹사이트 방문자에 대한 다양한 데이터를 제공하여, 각 세분 시장이 어떤 경로를 통해 자사 웹사이트에 유입되고 있는지 파악할 수 있다. 예를 들어, 특정 세그먼트(20대 여성)가 모바일을 통해 가장 많이 유입되었다면, 모바일을 중심으로 한 맞춤형 캠페인을 강화할 수 있다.

② 행동 흐름 분석은 Google Analytics는 고객이 웹사이트에서 어떤 경로를 따라 이동하는지, 어떤 페이지에서 이탈하는지 파악하는 데 유용하다. 이를 통해 이탈 지점을 발견하고, 고객이 웹사이트에서 더 많은 시간을 보내고 전환을 일으킬 수 있도록 흐름을 개선하는 전략을 수립할 수 있다.

알아두기 트래픽(Traffic)은 웹사이트나 온라인 플랫폼에 접속하는 방문자 수를 의미한다. 즉, 웹사이트 트래픽은 사람들이 해당 웹사이트에 얼마나 자주 방문하는지, 얼마나 많은 사람이 방문하는지를 나타내는 지표.

2) CRM 시스템(CRM Tools)

세일즈포스닷컴(Salesforce Inc), 허브스팟(HubSpot)과 같은 CRM 도구를 활용하여 고객의 구매 이력, 행동 패턴, 만족도를 자료화한다.

- 예: VIP 고객 세그먼트를 별도로 관리하여, 리텐션(Retention) 캠페인 실행한다.

3) 장점

① 실시간으로 자료를 수집하여 즉각적으로 캠페인을 조정할 수 있다.

② ROI(투자 대비 수익), CTR(클릭률), CVR(전환율)과 같은 주요 성과지표를 정량적으로 측정하여 STP 전략의 유효성을 검증할 수 있다.

학습활동

활동: 타겟 마케팅 설정과 전략 수립

① 참가자들은 자신의 목표 시장과 경쟁기업을 선정하고 환경을 분석합니다.

② 목표 시장과 경쟁 환경 분석을 통해 타겟 마케팅 전략 수립합니다.

학습정리

- 타겟 마케팅은 시장을 세분화하여 특정 시장 세그먼트를 대상으로 마케팅 활동을 집중하는 전략이다. 고객의 요구, 선호도, 행동 패턴을 분석하여 가장 적합한 고객층을 선정하고, 그에 맞는 마케팅 전략을 설계하는 과정이다.
- 시장 세분화는 전체 시장을 다양한 기준에 따라 구분하여 각 시장 세분화가 명확하게 정의될 수 있도록 하는 과정이다. 이를 통해 기업은 특정 집단을 목표로 집중적이고 효율적인 마케팅을 할 수 있다.
- 포지셔닝은 자사 브랜드가 목표 시장에서 경쟁 브랜드와 차별화되어 어떤 이미지나 인식을 가질 것인지 정의하는 과정이며, 포지셔닝 전략에는 품질, 가격, 기능, 감성적 요소 등 다양한 접근이 있다.
- STP 전략은 시장을 세분화하고, 적합한 타겟을 선정한 뒤, 차별화된 포지셔닝을 통해 자원을 집중하고, 고객 만족과 브랜드 충성도를 강화하는 방법이다.
- 타겟 마케팅 전략 수립은 기업은 자원의 효율적인 사용을 위해 목표 시장 선정과 세밀한 계획을 수립해야 한다. 시장 세분화 후, 특정 세그먼트에 집중하여 경쟁우위를 확보하는 방식으로 접근한다. 제품의 가격, 품질, 기능 등을 활용해 차별화를 추구하며, 타겟 시장에 적합한 전략을 세운다.
- 마케팅 믹스 조정은 타겟 시장에 맞춰 4P(제품, 가격, 유통, 판촉)를 최적화한다. 제품 특성, 가격 책정, 유통채널 선택, 광고 및 프로모션 방법을 타겟 시장에 맞게 조정하여 경쟁력을 강화한다.
- 마케팅 믹스 실행은 타겟 마케팅 전략을 실행하려면 4P 전략에 맞춰 구체적인 실행방안을 수립한다. 예를 들어, 제품은 타겟 시장에 맞는 특성을 반영하고, 가격은 목표 시장의 구매력을 고려하며, 유통채널은 고객의 선호를 반영하고, 판촉은 효과적인 메시지를 전달하도록 한다.
- 성과 측정 및 피드백은 실행 후 성과를 측정하고, 데이터 분석을 통해 전략을 개선한다. 고객 반응, 판매량, 브랜드 인지도 등을 평가하여 캠페인을 최적화한다.
- 타겟 마케팅 전략 실행을 위해 구체적인 계획을 수립하고, 각 마케팅 활동의 일정을 정리한다. 실행 시 자원 할당을 철저히 하며, 시간표를 설정해 각 단계가 원활히 진행되도록 한다.
- 타겟 마케팅 전략 평가는 시장 환경, 소비자 행동, 경쟁 상황 변화에 맞춰 전략을 지속적으로 평가하고 조정한다. 시장 세분화, 타겟팅, 포지셔닝을 각각 평가하고, 필요에 따라 세그먼트를 재정의하거나 프로모션 전략을 수정한다.
- 타겟 마케팅 전략 평가는 소비자 설문 조사, 경쟁 분석 도구, 성과 측정 도구(Google Analytics 등)를 활용해 마케팅 전략을 평가하고, 필요한 부분을 조정한다. 실시간 데이터 분석을 통해 캠페인 효과를 측정하고, 고객 반응 및 행동에 맞춰 전략을 최적화한다.

PART

4

서비스 실행과 품질 관리: 서비스 운영에서 글로벌 확장까지

SERVICE START-UP STRATEGY

CONTENTS

CHAPTER 11 서비스 실행과 운영 전략

학습목표

11-1. 소비자 행동의 이해

11-2. 고객 관계관리(CRM) 전략

11-3. 고객 경험관리(CEM) 전략

학습목표

1. 소비자 행동의 기본 원리와 이를 이해하는 것이 마케팅 전략에 어떻게 활용되는지 설명할 수 있다.
2. 고객 관계관리(CRM)의 개념을 이해하고, 고객과의 장기적인 관계를 구축하는 전략을 설계할 수 있다.
3. 고객 경험관리(CEM)의 중요성을 이해하고, 고객의 전반적인 경험을 향상하기 위한 전략을 수립할 수 있다.

11-1 소비자 행동의 이해

1 소비자 행동(Consumer Behavior)

소비자 행동론은 소비자가 어떻게 의사결정을 내리고, 그 결정에 영향을 미치는 다양한 요인들을 이해하려는 학문적 연구이다. 소비자의 구매 행동을 이해하는 것은 마케팅 전략을 성공적으로 수립하는 데 중요한 요소로 작용한다.

[그림 11-1] 소비자 행동 분석을 통한 고객 충성도 강화

1. 소비자 행동 이론

(1) 감정과 구매 결정

잘트먼의 메타포 이론(Zaltman Metaphor Elicitation Technique)은 소비자의 구매 결정이 감정적 반응으로 좌우된다. 즉, 소비자는 의식적인 논리적 사고보다는 감정적 반응으로 구매 결정을 내린다는 의미이다. 이는 소비자들이 사용하는 언어와 메타포를 통해 그들의 무의식적인 감정을 추출하고, 마케팅 전략에 이를 반영한다(Zaltman, 2003).

(가) 감성 마케팅 적용

감성 마케팅은 소비자의 무의식적인 감정을 자극하고, 이 감정적 반응을 통해 구매를 촉진한다. 소비자들은 감정적으로 연결된 브랜드를 더 선호하게 되고, 이는 장기적인 브랜드 충성도를 형성하는 데 중요한 역할을 한다.

1) 사례

코카콜라 'Open Happiness' 캠페인 코카콜라는 단순히 음료를 판매하는 것이 아니라, 소비자에게 '행복'이라는 감정을 전달하려 했다. 이 캠페인은 소비자와 감정적으로 연결되는 강력한 메시지를 통해 코카콜라 브랜드에 대한 긍정적인 이미지를 강화했다.

(2) 감정 이론(Emotion Theory)

캐리 베럿(Barrett, 2017)은 감정을 사람들이 세상을 인식하고, 자신을 정의하는 중요한 도구이다. 감정은 생리적인 반응을 넘어, 사건이나 경험에 대한 개인의 해석과 결합하여 강력한 기억을 형성한다. 또한, 감정은 소비자가 브랜드를 어떻게 인식하고 관계를 맺는지에 큰 영향을 미친다.

(가) 감성 마케팅 적용

감정적 경험은 소비자에게 강렬한 인상을 남기며, 브랜드와의 관계를 장기적으로 지속하게 만든다. 긍정적인 감정적 경험을 통해 소비자는 브랜드에 대한 충성도를 갖게 되며, 반복적인 구매로 이어질 수 있다.

1) 사례

디즈니 디즈니는 가족, 추억, 행복과 같은 감정을 통해 소비자와 강한 감정적 유대감을 형성한다. 디즈니랜드에서의 경험은 단순한 소비가 아닌, 감동적인 경험을 통해 브랜드와의 지속적인 관계를 유지하게 만든다.

(4) 사회적 증거 이론(Social Proof Theory)

사회적 증거 이론은 사람들이 다른 사람들의 행동을 보고 자신의 행동을 결정하는 원리를 설명한다. 소비자는 자신이 선택하려는 제품이나 서비스가 다른 사람들에 의해 이미 긍정적으로 평가된 것이라면, 그 선택을 따라갈 가능성이 크다.

(가) 구체적 사례

아마존 상품 리뷰 아마존에서는 고객들이 작성한 리뷰가 소비자들의 구매 결정에 큰 영향을 미친다. 많은 리뷰와 높은 평점을 받은 상품은 소비자들에게 신뢰감을 주며, 이로 인해 구매를 유도한다. 이는 사회적 증거 이론을 활용한 사례로, 소비자는 다른 사람들의 행동을 참고하여, 제품을 구매하게 된다.

2. 소비자 행동의 과정

소비자 행동은 단순한 구매 행동을 넘어서, 제품을 인식하고, 선택하며, 구매 후 평가하는 전반적인 과정이다. 이를 이해하는 것은 마케팅 전략을 세우는 데 중요한 정보가 된다.

(1) 소비자 행동의 주요 단계

① 문제 인식(Problem Recognition): 소비자는 자신의 필요나 욕구를 인식하고, 이를 해결할 제품이나 서비스를 찾기 시작한다.

② 정보 검색(Information Search): 소비자는 제품에 대한 정보를 다양한 방법(인터넷, 친구의 추천, 리뷰 등)을 통해 수집한다.

③ 대안 평가(Evaluation of Alternatives): 소비자는 여러 제품과 서비스를 비교하여, 자신에게 가장 적합한 선택을 고려한다.

④ 구매 결정(Purchase Decision): 소비자는 최종적으로 구매 결정을 내린다.

⑤ 구매 후 행동 (Post-purchase Behavior): 구매 후 소비자는 제품을 사용하며, 만족감을 느끼거나 불만족을 경험하게 된다. 이는 후속 행동(리뷰 작성, 재구매 등)에 영

향을 미친다.

3. 소비자 행동 이론의 마케팅 활용

(1) 브랜드 이미지 형성

소비자 행동 이론을 바탕으로 마케팅 전략을 세우면, 브랜드가 소비자에게 감성적 가치를 전달하고, 장기적인 브랜드 충성도를 형성할 수 있다. 감성 마케팅을 통해 소비자와의 관계를 강화할 수 있다.

(2) 타겟 마케팅

소비자 행동 이론을 통해 세분된 소비자 그룹에 맞춰 맞춤형 마케팅 전략을 개발할 수 있다. 예를 들어, 가격을 중시하는 소비자와 감정을 중시하는 소비자에게 다른 메시지를 전달할 수 있다.

(3) 구매 유도

사회적 증거 이론이나 감성적 요소를 활용하면 소비자가 빠르고 직관적인 결정을 내리도록 유도할 수 있다. 감성적 반응이나 다른 사람들의 행동을 통해 구매를 촉진할 수 있다.

소비자 행동론은 다양한 심리적, 사회적, 경제적 요인들이 복합적으로 작용하는 과정을 설명하고, 이를 마케팅 전략에 효과적으로 반영할 수 있도록 돕는다. 이를 통해 기업은 소비자들의 행동 패턴을 이해하고, 맞춤형 전략을 통해 소비자의 구매 결정을 유도할 수 있다.

(3) 감성 마케팅 적용

감성 마케팅은 소비자들에게 다른 사람들의 긍정적인 경험을 강조하여, 제품 선택에 대한 확신을 심어준다. 리뷰, 추천, 사용자의 긍정적 경험 등을 강조하는 마케팅 전략은 소비자의 구매 결정을 촉진한다.

(가) 사례

아마존에서는 제품에 대한 고객 리뷰와 평점을 강조하며, 이를 통해 다른 소비자들에게 신뢰를 주고 제품을 구매하도록 유도한다. 인기 상품 태그나 추천 시스템은 소비자들에게 사회적 증거를 제공하여 구매를 촉진한다.

2 감성 마케팅(Emotional Marketing)

1. 감성 마케팅의 정의

감성 마케팅은 제품과 서비스를 단순히 기능적으로 홍보하는 것을 넘어 소비자의 감정을 자극하여, 브랜드와 정서적으로 연결하는 전략이다. 소비자의 구매 결정 중 95%는 무의식적으로 이루어지며, 이는 감정에 크게 좌우된다(Zaltman, 2003).

2. 감성 마케팅의 중요성

(1) 고객 충성도 향상

고객이 브랜드와 정서적으로 연결되면, 단순한 제품 이상으로 그 브랜드를 신뢰하고 지속적으로 선택한다.

(2) 브랜드 차별화

감정을 활용하면 제품이나 서비스의 기능적 유사성을 뛰어넘어 독창적인 이미지를 구축할 수 있다.

(가) 사례

스타벅스: 단순히 커피를 판매하는 것이 아니라, 매장을 통해 따뜻하고 포근한 제3의 공간을 제공한다. 크리스마스 시즌 한정 음료와 장식은 소비자들에게 계절의 감성을 전달하며 매출 증가를 이끌었다.

[그림 11-2] 고객 감정의 표현

2. 감정과 소비자 행동의 관계

(1) 감정이 구매 행동에 미치는 영향

감정은 인간의 의사결정에서 강력한 동기가 된다. 인간의 의사결정이 이성적 판단보다는 감정과 직관으로 좌우된다(Kahneman, 2011).

(2) 감정의 주요 요소와 마케팅 활용

① 긍정적 감정: 소비자에게 기쁨, 웃음, 만족을 제공하는 브랜드는 긍정적 연상과 충성도를 끌어낸다.

② 부정적 감정: 위기 상황이나 결핍감을 자극하여 행동을 유도한다.

사례: 공익 광고 음주운전 방지 캠페인은 두려움과 죄책감을 활용해 안전 운전을 촉구한다.

(3) 감정의 기억 강화

감정적으로 강렬한 경험은 소비자 기억에 오래 남는다.

• 사례: 디즈니는 가족과 함께한 디즈니랜드 여행은 즐거움과 추억으로 남아 소비자 충성도를 높인다.

3. 감성 마케팅의 핵심 요소

(1) 공감(Empathy)

소비자의 관점에서 문제를 이해하고 해결하려는 태도를 보인다.

① 사례: 유니클로 "우리 함께 견뎌내자"라는 메시지를 팬데믹 당시 광고에 담아 어려운 시기를 함께하는 브랜드 이미지를 구축했다.

(2) 스토리텔링(Storytelling)

감동적인 이야기로 브랜드의 가치를 전달한다.

① 사례: IKEA는 "Every Home Should Be Special" 캠페인을 통해 단순한 가구가 아닌 가족과 따뜻한 순간을 연출하는 도구로 브랜드를 자리 잡게 했다.

3) 개인화(Personalization)

고객의 특성과 선호를 반영해 특별한 경험 제공한다.

① 사례: 코카콜라는 병에 고객 이름을 새겨주는'Share a Coke' 캠페인은 소비자와의 정서적 연결을 강화해 매출 증가로 이어졌다.

4) 소속감(Belonging)

브랜드 커뮤니티를 통해 소비자가 소속감을 느끼게 한다.

① 사례: 하얏트는 고객들에게 특별한 멤버십 프로그램을 제공해 소속감과 충성도를 유도했다.

4. 성공적인 글로벌 및 국내 사례 분석

1. 해외 브랜드 사례

(1) 애플(Apple):'Think Different' 캠페인

애플은 듀얼 프로세싱 이론을 활용해 소비자에게 창의성과 혁신적인 이미지를 전달했다. 'Think Different'는 감성적이고 직관적인 반응을 유도하여, 소비자들에게 애플 제품을 단순히 기술적 도구가 아니라 창의적 아이콘으로 인식하게 했다.

(가) 성과

이 캠페인은 소비자에게 애플 제품을 독특하고 특별한 아이템으로 각인시켰으며, 브랜드 충성도를 높이고 판매에 긍정적인 영향을 미쳤다.

2. 국내 브랜드 사례

(1) 배달의민족: 감성적 카피라이팅

배달의민족은 감정 이론을 활용하여 소비자들에게 따뜻하고 친근한 이미지를 전달했다. "이 겨울, 곰탕 한 그릇의 온도"라는 문구는 소비자에게 감정적으로 위로를 주는 메시지를 전하며, 브랜드와의 감정적 유대감을 강화했다.

(가) 성과

이 캠페인은 소비자들의 감정을 자극하며, 브랜드 충성도를 높이고 매출 증가로 이어졌다.

(2) 카카오톡: 라이언 캐릭터 마케팅

카카오는 사회적 증거 이론과 감정 이론을 결합하여 라이언 캐릭터를 마케팅에 적극적으로 활용했다. 라이언은 단순한 캐릭터를 넘어 소비자와 감정적으로 연결되는 아이콘으로 자리 잡았다.

(가) 성과

라이언 캐릭터는 소비자에게 친숙함을 주고, 카카오의 브랜드 충성도를 높이는 데 중요한 역할을 했다.

11-2 고객관계관리(CRM) 전략

1 고객 관계관리(CRM)의 개념과 중요성

1. CRM의 개념

CRM(Customer Relationship Management)은 기업이 고객 관계를 전략적으로 관리하고 개선하여 장기적인 비즈니스 가치를 창출하는 프로세스이다. 이는 고객 데이터를 효과적으로 수집, 분석, 활용하여 고객 만족도를 높이고 충성도를 증대시키는 데 중점을 둔다. 이러한 CRM은 고객 관계를 관리하기 위해 여러 기능을 수행한다. 이를 운영 CRM과 분석 CRM으로 나눌 수 있으며, 두 접근 방식은 서로 다른 목적과 기술적 초점을 가지고 있다.

[그림 11-3] CRM 과정

(1) 운영 CRM(Operational CRM)

운영 CRM은 고객과의 직접 상호작용을 지원하는 시스템으로, 일상적인 비즈니스 운영을 개선하는 데 중점을 둔다. 주로 프런트 오피스(front-office) 활동에 사용한다.

(가) 사용 예시

① 콜센터 CRM: 고객의 과거 문의 내용을 검색해 더 나은 고객 서비스를 제공한다.

② 영업 관리 도구: 영업 파이프라인 추적 및 계약 진행 상태 관리한다.

(2) 분석 CRM(Analytical CRM)

분석 CRM은 고객 데이터에서 패턴, 통찰력, 예측을 도출하여, 전략적 의사결정을 지원하는 시스템이다. 주로 백오피스(back-office) 활동에 사용한다.

(가) 사용 예시

① 이탈 분석: 고객 이탈 위험을 예측하고, 사전 대응 전략 수립한다.

② 마케팅 ROI 분석: 캠페인의 투자 대비 성과를 분석하여, 개선점 파악한다.

2. CRM의 중요성

(가) 고객 충성도 증가

고객 충성도를 5%만 증가시켜도 기업의 수익이 25~95% 증가할 수 있다(Reichheld, 1996). 이는 충성 고객이 반복 구매 가능성이 크고, 기업의 추천 효과로 신규 고객을 유치하는 데 이바지하기 때문이다.

예시 스타벅스의 Rewards 프로그램은 충성 고객에게 무료 음료 쿠폰과 포인트 적립 혜택을 제공하여 반복 구매를 유도했다. 이는 고객 충성도를 강화해 매출 성장을 촉진한 사례다.

(나) 수익성 증대

기존고객 유지비용은 신규 고객 확보 비용보다 5~25배 낮다(Harvard Business Review, 2014). CRM은 기존고객의 니즈를 이해하고 이탈을 방지하는 데 도움을 준다.

예시 아마존은 CRM 데이터를 기반으로 고객 맞춤형 추천 시스템을 운영하여, 고객당 평균 구매액을 증가시켰다.

(다) 경쟁우위 제공

Porter(1985)는 경쟁우위 이론은 기업이 고객에게 차별화된 가치를 제공하면, 시장 내 경쟁력을 확보할 수 있다.

예시 넷플릭스는 CRM 기반의 개인화 추천 알고리즘을 활용하여, 고객에게 맞춤형 콘텐츠를 제공, 높은 고객 충성도를 유지하며 스트리밍 시장에서 우위를 점했다.

3. CRM 시스템 설계 방법

CRM 시스템 설계는 고객 데이터를 효과적으로 활용하여 고객 세분화를 수행하고, 맞춤형 서비스를 제공하기 위해 데이터 중심 접근법과 고객 중심 전략을 결합해야 한다.

(1) 고객 데이터 관리

CRM 시스템은 고객의 구매 이력, 피드백, 상호작용 데이터를 중앙화하여 분석하고, 이를 바탕으로 맞춤형 서비스를 제공한다. 데이터 마이닝 기술을 활용한 고객 행동 분석은 개인화된 마케팅과 제품 추천이 가능하다(Kohavi et al., 2002).

예시 자라(Zara)는 고객 데이터를 실시간으로 분석하여, 매장별 인기 상품을 재배치함으로써 재고 관리를 최적화하고 매출을 증대시켰다.

(2) 데이터 마이닝(Data Mining)

데이터 마이닝은 대규모 데이터에서 패턴, 관계, 규칙 등을 추출하여, 유용한 정보를 발견하는 과정이다. 이는 통계, 머신러닝, 데이터베이스 기술을 활용하여 비즈니스 의사결정, 예측, 문제 해결 등에 도움을 준다.

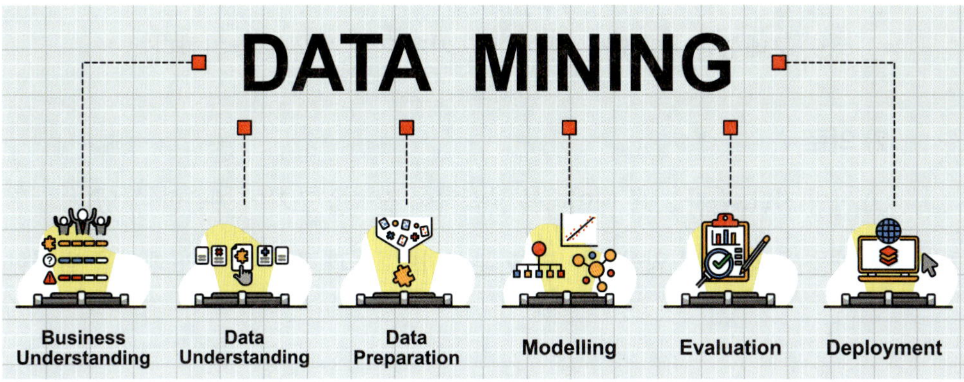

[그림 11-4] 데이터 마이닝

(가) 데이터 마이닝의 주요 단계

① 문제 정의: 분석 목표를 명확히 설정한다.

• 예: 고객 이탈 예측, 상품 추천, 사기 탐지.

② 데이터 준비

• 자료수집: 데이터베이스, 로그 파일, 설문 조사 등 다양한 출처에서 자료 수집한다.

• 자료정제: 결측값 처리, 이상치 제거, 중복 데이터 제거한다.

• 자료변환: 필요한 형식으로 데이터를 변환(스케일링, 원-핫 인코딩 등)한다.

③ 모델링: 적합한 데이터 마이닝 알고리즘 선택(예: 의사결정 나무, 군집화, 연관 규칙 분석)한다.

④ 평가: 모델의 성능을 평가하여 적합성을 확인(정확도, F1 점수, RMSE 등)한다.

⑤ 배포: 분석 결과를 비즈니스 환경에 적용하고 지속적인 관찰한다.

(나) 데이터 마이닝의 활용 사례

1) 비즈니스

① 고객 세분화 및 타겟 마케팅: 예를 들어, 넷플릭스는 시청 데이터를 분석하여 각 고객에게 맞춤형 콘텐츠를 추천한다.

② 상품 추천 시스템: 예를 들어, 아마존은 "이 상품을 구매한 고객은 이런 상품도 구매했습니다"라는 데이터를 기반으로 상품을 추천한다.

2) 의료

① 질병 진단: 환자 기록 데이터를 분석하여 질병을 조기에 예측할 수 있다.

② 약물 효과 분석: 약물 데이터를 분석하여, 효과 및 부작용의 패턴을 발견한다.

3) 금융

① 사기 탐지: 신용 카드 사용 데이터를 분석하여, 이상 거래를 탐지한다.

② 리스크 분석: 고객의 신용 데이터를 분석하여, 대출 승인 여부를 결정한다.

4) 사회 분석

① 소셜 네트워크 분석: 소셜 미디어 데이터를 분석하여, 영향력 있는 사용자를 식별한다.

② 여론 분석: 트윗, 뉴스 기사 등의 텍스트 데이터를 분석하여, 공공 여론을 파악한다.

(3) 고객 자료수집

데이터 기반 경영의 중요성을 강조하며, 기업이 수집한 데이터를 분석하여, 고객의 행동을 예측하고, 의사결정을 최적화해야 한다(Davenport & Harris, 2007). 데이터는 단순 저장이 아니라, 고객의 니즈를 예측하고 맞춤형 서비스를 설계하는 데 사용되어야 한다.

(가) 정량적 데이터

① 구매 이력: 제품, 구매 빈도, 구매 금액 등의 정보를 포함한 고객의 구매 기록이다.

• 예: 특정 고객이 매달 2~3회 특정 제품군을 구매하는 경우이다.

② 웹사이트 방문 기록: 클릭 로그, 페이지 체류 시간, 상품 장바구니 추가 등의 데이터를 통해 고객의 웹사이트 이용 패턴을 추적한다.

• 예: 고객이 반복적으로 특정 상품 페이지를 방문한 경우이다.

③ 응답률: 프로모션 이메일에 대한 클릭 및 구매 전환 비율을 측정한 데이터이다.

(나) 정성적 데이터

① 설문 조사: 고객의 관심사, 선호도 및 개선 요구 사항 등을 파악하기 위한 자료이다.

• 예: "새로운 제품 기능 중 가장 유용한 것을 선택하세요".

② 고객 리뷰나 서비스 만족도 설문을 통해 얻은 정성적인 자료를 수집한다.

③ 고객 리뷰: 상품 품질, 가격 대비 만족도 등을 평가하는 고객의 의견을 파악한다.

(다) 기술적 활용

① 빅데이터 분석 도구: 하둡(Hadoop), 스파크(Spark) 등을 통해 대규모 자료를 수집, 저장, 분석한다.

② CRM 소프트웨어: 세일즈포스(Salesforce Inc), 허브스팟(HubSpot), 조호(Zoho) CRM과 같은 도구를 활용해 데이터를 관리하고 시각화한다.

(4) 고객 세분화

고객 세분화를 통해 고객 그룹별 니즈에 맞춘 마케팅 메시지를 제공하는 것이 효과적이다(Kotler & Keller, 2016). 데이터 기반 세분화는 고객 중심 마케팅의 효과를 극대화하며, 적합한 타겟팅을 가능하게 한다(Wedel & Kamakura, 2000). 이러한 과정은 RFM과 고객 생애 가치(LTV, Lifetime Value)를 통해 분석한다.

(가) RFM 분석

RFM 분석은 고객을 Recency(최근 구매 시점), Frequency(구매 빈도), Monetary(구매 금액)라는 세 가지 지표로 평가하여, 고객을 세분화하고 가치를 측정하는 분석기법이다.

① Recency(최근 구매 시점): 고객이 마지막으로 구매한 날짜로, 고객의 최근 활동성을 측정한다.

② Frequency(구매 빈도): 일정 기간 고객의 구매 횟수로, 충성도를 나타낸다.

③ Monetary(구매 금액): 일정 기간 고객이 지출한 금액으로, 고객의 경제적 기여도를 평가한다.

RFM 점수는 각 항목의 점수를 합산하여 고객을 세분화하는 데 사용한다. 예를 들어, 각 항목을 1~5로 점수화하여 (5, 5, 5) 점수는 가장 가치 있는 고객을 나타낸다.

(나) RFM 분석사례

1) 데이터 예시

고객	Recency(R)	Frequency(F)	Monetary(M) (한화)	총점	고객 유형
고객 A	5	5	650,000원	15	VIP 고객
고객 B	2	2	130,000원	5	이탈 위험 고객
고객 C	3	3	260,000원	9	일반 고객

[그림 11-5] RFM 분석 예시

2) 분석 프로세스

데이터를 각각 Recency, Frequency, Monetary로 정렬하고, 각 항목에 대해 점수를 할당한다.

① Recency: 최근 구매일이 적을수록 높은 점수(가장 최근 10일 = 5점).

② Frequency: 구매 횟수가 많을수록 높은 점수(15회 = 5점).

③ Monetary: 구매 금액이 많을수록 높은 점수(60만원 = 5점).

3) 결과

① 고객 A: 구매 금액이 650,000원으로 높은 금액을 기록, 최근 구매도 활발하고 빈번하게 구매하는 고객으로 VIP 고객이다.

② 고객 B: 구매 금액이 130,000원으로 적고, 최근 구매가 오래된 고객으로 이탈 위험 고객이다.

③ 고객 C: 구매 금액이 260,000원으로 적당하며, 최근 구매 활동이 일정한 고객으로 일반 고객이다.

4) 활용 방안

① VIP 고객(A): 맞춤형 프로모션, 감사 이벤트 제공한다.

② 이탈 위험 고객(B): 재구매 유도 이메일, 쿠폰 발송한다.

(다) 고객 생애 가치(LTV, Lifetime Value) 분석

고객 생애 가치(LTV, Lifetime Value)는 한 고객이 기업과 거래하는 동안 발생시킬 것으로 예상하는 총 수익의 현재 가치를 의미한다. 이는 고객이 기업과 관계를 맺고 있는 동안 발생할 수 있는 가치를 계산한다. 예를 들어, 특정 캠페인이나 마케팅 활동을 통해 고객이 예상되는 수익을 발생시킬 것으로 예측할 때 LTV를 사용한다. 기업의 고객 유치 전략, 고객 유지 전략, ROI(투자 대비 수익) 등을 계산할 때 유용하게 사용한다.

1) LTV 계산 공식(Discounted LTV)

고객 생애 가치(LTV, Lifetime Value)= (평균구매금액) × (구매 빈도) × (고객 관계 지속기간)

① 평균 구매 금액(Average Purchase Value): 고객이 한 번의 거래에서 평균적으로 지출하는 금액이다.

② 구매 빈도(Purchase Frequency): 고객이 특정 기간(예: 1년) 동안 구매하는 평균

횟수이다.

③ 고객 관계 지속기간(Customer Lifespan): 고객이 브랜드와 관계를 유지하는 평균 기간(년 단위)이다.

이 공식을 통해 고객이 기업과의 관계에서 발생할 수 있는 전체적인 수익을 추정할 수 있다.

(라) 고객 생애 가치(LTV, Lifetime Value) 분석 사례

1) 데이터 예시

고객	평균 구매 금액(한화)	구매 빈도	고객 관계 지속 기간(개월)	CLV(한화)
고객 X	65,000원	2	24	3,120,000
고객 Y	39,000원	3	12	1,404,000
고객 Z	26,000원	1	36	936,000

[그림 11-6] 고객 생애 가치(LTV, Lifetime Value) 분석 예시

2) LTV 계산

① 고객 X는 65,000원으로 계산되며, 전체 LTV는 3,120,000원이다.

② 고객 Y는 39,000원으로 계산되며, 전체 LTV는 1,404,000원이다.

③ 고객 Z는 26,000원으로 계산되며, 전체 LTV는 936,000원이다.

3) 분석 결과

① 고객 X는 가장 높은 LTV를 가진 고객이므로 집중 관리 필요하다.

② 고객 Z는 단일 구매 고객으로, 추가 구매를 유도하기 위한 마케팅 필요하다.

4) 활용 방안

① LTV가 높은 고객(X): 충성도 프로그램 제공(예: 장기 구독 할인)한다.

② LTV가 낮은 고객(Z): 크로스 셀링(Cross-selling) 또는 업 셀링(Upselling) 캠페

인 실행한다.

(5) 고객 맞춤형 서비스 제공

개인화된 경험이 CRM의 핵심이며, 고객은 자신의 필요에 맞는 맞춤형 상호작용을 통해 높은 만족도를 경험한다. 또한, 개인화 서비스는 고객 충성도와 브랜드 신뢰성을 강화한다(Peppers & Rogers, 1993).

(가) 고객 프로파일 기반의 개인화된 추천 시스템

고객의 구매 이력과 선호도를 기반으로 제품이나 서비스를 추천한다.

① 예시

- 아마존은 고객이 이전에 구매한 상품과 유사한 제품을 추천하거나, 다른 고객이 함께 구매한 상품을 제시한다.
- 넷플릭스는 시청 기록과 평점을 바탕으로 추천 콘텐츠를 제공한다.

(나) 실시간 고객 지원 서비스(Chat bot)

고객의 문의를 즉시 응답하고, 개인화된 도움을 제공한다.

① 예시

- 이베이(eBay)는 Chatbot을 통해 고객의 구매 질문을 해결하거나, 주문 상태를 실시간으로 업데이트한다.
- 여행 예약 서비스인 익스피디아(Expedia)는 실시간으로 항공편 변경이나 호텔 예약을 지원.

CRM은 단일 기능이 아닌 데이터 관리, 세분화, 상호작용 기록을 통합적으로 활용해야 최상의 성과를 낼 수 있다. 예를 들어, 넷플릭스는 고객의 시청 데이터를 실시간으로 수집하고, 이를 기반으로 콘텐츠를 추천하며, 고객과의 지속적인 상호작용을 통해 구독 이탈을 방지하는 전략을 운영하고 있다. 이처럼 CRM 전략은 데이터 중심의 접근 방식과 고객 중심의 실천을 통합하여 기업의 성장을 지원한다.

11-3 고객경험관리(CEM) 전략

1 고객 경험관리의 개념과 중요성

고객 경험관리는 단순히 고객 만족도를 높이는 것을 넘어, 고객과의 모든 접점에서 일관된 경험을 제공하고, 이를 통해 브랜드 충성도와 재구매율을 증가시키는 데 초점을 둔다. 이 과정에서 고객 여정 분석, 고객 중심 문화, 기술 활용, 경제적 성과 측정 등 다양한 구성요소가 상호작용하여 성과를 극대화한다.

[그림 11-7] 사용자 경험

1. 고객 경험관리(Customer Experience Management)의 개념

고객 경험관리(CEM, Customer Experience Management)는 고객이 기업과 상호작용하는 모든 접점에서 느끼는 경험을 체계적으로 관리하고, 이를 바탕으로 고객 만족과 충성도를 극대화하려는 전략적 접근법이다. 예를 들어, 고객이 상품 구매 전 상담, 배송, AS 서비스를 받는 모든 과정에서 긍정적 감정을 느끼도록 경험을 설계하는 것을 의미한다. 이를 통해 기업은 고객의 신뢰를 얻고 장기적 관계를 형성할 수 있다.

2. 고객 경험관리의 목적

(1) 고객 만족 증대

고객의 기대를 충족하거나 초과 달성하여 긍정적 경험 제공한다.

• 사례: 스타벅스는 고객 이름을 음료 컵에 적어 개인화된 서비스를 제공하며 고객 만족도를 높였다.

(2) 충성도 향상

고객이 브랜드를 선호하고 장기적으로 관계를 유지하도록 유도한다.

• 사례: 애플은 직관적 제품 설계와 프리미엄 고객 서비스를 통해 충성 고객을 유지하였다.

(3) 경쟁력 강화

고객 경험을 차별화하여 시장에서 경쟁우위를 확보한다.

• 사례: 나이키는 Nike+ 앱을 통해 고객의 운동 데이터를 분석, 맞춤형 운동 프로그램을 제공하며 차별화된 경험을 제공하였다.

(4) 수익성 개선

긍정적 고객 경험을 통해 재구매율 증가와 고객 유지비용 절감한다.

• 사례: 아마존은 1-클릭 결제와 프라임 멤버십으로 편리한 쇼핑 경험을 제공, 재구매율을 극대화했다.

3. 고객 경험관리의 중요성

(1) 브랜드 이미지 제고

고객 경험은 브랜드 이미지와 신뢰 형성에 큰 영향을 미친다.

- 사례: 디즈니는 테마파크에서 모든 접점(직원 서비스, 시설 등)에서 고객에게 긍정적인 기억을 심어줌으로써 강력한 브랜드 이미지를 구축했다.

(2) 차별화된 경쟁우위 제공

뛰어난 고객 경험은 경쟁사와 차별화되는 중요한 요소이다.

- 사례: 에어비앤비는 고객 후기 기반 개인화된 숙소 추천 시스템으로 기존 호텔 업계와 차별화되었다.

(3) 고객 생애 가치(LTV) 극대화

만족스러운 경험을 받은 고객은 장기적으로 더 많은 구매를 하고, 높은 생애 가치를 창출한다.

- 사례: 넷플릭스는 고객 선호도에 기반한 추천 알고리즘을 활용하여, 구독자 이탈률을 낮추고 장기 구독을 유도했다.

(4) 입소문 효과와 위기관리

긍정적인 경험은 입소문을 통해 새로운 고객 유치로 이어지며, 부정적인 경험은 위험성을 유발할 수 있다.

- 사례: 도미노피자는 고객 피드백을 반영하여 제품 품질과 배달 속도를 개선, 부정적 입소문을 긍정적으로 전환했다.

4. 고객 경험관리의 구성요소

(1) 고객 여정 분석

고객과 기업의 모든 접점을 시각화한 고객 여정 지도(Journey Map) 작성한다.

• 사례: 메리어트 호텔은 고객이 예약부터 체크아웃까지 겪는 모든 단계를 분석해 고객 요구를 충족하는 맞춤형 서비스를 제공한다.

(2) 고객 중심 문화 구축

기업 전반에 고객 중심 사고를 내재화하여 협업 강화한다.

• 사례: 자포스(Zappos)는 고객을 감동을 주는 서비스를 조직 핵심 가치로 삼고, 모든 직원이 고객 중심으로 의사결정을 내리도록 장려한다.

(3) 데이터 기반 접근법

고객 자료를 수집 및 분석하여 맞춤형 경험 제공한다.

• 사례: 이케아는 고객의 구매 패턴을 분석해 매장 동선을 설계하고, 맞춤형 제품 제안을 통해 만족도를 높였다.

(4) 기술 활용

CRM, AI, 빅데이터 등을 통해 고객과의 상호작용을 최적화한다.

• 사례: 세포라는 AR(증강현실) 기술을 통해 고객이 화장품을 가상으로 테스트할 수 있도록 지원, 차별화된 경험을 제공한다.

(5) 지속적인 개선 프로세스

실시간 피드백 수집 및 분석을 통해 문제를 해결하고 전략을 개선한다.

• 사례: 우버는 고객 리뷰를 기반으로 서비스 품질을 개선하고, 드라이버 및 사용자 만족도를 높였다.

2 고객 경험관리의 전략 수립과 운영 방안

고객 경험관리(CEM)는 고객과 기업의 상호작용을 통해 형성되는 경험을 체계적으로 관리하고 최적화하는 전략이다. 이는 기업이 고객의 요구와 기대를 충족시키고, 고객 만족도 및 충성도를 높이며, 궁극적으로 기업의 경쟁력을 강화하기 위한 핵심적인 접근 방식이다.

1. 고객 경험관리 전략 수립

(1) 목표 설정

고객 경험관리 전략의 첫 단계는 기업이 달성하고자 하는 목표를 명확히 설정한다. 이를 통해 전략이 일관되게 추진될 수 있다. 주요 목표는 고객 만족, 고객 충성도 향상, 경쟁우위 확보, 수익성 개선 등이 있다. 예를 들어, 스타벅스는 고객이 매장에서 특별하고 긍정적인 경험을 느낄 수 있도록 한다는 목표를 설정했다. 이 목표를 달성하기 위해 스타벅스는 음료의 품질뿐만 아니라 매장의 분위기와 직원 서비스 개신에 집중하고 있다. 고객이 즐거운 경험을 느끼도록 하는 것이 스타벅스의 핵심 전략이다.

(2) 고객 여정 분석 및 세분화

고객 여정 분석은 고객이 기업과 접촉하는 모든 과정을 시각적으로 표현하여, 고객이 어떤 단계에서 어떤 감정을 느끼는지 파악하고 개선점을 찾아내는 과정이다. 이를 위해 고객 여정 지도(Journey Map)를 작성하고 고객의 감정, 요구, 기대를 분석한다.

예를 들어, 메리어트 호텔은 예약부터 체크아웃까지의 고객 여정을 세밀하게 분석하여 불편한 단계를 제거하고, 고객 맞춤형 서비스를 추가하여 경험을 극대화했다. 또한, 고객 세분화 작업을 통해 각 고객 그룹에 맞는 맞춤형 경험을 제공한다.

넷플릭스는 고객의 시청 데이터를 분석하여, 각 고객군에 맞는 콘텐츠를 추천하고, 이를 통해 고객 경험을 개인화했다.

(3) 고객 중심 문화 구축

고객 중심 문화를 구축하는 것은 CEM 전략에서 매우 중요한 부분이다. 이를 위해 기업 내 모든 직원이 고객 경험을 최우선으로 생각하도록 하는 조직 문화를 형성해야 한다.

자포스는 직원들에게 고객 감동을 최우선으로 하는 서비스를 제공하도록 교육하고, 이를 통해 고객 만족도를 높였다. 또한, 기업 내 부서 간 협업을 촉진하여 고객 경험을 통합적으로 관리할 수 있도록 해야 한다.

아마존은 IT, 물류, 고객 지원 부서 간의 협업을 통해 고객이 상품을 빠르게 받을 수 있도록 시스템을 최적화했다.

(4) 기술 및 데이터 활용

고객 경험을 향상하기 위해 최신 기술과 데이터 분석을 적극적으로 활용하는 것이 필수적이다. CRM 시스템을 도입하여 고객 데이터를 통합적으로 관리하고, 고객의 행동을 분석하여 맞춤형 서비스를 제공한다. 예를 들어, 세포라는 CRM 시스템과 AI 기반 데이터를 활용하여 고객의 구매 이력을 분석하고, 개인화된 제품 추천을 제공하고 있다. 또한, 빅데이터 분석을 통해 고객의 행동 패턴을 파악하고, 이를 바탕으로 고객의 니즈를 예측하여 더욱 효과적인 고객 경험을 제공한다.

이케아(IKEA)는 증강현실(AR) 앱을 통해 고객이 가구를 가상으로 배치해볼 수 있도록 지원, 이는 고객의 구매 결정을 도와주는 혁신적인 기술이다.

(5) 지속적 개선 프로세스 구축

고객 경험관리는 일회성이 아닌 지속적으로 개선해야 하는 과정이다. 이를 위해 실시간으로 고객 피드백을 수집하고, 이를 분석하여 고객의 불만이나 문제점을 신속하게 해결해야 한다. 예를 들어, 우버는 고객과 드라이버의 피드백을 실시간으로 반영하여 서비스 품질을 지속적으로 개선하고 있다. 또한, 정기적인 성과 평가를 통해 고객 경험전략을 업그레이드한다. 고객 만족도(CSAT), 순추천지수(NPS), 고객생애가치(LTV) 등을 핵심 지표로 삼아 성과를 측정하고 이를 개선한다.

넷플릭스는 구독자 순추천지수(NPS)를 분석하여 고객의 이탈 가능성을 사전에 예측하고, 이에 대한 대응책을 마련한다.

2. 고객 경험관리 운영 방안

(1) 고객 데이터 통합 및 분석 체계 구축

고객 경험을 최적화하기 위해서는 고객 데이터를 효과적으로 관리하고, 분석하는 체계를 구축하는 것이 중요하다. 이를 위해 CRM 시스템을 도입하고, 고객의 행동 데이터를 실시간으로 수집하여 분석한다.

아마존은 고객의 구매 패턴과 검색 데이터를 분석하여, 고객 맞춤형 상품을 추천하며, 이메일 마케팅을 개인화하여 고객의 재구매를 유도하고 있다. 빅데이터와 AI 기술을 활용하여 고객의 선호도를 예측하고, 이를 바탕으로 더 나은 고객 경험을 제공하는 방식으로 운영한다.

(2) 옴니채널 경험 제공

고객이 온라인, 오프라인, 모바일 등 다양한 채널에서 일관된 경험을 느낄 수 있도록 하는 것이 중요한다. 이를 위해 모든 채널을 통합하여 고객이 언제 어디서든 동일한 경험을 할 수 있도록 해야 한다. 예를 들어, 나이키는 온라인 스토어와 오프라인 매장을 연동하여 고객이 매장에서 구매 후 온라인에서 동일한 계정으로 혜택을 누릴 수 있도록 지원한다. 고객은 어느 채널을 사용하든 일관된 브랜드 경험을 제공하여 고객의 충성도를 높이는 데 기여한다.

(3) 고객 피드백 활용 체계화

고객 피드백을 체계적으로 수집하고 분석하여, 고객 경험을 개선하는 것은 매우 중요한 작업이다. 고객 피드백을 실시간으로 수집하여 문제를 빠르게 파악하고, 대응할 수 있는 시스템을 마련해야 한다.

도미노피자는 고객의 리뷰 데이터를 분석하여, 피자 품질과 배달 속도를 개선하고 있다. 또한, 고객 인터뷰와 설문 조사를 통해 고객의 기대를 최신화하고, 이를 바탕으로 서비스 개선점을 찾아내고 있다.

(4) 내부 조직 운영 최적화

고객 경험관리의 성공적인 운영을 위해서는 조직 간 협업이 필수적이다. 고객 경험 전담팀을 구성하고, 모든 부서가 고객의 요구와 기대를 충족시키기 위해 협력할 수 있도록 해야 한다.

넷플릭스는 콘텐츠 제작, 데이터 분석, 기술팀이 긴밀히 협력하여 고객 선호에 맞는 콘텐츠를 제공한다. 이러한 부서 간 협업은 고객 경험을 일관되게 제공하는 데 중요한 역할을 한다.

(5) 고객 중심 KPI 설정 및 성과 평가

고객 경험관리 전략의 성과를 평가하기 위해서는 명확한 핵심 성과지표(KPI, Key Performance Indicator)를 설정해야 한다. 고객 만족도(CSAT), 순추천지수(NPS), 고객생애가치(LTV) 등을 핵심 지표로 삼고, 이를 정기적으로 모니터링한다.

마이크로소프트는 고객의 NPS 점수를 활용하여 고객 경험 개선의 우선순위를 정하고, 지속적으로 개선 작업을 진행하고 있다. 이러한 KPI를 바탕으로 전략을 조정하고, 더욱 효과적인 고객 경험을 제공할 수 있다.

학습활동

활동: 고객 경험관리와 고객 관계관리 전략 수립

① 참가자들은 소비자 행동론을 통해 목표시장의 고객을 분석합니다.

② 분석 결과를 통해 위의 두 가지 관리 전략을 수립합니다.

학습정리

- 소비자 구매 결정은 감정적 반응에 크게 영향을 받는다. 소비자는 논리적 사고보다 감정에 의해 구매를 결정한다. 이를 활용한 감성 마케팅은 소비자의 무의식적 감정을 자극해 브랜드 충성도를 형성한다.
- 감정을 사람들이 세상을 인식하고 자신을 정의하는 중요한 도구로 설명하며, 감정은 강력한 기억을 형성하고 브랜드 인식에 영향을 미친다.
- 사회적 증거 이론에 따르면, 소비자는 다른 사람들의 행동을 보고 자신의 행동을 결정한다.
- 소비자 행동은 문제 인식, 정보 검색, 대안 평가, 구매 결정, 구매 후 행동의 단계를 거친다. 이를 이해하면 소비자 행동 패턴을 파악해 맞춤형 마케팅 전략을 세울 수 있다.
- 감성 마케팅은 소비자의 감정을 자극하여 브랜드와 정서적으로 연결하는 전략이다. 소비자의 95%는 무의식적으로 구매 결정을 내리며, 이는 감정에 크게 좌우한다.
- 감정은 소비자 구매 행동에 큰 영향을 미친다. 긍정적 감정은 소비자 충성도를 끌어내고, 부정적 감정은 행동을 유도한다.
- 고객 관계 관리(CRM)는 고객 데이터를 전략적으로 수집, 분석, 활용하여 고객 만족과 충성도를 증대시키고, 이를 통해 장기적인 비즈니스 가치를 창출하는 프로세스이다. CRM은 운영 CRM과 분석 CRM으로 나뉘며, 운영 CRM은 고객과의 일상적인 상호작용을 지원하고, 분석 CRM은 데이터를 바탕으로 통찰력을 도출하여 전략적 의사결정을 돕는다.
- CRM의 중요성은 크게 세 가지로 나눌 수 있다. 첫째, 고객 충성도 증가를 통해 기업의 수익성을 높일 수 있다. 둘째, CRM은 기존고객 유지비용이 신규 고객 확보 비용보다 낮다는 점에서 기업의 수익성을 증대시킨다. 셋째, CRM은 차별화된 고객 경험을 제공함으로써 기업의 경쟁 우위를 확보하는 데 기여한다.
- 고객 데이터를 활용한 RFM 분석은 고객을 최근 구매 시점(Recency), 구매 빈도(Frequency), 구매 금액(Monetary) 기준으로 평가한다. 이를 통해 VIP 고객, 일반 고객, 이탈 위험 고객 등을 세분화하고, 각 그룹에 맞는 전략을 세울 수 있다. 고객 생애 가치(LTV)는 한 고객이 기업에 이바지할 수 있는 총 수익을 예측하는 지표로, 고객 유치와 유지 전략을 수립하는 데 중요한 역할을 한다.
- 고객 경험관리는 고객 만족도를 높이는 것을 넘어 고객과의 모든 접점에서 일관된 경험을 제공하여 브랜드 충성도와 재구매율을 증대시키는 데 중점을 둔다. 이를 위해 고객 여정 분석, 고객 중심 문화, 기술 활용, 경제적 성과 측정 등이 상호작용하여 성과를 극대화한다.
- 고객 경험관리(CEM)는 고객이 기업과 상호작용하는 모든 접점에서 느끼는 경험을 체계적으로 관리하고, 이를 통해 고객 만족과 충성도를 극대화하는 전략적 접근 방식이다. 예를 들어, 고객이 상품 구매 전후에 겪는 모든 과정에서 긍정적인 감정을 느낄 수 있도록 경험을 설계하는 것을 의미한다.

CHAPTER 12 서비스 품질 관리 전략

학습목표

12-1. 서비스 품질의 이해

12-2. 서비스 품질 관리기법

12-3. 서비스 품질경영과 개선

학습목표

1. 서비스 품질의 개념을 이해하고, 이를 서비스 제공에 어떻게 적용할 수 있는지 설명할 수 있다.
2. 다양한 서비스 품질 관리기법을 이해하고, 이를 적용하여 서비스 품질을 효과적으로 측정하고 관리할 수 있다.
3. 서비스 품질을 개선하기 위한 전략을 수립하고, 이를 통해 효과적인 서비스 품질개선 방법을 적용할 수 있다.

12-1 서비스 품질의 이해

1 서비스 품질의 개념과 구성요소

1. 서비스 품질(Service Quality)의 개념

서비스 품질(Service quality)은 주관적이며, 고객 지향적인 관점에서 접근하고, 제공되는 서비스에 대한 소비자의 전반적 인식으로 정의할 수 있다(이유제·이준엽, 2001). PZB(1988)는 지각된 서비스 품질의 개념은 서비스의 우수성이나 우월성과 연관되고, 이는 고객의 전반적인 판단 또는 태도로 정의한다.

서비스 품질은 서비스 접점에서 고객과의 상호작용을 통하여 전달됨으로 고객에 대한 종업원의 행동과 태도는 고객이 인식하는 서비스 품질과 고객만족, 고객충성도 등에 영향을 주어 궁극적으로 경영성과에 영향을 미친다. 따라서 고객과 대면하여 서비스를 제공하는 종업원이 양질의 서비스를 제공하기 위한 역량을 갖추고, 적절한 행동을 할 수 있도록 동기부여하는 조직 차원의 노력이 요구된다.

[그림 12-1] 서비스 품질을 위한 고객 경정 분석

2. 서비스 품질의 중요성

서비스 품질은 고객 만족과 충성도를 형성하는 핵심적인 요소로, 기업의 경영성과에 직접적인 영향을 미친다. 고객이 서비스를 경험할 때, 그들의 지각된 서비스 품질은 해당 서비스의 우수성이나 우월성을 판단하는 기준이 된다. 특히, 서비스 제공 과정에서 고객과의 상호작용은 매우 중요한 역할을 하며, 종업원의 태도와 행동은 고객의 서비스 품질에 대한 인식을 좌우한다.

서비스 품질은 고객의 기대에 부합하거나 그 이상을 충족시킬 때, 고객 만족을 끌어내고, 이는 다시 고객 충성도로 이어진다. 충성도 높은 고객은 반복적인 구매와 긍정적인 구전 효과를 통해 기업의 지속적인 성장과 수익성에 이바지하게 된다. 또한, 고품질의 서비스는 경쟁사와 차별화되는 강점을 제공하며, 시장에서의 기업의 입지를 강화한다.

따라서, 서비스 품질의 향상은 단순히 고객 만족을 넘어서, 기업의 전략적 성공과 직결되는 중요한 요소로, 이를 달성하기 위한 종업원의 역량 개발과 동기부여, 그리고 조직 차원의 지속적인 개선 노력이 필수적이다.

[그림 12-2] 고객 서비스

3. SERVQUAL 모형

SERVQUAL은 서비스 품질을 측정하고 평가하는 대표적인 모델로, 서비스 품질을 정의하고 분석하는 데 유용하다. 이 모델은 서비스(Service)와 품질(Quality)이라는 두 개의 개념을 결합한 것으로, 서비스 품질의 주요 속성과 세부 측정항목을 통해 고객이 경험한 서비스의 질을 평가하려는 목적이 있다.

P.Z.B(Parasuraman, Zeithaml, Berry, 1985)는 처음에 서비스 품질을 설명하기 위해 10개의 속성과 97개의 세부 측정항목을 제시했다. 이 항목들은 서비스 품질을 평가할 때의 기준이 되었고, 이들은 매우 타당성 있는 속성과 측정항목으로서 초기 SERVQUAL 모델을 구성하고 있다. 그러나 1988년에 P.Z.B는 이를 실증연구를 통해 검토한 후, 10개의 속성과 97개의 측정항목을 더 간소화하고, 보다 구체적이고 실용적인 측정 차원으로 재구성했다.

그 결과, SERVQUAL 모델은 5가지 주요 차원으로 구성되었다.

(1) 서비스 품질의 구성요소

(가) 유형성(Tangibles)

유형성은 서비스 제공자의 물리적 환경과 시설, 장비, 직원의 외모 등 고객이 눈으로 볼 수 있는 요소를 의미한다. 이는 고객이 서비스 품질을 직관적으로 판단할 때 중요한 역할을 한다. 예를 들어, 최신장비, 시설, 종업원 외모와 분위기, 안내 시설, 휴식 공간, 시설물 관리, 이동 동선의 편리성 등을 말할 수 있다.

(나) 신뢰성(Reliability)

신뢰성은 서비스 제공자가 약속한 서비스를 정확하고 일관되게 제공하는 능력을 의미한다. 고객은 서비스가 예측 가능한 방식으로 제공되기를 원한다. 예를 들어, 서비스 철저, 업무의 정확도, 예약 시간 관리, 상담과 작업결과의 정확성, 약속한 시각에 마무리 등을 말할 수 있다.

(다) 응답성(Responsiveness)

응답성은 고객의 요청이나 문제에 대해 빠르고 효율적으로 반응하는 능력을 나타낸다. 고객이 불편을 겪을 때 이를 해결하려는 서비스 제공자의 의지와 능력이 중요한데, 이는 고객 만족도를 높이는 핵심 요소이다. 예를 들어, 신속한 서비스 제공, 스스로 도움을 제공, 고객이 무엇인가 요구하였을 시 신속하게 대응하는 것을 의미한다.

(라) 확신성(Assurance)

확신성은 고객이 서비스를 제공하는 직원들이 전문적이고 신뢰할 수 있다고 느끼는 정도를 나타낸다. 이는 고객이 서비스 제공자를 신뢰하고, 그들이 제공하는 서비스가 자신에게 유익하고 안전하다는 확신을 가질 수 있도록 하는 요소이다. 예를 들어, 미용에 관련된 유익한 정보나 전문 지식을 숙지하고 제공, 트렌드를 파악하여 고객이 스타일을 믿고 맡길 수 있는 것을 의미한다.

(마) 공감성(Empathy)

공감성은 고객에 대한 개별적이고 친근한 관심을 보여주는 서비스 제공자의 태도를 의미한다. 고객이 느끼는 감정과 요구를 이해하고 이에 맞춰 서비스를 제공하는 능력이 공감성이다.

고객이 개별적인 관심과 배려를 받는다고 느끼면, 그들은 더 높은 수준의 만족감을 경험하게 된다. 예를 들어, 개별적 관심, 접근 용이성, 고객에 대한 이해, 제공하는 서비스에 관해 관심과 주의를 기울이고 고객이 원하는 서비스를 제공, 고객의 이해를 쉽게 도와주는 것을 의미한다.

이 5가지 차원은 고객이 경험하는 서비스 품질을 여러모로 측정할 수 있는 기준을 제공하며, 각 차원은 고객의 만족도를 결정짓는 중요한 요소이다. SERVQUAL 모델은 이처럼 서비스 품질을 종합적으로 평가하고, 기업이 고객의 기대에 부합하는 서비스를 제공하는 데 필요한 개선 영역을 찾아내는 데 중요한 도구로 활용된다.

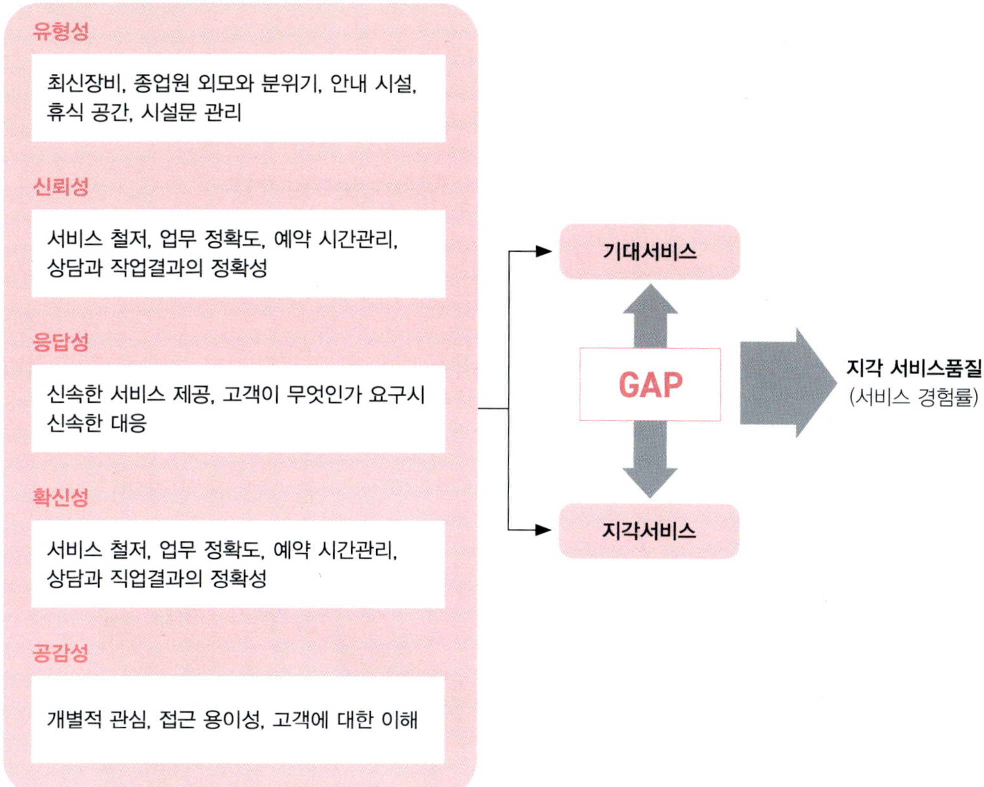

[그림 12-3] P.Z.B(1988) SERVQUAL 모형

12-2 서비스 품질 관리기법

1 서비스 품질 관리(Service Quality Management)

1. 서비스 품질 관리의 정의

서비스 품질 관리는 고객이 기대하는 서비스 수준을 충족하거나 초과하도록 서비스 제공의 모든 측면을 관리하는 활동이다. 이는 기업의 경쟁력을 강화하고 고객 충성도를 높이며, 궁극적으로 기업의 재무성과를 증대시키는 중요한 전략이다.

[그림 12-4] 서비스 품질 관리

2. 서비스 품질 측정

서비스 품질 관리 측정(평가)은 서비스 접점에서 결정되며 평가를 좌우하는 요인들은 서비스를 전달하는 요소에 있다고 할 수 있다. 서비스 접점에서 고객만족을 창출하기 위해서는 서비스 전달시스템을 잘 구축하고 효과적으로 관리해야 한다는 것을 의미한다.

서비스 전달시스템은 고객에게 서비스가 제공되는 시점에서부터 전달될 때까지의 흐름을 의미하며, 서비스의 효율성을 높이기 위해 서비스 전달시스템을 잘 설계하는 것은 기업의 경쟁력을 위해 중요한 업무이다. 동종 산업에서 경쟁기업과의 차별화된 서비스전략은 서비스 전달시스템의 설계과정으로부터 시작될 수 있으며, 서비스 전달시스템을 구축하기 전에 다양한 대안들을 놓고 고민하고 분석해야만 한다(최은아 외, 2016),

(1) 서비스 품질평가의 원칙

서비스 품질의 기준은 고객이 주체이며, 고객만족의 기준에 맞게 제공되는 서비스의 프로세스를 개발, 유지, 관리하여야 한다.

① 서비스는 눈에 보이는 가시적인 상품이 아니기에 직접 경험을 통하여 서비스 품질을 알 수 있다.

② 서비스가 반드시 동시에 수행되고 소비되어야 하므로 서비스의 질은 서비스 제공자의 능력과 서비스 제공자와 고객 사이 상호작용의 질에 크게 의존한다.

③ 서비스의 품질이 고르지 않아 누가, 언제, 어디서 서비스를 제공하느냐에 따라 차이가 큼을 의미하는 것으로, 서비스는 생산과정에서 가변 요소가 많고 고객의 같은 주문이라도 직원에 따라 다르게 수행될 수 있어서 서비스 품질의 균일화가 어렵다.

④ 서비스에 대한 수요와 공급의 균형을 이루기 어렵다. 따라서 수요와 공급 간의 조화를 이루는 전략이 필요하다.

고객은 기억해 주고 대접해 주기를 원한다.

고객은 어떤 서비스를 제공하느냐에 따라 고객의 반응이 달라진다.

(2) 서비스 품질의 평가

서비스 품질의 5가지 차원의 서비스 수준에 대한 고객의 기대감과 실제 제공된 서비스의 인지된 성과 차이를 비교하여 측정한다. 서비스에 대한 고객의 평가는 기대대비 만족으로 나타나는데, 절대적 만족도가 A 사에서 제공된 서비스의 만족도가 50%이고, B 사에서 제공된 서비스의 만족도가 80%라는 가정에서, A 사의 서비스 기대치가 5%였다면, A 사에서 제공된 서비스의 만족도는 10배 되며, B 사의 서비스 기대치가 40%이었다면, B 사에서 제공된 서비스 만족도는 2배이다. 그러므로 서비스 만족도는 A 사가 제공된 서비스 가치가 높다.

3. 서비스 품질과 고객 만족

(1) 서비스 품질과 고객 만족의 관계

서비스 품질은 고객 만족에 큰 영향을 미친다. PZB((1988)는 서비스 품질이 고객 만족을 결정짓는 중요한 요소이다. 이는 고객 만족을 경험 품질 = 기대 품질이라는 공식으로, 경험 품질이 고객의 기대를 초과할 때 고객 만족이 이루어진다.

(가) 경험적 사례: 스타벅스

스타벅스는 고객 경험을 관리하는 데 있어 탁월한 성과를 보였다. 서비스 품질을 높이기 위해 직원 교육, 매장 환경, 고객 피드백 수집 및 반영을 강화한 결과, 고객 만족도가 높아지고 재방문율이 증가했다. 특히 스타벅스는 공감성과 응답성을 강조하여 고객 충성도를 높였다.

(2) 고객만족(Customer satisfaction)의 개념

고객만족(CS, Customer satisfaction)을 고객의 실제 경험과 기대 간의 불일치로 인해 발생하는 감정과 구매 경험 전의 감정이 결합하여 발생하는 종합적 심리상태로 정의한다. 다수의 연구에서 고객만족을 결정하는 변수들을 설명하기 위하여 기대와 불일치 패러다임을 개발하고, 이를 통해 고객만족을 설명하려는 시도가 진행되었다. 이러한 패러다임에 기초하여 사전 기대와 제품 성과 간의 불일치는 고객만족과 불만족에 영향을 미치며, 고객만족은 내적 결정요소와 지각된 성과에 기초하여 결정된다(Oliver, 1980).

[그림 12-5] 고객 만족

(가) 고객만족의 두 가지 관점

고객만족을 소비 경험이 최소한 기대되었던 것보다 좋았다는 평가로 고객만족은 크게 두 가지 관점으로 개념화할 수 있다.

첫째, 거래 특유적 관점으로 개별적 거래에 대한 성과와 기대의 비교로써 판단되는 만족이다.

둘째, 개별적인 거래적 관점은 각각에 대한 경험들이 모여서 제품이나 서비스에 대한 전반적 평가로 나타나는 전반적 만족 또는 누적적 만족이다. 고객만족은 구매 과정 및 구매 후 평가와 관련된 마케팅 활동의 중요한 요인으로 서비스 분야에서도 그 중요성이 매우 크다고 할 수 있다.

고객만족에 대해 정립한 개념들을 크게 과정(Process)과 결과(Outcome)로 구분된다.

① 과정론적으로 고객만족을 소비 경험이 최소한 기대했던 것보다 좋았다거나 선택했던 대안이 그 대안에 대한 사전적 신념과 일치되었다는 평가를 의미한다.

② 결과론적으로 고객만족을 고객이 지불한 대가가 적절하거나 부적절하다고 느끼는 고객의 인지적 상태 또는 감정적 반응 등으로 의미한다.

(3) 고객만족과 성과(Performance)

고객만족을 서비스 제공자에 대한 고객들의 태도로 정의하고 있다. 서비스 제공과 관련된 개인의 평가적 판단이 만족의 수준을 결정하게 된다. 고객만족은 고객이 구매 전 기대와 구매 후 만족도를 조사하고 비교하여 고객이 불만족스럽게 느끼는 내용을 개선 및 보완하고 더불어 지속적인 고객의 욕구 충족을 위하여 수행하는 기업 활동이라고 할 수 있다.

① 고객만족은 긍정적 경험을 토대로 구전하게 하여 신규 고객을 확보함과 동시에 재구매 의도를 높여 매출을 증가시키는 측면에서 공격 효과(Offensive effect)에 영향을 준다.

② 고객만족은 기존고객을 유지하고 고객의 전환을 줄이는 측면에서 수비 효과(Defensive effect)도 가진다.

[그림 12-6] 고객 만족과 성과

기업은 고객만족을 통해 기업의 미래 가치인 비재무적 성과와 재무성과를 예측할 수 있다. 즉, 고객만족은 목적에 적합한 회계 정보로 이용될 수 있으며, 기업에 대한 성과 평가와 전략적 목표 달성에 대한 유용한 정보가 제공될 수 있다.

비재무적 성과지표는 기업의 성과 향상에 동인이 되는 고객 만족도, 고객충성도, 지적 자본과 같은 중요한 무형의 자산가치에 대한 정보를 제공한다. 또한, 비재무적 지표는 미래의 수익을 창출하기 위해 현재 수행에 필요한 기업의 활동에 관한 정보를 제공함으로 재무적 성과를 더욱더 정확하게 예측할 수 있다.

12-3 서비스 품질경영와 개선

1 서비스 품질개선 6시그마(Six Sigma)

1. 6시그마 품질경영의 개념

식스 시그마(Six sigma)의 개념적 의미는 100만 개의 제품 중 3~4개의 불량만을 허용하는 3.4ppm(Parts Per Million) 경영, 즉 품질혁신 운동을 말한다. 시그마(σ)는 보통 통계학에서 오차 범위를 나타내며, 경영학에서는 제품의 불량률을 나타내는 데 사용된다. 1 시그마는 68%, 3 시그마는 99.7%의 제품이 만족스럽다는 의미이며, 시그마의 수치가 오를수록 제품의 품질만족도는 상승한다. 6시그마를 통계적으로 보면 99.99966%가 양품(良品)이라는 의미다. 예전의 100PPM 운동과 비교할 때 사실상의 완벽을 추구하는 품질 관리 운동으로 볼 수 있다.

[그림 12-7] 6시그마의 품질경영

모토로라의 품질향상 노력의 결과로 탄생한 6시그마 경영은 불량을 통계적으로 측정, 분석하고 그 원인을 제거함으로 6시그마 수준의 품질을 확보하려는 전사적 차원의 활동을 의미한다. 기존 품질개선 활동이 제조과정에 한정되어 이루어진 것에 반해 6시그마 경영은 R&D 마케팅, 관리 등 경영 프로세스 전반을 대상으로 한다. 고객 관점에서 데이터에 기반을 둔 경영 혁신 방법론으로 정의할 수 있다. 또한, 6시그마는 복잡한 시장 환경에서 의사결정자가 문제 해결에 필요한 아이디어를 떠오르게 하고 당면한 문제를 체계적으로 해결하도록 지원하는 방법론이다.

2. 6시그마의 특징

① 6시그마 경영은 프로젝트를 수행하면서 통계데이터에 근거한 철저한 분석, 성과계산 등을 철저하게 계량화함으로 객관적 타당성을 확보하고 추진목표까지도 명확하게 계량화하므로 목표관리와 작업의 개선이 쉽다.

② 6시그마 경영은 고객 관점에서 고객만족에 초점을 둠으로 품질에 영향을 미치는 핵심 요소(Critical to Quality; CTQ)를 발견하고 이를 제거하는 데 초점을 둔다.

③ 6시그마 경영은 개선 프로젝트의 비용 절감효과를 자세히 분석하여 재무부서가 그것을 공식적으로 인정해 준다. 기존의 품질 경영활동은 부서별로 발의한 과제가 대부분으로 투자 대비 효과 분석이 미흡했지만, 6시그마의 진행 결과는 재무적 성과로 표시되므로 참여자들이 프로젝트의 가치를 인식하고 매진할 수 있다.

④ 6시그마 경영은 전문 인력이 프로젝트 개선을 전담하는 리더로서 혁신을 진행한다. 경영층과 전문 인력이 주도하는 활동인 관계로 종래의 Bottom-up 방식보다는 훨씬 전략적으로 진행이 된다.

⑤ 6시그마는 경영자나 관리자 등이 중심이 되는 Top-Down 방식으로 전개되고, 경영방침과 구체적 전략인 활동단위로 나누어 개선을 진행한다.

3. 6시그마 분석방법

6시그마 프로젝트 수행 방법론은 DMAIC와 DMADOV의 두 가지 유형이 있다. DMAIC는 현재 존재하는 프로세스나 제품의 결함을 획기적으로 개선하기 위한 방법론이지만, DMADOV는 신제품을 설계하거나 현재 존재하지 않는 새로운 프로세스를 처음부터 6시그마 수준으로 설계하기 위한 방법론이다.

6시그마 프로젝트를 수행하기 위해 가장 일반적으로 사용하는 방법론이 DMAIC 방법론이다. 이는 문제의 정의(Define), 측정(Measure), 분석(Analyze), 개선(Improve), 관리(Control)의 5단계를 거쳐 혁신 프로세스를 완료한다.

[그림 12-8] 시스 시그마 품질경영 과정

① 문제점의 정의에서는 품질혁신이 필요한 문제를 파악하게 된다.

② 측정단계에서는 현재의 품질 수준(Y)을 파악하고 이 수준에 이르게 하는 잠재적 원인 변수(X)를 찾게 된다.

③ 분석단계에서는 수집된 데이터를 근거로 문제의 근본 원인인 핵심인자를 찾는다.

④ 개선단계에서는 프로세스 개선안과 문제해결책을 찾아 시행한다.

⑤ 관리단계에서는 개선결과를 문서로 만들고 이를 토대로 지속적인 피드백을 시행할 계획을 수립하게 된다. 이를 위해 각 단계는 각각 세부단계로 나누어 진행되며, 각 단계에서는 필요한 활동을 수행하기 위해 다양한 도구와 통계적 기법들을 사용한다.

2 서비스 품질개선 TQM(Total Quality Management)

1. TQM(Total Quality Management) 품질경영의 개념

전사적 차원에서 지속적 품질개선을 목표로 하는 관리방식이다. TQM은 고객 중심, 전 직원 참여, 지속적 개선의 원칙을 강조한다.

사례: 도요타는 TQM을 도입하여 Toyota Production System(TPS)을 통해 생산성과 고객 만족도 향상을 이루었다. 특히 지속적 개선(Kaizen)과 JIT(Just-in-Time) 시스템을 통해 품질개선을 지속적으로 추진했다.

[그림 12-9] 품질 관리

(1) 고객 피드백을 통한 품질개선 사례 분석

① 항공사: 승객 설문 조사를 기반으로 기내 서비스를 개선하여 고객 만족도를 높인 사례이다. 예를 들어, 델타 항공은 승객의 피드백을 통해 기내식 개선 및 엔터테인먼트 서비스를 업그레이드하여 고객 경험을 향상시켰다.

② 호텔: 온라인 리뷰 분석을 통해 체크인 프로세스를 단축하여 고객 만족도를 높였다. 마리나 베이 샌즈 호텔은 고객의 피드백을 분석하여 체크인 시간을 단축하고, 로비에서의 대기시간을 줄이기 위한 개선을 도입했다.

(2) 측정방법

① NPS(Net Promoter Score): 고객이 기업을 친구나 동료에게 추천할 가능성을 측정하는 방법이다. NPS는 고객의 충성도와 서비스 품질을 평가하는 데 유용하다.

② CSAT(Customer Satisfaction Score): 고객 만족도를 평가하는 방법으로, 고객의 만족도를 직접 측정할 수 있다.

2. 서비스 품질 체계 수립과 실행 전략

(1) 품질 관리 체계 수립

(가) 목표 설정

서비스 품질 목표와 핵심 성과 지표(KPI)를 정의한다. 예를 들어, 고객 응답 시간, 고객 만족도 점수 등이 KPI가 될 수 있다.

(나) 프로세스 설계

서비스 제공의 표준화와 효율화를 위한 프로세스를 설계한다. 서비스 제공 과정에서 발생할 수 있는 오류를 줄이기 위한 표준화가 필요하다.

(다) 리소스 배치

적절한 인력, 기술, 자금을 확보하는 것이 중요하다. 품질 관리를 위한 인력 교육 및 기술 지원 시스템을 구축해야 한다.

(2) 실행 전략

(가) 지속적 교육 및 역량 강화

직원들에게 지속적으로 교육을 제공하고, 서비스 품질을 높일 수 있는 역량을 강화한다.

(나) 데이터 기반 의사결정

품질 관련 자료를 수집하여 의사결정을 내리고, 개선 활동에 반영한다.

(다) 정기적인 품질평가와 피드백 시스템 운영

정기적인 품질평가와 피드백을 통해 품질향상에 반영한다.

학습활동

활동: 서비스 품질 관리 전략 수립

① 참가자들은 목표 시장의 고객을 통해 경쟁기업의 서비스 품질을 측정하여 분석합니다.

② 분석 결과를 통해 위의 두 가지 서비스 품질 관리 전략을 수립합니다.

학습정리

- 서비스 품질은 고객 지향적이며, 제공되는 서비스에 대한 소비자의 전반적인 인식이며, 서비스 품질을 서비스의 우수성 또는 우월성과 연관된 고객의 전반적인 판단이나 태도로 정의한다. 서비스 품질은 고객과 종업원의 상호작용을 통해 전달되며, 종업원의 행동과 태도는 고객이 인식하는 서비스 품질, 고객 만족, 충성도에 영향을 미쳐 경영성과에까지 영향을 미친다.
- 서비스 품질의 대표적인 분석 모델인 SERVQUAL은 서비스(Service)와 품질(Quality)의 합성어로, PZB(1985)가 개발한 모델로, 초기에는 10개의 속성과 97개 세부 측정항목으로 구성되었으나, 1988년 실증연구를 통해 유형성, 신뢰성, 응답성, 확신성, 공감성의 5가지 차원으로 재구성되었다.
- 서비스 품질 관리는 고객이 기대하는 수준 이상의 서비스를 제공하기 위해 모든 과정을 체계적으로 관리하는 활동이다. 이를 통해 기업은 경쟁력을 강화하고 고객 충성도를 높이며, 재무성과를 증대시킬 수 있다.
- 서비스 품질은 서비스 접점에서 평가되며, 고객이 경험하는 서비스 전달시스템의 효율성에 크게 좌우한다. 서비스 전달시스템은 고객에게 서비스를 제공하는 전 과정을 의미하며, 이를 체계적으로 설계하고 관리하는 것은 경쟁력 확보의 중요한 요소이다.
- 서비스 품질의 평가는 서비스 품질은 5가지 차원(가시성, 신뢰성, 응답성, 공감성, 확실성)을 기준으로 고객 기대와 실제 제공된 서비스 간 차이를 비교하여 평가한다. 고객 만족은 기대대비 성과에 의해 결정되며, 기대치를 초과하는 경험이 고객 만족을 끌어낸다.
- 서비스 품질은 고객 만족의 핵심 요소입니다. 고객 만족은 경험 품질이 기대 품질을 초과할 때 발생하며, 이는 기업의 재구매율과 충성도를 높이는 데 이바지한다.
- 고객 만족은 고객의 기대와 실제 경험 간의 불일치에서 발생하는 심리적 상태로 정의됩니다. 이는 고객이 소비 경험을 통해 느낀 감정적 또는 인지적 평가로, 구매 전 기대와 구매 후 경험의 비교를 통해 판단됩니다. 고객 만족은 크게 두 가지 관점으로 나뉜다.
- 고객 만족은 긍정적 경험을 통해 신규 고객 유치와 재구매를 유도하는 공격 효과와 기존 고객을 유지하고 이탈을 방지하는 수비 효과를 동시에 가진다. 이를 통해 고객 만족은 기업의 비재무적 성과(예: 고객 충성도, 무형 자산가치)와 재무적 성과를 예측하는 중요한 지표로 활용한다.
- 6시그마는 100만 개의 제품 중 3~4개의 불량만을 허용하는 3.4ppm(Parts Per Million)의 품질을 목표로 하는 경영 혁신 운동으로, 시그마(σ)는 통계학에서 오차 범위를 나타내며, 경영학에서는 제품의 불량률을 의미한다. 시그마의 수치가 높아질수록 제품의 품질만족도도 상승하며, 6시그마는 99.99966%가 양품임을 의미이다.

CHAPTER 13 사업 확장과 글로벌 전략

학습목표

13-1. 사업 확장 전략

13-2. 글로벌 시장 진입 전략

13-3. 글로벌 스타트업 사례 분석

학습목표

1. 사업 확장 전략의 핵심 요소를 이해하고, 이를 효과적으로 적용하여 비즈니스 성장을 촉진할 수 있다.
2. 글로벌 시장 진입 전략을 수립하고, 각 시장에 적합한 접근 방식과 전략을 수립할 수 있다.
3. 글로벌 시장에서 성공한 기업의 사례를 분석하고, 이를 바탕으로 성공적인 비즈니스 전략을 도출할 수 있다.

13-1 사업 확장 전략

1 사업 성장전략

1. 사업 성장 단계

사업 확장은 크게 세 가지 주요 단계로 나눌 수 있다. 스타트업 단계, 성장 단계, 그리고 확장 단계. 단계마다 목표와 전략이 다르다.

(1) 스타트업 단계

(가) 목표

이 단계의 핵심 목표는 초기 고객 확보와 제품-시장 적합성(Product-Market Fit)을 검증하는 것이다. 제품이나 서비스가 실제 고객의 요구를 충족하는지 확인하는 과정이다.

1) 제품-시장 적합성(Product-Market Fit)을 검증

제품-시장 적합성(PMF, Product-Market Fit)은 스타트업이나 기업이 시장에서 성공을 거두기 위해 반드시 달성해야 하는 중요한 이정표이다. PMF는 기업이 개발한 제품이나 서비스가 고객의 실제 요구와 문제를 정확히 해결하고 있다는 증거가 될 때 성립한다. 이는 제품이 시장에서 널리 받아들여지고, 고객들이 자발적으로 구매하거나 추천하는 상태를 의미한다.

[그림 13-1]

(나) 핵심 요소

자원(인력, 자금)이 매우 제한적이므로 창의적인 문제 해결과 빠른 실험이 중요하다. 이를 위해 린 스타트업(Lean Startup) 방법론을 적용할 수 있다. 이 방법론은 빠른 프로토타이핑과 지속적인 고객 피드백을 통해 제품을 개선하는 방식이다.

1) Lean Startup 방법론

스타트업이나 신제품 개발을 위한 효율적인 방법론으로, 고객의 니즈에 맞춘 빠른 실험과 반복적인 개선을 통해 위험을 최소화하고 성공 가능성을 높이는 접근법이다. Eric Ries(2011)가 제시한 이 방법론은 불확실성이 큰 환경에서 신속하게 시장의 반응을 확인하고, 제품 또는 서비스를 점진적으로 개선해 나가는 방식이다

(다) 사례

Dropbox는 초기 사용자 피드백을 기반으로 제품을 개선하였고, 이를 통해 제품과 시장 적합성을 성공적으로 확보한 후 빠르게 성장할 수 있었다(Ries, 2011).

(1) 성장 단계

(가) 목표

이 단계에서의 주요 목표는 매출 증가, 고객 기반 확대, 운영 효율성 강화한다. 사업이 성장함에 따라 투자유치와 조직구조 확립이 필수적이다. Kotler & Keller (2016)는 마케팅 전략의 중요성을 강조하며, 고객 세분화와 타겟팅을 통해 효과적인 마케팅을 진행할 수 있다. 기업은 고객 기반을 확장하고, 운영 효율화와 지속 가능한 성장을 달성해야 한다. 이 단계에서는 외부 자금조달 및 스케일업(Scale-up Plan) 전략이 중요하다.

(나) 핵심 요소

조직 내 리더십 강화와 효율적인 자원 배분이 중요하며, 경쟁우위를 유지하기 위해 비즈니스 모델 확장이 필요할 수 있다.

(다) 사례

에어비앤비는 초기 단계에서 빠른 성장을 경험하며 투자유치와 조직구조 확립을 통해 글로벌 시장 진입을 위한 기반을 마련했다(Chesky, 2017).

(2) 확장 단계

(가) 목표

확장 단계에서는 새로운 시장 진입과 제품/서비스 포트폴리오 다각화가 주요 목표이다. Levitt(1983)는 글로벌 시장에서의 표준화와 현지화 전략을 혼합하여 기업의 국제적 성공을 이끌 수 있다. 또한, 스케일업 계획(Scale-up Plan)을 통해 지속 가능한 성장을 도모해야 한다. 예를 들어, 우버는 벤처 캐피탈을 통해 초기 자금을 유치하고 글로벌 시장으로 확장하였다(Yancey, 2012). 이 단계는 기존 시장에서의 성장을 넘어서 글로벌 시장 진출을 목표로 한다.

(나) 핵심 요소

지속 가능한 성장을 위해 경쟁력 있는 확장 전략과 위험 관리가 필요하다.

(다) 사례

아마존(Amazon)은 성장기를 거쳐 다양한 시장에 진출하며, 제품 다각화와 서비스 확장을 통해 글로벌 리더로 자리매김했다.

(3) 스케일업 계획(Scale-up Plan)

스케일업 계획(Scale-up Plan)은 기존 사업을 더 큰 규모로 확장하는 전략적인 접근을 의미한다. 이는 특히 스타트업이나 중소기업이 한정된 자원과 인프라를 바탕으로 성장을 목표로 할 때 중요한 과정이다. 스케일업은 단순히 매출을 늘리고 사업을 확장하는 것이 아니라, 보다 체계적이고 지속 가능한 성장을 위한 계획을 세우는 것이다. 아래는 스케일업 계획을 구체적으로 설명한 내용이다.

(가) 시장 확장

스케일업의 첫 번째 단계는 기존 시장을 넘어 새로운 시장으로 진입하는 것이다. 이는 지역적, 산업적 확장, 또는 제품군 확대를 포함할 수 있다. 예를 들어, 한 커피 브랜드가 처음에는 도시 내에서만 매장을 운영했다면, 스케일업을 통해 다른 지역이나 해외로 진출하거나, 온라인 판매 채널을 확대할 수 있다. 더 넓은 시장에서 고객을 확보하고, 매출을 증가시키는 것이다.

(나) 운영 효율성 증대

운영 효율성을 높이기 위해 기존의 프로세스를 최적화하거나, 기술을 도입하여 생산성과 비용을 절감하는 방법을 찾는다. 예를 들어, 수작업으로 이루어지던 과정들을 자동화하는 것으로, 재고 관리 시스템을 자동화하거나, 고객 관리 시스템(CRM)을 도입하여 고객 데이터를 효율적으로 관리하는 방식이다. 또한, 제품 생산과 관련된 프로세스를 재설계하여, 비용을 줄이거나 생산속도를 높일 수 있다. 비용을 줄이고 생산성을 높여, 더 큰 규모의 고객을 처리할 수 있도록 만드는 것이다.

(다) 자금조달

스케일업(Scale-up)을 위한 확장을 위해 추가 자금이 필요하다. 이는 새로운 사업 영역에 진입하거나, 기술 및 인프라 확장을 위해 필수적이다. 예를 들어, 투자자를 유치하거나, 벤처 캐피탈을 통해 자금을 확보하는 방식으로, 테크 스타트업(Tech startup)이 새로운 제품을 개발하기 위해 추가 자금을 유치하거나, 은행 대출을 통해 생산 설비를 확장할 수 있다. 사업 확장에 필요한 자금을 확보하여, 계획된 변화를 실행할 수 있게 만드는 것이다.

(라) 인력 확장

사업이 커짐에 따라 필요한 인력 수가 늘어나므로, 적절한 인재를 채용하고, 기존 직원들의 역량을 강화하는 과정이다. 예를 들어, 새로운 지역으로 진출하려면 지역에 맞는 마케팅팀을 구성하거나, 고객 서비스 팀을 강화하는 작업이 필요하다. 또한, 기존 직원들에게는 전문성 강화 교육을 제공하여, 더 큰 시장에서 효율적으로 경쟁할 수 있도록 지원한다. 급격한 성장에 대응하는 데 필요한 인력을 확보하고, 이를 통해 지속 가능한 성장을 유지하는 것이다.

(마) 기술 및 인프라 확장

많은 고객을 지원하거나 새로운 서비스를 제공할 수 있도록 기술적 인프라를 확장하는 것이다. 이는 기존의 기술 시스템을 업그레이드하거나 새로운 기술을 도입하는 것을 포함한다. 예를 들어, 고객 수가 급증하면 서버 용량을 확장하거나, 온라인 플랫폼의 속도를 개선할 필요가 있다. 또한, 새로운 제품이나 서비스를 제공하기 위한 연구개발(R&D) 비용이 발생할 수 있으며, 이에 필요한 인프라를 강화해야 한다. 기술적 한계를 극복하고, 더 많은 고객을 효율적으로 지원할 수 있도록 인프라를 확장하는 것이다.

스케일업(Scale-up)은 단순히 사업을 크게 만드는 것에 그치지 않고, 지속 가능한 성장을 목표로 한다. 기존의 자원과 역량을 더 큰 시장 환경에서도 효과적으로 활용할 수 있도록 전략을 세운다. 스케일업 계획(Scale-up Plan)은 시장 확장, 운영 효율성 증대, 자금조달, 인력 확장, 기술 및 인프라 확장 등을 종합적으로 고려하여, 장기적인 성공을 위한 토대를 마련한다.

2. 확장 모델 분석

사업 확장을 위한 몇 가지 모델을 살펴보면, 각 모델은 장단점이 있고 기업의 목표와 환경에 따라 선택된다.

(1) 해외 진출

(가) 장점

새로운 국가로의 직접 진출은 시장 규모를 확장하고, 브랜드 글로벌화에 유리하다. 또한, 현지 시장에서의 독립적인 성장이 가능하다.

(나) 단점

진입 비용이 많이 들고, 현지 규제와 문화적 차이에 따른 위험성이 크다.

(다) 사례

맥도날드(McDonald's)는 초기 미국 내에서 성공한 후, 해외로 진출하며, 현지화된 메뉴를 개발하여 글로벌 시장에 빠르게 자리 잡았다(Vignali, 2001).

(2) 프랜차이즈

(가) 장점

현지 파트너를 통해 운영하면 운영 비용 절감이 가능하고, 이른 시간 안에 현지 시장에 적응할 수 있다.

(나) 단점

품질 관리와 브랜드 통제에 어려움이 있을 수 있다. 프랜차이즈의 성공은 현지 파트너의 역량에 달려 있다.

(다) 사례

써브웨이(Subway)는 프랜차이즈 모델을 통해 전 세계적으로 빠르게 확장하며 성공적인 글로벌 브랜드로 자리 잡았다(Brock, 1997).

(3) 합작 투자(Joint Venture)

(가) 장점

현지 기업과 협력하여 새로운 시장에 진입할 수 있다. 이를 통해 현지 네트워크와 시장에 대한 이해를 활용할 수 있다.

(나) 단점

파트너 간 이해관계 충돌이 발생할 수 있으며, 운영 효율성에 문제가 생길 수 있다.

(다) 사례

소니(Sony)와 에릭슨(Ericsson)은 합작 투자로 초기 성공을 거두었으나, 문화적 차이와 경영 스타일 차이로 인해 결국 합작을 종료했다(Doz & Hamel, 1998).

기업은 각 성장 단계에 맞는 전략을 수립해야 한다. 초기 단계에서는 시장-제품 적합성을 확인하고, 성장 단계에서는 마케팅과 운영 최적화가 중요하다. 확장 단계에서는 글로벌화 및 지역화 전략을 활용하여 새로운 시장에 진입하고, 기존고객을 유지하며 지속 가능한 성장을 이루어야 한다.

[그림 13-2]

13-2 글로벌 시장 진입 전략

1 글로벌 시장 진입 전략

1. 글로벌 시장 조사방법

글로벌 시장에 진입하기 위해서는 시장조사가 필수적이며, 시장조사는 크게 1차 조사와 2차 조사로 나눌 수 있다.

(1) 1차 조사

1차 조사는 직접적인 자료수집을 통해 이루어지며, 고객 인터뷰나 현지 시장 방문과 같은 방식으로 심층적인 시장 이해를 가능하게 한다. 예를 들어, 애플은 여러 글로벌 시장에서 현지의 문화적 특성, 소비자 행동, 그리고 경쟁 환경을 고려하여 제품을 현지화하였다(Lipsman, 2018). 또한, 제품 개발 초기 단계부터 소비자 피드백을 반영하여 제품을 최적화하고, 출시된 후에도 지속적인 피드백 수집을 통해 제품을 개선해 나갔다(참고자료: Apple Newsroom).

[그림 13-3]

(가) 애플의 글로벌 시장 진입 사례(참고자료: Apple Newsroom)

1) 중국 시장 진출

애플은 중국에 진출하기 위해 고객 인터뷰 및 현지 시장 방문을 통해 중국 소비자의 요구 사항을 파악했다. 중국 소비자들은 가격에 민감하며, 애플의 브랜드 가치와 아이폰의 기능에 높은 관심을 보였지만, 현지화된 제품과 서비스를 요구했다.

애플은 이를 반영하여 아이폰에 중국의 인기 있는 앱들을 기본 탑재하고, 중국어(간체) 지원을 강화했다. 또한, 중국 소비자들이 선호하는 모바일 결제 시스템인 알리페이(Alipay)와의 연동을 지원하는 등 현지화 전략을 강화했다.

2) 인도 시장 진출

애플이 초기 단계부터 고객 인터뷰와 피드백 수집을 통해 소비자의 가격 민감도와 저렴한 스마트폰에 대한 선호를 이해하고, 이에 맞춰 아이폰 SE와 같은 저가형 모델을 출시하였다.

애플의 소프트웨어와 하드웨어의 차별화된 품질을 강조하면서도 인도 시장에 맞는 콘텐츠를 제공하는 등 현지화된 마케팅 전략을 펼쳤다. 애플은 인도 내 제조업체들과의 협력을 통해 제조 비용을 낮추고, 현지 생산을 강화함으로써 가격 경쟁력을 확보하고, 인도 고객들의 요구에 맞는 제품을 제공했다.

3) 유럽 시장 진출

애플은 유럽의 다양한 국가에서의 고객 피드백을 반영하여, 각국의 법적 요구 사항과 문화적 특성을 고려한 현지화된 제품을 출시했다. 예를 들어, 프랑스와 독일에서 사용자의 개인정보 보호에 대한 강력한 요구를 반영하여, 보안 기능을 강화한 제품을 출시했다.

유럽 소비자들은 애플의 프리미엄 제품을 선호하며, 애플의 디자인과 기능에 높은 가치를 두기 때문에, 애플은 고품질의 브랜드 이미지를 유지하면서 현지 소비자들의 라이프스타일에 맞춘 서비스와 제품을 제공했다.

(2) 2차 조사

2차 조사는 기존에 이미 수집된 자료나 데이터, 보고서를 활용하여 시장에 대한 정보를 분석하는 방법이다. 이 방법은 시간과 비용을 절감할 수 있는 장점이 있으며, 특히 시장 규모, 경제적 특성, 산업 동향 등을 빠르게 파악하는 데 유용하다. 2차 조사는 주로 국가별 경제 지표, 산업 보고서, 정부 통계, 시장 연구 보고서 등을 통해 이루어진다.

(가) 2차 조사방법의 특징

1) 경제 지표 및 보고서 분석

각국 정부, 국제기구, 산업 전문기관 등에서 제공하는 경제적 특성을 바탕으로 시장에 대한 기본적인 이해를 도울 수 있다.

2) 비용 절감

기존 자료를 활용하므로 1차 조사보다 적은 비용과 시간이 소요된다.

3) 빠른 정보 파악

이미 존재하는 데이터를 통해 시장 규모, 경쟁 상황, 소비자 동향 등을 빠르게 파악할 수 있다.

(나) 2차 조사 사례: 맥킨지 & 컴퍼니(McKinsey & Company)

맥킨지 & 컴퍼니(McKinsey & Company)는 글로벌 시장에서 기업들이 해외 진출 시 자주 활용하는 2차 조사 자료를 제공하는 대표적인 연구 기관이다. 맥킨지는 산업 동향, 경제 예측, 기업 전략, 소비자 행동 등에 대한 심층 분석 보고서를 발표하고 있다.

1) 글로벌 시장 분석 보고서

맥킨지는 세계 경제에 대한 연례 보고서를 제공하며, 각 국가의 경제 성장률, 산업 동향, 소비자 트렌드 등에 대한 예측을 제시한다. 예를 들어, 아시아 시장에 대한 보고서에서는 각국의 경제 성장을 위한 주요 산업과 핵심 시장을 분석하고, 기업들이 어떤 전략을 통해 성공적인 해외 진출을 할 수 있는지에 대한 정보를 제공한다.

2) 시장 진입 전략을 위한 산업 분석

맥킨지는 자동차 산업, 소비재, 기술 산업 등 여러 분야에 대해 심층 분석을 제공하며, 이를 통해 기업들은 경쟁사 분석, 시장 기회 파악, 규제 변화 등 다양한 요소를 고려하여 효율적인 진입 전략을 수립할 수 있다. 예를 들어, 맥킨지의 디지털화가 가져올 변화라는 보고서에서는 디지털 기술의 확산에 따른 시장 변화를 분석하고, 기업들이 어떻게 이러한 변화를 활용할 수 있는지에 대한 통찰을 제공한다.

3) 기업의 시장 진입 전략에 도움을 주는 자료

맥킨지의 산업별 연구 보고서는 기업들이 글로벌 시장에 진입할 때 필요한 데이터를 제공하며, 국가별 경제 특성, 시장 환경, 경쟁 상황을 상세하게 분석한다. 예를 들어, 헬스케어 산업에 대한 보고서에서는 각국의 의료 규제와 시장 환경에 대한 정보를 제공하며, 진출하려는 기업들에 유용한 시장 분석을 제시한다.

2차 조사는 기존 자료를 활용하여 빠르게 시장에 대한 개요를 이해하고, 진입 가능성을 평가하는 데 중요한 역할을 한다. 글로벌 연구 기관에서 제공하는 보고서나 자료는 기업들이 해외 시장에 진출할 때 중요한 참고자료가 되며, 기업의 전략 수립에 큰 도움이 된다.

(3) SWOT 분석

시장의 SWOT 분석(Strengths, Weaknesses, Opportunities, Threats)을 분석하여 각국 시장의 특성과 위험요소를 평가한다.

(가) SWOT 분석사례: 테슬라(참고자료: Tesla Official Website)

테슬라(Tesla)는 글로벌 확장 전략을 수립하면서, 각국의 시장 특성에 맞는 테슬라는 글로벌 진출에 앞서 각국의 정치적, 경제적 환경, 소비자 선호, 기술적 수용도 등을 분석하고, 이를 기반으로 아래와 같은 SWOT 분석을 진행했다(Hawkins, 2017).

1) 강점(Strengths)

① 혁신적인 기술

테슬라는 전기차 분야에서 가장 앞서가는 기술력과 브랜드 이미지를 보유하고 있다. 자율주행 기술, 긴 주행 거리, 고효율 배터리 등의 기술적 장점이 강점으로 작용다.

② 브랜드 가치

테슬라는 지속 가능한 에너지와 전기차 혁명을 이끄는 기업으로, 소비자와 투자자들로부터 높은 신뢰를 얻고 있다.

③ 글로벌 네트워크

이미 북미, 유럽, 아시아 등 다양한 지역에 생산 시설과 서비스 네트워크를 보유하고 있어, 빠르게 글로벌 시장에 진입할 수 있다.

2) 약점(Weaknesses)

① 높은 가격

테슬라의 전기차는 가격이 상대적으로 비싸다. 이는 가격에 민감한 일부 시장에서는 큰 걸림돌이 될 수 있다.

② 생산 공정의 불확실성

초기 생산에서의 품질 관리와 생산 효율성이 완벽하지 않아 때때로 생산 차질이 발생할 수 있다.

③ 인프라 부족

전 세계적으로 충전소 네트워크와 같은 필수 인프라가 부족하여, 일부 국가에서 전기차 채택에 어려움을 겪고 있다.

3) 기회(Opportunities)

① 환경 규제 강화:

세계적으로 환경친화적인 제품에 대한 수요가 증가하고 있으며, 이는 전기차 시장의 성장을 촉진하고 있다. 정부의 세금 혜택이나 보조금 정책도 테슬라의 성장을 도울 수 있다.

② 신흥 시장

중국, 인도, 동남아시아 등의 신흥 시장에서 전기차에 대한 수요가 증가하고 있으며, 이는 테슬라의 글로벌 확장에 중요한 기회가 될 수 있다.

③ 기술 발전

배터리 기술, 충전 속도 등의 기술 혁신을 통해 전기차 시장에서 더 많은 소비자에게 접근할 기회를 제공한다.

4) 위협(Threats)

① 경쟁 심화

테슬라는 전기차 시장에서 여전히 강력한 경쟁자들과의 경쟁에 직면해 있다. BMW, 폭스바겐, 현대자동차 등 기존 자동차 제조사들이 전기차 라인업을 확대하고 있어 경쟁이 심화하고 있다.

② 정부 정책의 변화

일부 국가에서 전기차에 대한 정부의 지원 정책이 변화하거나 보조금 삭감 등의 부정적인 변화가 있을 수 있다.

③ 국가별 규제

각국의 환경 규제, 배출가스 기준, 전기차 수입 규제 등이 테슬라의 시장 확장에 걸림돌이 될 수 있다.

(나) TOWS 분석을 통한 테슬라의 글로벌 진입 전략

테슬라는 TOWS 분석을 통해 각국 시장에 맞는 효율적인 진입 전략을 수립하고, 이를 통해 강점을 활용하고, 약점을 보완하며, 기회를 최대화하고, 위협을 관리하는 전략을 실행함으로써 글로벌 시장에서 성공적인 확장을 하고 있다(McKinsey & Company, 2019).

1) SO 전략(강점 + 기회)

① 전략: 테슬라의 혁신적인 기술과 글로벌 브랜드 가치를 활용하여, 각국의 전기차에 대한 정부 보조금과 환경친화적인 정책을 적극적으로 활용할 수 있다(Vance, 2015).

② 중국: 현지 생산 공장 설립을 통해 저렴한 가격대의 모델을 제공하고, 중국 정부의 전기차 보조금 및 환경 정책을 적극적으로 활용하여 시장 점유율을 확대할 수 있다.

③ 유럽: 친환경 소비 유행을 활용하여 친환경 제품을 강조하고, 전국적 충전 네트워크 확장을 통해 브랜드 이미지를 강화하며, 기술적 우위로 경쟁을 선도할 수 있다(Vance, 2015).

2) WO 전략 (약점 보완 + 기회)

① 전략: 테슬라는 고가의 전기차를 선보였으나, 일부 시장에서는 가격이 걸림돌이 될 수 있다. 이를 보완하기 위해 신흥 시장에서 가격 경쟁력을 확보하고, 국가별 인프라 보완을 통해 충전소를 확장하는 전략을 사용할 수 있다(Vance, 2015).

② 중국: 저렴한 모델 출시와 함께 현지화 전략을 강화하여 생산비용을 절감하고, 충전 인프라 부족 문제를 해결하며, 전기차 보조금을 활용해 가격 경쟁력을 확보할 수 있다.

③ 인도: 저렴한 전기차 모델을 출시하고, 정부의 환경 정책을 활용하여 현지 시

장에 맞는 가격 경쟁력과 기술 혁신을 결합한 전략을 펼칠 수 있다.

3) ST 전략 (강점 + 위협)

① 전략: 기존 경쟁업체들과의 치열한 경쟁을 대비하여 테슬라의 기술적 혁신과 글로벌 브랜드를 강조하는 전략을 펼칠 수 있다(Vance, 2015).

② 유럽: 친환경 정책이 강하게 적용되는 유럽에서 빠른 충전 네트워크 확장과 프리미엄 전기차 시장에 대한 집중을 통해 경쟁우위를 유지하고, 기술적 우위로 기존 자동차 제조사와의 경쟁을 대비할 수 있다.

③ 미국: 프리미엄 시장에서의 경쟁을 대비하여, 고급 소비자층을 대상으로 브랜드 가치를 강조하며, 기술 혁신을 통해 기존의 전통적인 자동차 제조사들과의 차별화를 꾀할 수 있다.

4) WT 전략 (약점 보완 + 위협)

① 전략: 충전소 인프라 부족과 생산 이슈로 인해 글로벌 진입 시 어려움이 있을 수 있다. 이를 보완하기 위해 생산 효율성을 개선하고, 각국의 규제 변화에 민감하게 반응하는 전략을 펼칠 수 있다(Vance, 2015).

② 미국: 테슬라는 내부 생산의 효율성을 높이고, 품질 관리를 강화하여 가격 인하와 함께 경쟁업체와의 가격 전쟁에 대비할 수 있다.

③ 중국: 현지 생산 공장을 기반으로 한 가격 경쟁력 강화와 함께 충전소 인프라 확장을 통해, 테슬라의 진입 장벽을 낮추고, 기술적 우위를 확보할 수 있다.

2. 진입 전략(현지화 vs 글로벌화)

(1) 현지화 전략

현지의 문화, 언어, 규범에 맞춰 제품이나 서비스를 제공하는 전략이다. 이를 통해 각국의 특성에 맞는 차별화된 서비스를 제공할 수 있다. 예를 들어, 맥도날드(McDonald's)는 각국의 문화적 차이를 반영하여 국가별 메뉴 차별화 전략을 사용하고 있다.

(가) 사례

인도에서는 소고기 대신 양고기를 사용하고, 일본에서는 밥을 곁들인 메뉴를 제공한다.

(1) 글로벌화 전략

표준화된 제품과 브랜드로 규모의 경제를 실현하는 전략이다. 이를 통해 전 세계적으로 동일한 제품을 제공하면서 대규모 생산 및 마케팅 효과를 기대할 수 있다.

(가) 사례

Apple은 글로벌화 전략을 통해 공통된 디자인과 마케팅 전략을 적용하여 브랜드 일관성을 유지하고 있다.

3. 주요 시장 분석

(1) 북미 시장

기술중심이며, 높은 소비자 구매력을 자랑한다. 하지만 데이터 보호와 소비자 보호법 강화 등의 규제 이슈가 중요하다.

(2) 유럽 시장

문화적 다양성과 함께 강력한 환경 규제가 존재한다. 유럽연합(EU)의 통합된 경제 시장은 기업들에 중요한 기회를 제공한다.

(3) 아시아 시장

인구 규모와 중산층 성장에 따라 잠재력이 크다. 그러나 국별 다른 경제 체제와 소비자 행동은 시장 진입 시 고려해야 할 중요한 요소이다.

13-3 글로벌 스타트업 사례 분석

1 글로벌 시장에서 성공한 스타트업 사례

1. 성공한 스타트업 사례 분석

(1) 에어비앤비(Airbnb)

에어비앤비는 2008년에 설립되어, 개인이 자신의 집이나 방을 임대할 수 있도록 연결하는 플랫폼을 제공한다. 글로벌 시장에서의 성장은 현지화 전략과 공통된 브랜드 경험을 성공적으로 결합한 결과로 볼 수 있다(Gansky, 2013).

(가) 성공 요인

1) 현지화 전략

다양한 국가의 고객들에게 고유한 경험을 제공하기 위해 언어 지원과 현지 가이드와의 협력을 강화했다. 이를 통해 글로벌 사용자들에게 자신들의 문화와 맞는 여행 경험을 제공하고, 현지인들의 참여를 유도했다. 예를 들어, 일본에서는 온천 경험과 같은 특화된 숙소 옵션을 제공하며 일본 시장에서의 입지를 확립했다.

2) 브랜드 경험

사용자 경험을 중심으로 한 브랜드 전략을 통해 어디서나 일관된 사용자 경험을 제공하는 동시에, 각 지역의 문화적 차이를 존중하여, 고객의 요구에 맞는 서비스를 제공했다. 여행은 로컬 경험이라는 철학을 바탕으로 지역별 특성에 맞춘 맞춤형 서비스 제공을 강화했다.

(2) 틱톡(TikTok)

틱톡은 중국의 바이트댄스(ByteDance)에서 개발된 소셜 미디어 플랫폼으로, 특히 짧은 동영상 콘텐츠의 공유와 소비를 중심으로 빠르게 인기를 얻었다. 틱톡의 성장은 맞춤형 알고리즘과 문화적 적응력에 기반한 글로벌 전략 덕분에 가능했다(Zhang, 2019).

(가) 성공 요인

1) 알고리즘 기반 콘텐츠 추천

알고리즘을 통해 각국의 문화와 특성에 맞는 콘텐츠를 사용자에게 제공하고, 이를 통해 글로벌 사용자층을 형성했다. 이를 통해 다양한 국가에서 문화적 차이를 존중하면서도 사용자에게 맞춤형 경험을 제공한다. 예를 들어, 유럽에서는 음악 중심의 콘텐츠가, 아시아에서는 댄스와 챌린지 중심의 콘텐츠가 인기를 끌었다.

2) 글로벌화

지역의 트렌드와 문화를 반영하여 국가별 현지화 전략을 강화했다. 예를 들어, 인도에서는 지역 음악을 강조하고, 미국에서는 바이럴 챌린지와 미디어 파트너십을 통해 인기를 끌었다.

(3) 스트라이프(Stripe)

스트라이프는 글로벌 결제 솔루션을 제공하는 스타트업으로, 전 세계 다양한 통화와 결제 방법을 지원한다. B2B 시장에서 결제 인프라를 제공하며, 기업들이 온라인에서 원활하게 결제를 처리할 수 있도록 돕고 있다(Business Insider. 2018).

(가) 성공 요인

1) 다양한 통화 및 결제 방식 지원

국제 결제에서 중요한 요소인 다양한 통화와 결제 방법을 지원하여, 각국에서의 결제 편리성을 강화했다. 이를 통해 다국적 기업들도 손쉽게 글로벌 결제를 처리할 수 있었다.

2) 기술적 혁신과 글로벌 네트워크 활용

기술적 혁신을 통해 결제 처리의 효율성을 극대화하며, 클라우드 기반 결제 시스템을 제공하여 다양한 지역의 기업들이 빠르게 결재를 받을 수 있도록 지원한다. 또한, API 중심의 서비스로 유연하게 통합할 수 있어 기업들이 쉽게 서비스를 적용할 수 있게 했다.

2. 한국 기업의 글로벌 시장 성공 사례

(1) 삼성전자(Samsung Electronics)

삼성전자는 글로벌 전자 시장에서 강력한 입지를 구축한 대표적인 한국 기업이다. 특히, 스마트폰, 반도체, 디스플레이 등 다양한 분야에서 글로벌 시장에서 큰 성공을 거두었다(Choi, 2017).

(가) 성공 요인

1) 글로벌 브랜드 전략

품질과 혁신을 강조하며, 글로벌 시장에 현지화된 마케팅 전략을 펼쳤다. 예를 들어, 삼성 갤럭시 시리즈 스마트폰은 현지 특성에 맞춘 기능을 탑재해 다양한 국가에서 인기를 끌었다. 한국 외에도 미국, 유럽, 아시아 등지에서 스마트폰을 시장에 맞춰 출시하며 글로벌 시장 점유율을 확장했다.

2) 기술 혁신

OLED 디스플레이, 반도체, 스마트폰 기술 등에서 세계적인 기술력을 자랑하며, 시장 선도적 역할을 했다. 특히, 반도체 산업에서는 메모리 반도체를 세계 시장에서 최고의 품질로 제공하며 글로벌 리더로 자리매김했다.

3) 현지화 전략

국가의 시장 환경과 소비자 요구에 맞춰 현지화된 제품군을 제공했다. 예를 들어, 인도 시장을 겨냥한 갤럭시 M 시리즈와 같은 제품은 가격 경쟁력과 현지화된 기능으로 인기를 끌었다.

(2) 배달의민족(Baedal Minjok)

배달의민족은 한국의 대표적인 음식 배달 서비스 앱으로, 글로벌 시장에서 큰 성장을 보였다. 특히 독일의 Delivery Hero와 같은 글로벌 기업이 배달의민족을 인수하며, 그 가능성을 인정받았다(Kim, 2019).

(가) 성공 요인

1) 차별화된 사용자 경험

사용자 친화적인 UI/UX와 직관적인 앱 디자인을 통해 빠르게 사용자를 확보했다. 또한, 배달의민족은 '배달의 신'이라는 광고 캠페인 등 창의적인 마케팅 전략으로 고객들의 관심을 끌었다.

2) 현지화된 서비스 확장

한국의 문화적 특성을 반영하여 배달과 관련된 다양한 기능을 제공하며, 시장에서 차별화된 서비스를 선보였다. 해외 진출 시에도 현지의 배달 문화를 분석하고, 효율적인 배달 시스템과 편리한 결제 시스템을 제공하여 글로벌 시장에서 경쟁력을 확보했다.

3) 파트너십과 확장

독일의 딜리버리 히어로(Delivery Hero)와의 협업을 통해 글로벌 시장으로의 진출을 가속했으며, 다양한 국가에서 파트너십 전략을 강화하며 점차 글로벌화 전략을 성공적으로 이어갔다.

3. 기업의 글로벌 성공 요인 분석

(1) 현지화 전략과 글로벌 표준화의 균형

삼성전자와 LG전자는 글로벌 표준화된 제품과 기술력을 바탕으로 현지 시장에 맞는 마케팅 전략과 제품 현지화를 통해 성공을 거두었다. 각국의 시장에서 문화적 차이를 고려한 맞춤형 제품을 출시하고, 이를 글로벌 품질 기준에 맞춰 표준화하는 방식으로 경쟁우위를 확보했다.

(2) 기술 혁신과 브랜드 전략

한국 기업들은 기술 혁신을 통해 글로벌 시장에서 차별화된 경쟁력을 확보했다. 삼성전자는 스마트폰, 반도체, LG전자는 OLED TV, 스마트 가전 등에서 기술적 우위를 바탕으로 시장을 선도하고 있다.

(3) 글로벌 네트워크 구축

한국 기업들은 글로벌 네트워크와 파트너십을 통해 시장 확장을 끌어냈다. 배달의민족은 Delivery Hero와의 협업으로 해외 진출을 가속했으며, 삼성전자와 LG전자는 글로벌 생산, 유통, 판매 네트워크를 통해 전 세계에 제품을 공급하고 있다.

(4) 문화적 적응력

각국의 문화적 특성을 반영한 현지화 전략이 중요했다. 삼성전자는 미국, 유럽, 아시아 각지에서 현지 문화에 맞춘 마케팅 전략과 제품을 출시하여 글로벌 시장에서의 입지를 확립했다.

4. 기업의 실패 요인 분석

(1) 과도한 글로벌화와 현지 시장 이해 부족

일부 한국 기업은 글로벌화 전략을 추진하는 과정에서 현지 시장의 특성을 제대로 이해하지 못하거나, 문화적 차이를 간과하여 실패한 예도 있었다. 예를 들어, 현대자동차는 미국 시장에서의 브랜드 이미지와 경쟁사의 강력한 마케팅에 대응하지 못해 초기 성공을 거두지 못한 경험이 있다.

(2) 기술적 격차 및 현지 경쟁자의 강력한 경쟁력

현지 기업이 이미 시장에서 강력한 입지를 다지고 있으면, 한국 기업들이 빠르게 기술 격차를 줄이지 않으면 실패할 가능성이 커진다. 예를 들어, 우버의 중국 시장 진출 실패 사례에서처럼 현지 기업 디디추싱의 강력한 경쟁이 우버의 글로벌 전략을 저지한 바 있다.

기업들은 글로벌 시장에서 기술 혁신, 현지화 전략, 글로벌 네트워크 활용 등의 전략을 통해 큰 성공을 거두었다. 그러나 현지 시장 이해 부족이나 과도한 자원 투자와 같은 실패 요인도 존재하여, 기업들이 지속적으로 현지 시장에 맞는 전략을 세우고 실행해야 할 필요가 있다.

학습활동

활동: 사업 성장전략 수립

① 참가자들은 자신의 사업을 단계별 사업 성장전략을 수립합니다.

② 사업 확장 단계에서 글로벌 시장 진입 전략을 수립합니다.

학습정리

스타트업 단계의 핵심 목표는 초기 고객 확보와 제품-시장 적합성(Product-Market Fit, PMF)을 검증하다. PMF는 제품이나 서비스가 고객의 요구를 충족하고 문제를 해결하는지를 입증하는 중요한 이정표이다.

- 린 스타트업(Lean Startup) 방법론을 적용하여 자원 제한 속에서도 빠른 실험과 지속적인 피드백을 통해 제품을 개선한다.
- 성장 단계에서는 매출 증가, 고객 기반 확대, 운영 효율성 강화를 목표로 하며, 이를 위해 고객 세분화와 타겟팅을 기반으로 한 효과적인 마케팅 전략이 중요하며, 외부 자금조달과 조직구조 확립도 필수적이다. 조직 내 리더십 강화와 자원의 효율적 배분, 경쟁우위 유지를 위한 비즈니스 모델 확장이 필요하다.
- 3. 확장 단계에서는 새로운 시장 진입과 제품/서비스 포트폴리오 다각화를 목표로 하며, 글로벌 시장에서 표준화와 현지화 전략을 적절히 혼합하여 지속 가능한 성장을 도모한다. 이 단계에서는 경쟁력 있는 확장 전략과 위험 관리를 통해 지속 가능성을 확보해야 한다.
- 글로벌 시장 진입 전략은 시장조사와 진입 방식의 최적화로 구성된다. 시장조사는 1차 조사와 2차 조사로 나뉘며, 1차 조사는 현지화된 고객 인터뷰와 현장 방문을 통해 심층적인 자료를 수집하고, 2차 조사는 기존 자료를 활용하여 비용과 시간을 절약하며 시장 개요를 파악하는 데 유용하다.
- SWOT 분석은 각국 시장의 강점, 약점, 기회, 위협을 평가하여 적합한 전략을 수립하는 데 중요한 도구로 사용된다.
- 진입 전략으로는 현지화와 글로벌화 접근법이 있다. 현지화 전략은 문화적 차이에 적응한 제품과 서비스를 제공하는 것으로, 맥도날드의 국가별 메뉴 차별화가 대표적인 사례다. 반면, 글로벌화 전략은 통합된 표준화를 기반으로 브랜드 일관성을 유지하면서도 효율성을 극대화하는 접근법이다.
- 따라서, 글로벌 시장 진입은 철저한 시장조사, SWOT 분석, 그리고 현지화와 글로벌화 전략의 균형적 활용을 통해 이루어져야 한다. 이를 통해 기업은 각국 시장에서 지속할 수 있고 성공적인 확장을 도모할 수 있다.
- 글로벌 시장에서 성공한 스타트업과 한국 기업들의 사례를 통해, 성공 요인은 현지화 전략과 글로벌 표준화의 균형, 기술 혁신, 브랜드 전략, 글로벌 네트워크 구축, 그리고 문화적 적응력으로 요약할 수 있다.
- 글로벌 시장에서 실패 요인으로는 현지 시장 이해 부족, 과도한 세계화, 기술적 격차, 그리고 현지 경쟁자의 강력한 경쟁력을 꼽을 수 있다. 이를 바탕으로 기업들은 지속적인 현지 시장 분석과 전략적 실행을 통해 국제 경쟁력을 강화해야 한다.

PART

5

학습문제

SERVICE START-UP STRATEGY

CONTENTS

학 습 문 제(선다형 문제)

창업 이해 및 아이디어 발굴

1. 창업의 출발점으로 가장 중요한 요소는 무엇인가? 정답 ③

① 자원 ② 실행 ③ 아이디어 ④ 고객 피드백 ⑤ 사업 계획

2. 창업이 경제적 이바지를 하는 방식 중 고용 창출 외에 중요한 기여는 무엇인가? 정답 ①

① 시장 경쟁 촉진 ② 비용 절감 ③ 환경 보호 ④ 해외 진출 ⑤ 기업 규모 확대

3. 테슬라가 전기차 개발을 위해 가장 필요한 자원으로 적합한 것은 무엇인가? 정답 ①

① 기술 자원 ② 아이디어 ③ 인력 자원 ④ 고객 피드백 ⑤마케팅 전략

4. 산업 혁명 당시 창업의 주요 변화 중 하나는 무엇인가? 정답 ①

① 대규모 생산 방식의 도입 ② 벤처 캐피탈의 등장 ③ 모바일 앱의 확산
④ 블록체인 기술의 도입 ⑤ AI 기반 서비스의 발전

5. 20세기 후반(1940~1990년대) 창업 환경변화의 주요 특징은 무엇인가? 정답 ①

① 디지털 기술의 발전 ② 모바일 기술의 확산 ③ 블록체인 기술의 도입
④ 소셜 미디어의 등장 ⑤ 공유경제 모델의 탄생

6. 21세기 창업 환경에서 가장 큰 변화 중 하나로 적합한 것은 무엇인가? 정답 ①

① AI와 빅데이터 기술의 활용 ② 대규모 생산 방식의 도입 ③ 철도와 통신 기술의 발달
④ 인터넷의 대중화 ⑤ 경매 기반 전자상거래의 확산

7. 창업이 사회적 문제 해결을 통해 창출하는 사회적 가치는 무엇인가? 정답 ①

① 환경 보호와 공공 건강 증진　② 기업의 글로벌화　③ 소셜 미디어의 성장
④ 글로벌 시장 경쟁 촉진　⑤ 고용 창출

8. 창업가의 주요 특성 중 창의성의 중요성을 설명한 사례로 알맞은 것은 무엇인가? 정답 ①

① 스티브 잡스는 독창적인 아이디어를 통해 애플을 혁신적인 기술 회사로 성장시켰다.
② 일론 머스크는 리스크를 감수하고 혁신적인 기술로 테슬라와 스페이스X를 창업했다.
③ 마이크로소프트는 글로벌 시장으로 확장하면서 경제적 성장을 이끌었다.
④ 제프 베조스는 아마존을 창업하여 전자상거래 시장을 혁신했다.
⑤ 리디북스는 전자책 시장에서 네이버와 카카오와 경쟁했다.

9. 산업 혁명 당시 창업의 주요 변화 중 하나는 무엇인가? 정답 ①

① 대규모 생산 방식의 도입　② 벤처 캐피탈의 등장　③ 모바일 앱의 확산
④ 블록체인 기술의 도입　⑤ AI 기반 서비스의 발전

10. 20 세기 후반(1940~1990년대) 창업 환경 변화의 주요 특징은 무엇인가? 정답 ①

① 디지털 기술의 발전　② 모바일 기술의 확산　③ 블록체인 기술의 도입
④ 소셜 미디어의 등장　⑤ 공유경제 모델의 탄생

11. 테슬라가 전기차 개발을 위해 가장 필요한 자원으로 적합한 것은 무엇인가? 정답 ①

① 기술 자원　② 아이디어　③ 인력 자원　④ 고객 피드백　⑤ 마케팅 전략

12. **창업이 사회적 문제 해결을 통해 창출하는 사회적 가치는 무엇인가?** 정답 ①

① 환경 보호와 공공 건강 증진

② 기업의 글로벌화

③ 소셜 미디어의 성장

④ 글로벌 시장 경쟁 촉진

⑤ 고용 창출

13. **창업가의 주요 특성 중 창의성의 중요성을 설명한 사례로 알맞은 것은 무엇인가?** 정답 ①

① 스티브 잡스는 독창적인 아이디어를 통해 애플을 혁신적인 기술 회사로 성장시켰다.

② 일론 머스크는 리스크를 감수하고 혁신적인 기술로 테슬라와 스페이스X를 창업했다.

③ 마이크로소프트는 글로벌 시장으로 확장하면서 경제적 성장을 이끌었다.

④ 제프 베조스는 아마존을 창업하여 전자상거래 시장을 혁신했다.

⑤ 리디북스는 전자책 시장에서 네이버와 카카오와 경쟁했다.

14. **글로벌 창업 트렌드 중 최근 주요 기술 트렌드로 등장한 기술이 아닌 것은 무엇인가?** 정답 ④

① 인공지능(AI) ② 클라우드 컴퓨팅 ③ 블록체인 기술

④ 증강 현실(AR) ⑤ 사물인터넷(IoT)

15. **인공지능(AI)을 활용한 창업의 주요 예시로 알맞은 것은 무엇인가?** 정답 ①

① 챗봇을 통한 고객 지원 자동화

② 전자상거래를 통한 물류 혁신

③ 스마트 홈 기기 이용

④ 금융 거래 시스템 혁신

⑤ 디지털 결제 시스템 구축

16. 클라우드 컴퓨팅이 비즈니스에 미치는 주요 이점은 무엇인가? 정답 ①

① 데이터를 안전하게 저장하고, 언제 어디서나 접근 가능

② 모든 데이터를 온프레미스 서버에서 관리 가능

③ 높은 보안성을 제공하며, 자체 운영을 유지할 수 있음

④ 데이터 손실에 대한 보장

⑤ 대용량 데이터 처리에만 특화됨

17. 블록체인 기술이 가장 효과적으로 활용될 수 있는 분야는 무엇인가? 정답 ①

① 금융 거래 및 공급망 관리 ② 광고 캠페인 분석 ③ 고객 관리 및 개인화 서비스

④ 소셜 미디어 마케팅 ⑤ 모바일 결제 시스템

18. 핀테크 분야에서 대표적인 창업 사례로 알맞은 것은 무엇인가? 정답 ①

① 카카오뱅크 ② 원격 진료 플랫폼 ③ 개인화된 온라인 교육 플랫폼

④ 친환경 전기차 스타트업 ⑤ 스마트폰 기반 헬스케어 서비스

19. 브레인스토밍의 기본 원칙 중 올바른 설명은 무엇인가? 정답 ③

① 아이디어를 즉시 비판하여 적합성을 검토한다.

② 참가자는 정해진 틀에 맞춰 아이디어를 제시해야 한다.

③ 제시된 아이디어는 비판하지 않고 다양성을 중시한다.

④ 아이디어는 특정 참가자에게 제한된다.

⑤ 제시된 아이디어를 즉시 실행해야 한다.

20. 다음 중 디자인 씽킹의 단계로 올바르게 나열된 것은? 정답 ②

① 아이디어 도출 → 문제 정의 → 테스트 → 프로토타입 제작 → 공감

② 공감 → 문제 정의 → 아이디어 도출 → 프로토타입 제작 → 테스트 및 피드백

③ 문제 정의 → 테스트 → 공감 → 아이디어 도출 → 프로토타입 제작

④ 프로토타입 제작 → 공감 → 테스트 → 아이디어 도출 → 문제 정의

⑤ 테스트 → 문제 정의 → 공감 → 아이디어 도출 → 프로토타입 제작

21. SCAMPER 기법에서 A가 의미하는 것은 무엇인가? 정답 ③

① 대체(Replace) ② 결합(Combine) ③ 적응(Adapt)
④ 수정(Modify) ⑤ 제거(Eliminate)

창업을 위한 리더십과 기업가정신

1. 리더십의 개념에 대한 설명으로 올바른 것은? 정답 ④

① 리더십은 조직 구성원의 행동을 제어하고 통제하는 과정이다.
② 리더십은 단순히 목표 달성의 결과에 초점을 둔다.
③ 리더십은 외부의 지원 없이 구성원 개인의 노력을 극대화하는 과정이다.
④ 리더십은 조직의 목표를 달성하기 위해 구성원의 행동과 사고를 이끄는 과정이다.
⑤ 리더십은 개인의 성장보다는 조직의 이익만을 우선시한다.

2. 리더십의 목표에 포함되지 않는 것은? 정답 ⑤

① 비전 제시 ② 목표 달성 ③ 구성원 개발 ④ 신뢰 형성 ⑤ 시장 경쟁 분석

3. 변혁적 리더십의 주요 특징은 무엇인가? 정답 ③

① 팀원의 요구를 무시하고 조직의 규칙에만 집중한다.
② 단기적 성과에 초점을 맞춘다.
③ 구성원의 잠재력을 극대화하고 장기적 비전을 제시한다.
④ 구성원의 동기를 외적 보상으로만 유도한다.
⑤ 혁신보다는 현재의 체계를 유지하는 데 집중한다.

4. **다음 중 서번트 리더십의 특징에 해당하는 것은?** 정답 ②

① 리더가 지시와 통제를 우선시한다.

② 구성원의 성장을 돕고 지원하는 것을 중시한다.

③ 조직 목표를 위해 구성원의 개인적인 필요를 무시한다.

④ 변화를 최소화하며 현상 유지를 목표로 한다.

⑤ 경쟁을 장려하고 구성원 간 경쟁심을 유도한다.

5. **SMART 목표 설정의 구성요소 중 'T'는 무엇을 의미하는가?** 정답 ③

① 신뢰 구축(Trust-building)

② 기술 활용(Technology Utilization)

③ 시간제한(Time-bound)

④ 팀 협력(Teamwork)

⑤ 목표 달성(Target Achievement)

6. **자기결정이론(SDT)의 핵심 요소로 옳지 않은 것은?** 정답 ④

① 내재적 동기　② 외재적 동기　③ 심리적 성취감

④ 환경적 요인　⑤ 자율성과 보람

7. **매슬로우의 욕구 단계 중 가장 높은 단계는?** 정답 ⑤

① 생리적 욕구　② 안전 욕구　③ 사회적 욕구　④ 존경 욕구　⑤ 자아실현 욕구

8. **X-Y 이론에서 Y 이론이 강조하는 것은?** 정답 ③

① 엄격한 감독과 통제

② 금전적 보상만을 중시

③ 노동을 통해 자기실현과 창의성을 발휘

④ 조직 규율 우선의 관리

⑤ 개인의 동기를 외적 요소로만 유도

9. 창업가에 대한 올바른 설명은 무엇인가? 정답 ③

① 창업가는 기존 틀을 유지하며 안정적인 시장에서 활동한다.

② 창업가는 혁신보다는 효율성을 우선시하는 경향이 있다.

③ 창업가는 새로운 가치를 창출하며 혁신적인 시장을 개척하는 사람이다.

④ 창업가는 기존 자원 활용을 최소화하려는 경향이 있다.

⑤ 창업가는 사회적 영향보다는 개인적 성공에 초점을 맞춘다.

10. 창업가의 주요 특성이 아닌 것은? 정답 ⑤

① 리더십

② 문제 해결 능력

③ 높은 리스크 감수 성향

④ 창의성

⑤ 규제 강화 능력

11. 창업가의 리더십에 관한 설명으로 가장 적합한 것은? 정답 ③

① 창업가는 팀을 통제하며 자신의 방식만을 고집한다.

② 창업가는 팀원 간의 신뢰 형성과 협력보다는 결과에 집중한다.

③ 창업가는 비전을 제시하고 팀원들을 동기부여하여 목표를 달성하도록 이끈다.

④ 창업가는 외부 요인보다 내부 요인에만 초점을 둔다.

⑤ 창업가는 의사결정을 팀원들에게 전적으로 위임한다.

12. 창업가가 리스크를 감수해야 하는 이유는 무엇인가? 정답 ③

① 기존 사업 모델을 유지하기 위해서

② 불확실성을 제거하기 위해서

③ 시장에서의 새로운 기회를 잡기 위해서

④ 경쟁을 최소화하기 위해서

⑤ 자원의 사용을 줄이기 위해서

13. 다음 중 혁신적인 창업가의 사례로 적합한 사람은? 정답 ③

① 테라노스의 엘리자베스 홈즈

② 블록버스터의 경영진

③ 우버 창업자

④ 전통적인 상점 운영자

⑤ 아날로그 카메라 제조업체

14. 기업가정신의 구성요소 중 기회 인식의 정의는 무엇인가? 정답 ②

① 실패를 극복하는 능력

② 시장에서 새로운 기회를 발견하고 이를 활용하는 능력

③ 제한된 자원을 최대한 활용하는 능력

④ 위험을 회피하며 안정성을 추구하는 태도

⑤ 조직을 이끄는 리더십

15. 아래 사례에서 설명된 실패 원인은 무엇인가? 정답 ③

"블록버스터는 디지털 스트리밍 기술의 발전을 무시하고 기존의 비디오 대여 모델에 의존하였다."

① 고객 니즈를 과도하게 반영

② 자원의 부족

③ 기술 변화에 대한 적응 실패

④ 시장 규모의 축소

⑤ 리더십 부족

16. 기업가정신에서 비전과 리더십의 역할은 무엇인가? 정답 ③

① 조직의 단기적 목표만 설정한다.

② 자원의 활용을 제한한다.

③ 조직의 장기적 목표를 설정하고 이를 달성하기 위해 팀을 이끈다.

④ 조직의 불확실성을 최소화하기 위해 내부 요인에만 초점을 둔다.

⑤ 시장 경쟁에서 패배했을 경우 이를 회피하는 방법을 모색한다.

17. 팀 구성의 원칙 중 다양성에 대한 설명으로 적절한 것은? 정답 ③

① 팀 목표와 개인의 강점을 일치시키는 것
② 팀원들에게 자유로운 의견 표현 환경을 제공하는 것
③ 다양한 배경을 가진 팀원이 문제 해결 과정에서 서로 다른 시각을 제공하는 것
④ 팀의 역할과 책임을 명확히 구분하는 것
⑤ 팀 목표를 설정하기 위해 RACI 매트릭스를 사용하는 것

18. 조직 문화 형성의 요소 중 심리적 안전감의 중요성에 대한 설명으로 올바른 것은? 정답 ②

① 팀 내 경쟁을 유도해 생산성을 높인다.
② 팀원들이 실수나 실패를 두려워하지 않고 의견을 자유롭게 표현하도록 돕는다.
③ 팀 구성원 간의 역할을 교환하여 업무를 효율적으로 배분한다.
④ 팀 내에서 명확한 책임 분담이 이루어지도록 한다.
⑤ 갈등 상황에서 타협을 통해 문제를 해결한다.

19. RACI 매트릭스에서 Accountable의 역할은 무엇인가? 정답 ②

① 작업을 실행하는 사람
② 작업에 대한 최종 책임을 지는 사람
③ 작업 과정에서 조언을 제공하는 사람
④ 작업 진행 상황에 대해 통보받는 사람
⑤ 작업의 우선순위를 설정하는 사람

20. 애자일(Agile) 방법론의 스크럼(Scrum)에서 스프린트(Sprint)의 정의로 적합한 것은? 정답 ②

① 작업 흐름을 시각적으로 관리하는 보드

② 2~4주 주기의 반복적인 개발 주기

③ 팀의 작업량을 제한하는 방법

④ 주기적으로 성과를 측정하고 평가하는 도구

⑤ 각 팀원이 담당 역할을 교환하는 과정

21. 칸반(Kanban)의 핵심 원칙 중 작업량 제한(WIP)의 목적은 무엇인가? 정답 ③

① 팀원 간의 갈등을 줄이는 것

② 작업의 흐름을 시각적으로 관리하기 위해

③ 팀의 집중도를 높이고 품질을 유지하기 위해

④ 팀 목표를 설정하고 구성원을 동기 부여하기 위해

⑤ 반복적인 피드백 과정을 활성화하기 위해

22. 갈등 관리 모델(TKI)에서 경쟁(Competing) 스타일이 적합한 상황은? 정답 ①

① 긴급 상황에서 빠른 결정이 필요할 때

② 상대방과의 관계를 유지하고자 할 때

③ 복잡한 문제를 창의적으로 해결해야 할 때

④ 갈등이 사소하거나 해결할 시간이 부족할 때

⑤ 서로 양보하여 적당한 합의점을 찾고자 할 때

23. Apple의 Steve Jobs와 Steve Wozniak 간의 갈등 해결방법은? 정답 ②

① 갈등을 회피하고 다른 팀원을 배정했다.

② 역할을 설정하고 협상과 타협을 통해 해결했다.

③ 경쟁을 통해 더 나은 아이디어를 도출했다.

④ 상호 간의 의견 차이를 존중하며 해결방안을 찾았다.

⑤ 팀 내 심리적 안전감을 강화하여 갈등을 예방했다.

24. 아마존의 6-page memo rule이 촉진하는 의사소통의 핵심 요소는? 정답 ②

① 의사소통의 신속성
② 정보 전달의 명확성과 심층적 논의
③ 팀원 간 자유로운 아이디어 교환
④ 갈등 상황에서 타협을 유도
⑤ 업무 진행 상황의 시각적 관리

고객 문제 정의와 의사결정

1. 고객 페르소나의 주요 특징에 포함되지 않는 것은 무엇인가? 정답 ③

① 구체성 ② 대표성 ③ 신속성 ④ 실용성

2. 고객 페르소나 작성 시 사용되는 자료수집 방법 중 "정량 데이터"에 해당하지 않는 것은 무엇인가? 정답 ③

① 설문 조사 ② 웹사이트 분석 ③ 심층 인터뷰 ④ 구매 데이터

3. 고객 페르소나가 중요한 이유 중 하나는 무엇인가? 정답 ②

① 소비자 조사만을 통해 고객의 선호도를 파악할 수 있기 때문
② 마케팅과 제품 기획에 적합한 타겟팅을 할 수 있도록 돕기 때문
③ 고객이 원하는 광고를 만들어낼 수 있기 때문
④ 제품 가격을 결정할 수 있도록 돕기 때문

4. 다음 중 소비자 조사방법론 중 질적 조사방법에 해당하는 것은 무엇인가? 정답 ③

① 설문 조사 ② A/B 테스트 ③ 포커스 그룹 ④ 패널 조사

5. 고객 페르소나의 행동 패턴을 정의할 때 중요한 요소가 아닌 것은 무엇인가? 정답 ④

① 제품이나 서비스를 사용하는 방식

② 제품을 사용할 때의 감정

③ 제품 사용 시 발생하는 문제

④ 주로 사용하는 마케팅 채널

6. 고객의 문제 정의가 중요한 이유는 무엇인가? 정답 ②

① 문제를 해결하는 데 드는 비용을 낮추기 위해

② 고객에게 실질적인 가치를 전달할 수 있기 위해

③ 경쟁사보다 빠르게 시장에 출시할 수 있기 위해

④ 제품 개발 비용을 줄일 수 있기 위해

7. 다음 중 고객 문제를 구체화하는 기법으로 알맞은 것은 무엇인가? 정답 ②

① SWOT 분석　② 5 Whys 기법　③ 포커스 그룹　④ 시장 세분화

8. 5 Whys 기법에서 "왜?"라는 질문을 반복하는 이유는 무엇인가? 정답 ②

① 문제의 외적인 원인을 찾기 위해

② 문제의 근본적인 원인을 파악하기 위해

③ 시장의 요구사항을 분석하기 위해

④ 해결책을 빠르게 도출하기 위해

9. 원인과 결과 다이어그램(Fishbone Diagram)의 주된 장점은 무엇인가? 정답 ②

① 문제를 빠르게 해결할 수 있다.

② 문제의 근본 원인을 체계적으로 분석할 수 있다.

③ 고객의 요구사항을 직접 반영할 수 있다.

④ 문제 해결을 위한 비용을 절감할 수 있다.

10. 디즈니가 도입한 시스템으로 고객의 대기시간 문제를 해결한 것은 무엇인가? 정답 ②

① 온라인 예약 시스템

② 패스트패스 시스템

③ 스마트폰 기반 대기 관리 시스템

④ 고속 열차 시스템

11. 의사결정 방법론의 정의로 가장 적절한 설명은? 정답 ②

① 주관적인 판단으로 결정을 내리는 방법

② 문제 해결과 목표 달성을 위해 체계적이고 구조화된 절차를 통해 최적의 대안을 선택하는 과정

③ 의사소통 방식을 개선하기 위한 기술적 접근

④ 조직 내 갈등을 관리하기 위한 기술

⑤ 업무 수행 속도를 높이기 위한 단순화 과정

12. 다음 중 정성적 방법론의 특징으로 올바른 것은? 정답 ②

① 대량의 데이터를 분석하여 의사결정을 내린다.

② 문제 해결을 위한 창의적이고 수치화하기 어려운 접근법을 활용한다.

③ 확률을 기반으로 최적의 선택을 도출한다.

④ 통계적 기법을 사용하여 대안을 평가한다.

⑤ 빅데이터 분석을 통해 예측 결과를 도출한다.

13. AHP(Analytic Hierarchy Process) 방법론의 목적은 무엇인가? 정답 ③

① 다양한 대안 중 창의적인 해결책 도출

② 데이터를 학습하여 최적의 패턴 예측

③ 계층적으로 나뉜 기준을 수치화하여 우선순위를 결정

④ 팀원 간의 합의를 하여 의사결정

⑤ 불확실한 상황에서 최선의 예측 수행

14. 다음 중 데이터 기반 의사결정의 활용 사례로 적절한 것은? 정답 ③

① 브레인스토밍을 통한 신제품 아이디어 개발

② 보험 리스크 평가를 위한 의사결정 나무 사용

③ 이커머스에서 고객 행동 분석을 통한 맞춤형 상품 추천

④ 도시 재개발 프로젝트에서 주민 의견 수렴

⑤ 글로벌 전략 협의에서 다국적 기업의 합의 도출

15. 협력적/집단적 의사결정 방법 중 합의 구축(Consensus Building)에 대한 설명으로 적절한 것은? 정답 ③

① 데이터 기반 분석을 통해 결과를 도출한다.

② 다수결로 이해관계자의 의견을 조정한다.

③ 이해관계자들의 의견을 조정하여 공통된 결론을 도출한다.

④ 팀 구성원 간 역할 분담을 통해 최적화를 추구한다.

⑤ 전문가의 익명성을 보장하며 의견을 수집한다.

시장조사 방법론

1. 시장 규모를 추정하는 첫 번째 단계로 가장 중요한 것은 무엇인가? 정답 ②

① 경쟁사의 제품 분석

② 시장 세분화 및 목표시장 자료 수집

③ 제품 품질 분석

④ 가격대별 시장 조사

2. 서베이 분석을 사용하여 시장 규모를 추정할 때 중요한 것은 무엇인가? 정답 ②

① 고객의 나이와 성별만 조사한다.

② 고객의 요구와 선호를 조사한다.

③ 경쟁사의 가격 정책을 조사한다.

④ 제품의 가격만 조사한다.

3. SWOT 분석에서 강점(Strength)이 의미하는 것은 무엇인가? 정답 ②

① 기업이 극복해야 할 약점

② 기업이 경쟁 우위를 차지할 수 있는 내부 능력

③ 외부환경에서 발생하는 위협

④ 기업 경쟁자의 강점

4. 다음 중 ST 전략에 해당하는 것은 무엇인가? 정답 ②

① 강점을 활용하여 기회를 살리는 전략

② 강점을 활용하여 위협을 회피하거나 최소화하는 전략

③ 약점을 보완하여 기회를 살리는 전략

④ 약점을 보완하여 위협을 회피하는 전략

5. 경쟁사 분석에서 경쟁자 맵핑의 목적은 무엇인가? 정답 ②

① 경쟁사의 가격을 분석하기 위해

② 시장에서 자사의 상대적 위치를 파악하기 위해

③ 제품 품질을 분석하기 위해

④ 고객의 요구를 분석하기 위해

6. 구글 트렌드 분석을 통해 분석할 수 있는 것은 무엇인가? 정답 ①

① 특정 키워드에 대한 시장의 관심도와 수요 변화를 파악할 수 있다.

② 소비자의 개인적인 의견을 직접 파악할 수 있다.

③ 가격 변동에 대한 정보를 확인할 수 있다.

④ 고객의 정확한 위치를 파악할 수 있다.

7. SNS 분석을 통해 어떤 파악할 수 있는 정보는 무엇인가? 정답 ②

① 고객의 연령대와 성별을 파악할 수 있다.

② 고객의 반응과 시장의 트렌드를 분석할 수 있다.

③ 소비자의 구매 기록을 정확히 알 수 있다.

④ 경쟁사의 가격 정책을 확인할 수 있다.

8. 구글 트렌드와 SNS 데이터를 활용하는 주요 목적은 무엇인가? 정답 ②

① 경쟁사의 마케팅 전략을 분석하기 위해

② 시장의 성장 가능성과 수요 변화를 예측하기 위해

③ 고객의 연령대별 소비 습관을 분석하기 위해

④ 제품 가격을 결정하기 위해

9. 시장과 고객의 연결 고리를 찾기 위해 중요한 것은 무엇인가? 정답 ①

① 고객의 요구와 시장 트렌드를 연결짓는 방법

② 고객의 구매력을 정확하게 파악하는 것

③ 제품 가격을 낮추는 방법

④ 광고 예산을 늘리는 방법

10. 데이터 기반 사업 전략 설계에서 중요한 것은 무엇인가? 정답 ②

① 고객의 정확한 위치를 추적하는 것

② 시장 수요 예측과 전략적 접근 방법 도출

③ 경쟁사의 전략을 카피하는 것

④ 제품의 가격을 낮추는 것

11. 다음 중 상권분석의 중요성으로 적절하지 않은 것은 무엇인가? 정답 ③

① 소비자 중심의 데이터 기반 접근 방식을 통해 경쟁력을 강화한다.

② 소비자 경험을 바탕으로 브랜드 신뢰도를 높인다.

③ 상권분석 없이도 창업의 성공 가능성을 높일 수 있다.

④ 제품 및 서비스를 개선하며 마케팅 전략을 최적화할 수 있다.

⑤ 소비자의 요구와 행동을 정확히 파악할 수 있다.

12. 넬슨(Nelson)의 점포입지 원칙 중 중간 저지성의 의미로 가장 적합한 것은? 정답 ③

① 점포 입지의 경제성을 분석한다.

② 고객의 접근성을 높인다.

③ 기존 점포와 고객 사이에 새 점포가 들어서 고객 유입을 차단한다.

④ 두 점포가 보완적 관계에 있는지 평가한다.

⑤ 상권의 잠재력을 분석한다.

13. 상권분석의 사례 중 '2차 상권'에 대한 설명으로 옳은 것은? 정답 ②

① 반경 100500m 내 상권으로 유입고객의 60%가 거주한다.

② 반경 5001km 내 상권으로 유입고객의 25%가 거주한다.

③ 반경 1km 이상 상권으로 모든 유입고객이 포함된다.

④ 상권 내 경쟁 점포 수를 기준으로 정의된다.

⑤ 2차 상권은 소비자 행동을 분석하기 위한 통계적 도구다.

14. 상권분석에서 소비자 행동에 영향을 줄 수 있는 요소가 아닌 것은? 정답 ⑤

① 행동관습과 소비패턴

② 친구 관계와 여가활동

③ 매체 이용 형태

④ 고객의 편익 탐색

⑤ 점포입지의 경제성

15. **시장 규모를 추정하는 첫 번째 단계로 가장 중요한 것은 무엇인가?** 정답 ②

① 경쟁사의 분석

② 고객 특성에 맞는 시장 세분화

③ 서베이와 인터뷰의 활용

④ 소비자의 구매력 분석

⑤ 제품 기능 분석

16. **서베이 분석방법을 통해 시장 규모를 추정할 때의 예시로 적합한 것은?** 정답 ①

① 제품에 대한 고객 수요를 조사하여 시장 규모를 추정하는 것

② 가격과 품질을 비교하여 경쟁사를 분석하는 것

③ 지역별 판매량을 분석하는 것

④ 고객의 브랜드 충성도를 조사하는 것

⑤ 고객의 여가활동을 분석하는 것

17. **SWOT 분석에서 강점이 의미하는 것은 무엇인가?** 정답 ③

① 외부의 위협요인

② 경쟁업체보다 경쟁 열위에 있는 내적 특성

③ 다른 기업과 차별되는 우위의 내적 역량

④ 기업이 직면한 시장 기회

⑤ 기업의 경쟁 전략

18. **SWOT 분석에서 WO 전략의 설명으로 가장 적합한 것은?** 정답 ②

① 강점을 활용해 외부의 위협을 회피하는 전략

② 약점을 보완하여 기회를 살리는 전략

③ 약점을 보완하여 위협을 최소화하는 전략

④ 강점을 가지고 기회를 살리는 공격전략

⑤ 약점이 크면 포기하는 전략

19. SWOT 분석의 오류 중 기회와 위협 요소에 내부환경을 포함하는 경우의 잘못된 점은 무엇인가? 정답 ①

① 기회와 위협 요소는 우리가 통제할 수 있는 요소만 포함해야 한다.

② 외부 환경만 고려하여 분석해야 한다.

③ 내부 요소와 외부 요소를 섞어 분석하는 것이 유리하다.

④ 전략적 중요도를 고려하여 분석해야 한다.

⑤ 기회와 위협 요소에 대한 분석은 가정적인 시나리오로 진행해야 한다.

20. 경쟁자 분석을 통해 자사의 시장 위치를 파악하는 데 중요한 것은 무엇인가? 정답 ①

① 가격, 품질, 혁신 등으로 경쟁자를 맵핑하는 것이다.

② 경쟁자의 마케팅 전략을 추적하는 것이다.

③ 경쟁자들의 제품 기능을 분석하는 것이다.

④ 경쟁사의 소비자 행동을 분석하는 것이다.

⑤ 경쟁사와의 직접적인 가격 비교를 수행하는 것이다.

21. 포터의 5 Forces 분석에서 산업 내 경쟁 강도의 의미는 무엇인가? 정답 ①

① 동일 산업 내에서 기업들이 경쟁하는 강도

② 원자재나 부품을 공급하는 공급자들의 협상력

③ 소비자들이 가격이나 품질을 협상할 수 있는 능력

④ 소비자의 대체 제품에 대한 관심도

⑤ 신규 기업이 시장에 진입하려는 위험

22. 포터의 5 Forces에서 공급자의 협상력이 강해지는 상황은? 정답 ②

① 공급자의 수가 많고 대체 가능한 공급자가 많을 때

② 공급자의 수가 적고 대체 가능한 공급자가 적을 때

③ 고객의 선택 폭이 많을 때

④ 대체 제품이 많고 저렴할 때

⑤ 신규 경쟁자가 진입할 때

23. 포터의 5 Forces에서 대체 제품의 위협을 의미하는 것은? 정답 ②

① 기존 제품의 가격이 경쟁적으로 하락할 때

② 소비자에게 같은 니즈를 충족시키는 대체 제품이 등장할 때

③ 새로운 경쟁자가 시장에 진입할 때

④ 경쟁업체들의 제품이 더 혁신적일 때

⑤ 고객들이 대체 제품을 선택할 때

24. 포터의 5 Forces에서 새로운 경쟁자의 위협을 낮추기 위한 전략은 무엇인가? 정답 ①

① 고유한 브랜드 이미지 구축

② 가격 경쟁을 강화

③ 제품 품질을 개선

④ 기술 혁신을 멈추지 않기

⑤ 고객 충성도 프로그램 도입

비즈니스 모델 캔버스

1. 비즈니스 모델 캔버스의 핵심 구성요소가 아닌 것은 무엇인가? 정답 ③

① 고객 세그먼트 ② 가치 제안

③ 광고 전략 ④ 수익원

2. 고객 세그먼트에서 중요한 요소는 무엇인가? 정답 ②

① 고객의 연령대만 고려

② 고객의 요구와 문제를 파악

③ 광고 비용만 고려

④ 제품의 디자인

3. 핵심 자원이란 무엇을 의미하나? 정답 ①

① 사업의 브랜드 가치와 인적 자원

② 고객 관계 관리 전략

③ 제품의 디자인

④ 경쟁사의 마케팅 전략

4. 비즈니스 모델 캔버스의 주요 목적 중 하나는 무엇인가? 정답 ①

① 팀 내 커뮤니케이션과 협업 강화

② 경쟁사의 전략을 카피하기

③ 시장의 불확실성을 높이기

④ 가격 책정을 단순화하기

5. 비즈니스 모델 캔버스에서 핵심 파트너가 중요한 이유는 무엇인가? 정답 ②

① 시장 점유율을 확대하기 위해

② 외부 파트너와의 협력을 통해 비즈니스 효율성을 높이기 위해

③ 고객의 피드백을 직접 받기 위해

④ 경쟁자를 직접 분석하기 위해

6. 비즈니스 모델 캔버스에서 고객 세그먼트의 목적은 무엇인가? 정답 ②

① 사업의 수익원을 정의한다.

② 제품이나 서비스를 제공하려는 주요고객 그룹을 정의한다.

③ 경쟁사를 분석한다.

④ 사업의 핵심 활동을 정리한다.

7. **비즈니스 모델 캔버스에서 핵심 자원에 포함되지 않는 항목은 무엇인가?** 정답 ②

① 특허, 기술, 데이터

② 직원 교육 비용

③ 브랜드 가치

④ 고객 관계 관리 시스템

8. **비즈니스 모델 캔버스에서 가치 제안이 중요한 이유는 무엇인가?** 정답 ①

① 고객의 문제를 해결하고, 경쟁사 대비 차별화된 가치를 제공하기 위해

② 제품의 가격을 결정하기 위해

③ 공급망을 효율적으로 관리하기 위해

④ 마케팅 전략을 수립하기 위해

9. **비즈니스 모델 캔버스에서 채널을 정의하는 이유는 무엇인가?** 정답 ①

① 고객에게 제품과 서비스를 전달하는 경로를 명확히 하기 위해

② 제품 가격을 책정하기 위해

③ 회사의 재무 목표를 설정하기 위해

④ 경쟁사 분석을 위해

10. **비즈니스 모델 캔버스에서 수익원을 정의하는 이유는 무엇인가?** 정답 ②

① 회사의 비용 구조를 설정하기 위해

② 회사가 어떻게 수익을 창출할지 명확히 하기 위해

③ 고객과의 관계를 설정하기 위해

④ 핵심 자원을 정의하기 위해

11. **비즈니스 모델 캔버스에서 핵심 파트너에 포함될 수 있는 것들은 무엇인가?(모든 답을 선택하시오)** 정답 ①, ③

① 기술 제공 업체 ② 고객 ③ 공급망 파트너 ④ 경쟁사

12. **비즈니스 모델 캔버스의 수익원으로 고려할 수 있는 모델은 무엇이 있나?(모든 답을 선택하시오)**

정답 ①, ②, ④

① 제품 판매 ② 광고 수익 ③ 파트너십 계약 수익 ④ 서비스 수수료

13. **사업 계획서의 주요 역할 중에서, 추진하고자 하는 사업을 타인에게 설득하는 중요한 도구의 기능을 무엇인가?** 정답 ④

① 사업 목표 수립
② 사업 타당성 분석
③ 사업 아이디어 개발
④ 사업 활동의 지침
⑤ 자금 조달

14. **사업 계획서를 작성하는 목적 중 하나로 창업자가 자신의 사업 방향을 정하는 나침반 역할을 하는 것은 무엇인가?** 정답 ③

① 사업성과 예측
② 자금조달
③ 사업 목표 설정
④ 사업 아이디어 구체화
⑤ 미래 예측

15. **사업 계획서를 작성할 때, 사업 아이템의 타당성을 검증하는 과정은 무엇을 통해 이루어지나?** 정답 ③

① 시장 조사 ② 경쟁 분석 ③ 사업성 분석 ④ 기술혁신 ⑤ 법적 요구사항 검토

서비스 설계와 프로토타입 제작

1. 서비스 청사진의 주요 요소 중 비접점(Backstage)에 대한 설명으로 옳은 것은?

정답 ③

① 고객과 직접 상호작용하는 직원들의 활동을 나타낸다.

② 고객이 서비스를 경험하는 과정에서 중요한 단계들을 시각적으로 표현한다.

③ 고객과 직접 상호작용하지 않지만, 서비스 제공을 지원하는 내부 활동을 포함한다.

④ 고객이 서비스의 품질을 판단하는 물리적 증거를 포함한다.

2. 다음 중 스타벅스의 서비스 청사진에서 지원 프로세스(Supporting Processes)에 해당하는 예시는 무엇인가? 정답 ③

① 바리스타가 음료를 준비하는 과정

② 메뉴판 디자인

③ 재료 관리 시스템

④ 고객의 음료 수령

3. 서비스 청사진을 통해 효율성 개선을 할 방법은 무엇인가? 정답 ①

① 백스테이지와 지원 프로세스를 분석하여 개선할 수 있다.

② 고객 행동만 분석하여 효율성을 높일 수 있다.

③ 물리적 증거만 평가하여 효율성을 개선할 수 있다.

④ 고객과 직원의 상호작용을 제외하고 개선한다.

4. 사용자 여정 맵의 문제점(Pain Points)을 식별하는 목적은 무엇인가? 정답 ③

① 사용자의 감정을 기록하기 위해

② 서비스의 강점을 강조하기 위해

③ 사용자 경험에서의 문제를 발견하고 개선할 기회를 찾기 위해

④ 서비스의 각 단계를 시각적으로 표현하기 위해

5. e-Commerce 플랫폼의 사용자 여정 맵에서 탐색 단계의 사용자 행동은 무엇인가? 정답 ②

① 제품을 장바구니에 담고 결제하는 것

② 키워드를 검색하거나 추천 상품을 클릭하는 것

③ 배송 추적 페이지를 확인하는 것

④ 피드백을 작성하는 것

6. 사용자 여정 맵에서 감정 요소의 목적은 무엇인가? 정답 ①

① 각 단계에서 사용자가 느끼는 감정을 기록하여 문제를 식별하고 서비스 개선을 도모한다.

② 사용자가 서비스의 물리적 증거를 인식하는 과정을 기록한다.

③ 사용자의 실제 행동을 시각적으로 나타내기 위해 감정을 기록한다.

④ 고객의 행동을 분석하여 서비스 비용을 계산한다.

7. 프로토타입(Prototype)의 중요성에 대한 설명 중 올바른 것은 무엇인가? 정답 ①, ②, ④

① 프로토타입은 아이디어를 실험하고 사용자 피드백을 수집할 수 있게 해준다.

② 프로토타입을 사용하면 개발 초기 단계에서 오류를 발견하고 수정할 수 있다.

③ 프로토타입은 최종 제품을 시각적으로 표현하는 데 필요하지 않다.

④ 프로토타입을 통해 창의적 아이디어의 방향성을 설정할 수 있다.

8. Airbnb의 초기 프로토타입이 무엇을 가능하게 했는지에 대해 가장 적합한 설명은? 정답 ②

① 사용자 인터페이스(UI)를 최적화했다.

② 호스트와 게스트 간 신뢰를 구축할 수 있는 리뷰 시스템을 추가했다.

③ 숙박지의 위치 정보를 제공했다.

④ 가격 책정을 자동화했다.

9. IDEO의 쇼핑카트 디자인 프로토타입을 통해 발견된 문제를 해결한 방법은 무엇인가? 정답 ③

① 고객의 불만을 경청하여 제품의 디자인을 변경했다.

② 물리적 재료를 개선하여 쇼핑카트를 더 튼튼하게 만들었다.

③ 사용자가 물건을 떨어뜨리는 문제를 해결하고, 더 편리한 구조를 설계했다.

④ 고객 피드백을 반영하지 않고 프로토타입을 개선했다.

10. 프로토타입을 통한 비용 절감의 예시로 가장 적합한 설명은 무엇인가? 정답 ①

① 초기에 발견된 결함을 수정하면, 후반부에서의 비용이 크게 줄어든다.

② 프로토타입을 사용하지 않으면 비용이 절감된다.

③ 프로토타입을 사용하면 추가 비용이 발생한다.

④ 비용 절감은 제품 출시 이후에만 가능하다.

11. Microsoft가 프로토타입을 사용한 이유와 얻은 결과로 가장 적합한 설명은 무엇인가? 정답 ①

① 프로토타입을 통해 사용자의 흐름과 기능 이해도를 검토했다.

② 초기 사용자 인터페이스(UI) 설계를 통해 시간을 절약했다.

③ 프로토타입을 통해 개발 시간이 대폭 늘어났다.

④ 프로토타입을 사용하여 사용자 피드백을 받지 않았다.

12. 서비스 청사진에서 프론트스테이지(Frontstage)의 역할은 무엇인가? 정답 ①

① 고객이 서비스를 경험하는 과정과 직접 관련된 활동을 포함한다.

② 서비스 제공을 위한 내부 시스템과 프로세스를 나타낸다.

③ 고객과의 상호작용 없이 서비스를 지원하는 활동을 나타낸다.

④ 고객에게 직접 보여지지 않는 내부 활동을 나타낸다.

13. 사용자 여정 맵에서 활동 요소의 주된 목적은 무엇인가? 정답 ②

① 사용자가 서비스 또는 제품을 사용하는 동안의 감정을 기록하는 것이다.

② 사용자가 서비스 또는 제품을 사용하면서 실제로 수행한 작업을 시각화하는 것이다.

③ 사용자의 행동 패턴을 분석하여 서비스 효율성을 높이는 것이다.

④ 사용자가 겪은 문제점을 분석하여 개선점을 찾는 것이다.

14. 다음 중 백스테이지(Backstage)의 예시에 해당하는 것은 무엇인가? 정답 ②

① 고객이 대면하는 서비스 제공자

② 고객의 요구를 충족시키기 위한 비밀리에 이루어지는 프로세스

③ 고객이 대면하는 물리적 증거

④ 고객이 직접 사용하는 시스템

15. 사용자 여정 맵의 기회(Opportunity) 요소가 중요한 이유는 무엇인가? 정답 ②

① 고객이 서비스에서 기대하는 바를 기록하기 위해

② 사용자 경험에서 개선이 필요한 부분을 찾아내어 서비스 개선 기회를 도출하기 위해

③ 서비스의 강점을 시각적으로 표현하기 위해

④ 사용자가 서비스를 사용하는 동안 느낀 감정을 기록하기 위해

16. 서비스 청사진에서 물리적 증거(Physical Evidence)에 포함되는 예시로 적합한 것은 무엇인가? 정답 ③

① 고객이 제공받는 서비스의 프로세스

② 서비스 제공의 품질을 향상시키기 위한 지원 프로세스

③ 고객이 보는 메뉴판, 웹사이트 디자인 등 서비스의 형태적 증거

④ 고객과의 상호작용에서 발생하는 감정적 요소

17. 프로토타입을 테스트하는 가장 큰 장점은 무엇인가? 정답 ①, ④

① 사용자의 문제를 정확히 파악하여 개선점을 제시할 수 있다.
② 최종 제품을 출시하기 전에 실제 시장에서 테스트할 수 있다.
③ 최종 제품에만 적용 가능한 아이디어를 제시할 수 있다.
④ 제품 개발 시간과 비용을 획기적으로 줄일 수 있다.

18. 서비스 청사진을 사용할 때 주의해야 할 점으로 가장 적합한 것은 무엇인가? 정답 ③

① 고객 경험을 단순화하여 보여줘야 한다.
② 모든 내부 프로세스를 지나치게 상세하게 나열해야 한다.
③ 비접점 활동을 너무 강조하면 서비스 흐름을 이해하기 어려울 수 있다.
④ 고객과의 상호작용을 제외한 모든 활동을 포함시켜야 한다.

19. 사용자 여정 맵의 주요 목적 중 하나는 무엇인가? 정답 ②

① 사용자의 서비스 이용 기록을 수집하기 위해
② 각 단계에서 발생할 수 있는 문제점과 기회를 시각적으로 분석하기 위해
③ 서비스에서 발생하는 데이터를 시각적으로 분석하기 위해
④ 고객과의 상호작용을 제외한 모든 활동을 추적하기 위해

20. 프로토타입을 사용하여 서비스 디자인을 개선할 때 가장 중요한 점은 무엇인가? 정답 ①

① 프로토타입을 빠르게 제작하고 사용자 피드백을 반복적으로 수집하는 것이다.
② 프로토타입을 최종 제품처럼 다듬어야 한다.
③ 프로토타입을 출시하고 고객의 반응을 무시하는 것이다.
④ 프로토타입을 완벽하게 만들지 않고, 최종 제품만을 집중적으로 개선하는 것이다.

21. 스타벅스의 서비스 청사진에서 고객 접점(Customer Touchpoints)에 해당하는 예시는 무엇인가? 정답 ③

① 바리스타의 음료 준비 과정
② 매장의 인테리어 디자인
③ 고객이 음료를 주문하는 순간
④ 매장 내 음향 시스템

22. 서비스 청사진의 프로세스(Process) 요소는 무엇을 나타내는가? 정답 ②

① 고객이 서비스에 접근하는 방식
② 서비스 제공의 일련의 단계들을 나타낸다.
③ 서비스에서 고객이 경험하는 물리적 증거
④ 고객의 피드백과 반응

재무 계획과 투자 유치

1. 자기 자금(Self-funding)의 특징으로 옳지 않은 것은 무엇인가? 정답 ③

① 창업자는 자신의 자산을 사용하여 자금을 마련한다.
② 창업자는 사업 운영에 대한 전적인 통제권을 유지할 수 있다.
③ 창업자가 지분 희석을 겪을 수 있다.
④ 자기 자금은 창업자가 제공하는 자본으로 사업을 시작한다.

2. 벤처 캐피털(VC)의 주요 특징으로 옳은 것은 무엇인가? 정답 ③

① 벤처 캐피털은 사업 초기에 자금을 제공하지 않는다.
② 벤처 캐피털은 주로 위험이 적은 사업에 투자한다.
③ 벤처 캐피털은 기업의 성장 가능성에 중점을 두고 투자한다.
④ 벤처 캐피털은 창업자에게 전적인 통제권을 유지하도록 돕는다.

3. 크라우드 펀딩의 주요 이론으로 관련이 없는 것은 무엇인가? 정답 ③

① 신호 이론(Signal Theory)

② 양면 시장 이론(Two-Sided Market Theory)

③ 반복 소비 모델(Repeated Consumption Model)

④ 정보 불완전성을 극복하는 방식으로 자금을 모집한다.

4. 구독형 모델(Subscription Model)의 특징으로 가장 적합한 것은? 정답 ①

① 소비자가 주기적으로 지불하고 서비스를 지속적으로 이용한다.

② 사용자에게 무료 서비스를 제공하고 광고 수익을 얻는다.

③ 제품이나 서비스를 판매하여 수익을 창출한다.

④ 기술이나 콘텐츠의 사용권을 다른 기업에게 제공한다.

5. 프리미엄 모델(Freemium Model)의 특징은 무엇인가? 정답 ①

① 기본 서비스는 무료로 제공하고, 고급 기능을 유료로 제공한다.

② 모든 서비스는 유료로 제공된다.

③ 광고 수익을 기반으로 수익을 창출한다.

④ 경매 방식으로 제품을 판매하여 수익을 얻는다.

6. 자기 자금(Self-funding)의 주요 장점으로 올바른 것을 고르시오. 정답 ②

① 창업자가 자금을 외부에서 유치할 수 있다.

② 창업자가 사업에 대한 전적인 통제권을 유지할 수 있다.

③ 사업 운영에 필요한 자금을 빠르게 조달할 수 있다.

④ 창업자가 회사의 지분을 희석할 수 있다.

⑤ 사업 확장에 필요한 자금을 대출을 통해 조달할 수 있다.

7. **엔젤 투자자의 특징으로 옳지 않은 것은?** 정답 ⑤

① 창업 초기 단계에서 자금을 제공한다.

② 창업자의 성장을 위한 멘토링을 제공한다.

③ 투자 후 사업 운영에 직접 개입하지 않는다.

④ 벤처 캐피털보다 위험을 더 많이 감수한다.

⑤ 벤처 캐피털보다 높은 수익을 기대한다.

8. **벤처 캐피털의 역할로 올바른 것을 고르시오.** 정답 ②

① 창업 초기 단계에서 자금을 제공하여 사업의 안정성을 높인다.

② 고위험 고수익 투자에 집중하며 기업의 혁신을 촉진한다.

③ 사업 초기 단계에서는 자금을 제공하지 않는다.

④ 벤처 캐피털은 기업가정신을 저해한다.

⑤ 기업 성장에 필요한 자금을 확보하는 데 도움을 주지 않는다.

9. **손익분기점(BEP) 계산에서 고정비/공헌이익 방식이 적용되는 것은 어떤 기준에 대한 계산인가?** 정답 ②

① 손익분기점(매출액 기준)

② 손익분기점(판매량 기준)

③ 고정비 분석

④ 공헌이익 분석

⑤ 변동비 분석

10. **구독형 모델에 관한 설명으로 올바른 것을 고르시오.** 정답 ②

① 사용자가 한 번의 지불로 서비스를 이용한다.

② 주기적인 지불을 통해 안정적인 수익을 창출한다.

③ 광고 수익으로만 운영된다.

④ 사용자는 무료로 서비스를 제공받는다.

⑤ 제품을 판매하는 방식이다.

11. 사업계획서에서 SWOT 분석의 목적은 무엇인가? 정답 ②

① 기업이 처한 외부환경을 분석하는 것
② 기업 내부의 강점, 약점, 기회, 위협을 분석하는 것
③ 시장에서의 경쟁자 분석을 위한 것
④ 제품의 생산비용을 계산하는 것
⑤ 기업의 성장 전망을 예측하는 것

12. 창업자가 사업을 시작할 때 가장 먼저 고려해야 할 사항은 무엇인가? 정답 ②

① 사업 모델의 수익성
② 창업 자금의 출처
③ 시장의 경쟁 상황
④ 제품이나 서비스의 타겟 시장
⑤ 사업장 위치 선정

13. 벤처 기업에 대한 정부의 지원 정책으로 올바른 것을 고르시오. 정답 ①

① 벤처기업은 세금 혜택을 받을 수 있다.
② 벤처기업은 정부로부터 대출을 받을 수 없다.
③ 벤처기업은 주식 상장 시 세금이 면제된다.
④ 정부는 벤처기업에 대해 규제 강화를 추구한다.
⑤ 벤처기업은 주식 상장 전에 사업 계획서를 제출할 필요가 없다.

14. 창업자가 투자자에게 투자금을 유치할 때 필요한 중요한 요소는 무엇인가? 정답 ②

① 사업 아이템의 독창성만
② 사업 아이템과 시장에 대한 철저한 분석
③ 투자자의 재정적 상태에 대한 철저한 분석
④ 자금이 빠르게 회수 가능한 방식
⑤ 창업자의 사회적 관계망

15. 자금조달 방법 중 크라우드 펀딩의 주요 특징으로 옳지 않은 것은? 정답 ②

① 대중에게 자금을 모은다.

② 창업자가 회사의 지분을 제공한다.

③ 투자자가 다양한 소액으로 자금을 투자한다.

④ 자금조달에 대한 투명성이 높다.

⑤ 사업 아이템이 대중에게 공개된다.

마케팅 전략과 브랜딩

1. 마케팅이란 무엇인가? 다음 중 올바른 정의를 고르시오. 정답 ②

① 제품을 생산하고 판매하는 과정

② 고객의 욕구를 충족시키기 위해 제품, 서비스, 아이디어를 창출하고 전달하는 과정

③ 광고와 판매만을 중심으로 이루어지는 활동

④ 시장에서의 경쟁을 관리하는 과정

2. 다음 중 니즈와 욕구의 차이에 대한 올바른 설명을 고르시오. 정답 ②

① 니즈는 고급 브랜드에 대한 욕망을 의미하고, 욕구는 기본적인 생리적 필요를 의미한다.

② 욕구는 인간의 기본적인 생리적 요구이며, 니즈는 개인적인 선호에 따른 구체화한 필요를 의미한다.

③ 니즈와 욕구는 본질에서 동일한 의미가 있다.

④ 니즈는 가격에 대한 요구, 욕구는 제품의 기능에 대한 요구이다.

3. Philip Kotler의 마케팅 정의에 따른 설명으로 올바른 것을 고르시오. 정답 ②

① 마케팅은 기업이 제품을 개발하고 이를 판매하는 관리적 활동이다.

② 마케팅은 고객의 필요와 욕구를 충족시키기 위해 제품과 가치를 창출하고 교환하는 사회적, 관리적 과정이다.

③ 마케팅은 고객과 기업 간의 교환 과정을 말한다.

④ 마케팅은 판매와 광고에만 국한되는 활동이다.

4. 마케팅 커뮤니케이션 믹스의 구성요소 중 홍보 및 PR에 대한 설명으로 올바른 것을 고르시오. 정답 ③

① 기업의 제품을 직접 판매하는 활동을 의미한다.

② 소비자에게 즉각적인 반응을 유도하는 단기적 촉진 활동이다.

③ 기업의 긍정적인 이미지를 구축하거나 위기 상황을 관리하기 위한 활동이다.

④ 기업이 고객에게 직접 마케팅 메시지를 전달하는 방법이다.

5. 통합 마케팅 커뮤니케이션(IMC)의 핵심 원칙 중 일관성에 대한 설명으로 올바른 것을 고르시오. 정답 ①

① 각 채널에서 전달하는 메시지가 일관되지 않으면 고객이 혼란스러워한다.

② 고객의 피드백을 반영하여 각 채널에서 다른 메시지를 전달한다.

③ 광고와 판매 촉진은 반드시 동일한 메시지를 전달해야 한다.

④ 일관성은 각 채널을 독립적으로 운영하는 데 필요한 원칙이다.

6. STP 전략에서 세분화(Segmentation)는 무엇을 의미하는가? 정답 ①

① 전체 시장을 특정 기준에 따라 나누는 것이다.

② 가장 큰 시장을 선택하는 것이다.

③ 제품의 특징을 강화하는 것이다.

④ 고객의 요구를 분석하는 것이다.

7. 다음 중 마케팅 믹스의 Place에 해당하는 전략은 무엇인가? 정답 ②

① 제품의 가격을 정하는 전략

② 제품이 소비자에게 전달되는 경로와 과정

③ 제품을 홍보하는 광고 전략

④ 제품의 디자인을 결정하는 전략

8. 포터의 경쟁 전략 중 차별화 전략(Differentiation)에 해당하는 설명을 고르시오. 정답 ②

① 시장에서 가장 낮은 가격을 제공하여 경쟁 우위를 확보하는 전략이다.

② 경쟁자와 차별화된 독특한 제품이나 서비스를 제공, 시장에서 경쟁 우위를 확보하는 전략이다.

③ 특정 시장 세그먼트에 집중하여 경쟁 우위를 확보하는 전략이다.

④ 비용을 절감하여 생산 효율성을 높이는 전략이다.

9. 마케팅 믹스에서 Promotion(촉진)에 해당하는 활동은 무엇인가? 정답 ③

① 제품의 품질을 결정하는 활동

② 제품을 판매하는 유통 경로를 설정하는 활동

③ 제품을 고객에게 알리고 판매를 촉진하는 활동

④ 고객의 기대를 충족시키는 활동

10. 제품, 가격, 유통, 촉진 외에 서비스 산업에서 마케팅 믹스를 보완하는 7P 모델의 추가적인 요소로 맞는 것은 무엇인가? 정답 ①

① 사람들이 서비스의 질을 평가할 수 있도록 하는 물리적 증거

② 고객을 유치하는 가격 전략

③ 서비스 품질을 향상시키기 위한 프로세스

④ 서비스 직원의 행동 및 태도

13. 소비자 행동에서 고객의 구매 결정 과정에서의 첫 번째 단계는 무엇인가? 정답 ②

① 대안 평가　② 문제 인식　③ 구매 후 행동　④ 정보 탐색

14. 다음 중 참여도(Engagement)가 높은 소비자 행동의 특성을 고르시오. 정답 ②

① 제품에 관한 관심이 낮고, 정보 탐색도 하지 않는다.

② 제품이나 브랜드에 대한 깊은 관심과 적극적인 정보 탐색을 한다.

③ 브랜드에 대한 의존도가 높지만, 제품에 대한 정보는 중요하지 않다.

④ 구매 결정을 내린 후, 후회와 불만이 적다.

15. 소비자의 구매 결정을 영향을 미치는 외적 요인으로 올바른 것을 고르시오. 정답 ③

① 고객의 성격과 가치관

② 구매자가 가진 지식

③ 마케팅 메시지와 광고

④ 고객의 감정적 요구

16. 브랜드 자산(Brand Equity)의 핵심 요소로 맞는 것은 무엇인가? 정답 ①

① 소비자가 브랜드에 대해 가지고 있는 인식과 경험

② 브랜드의 가격 정책

③ 브랜드의 시장 점유율

④ 브랜드의 물리적 특성

17. 다음 중 브랜드 확장에 대한 설명으로 올바른 것을 고르시오. 정답 ①

① 기존 브랜드의 이미지를 활용하여 새로운 시장에서 새로운 제품을 출시하는 전략이다.

② 특정 시장에서 가격을 낮추어 새로운 브랜드를 만드는 전략이다.

③ 제품의 품질을 개선하여 브랜드 가치를 높이는 전략이다.

④ 기존 제품의 판매를 단기적으로 촉진하기 위한 가격 전략이다.

18. 브랜드의 포지셔닝이란 무엇을 의미하는가? 정답 ②

① 특정 시장에서 브랜드의 지배력을 확보하는 것이다.
② 브랜드가 고객의 마음속에서 차지하는 특정한 위치를 설정하는 것이다.
③ 브랜드와 관련된 유통 채널을 결정하는 것이다.
④ 경쟁사의 브랜드보다 가격을 낮추는 것이다.

19. 디지털 마케팅에서 SEO(검색 엔진 최적화)의 목적은 무엇인가? 정답 ③

① 온라인 광고를 통해 판매를 촉진하는 것이다.
② 고객의 이메일을 수집하여 마케팅을 진행하는 것이다.
③ 웹사이트가 검색 엔진 결과에서 높은 순위를 차지하도록 최적화하는 것이다.
④ 온라인 쇼핑몰에서 제품을 홍보하는 것이다.

20. 다음 중 소셜 미디어 마케팅의 가장 중요한 요소로 올바른 것은 무엇인가? 정답 ②

① 고객의 피드백을 무시하고 일방적인 광고 메시지를 전달하는 것
② 고객과의 소통을 통해 브랜드 충성도를 높이고, 관계를 강화하는 것
③ 단기적인 매출을 즉시 올리기 위한 가격 할인 전략을 사용하는 것
④ 유료 광고를 통해 고객에게 직접적인 판매를 촉진하는 것

21. 디지털 광고에서 PPC(Pay-Per-Click) 광고 모델은 무엇을 의미하는가? 정답 ②

① 광고비를 광고 노출 수에 따라 지불하는 모델
② 광고비를 클릭당 비용으로 지불하는 모델
③ 광고비를 전환율에 따라 지불하는 모델
④ 광고비를 광고가 매출에 미친 영향을 기준으로 지불하는 모델

22. 마케팅 리서치에서 표본 조사(Sample Survey)의 장점은 무엇인가? 정답 ②

① 전체 모집단에 대한 자료를 수집할 수 있어 정확하다.

② 조사 비용과 시간을 절약할 수 있다.

③ 모든 소비자의 의견을 반영할 수 있다.

④ 설문 응답의 정확도가 높아 신뢰성이 매우 뛰어나다.

23. 다음 중 정성적 연구(Qualitative Research)에 해당하는 방법은 무엇인가? 정답 ②

① 대규모 설문 조사를 통해 수치 자료를 수집하는 방법

② 고객의 경험, 태도, 감정을 깊이 이해하기 위한 면담이나 초점 집단 토론

③ 과거의 데이터를 기반으로 미래의 경향을 예측하는 방법

④ 시장에서의 경쟁사 데이터를 분석하는 방법

24. 마케팅 리서치에서 응답자의 선택 편향(Selection Bias)을 방지하려는 방법으로 적합한 것은 무엇인가? 정답 ③

① 응답자를 무작위로 선택하지 않고, 특정 그룹만을 대상으로 설문을 진행한다.

② 응답자의 이전 경험에 따라 질문을 다르게 설정한다.

③ 응답자의 특성을 고르게 반영하는 무작위 표본 추출 방법을 사용한다.

④ 설문이 끝난 후 응답자에게 보상을 제공한다.

25. 가격 전략 중 침투 가격 전략(Penetration Pricing)의 목적은 무엇인가? 정답 ②

① 고가의 가격 책정을 통해 고급 시장을 목표로 하는 것이다.

② 시장에 빠르게 진입하여 점유율을 확보하기 위해 가격을 낮게 설정하는 것이다.

③ 가격을 계속해서 높여 브랜드 가치를 상승시키는 것이다.

④ 경쟁사의 가격을 따라가기 위해 가격을 설정하는 것이다.

26. 다음 중 가격 차별화(Price Discrimination)의 예시로 올바른 것을 고르시오. 정답 ②

① 동일한 제품을 모든 고객에게 동일한 가격에 제공하는 것

② 제품을 지역별로 다르게 가격을 설정하여 판매하는 것

③ 시즌별로 가격을 다르게 책정하는 것

④ 고객이 제품을 여러 개 구매하면 할인 혜택을 제공하는 것

27. 심리적 가격 전략(Psychological Pricing)의 예시로 올바른 것을 고르시오. 정답 ②

① 가격을 1000원 단위로 설정하는 것

② 가격을 9,900원으로 설정하여 소비자가 가격을 낮게 느끼게 하는 것

③ 가격을 높게 설정하여 프리미엄 이미지를 강조하는 것

④ 경쟁사의 가격보다 10% 높은 가격으로 설정하는 것

28. 검색 엔진 최적화(SEO)의 주요 목적은 무엇인가? 정답 ①

① 검색 엔진의 알고리즘에 맞춰 웹사이트 콘텐츠를 최적화하여 더 많은 트래픽을 유도하는 것

② 웹사이트의 디자인을 개선하여 사용자 경험을 높이는 것

③ 광고를 통해 즉시 수익을 창출하는 것

④ 브랜드의 소셜 미디어 활동을 증대시키는 것

29. SEO의 순위화(Ranking) 과정에서 중요한 요소는 무엇인가? 정답 ②

① 사용자 경험(UX) 향상

② 페이지의 외부 링크

③ 웹사이트의 로딩 속도

④ 페이지의 키워드 밀도

30. Amazon의 SEO 전략에서 중요한 요소는 무엇인가? 정답 ①

① 키워드 분석 및 최적화

② 광고 캠페인 강화

③ 인플루언서 마케팅

④ 광고비 지출 증가

31. 콘텐츠 마케팅에서 중요한 점은 무엇인가? 정답 ①

① 소비자가 자발적으로 브랜드와 상호작용하도록 유도하는 것

② 광고비를 절감하는 것

③ 단기적인 판매 목표 달성

④ 소비자에게 직접적인 판매 메시지를 전달하는 것

32. PPC 광고에서 즉각성의 법칙(Law of Immediate Response)의 의미는 무엇인가? 정답 ①

① 사용자가 광고를 클릭하면 즉시 광고와 관련된 웹사이트로 이동하게 하는 것

② 광고를 클릭한 후 사용자에게 할인 혜택을 제공하는 것

③ 광고 클릭에 따른 추가 혜택을 제공하는 것

④ 광고 클릭을 유도하기 위해 대규모 캠페인을 운영하는 것

33. PPC 광고에서 A/B 테스트의 주요 목적은 무엇인가? 정답 ①

① 두 가지 광고 버전을 비교하여 더 나은 성과를 내는 옵션을 선택하는 것

② 타겟 지역을 변경하는 것

③ 소셜 미디어에서의 반응을 분석하는 것

④ 광고 예산을 조정하는 것

34. 인플루언서 마케팅에서 사회적 증거 이론(Social Proof Theory)의 핵심 개념은 무엇인가? 정답 ①

① 사람들은 다른 사람들의 행동을 보고 자신이 할 행동을 결정한다는 것
② 제품에 대한 즉각적인 반응을 얻기 위해 강제 광고를 사용하는 것
③ 제품 가격을 할인하여 더 많은 구매를 유도하는 것
④ 소비자가 직접 제품을 경험하게 하는 것

35. 인플루언서 마케팅의 주요 이점은 무엇인가? 정답 ①

① 신뢰도 높은 추천을 통해 소비자 행동에 영향을 미친다.
② 제품이 반드시 높은 가격을 가져야 한다.
③ 광고비를 절감할 수 있다.
④ 소비자에게 강제적으로 제품을 판매할 수 있다.

36. 전략 수준 중에서 기업이 어떤 사업에 참여할지와 자원 배분을 결정하는 수준은 무엇인가? 정답 ③

① 사업단위 수준전략
② 기능 수준전략
③ 기업 수준전략
④ 전략적 선택
⑤ 실행 계획

37. Miles & Snow의 사업전략 모형에서 변화와 불확실성에 대비하고 혁신을 추구하는 전략을 무엇이라고 하나? 정답 ①

① 공격형 전략 ② 방어형 전략 ③ 분석형 전략 ④ 반응형 전략 ⑤ 원가 우위 전략

38. 마이클 포터의 경쟁 전략 중 '비용을 최소화하고 가격 경쟁력을 확보하는 전략'은 무엇인가? 정답 ②

① 차별화 전략 ② 원가 우위 전략 ③ 집중화 전략 ④ 분석형 전략 ⑤ 방어형 전략

39. **고유한 디자인, 고급 기술 등을 통해 차별화된 제품을 제공하는 전략을 무엇이라고 하나?** 정답 ②

① 원가 우위 전략 ② 차별화 전략 ③ 집중화 전략 ④ 방어형 전략 ⑤ 분석형 전략

40. **특정 시장이나 고객층에 집중하여 경쟁 우위를 확보하려는 전략은 무엇인가?** 정답 ③

① 원가 우위 전략 ② 차별화 전략 ③ 집중화 전략 ④ 방어형 전략 ⑤ 공격형 전략

SNS 마케팅의 모든 것

1. **소셜 네트워크 이론(Social Network Theory)의 주요 개념은 무엇인가?** 정답 ②

① 인간 심리 분석
② 정보의 확산과 사회적 영향력
③ 개인의 독립성
④ 광고 효과 측정

2. **소셜 네트워크 이론에서 정보가 빠르게 확산하는 이유는 무엇인가?** 정답 ①

① 강한 네트워크와 약한 네트워크
② 텍스트 기반 콘텐츠
③ 유머를 이용한 마케팅
④ 광고의 강도

3. **SNS 마케팅에서 바이럴 마케팅이란 무엇인가?** 정답 ①

① 소비자가 자발적으로 콘텐츠를 공유하여 확산되는 마케팅
② 대기업의 브랜드 캠페인
③ 유료 광고 캠페인
④ 고객 서비스 개선을 위한 캠페인

4. SNS 마케팅의 기본 원칙 중 타겟 고객 정의'에서 중요한 것은 무엇인가? 정답 ②

① 브랜드 색상 선택
② 소비자의 나이, 성별, 관심사 분석
③ 웹사이트 디자인
④ 이메일 마케팅

5. Instagram을 활용한 마케팅에서 중요한 특징은 무엇인가? 정답 ②

① 긴 글을 통한 정보 제공
② 비주얼 중심의 콘텐츠
③ 텍스트 기반 마케팅
④ 제품 상세 페이지 구축

6. SNS에서 UGC(User-Generated Content)는 무엇을 의미하는가? 정답 ③

① 유료 광고 콘텐츠
② 브랜드가 제작한 콘텐츠
③ 소비자가 생성한 콘텐츠
④ 유명 인플루언서의 콘텐츠

7. SNS 마케팅에서 소셜 리스닝이란 무엇인가? 정답 ①

① 소비자의 댓글 및 의견을 분석
② 소비자에게 설문조사를 하는 것
③ 광고의 효과를 측정
④ 새로운 트렌드를 찾는 것

8. Facebook을 활용한 마케팅에서 중요한 특징은 무엇인가? 정답 ②

① 이미지 기반 콘텐츠 제공

② 긴 글과 커뮤니티 중심의 소통

③ 짧은 비디오 콘텐츠

④ 빠른 속도로 트렌드 반영

9. TikTok을 활용한 마케팅에서 중요한 요소는 무엇인가? 정답 ②

① 긴 형식의 설명 콘텐츠

② 사용자 참여를 유도하는 짧고 창의적인 콘텐츠

③ 블로그 포스트 중심의 콘텐츠

④ 인포그래픽 사용

10. YouTube 마케팅에서 중요한 전략은 무엇인가? 정답 ②

① 짧은 글을 통한 정보 전달

② 비디오 콘텐츠를 통한 심층적인 정보 제공

③ 텍스트 기반의 광고

④ 일상적인 게시물

11. 브랜드 아이덴티티를 정의하는 핵심 요소는 무엇인가? 정답 ②

① 브랜드의 마케팅 비용

② 소비자와의 감정적 연결

③ 경쟁사의 전략 분석

④ 브랜드의 광고 예산

12. 브랜드 아이덴티티의 구성요소 중 비주얼 아이덴티티에서 중요한 요소는 무엇인가? 정답 ②

① 광고 예산 ② 로고, 색상, 타이포그래피 ③ 소비자 의견 ④ 제품 가격

13. 브랜드 아이덴티티의 브랜드 가치와 철학이 중요한 이유는 무엇인가? 정답 ①

① 브랜드가 소비자에게 제공하는 가치를 이해하게 함
② 제품 가격을 낮추기 위해
③ 경쟁자들의 마케팅을 분석하기 위해
④ 매출 증대를 위해

14. 브랜드 아이덴티티에서 브랜드 톤과 메시지가 중요한 이유는 무엇인가? 정답 ①

① 소비자와의 소통을 강화하기 위해
② 제품을 저렴하게 판매하기 위해
③ 브랜드 색상을 정하기 위해
④ 제품 디자인을 변경하기 위해

15. 브랜드 아이덴티티의 일관성 있는 전달이 중요한 이유는 무엇인가? 정답 ①

① 소비자에게 신뢰를 줄 수 있어서
② 광고비를 절감할 수 있어서
③ 매출을 즉각적으로 증가시킬 수 있어서
④ 소셜 미디어 트렌드를 반영하기 위해

16. 브랜드 아이덴티티의 브랜드 경험이 중요한 이유는 무엇인가? 정답 ①

① 소비자와의 모든 접점에서 일관된 메시지를 제공할 수 있기 때문
② 제품의 가격을 통제하기 위해
③ 경쟁사의 가격 전략을 따라가기 위해
④ 브랜드를 빠르게 팔기 위해

17. 브랜드 아이덴티티가 차별화에 중요한 이유는 무엇인가? 정답 ①

① 브랜드가 경쟁자와 구별될 수 있도록 돕기 위해
② 가격을 낮추기 위해
③ 소비자와의 상호작용을 줄이기 위해
④ 광고비를 절감하기 위해

18. 브랜드 충성도를 강화하는 요소로 적절한 것은 무엇인가? 정답 ①

① 지속적이고 일관된 브랜드 아이덴티티
② 가격 할인 제공
③ 매장 인테리어 변경
④ 제품의 다양한 기능 제공

19. 브랜드 아이덴티티에서 비주얼 아이덴티티의 역할은 무엇인가? 정답 ①

① 브랜드를 시각적으로 쉽게 인식하게 해주는 것
② 소비자에게 가격 정보를 전달하는 것
③ 유통 채널을 확장하는 것
④ 광고를 통한 매출 증대

20. 브랜드 아이덴티티의 목표 고객 설정의 중요성은 무엇인가? 정답 ①

① 브랜드가 타겟 시장에서 독특한 위치를 차지할 수 있도록 도와줌
② 경쟁자들과의 가격 비교를 통해 결정함
③ 제품을 다양한 시장에 맞추어 유연하게 변경하기 위해
④ 전통적인 광고방식에 의존하기 위해

타겟마케팅 전략

1. STP 전략에서 세분화(Segmentation)의 주요 목적은 무엇인가? 정답 ①

① 시장을 다양한 기준에 따라 나누어 타겟 고객을 정확히 정의하고 마케팅을 집중하는 것
② 전체 시장에서 가장 높은 매출을 올리는 소비자를 찾아내는 것
③ 제품의 가격을 설정하기 위해 시장을 나누는 것
④ 소비자의 만족도를 높이기 위해 시장을 단일화하는 것

2. STP 전략의 첫 번째 단계는 무엇인가? 정답 ①

① 세분화 ② 포지셔닝 ③ 타겟팅 ④ 시장 분석

3. 세분화 과정에서 가장 중요한 기준은 무엇인가? 정답 ③

① 소비자의 구매력 ② 소비자의 나이와 성별
③ 소비자의 성향과 특성 ④ 경쟁사의 시장 점유율

4. 심리적 세분화에서 다루는 주요 항목은 무엇인가? 정답 ③

① 나이와 성별 ② 소득 수준 ③ 가치관, 라이프스타일, 성격 ④ 지역적 특성

5. 세분화 기준 중 행동적 세분화에 해당하는 예시는 무엇인가? 정답 ④

① 소비자의 구매력에 따라 시장을 나누는 것
② 소비자가 사용하는 제품에 따라 시장을 나누는 것
③ 소비자의 가치관에 따라 시장을 나누는 것
④ 소비자의 구매 패턴이나 사용 빈도에 따라 시장을 나누는 것

6. 타겟팅에서 가장 중요한 요소는 무엇인가? 정답 ②

① 모든 소비자를 대상으로 하는 마케팅

② 세그먼트의 크기와 잠재력을 고려하여 우선순위를 정하는 것

③ 타겟 시장의 지역적 특성만 고려하는 것

④ 경쟁 브랜드의 활동에 맞춰 타겟 시장을 정하는 것

7. 타겟 시장을 선정하는 기준으로 가장 중요한 것은 무엇인가? 정답 ①

① 세그먼트의 크기와 성장 가능성

② 경쟁사의 활동 분석

③ 제품의 생산 가능성

④ 브랜드 충성도

8. 포지셔닝의 주요 목표는 무엇인가? 정답 ②

① 소비자에게 제품의 가격을 강조하여 경쟁 우위를 점하는 것

② 경쟁 브랜드와 차별화된 위치를 정하고, 소비자에게 그 이미지를 전달하는 것

③ 시장에서 제품을 대중화하여 모든 고객을 대상으로 마케팅하는 것

④ 소비자에게 제품의 품질만을 강조하는 것

9. 포지셔닝 전략에서 가장 중요한 요소는 무엇인가? 정답 ③

① 브랜드와 제품의 가격

② 시장에서의 경쟁 위치

③ 소비자에게 제공할 가치

④ 유통 채널

10. 포지셔닝 맵이란 무엇을 나타내는 도표인가? 정답 ②

① 제품의 생산과 유통 경로를 나타내는 도표

② 경쟁 브랜드와 자사의 위치를 시각적으로 나타낸 도표

③ 소비자의 심리적 특성을 나타낸 도표

④ 시장의 세분화 기준을 나타낸 도표

11. STP 전략에서 세분화가 중요한 이유는 무엇인가? 정답 ②

① 시장을 효율적으로 커버할 수 있기 때문이다.

② 각 세그먼트에 맞춘 맞춤형 마케팅이 가능하기 때문이다.

③ 전체 시장을 대상으로 마케팅이 필요하기 때문이다.

④ 가격을 일괄적으로 책정할 수 있기 때문이다.

12. STP 전략에서 타겟팅이 제대로 이루어졌을 때의 효과는 무엇인가? 정답 ①

① 마케팅 비용이 절감된다.

② 모든 소비자에게 동일한 메시지가 전달된다.

③ 경쟁사의 마케팅 전략을 쉽게 추적할 수 있다.

④ 시장에서 가장 많은 소비자를 타겟으로 한다.

13. 포지셔닝 전략의 핵심은 무엇인가? 정답 ②

① 타겟 시장을 정의하는 것

② 소비자에게 독특하고 차별화된 이미지를 전달하는 것

③ 경쟁사 분석을 통해 마케팅 전략을 결정하는 것

④ 가격을 낮추어 소비자를 유도하는 것

14. 행동적 세분화의 예시로 가장 적합한 것은 무엇인가? 정답 ①

① 구매 빈도수와 재구매 의향

② 나이와 성별에 따른 소비 성향

③ 지역적 특성에 따른 소비 패턴

④ 소비자의 라이프스타일

15. 심리적 세분화는 주로 어떤 기준을 사용하나? 정답 ②

① 나이와 성별

② 라이프스타일, 가치관, 성격

③ 구매력, 지리적 특성

④ 행동 패턴, 사용 빈도

16. 포지셔닝 맵을 작성할 때, 무엇을 고려해야 하나? 정답 ①

① 가격과 품질의 상대적인 위치

② 소비자의 성별과 나이

③ 유통 채널의 다양성

④ 제품의 생산 공정

17. 타겟 시장을 선정하는 과정에서 중요하지 않은 요소는 무엇인가? 정답 ③

① 세그먼트의 규모

② 세그먼트의 성장 가능성

③ 경쟁사의 브랜드 충성도

④ 세그먼트의 접근 용이성

18. 차별화된 포지셔닝을 통해 얻을 수 있는 이점은 무엇인가? 정답 ②

① 가격을 낮출 수 있다.

② 브랜드의 독특한 이미지와 경쟁 우위를 확보할 수 있다.

③ 모든 시장에서 동일한 가격을 책정할 수 있다.

④ 제품의 생산비용을 줄일 수 있다.

19. STP 전략에서 세분화가 잘못되었을 경우 어떤 결과가 일어날 수 있나? 정답 ①

① 마케팅 전략이 비효율적으로 진행된다.

② 시장의 경쟁 구도가 변한다.

③ 제품의 가격이 낮아진다.

④ 타겟 시장이 너무 좁아진다.

20. 행동적 세분화에서 중요한 기준은 무엇인가? 정답 ③

① 소비자의 나이와 성별

② 소비자가 사용하는 제품의 종류

③ 소비자의 구매 빈도와 브랜드 충성도

④ 소비자의 지역적 특성

21. STP 전략에서 세분화가 완료된 후, 다음 단계는 무엇인가? 정답 ①

① 타겟팅　② 포지셔닝　③ 제품 개발　④ 가격 책정

22. 포지셔닝을 통해 마케팅에서 달성하고자 하는 주요 목표는 무엇인가? 정답 ②

① 가격을 최적화하여 매출을 증가시키는 것

② 소비자에게 경쟁 우위를 명확하게 전달하는 것

③ 제품의 기능을 강화하는 것

④ 브랜드 충성도를 높이는 것

23. 포지셔닝 전략에서 가장 중요하지 않은 요소는 무엇인가? 정답 ③

① 제품의 차별화된 특징

② 소비자의 필요와 욕구

③ 경쟁사의 가격 정책

④ 광고 캠페인의 효과성

24. 타겟 시장 선정 후, 마케팅 전략에서 가장 먼저 결정해야 할 것은 무엇인요? 정답 ②

① 제품의 가격 정책

② 포지셔닝 전략

③ 소비자의 구매력 분석

④ 광고 매체 선정

25. STP 전략의 세분화 과정에서 주요 기준으로 사용되지 않는 것은 무엇인가? 정답 ③

① 나이, 성별

② 지역, 언어

③ 소비자의 인지도를 기준으로 한 세분화

④ 가치관과 생활 양식

서비스 실행과 운영 전략

1. CRM의 운영 CRM(Operational CRM)에 해당하지 않는 기능은 무엇인가? 정답 ③

① 콜센터에서 고객 문의 기록 관리

② 영업 파이프라인 추적 및 계약 상태 관리

③ 고객 데이터의 패턴을 분석하여 예측 도출

④ 일상적인 고객 상호작용 지원

2. CRM의 분석 CRM(Analytical CRM)의 주요 활용 사례는 무엇인가? 정답 ④

① 콜센터를 통한 고객 응대

② 영업 활동 관리

③ 고객과의 실시간 채팅 지원

④ 마케팅 ROI 분석 및 고객 이탈 예측

3. CRM의 주요 이점으로 볼 수 없는 것은 무엇인가? 정답 ②

① 고객 충성도 증가

② 경쟁사의 데이터를 직접 확보

③ 기존 고객 유지 비용 절감

④ 기업의 경쟁 우위 확보

4. CRM 시스템 설계에서 고객 데이터 관리의 주요 목표는 무엇인가? 정답 ①

① 고객 데이터를 활용하여 맞춤형 서비스를 제공

② 고객 세분화를 생략하고 단일 전략을 수립

③ 경쟁사의 CRM 시스템을 분석하여 도입

④ 고객 데이터를 수집 후 분석 없이 저장

5. 데이터 마이닝의 활용 사례로 적합하지 않은 것은 무엇인가? 정답 ④

① 고객 세분화를 통한 맞춤형 마케팅

② 신용카드 사용 데이터를 활용한 사기 탐지

③ 질병 데이터를 분석한 조기 예측

④ 고객 피드백 없이 서비스 개선

6. RFM 분석에서 고객의 경제적 기여도를 평가하는 항목은 무엇인가? 정답 ③

① Recency ② Frequency ③ Monetary ④ Loyalty

7. 고객 생애 가치(LTV)를 증가시키기 위해 고려해야 할 요소가 아닌 것은 무엇인가? 정답 ④

① 고객의 평균 구매 금액
② 고객과의 관계 지속기간
③ 구매 빈도
④ 경쟁사의 매출 분석

8. CRM의 고객 맞춤형 서비스 제공 사례로 적합하지 않은 것은 무엇인가? 정답 ③

① 고객의 구매 이력을 기반으로 한 제품 추천
② 고객의 시청 기록을 활용한 콘텐츠 추천
③ 고객 데이터를 배제한 대량 마케팅
④ 실시간 고객 지원 서비스(Chatbot)

9. CRM을 통해 얻을 수 있는 주요 성과는 무엇인가? 정답 ④

① 고객 충성도 향상
② 데이터 기반 의사결정 지원
③ 고객 이탈 방지
④ 위 모든 것

10. 데이터 기반 경영에서 기업이 고객 데이터를 활용하는 주요 목적은 무엇인가? 정답 ②

① 고객의 자료를 수집 후 저장만 하는 것
② 고객 행동을 예측하고 맞춤형 서비스를 설계
③ 경쟁사의 데이터 분석에 의존
④ 기존 데이터를 반복 분석

11. STP 전략에서 RFM 분석의 Frequency는 무엇을 평가하는 기준인가? 정답 ②

① 고객의 최근 구매 시점

② 고객의 구매 빈도

③ 고객의 구매 금액

④ 고객의 이탈 가능성

12. 고객 생애 가치(LTV) 계산에서 사용되지 않는 요소는 무엇인가? 정답 ④

① 평균 구매 금액

② 구매 빈도

③ 고객 관계 지속기간

④ 고객의 소셜 미디어 활동

13. CRM 시스템을 효과적으로 설계하기 위해 중요한 데이터 요소가 아닌 것은 무엇인가? 정답 ③

① 고객의 구매 이력

② 웹사이트 방문 기록

③ 경쟁사의 매출 데이터

④ 고객 설문 조사

14. 데이터 마이닝에서 모델링 단계의 주요 활동은 무엇인가? 정답 ③

① 데이터 수집 및 정제

② 데이터 변환 및 스케일링

③ 적합한 분석 알고리즘 선택 및 적용

④ 분석 결과의 비즈니스 환경 적용

15. **CRM의 분석 CRM(Analytical CRM)에서 주로 수행하는 활동으로 적합하지 않은 것은 무엇인가?** 정답 ④

① 고객 데이터를 활용한 이탈 예측

② 마케팅 캠페인의 ROI 분석

③ 고객 세분화를 통한 타겟 마케팅 전략 수립

④ 실시간 고객 상담 지원

16. **고객 데이터 관리에서 정량적 데이터에 해당하지 않는 것은 무엇인가?** 정답 ④

① 구매 이력

② 웹사이트 방문 기록

③ 이메일 응답률

④ 고객의 주관적 피드백

17. **데이터 마이닝의 단계 중 데이터 정제 과정에서 수행하지 않는 작업은 무엇인가?** 정답 ④

① 결측값 처리

② 이상치 제거

③ 중복 데이터 삭제

④ 데이터 시각화

18. **RFM 분석의 Recency가 높은 고객에 대해 적합한 전략은 무엇인가?** 정답 ①

① 신규 제품에 대한 정보를 제공하고 프로모션을 안내

② 추가 구매를 유도하기 위한 할인 쿠폰 제공

③ 장기간 비활성 고객을 대상으로 캠페인 발송

④ 고객 데이터 분석을 중단

19. 고객 생애 가치(LTV)를 높이는 방법으로 적합하지 않은 것은 무엇인가? 정답 ③

① 고객 충성도 프로그램 제공
② 맞춤형 추천 시스템 도입
③ 고객 세분화를 생략한 대량 프로모션 실행
④ 크로스 셀링 및 업 셀링 전략 실행

20. CRM의 운영 CRM(Operational CRM)과 관련된 사례는 무엇인가? 정답 ①

① 콜센터를 통해 고객 문의 내역을 관리
② 고객의 구매 데이터를 분석해 마케팅 캠페인을 최적화
③ 데이터 마이닝으로 고객 이탈 예측
④ 고객 충성도를 기반으로 ROI를 계산

21. 고객 세분화를 수행할 때 활용하지 않는 기준은 무엇인가? 정답 ③

① 나이와 성별
② 구매 빈도
③ 경쟁사의 고객 데이터
④ 소비자의 가치관과 라이프스타일

22. LTV 분석 결과에 따라 적합한 전략으로 볼 수 없는 것은 무엇인가? 정답 ④

① LTV가 높은 고객에게 맞춤형 보상을 제공
② LTV가 낮은 고객에게 업 셀링 캠페인 진행
③ 고객 데이터를 활용해 예상 수익 계산
④ 모든 고객에게 동일한 전략을 적용

23. 고객 맞춤형 서비스 제공의 효과로 적합하지 않은 것은 무엇인가? 정답 ④

① 고객 충성도 증가
② 브랜드 신뢰도 강화
③ 고객 이탈 방지
④ 고객 간의 데이터 공유

24. CRM의 중요성에 대해 잘못 설명한 것은 무엇인가? 정답 ③

① 기존 고객 유지 비용이 신규 고객 확보 비용보다 낮다.
② 충성 고객은 기업의 수익 증대에 크게 기여한다.
③ 경쟁사의 데이터를 활용해 CRM 전략을 수립한다.
④ CRM은 고객 만족도를 높이고 충성도를 증대시킨다.

25. 고객 경험관리의 개념에 대한 설명으로 올바른 것은 무엇인가? 정답 ③

① 고객 불만 사항을 즉각적으로 처리하는 시스템이다.
② 고객이 불만을 느끼는 접점을 최소화하는 기술이다.
③ 고객과의 모든 접점에서 긍정적 경험을 설계하고 관리하는 전략이다.
④ 단기적으로 매출을 증대시키기 위한 마케팅 기법이다.
⑤ 고객 데이터를 단순히 저장하고 관리하는 프로세스다.

26. 고객 경험관리의 목적에 해당하지 않는 것은 무엇인가? 정답 ⑤

① 고객 만족 증대
② 브랜드 충성도 향상
③ 경쟁 우위 확보
④ 고객 생애 가치 극대화
⑤ 고객 경험관리 시스템 도입만으로 기업 수익 극대화

27. 다음 중 고객 중심 문화를 잘 실현한 사례는 무엇인가? 정답 ④

① 고객 데이터를 정기적으로 백업하는 시스템 구축

② 고객 문의 처리 시간을 단축하기 위한 소프트웨어 도입

③ 고객 피드백을 수집하지만, 내부 의사결정에 반영하지 않는 방식

④ 자포스(Zappos)가 고객 감동을 핵심 가치로 직원이 고객 중심으로 의사결정 하도록 장려

⑤ 매출 증가를 위해 고객 여정 분석을 생략

28. 고객 여정 분석의 주요 목적은 무엇인가? 정답 ②

① 고객 데이터를 통합적으로 저장하기 위함

② 고객과 기업의 접점에서 개선점을 파악하고 전략을 설계하기 위함

③ 기업의 재고 관리 효율성을 높이기 위함

④ 경쟁사의 고객 경험전략을 모방하기 위함

⑤ 고객 세그먼트를 제거하기 위함

29. 기술과 데이터를 활용한 고객 경험관리 사례로 적합한 것은 무엇인가? 정답 ①

① 세포라가 AR 기술로 화장품을 가상 테스트할 수 있는 환경을 제공

② 고객 문의 시 빠른 대처 없이 일괄적으로 처리하는 방식

③ 기술 활용 대신 직원 교육만을 통해 고객 경험을 개선

④ CRM 없이 고객 피드백을 수동으로 정리하여 분석

⑤ 고객 데이터를 전혀 사용하지 않고 표준화된 서비스만 제공

30. 지속적 개선 프로세스의 사례로 올바른 것은 무엇인가? 정답 ④

① 고객 피드백을 수집하지 않고 연간 보고서에만 의존

② 고객 불만을 무시하고 동일한 서비스를 지속적으로 제공

③ 고객 이탈률 분석 없이 새로운 고객 확보에만 집중

④ 우버가 고객 피드백을 실시간으로 분석해 서비스 품질을 개선

⑤ 문제를 사전에 예측하지 않고 단기적 대응만 시행

31. 고객 경험관리가 브랜드 이미지에 미치는 영향으로 적합하지 않은 것은 무엇인가? 정답 ⑤

① 브랜드 신뢰도를 강화한다.

② 긍정적 입소문을 유도한다.

③ 고객 충성도를 높인다.

④ 장기적 수익성을 개선한다.

⑤ 고객 만족도를 무조건적으로 상승시킨다.

32. 옴니채널 경험 제공의 주요 이점은 무엇인가? 정답 ③

① 온라인 구매만 활성화하는 데 초점이 맞춰진다.

② 오프라인 채널을 제거하고 디지털 채널로 전환한다.

③ 고객이 모든 채널에서 일관된 경험을 느낄 수 있다.

④ 각 채널에서 제공하는 서비스가 달라 고객 혼란을 유도한다.

⑤ 고객 데이터를 특정 채널에 한정해 분석한다.

33. 고객 생애 가치(LTV)를 극대화하는 방법으로 적합한 것은 무엇인가? 정답 ②

① 모든 고객에게 동일한 서비스를 제공

② 고객의 구매 이력을 분석해 맞춤형 프로모션 제공

③ 신규 고객 확보에만 자원을 집중

④ 기존 고객의 요구를 무시하고 단일 상품 제공

⑤ 고객 충성도 프로그램을 생략

34. 고객 중심 KPI로 일반적으로 활용되지 않는 것은 무엇인가? 정답 ⑤

① 고객 만족도(CSAT)

② 순추천지수(NPS)

③ 고객 생애 가치(LTV)

④ 고객 유지율

⑤ 경쟁사의 매출 데이터

35. 감성 마케팅에서 소비자에게 감정을 자극하는 방법으로 가장 적절한 것은 무엇인가? 정답 ④

① 가격 할인 제공
② 제품의 기능 강조
③ 소비자 리뷰를 강조하여 사회적 증거 제공
④ 소비자와의 감정적 연결을 강화하는 메시지 전달
⑤ 제품을 유명 인사와 연결하여 브랜드 인식 강화

36. 잘트먼의 메타포 이론에 따르면 소비자가 구매 결정을 내리는 주요 요인은 무엇인가? 정답 ④

① 논리적 사고 ② 사회적 증거 ③ 가격 ④ 감정적 반응 ⑤ 정보 검색

37. 아마존에서 소비자들의 구매 결정을 돕는 중요한 요소는 무엇인가? 정답 ②

① 대체 제품 추천
② 제품 리뷰와 평점
③ 광고 캠페인
④ 가격 할인
⑤ 제품의 디자인

38. 감성 마케팅에서 Share a Coke 캠페인의 주요 전략은 무엇이었는가? 정답 ②

① 제품 기능 강조
② 고객 이름을 병에 새겨 감성적 연결 강화
③ 가격 인하
④ 제품 홍보를 위한 유명인사 사용
⑤ 대중적 경험을 강조한 캠페인

39. **배달의민족의 캠페인에서 사용한 감성적 카피라이팅의 핵심 메시지는 무엇인가?** 정답 ②

① 가격 인하

② 따뜻하고 친근한 이미지 전달

③ 고급스러운 브랜드 이미지 강조

④ 빠르고 효율적인 서비스 강조

⑤ 단순한 제품 홍보

학 습 문 제(단답형 문제)

창업 이해 및 아이디어 발굴

1. 창업이 대규모 생산 방식과 기계화 기술의 도입으로 생산성을 향상한 시기는 무엇인지 쓰시오.

정답 산업 혁명

2. 1990년대 창업 사례 중, 전자상거래의 패러다임을 혁신한 창업자는 누구인지 쓰시오.

정답 제프 베조스

3. 21세기 창업 트렌드 중, 승차 공유 서비스를 통해 운송 산업을 디지털화한 기업은 무엇인지 쓰시오.

정답 Uber

4. 창업가의 특성 중, 고객의 문제를 창의적이고 혁신적인 방법으로 해결할 수 있는 능력은 무엇인지 쓰시오.

정답 문제 해결 능력

5. 창업가가 다양한 사람들과 협력 관계를 구축하여 자원과 정보를 얻는 능력은 무엇인지 쓰시오.

정답 네트워킹

6. 브레인스토밍에서 아이디어를 평가하는 시점은 언제인가?

정답 아이디어를 자유롭게 제시한 이후.

7. SCAMPER 기법의 'E'는 무엇을 의미하는가?

정답 제거(Eliminate).

8. 디자인 씽킹의 첫 번째 단계는 무엇인가?

정답 공감 단계(Empathize).

창업을 위한 리더십과 기업가정신

1. 리더십은 조직의 목표를 달성하기 위해 구성원의 행동과 사고를 이끄는 과정을 무엇이라고 정의는 무엇인가?

정답 리더십

2. 변혁적 리더십에서 리더는 무엇을 통해 팀원들에게 동기를 무엇인가?

정답 장기적인 비전과 도전적인 목표

3. SMART 목표 설정에서 R은 무엇을 의미하는가?

정답 관련성 있음 (Relevant)

4. 매슬로우의 욕구 단계 중 안전과 관련된 욕구는 몇 단계에 해당하는가?

정답 2단계

5. 서번트 리더십의 창시자는 누구인가?

정답 로버트 그린리프 (Robert Greenleaf)

6. 창업가는 기존 틀을 깨고 새로운 시장을 개척하며 새로운 가치를 창출하는 사람을 무엇인가?

정답 창업가

7. 기업가정신의 핵심 구성요소로, 시장이나 환경에서 새로운 기회를 발견하고 이를 활용하는 능력을 무엇인가?

정답 기회 인식

8. 블록버스터가 실패한 주요 요인은 무엇인가?

정답 기술 변화에 적응하지 못한 점

9. 성공적인 창업가로 자주 언급되는 아마존 창업자는 누구인가?

정답 제프 베저스

10. 우버와 에어비앤비의 공통적인 성공 요인 중 하나는 무엇인가?

정답 공유 경제 모델 활용

11. RACI 매트릭스에서 Consulted는 어떤 역할을 담당하나?

정답 작업 과정에서 조언을 제공하는 역할

12. 스크럼(Scrum) 방법론에서 매일 진행 상황을 공유하고 문제를 논의하는 미팅을 무엇인가?

정답 일일 스크럼

13. 심리적 안전감이 팀 성과에 중요한 이유는 무엇인가?

정답 팀원들이 실수나 실패를 두려워하지 않고 자유롭게 의견을 표현할 수 있도록 하기 때문이다.

14. 갈등 관리 모델(TKI)에서 타협(Compromising)의 단점은 무엇인가?

정답 최적의 해결책이 아닌 중간 수준의 결과에 머물 수 있다.

15. 칸반(Kanban)에서 작업을 관리하기 위해 사용하는 시각적 도구는 무엇인가?

정답 작업 보드

고객 문제 정의와 의사결정

1. 고객 페르소나에서 목표와 욕구 항목은 무엇을 정의하는지 쓰시오.

정답 해결하고자 하는 문제나 달성하고자 하는 목표

2. 소비자 조사에서 인터뷰는 어떤 조사방법인지 쓰시오.

정답 개별 소비자의 동기와 가치를 탐구하는 질적 조사방법

3. 고객 페르소나 작성 시 행동 패턴은 무엇을 의미하는지 쓰시오.

정답 제품이나 서비스를 어떻게 사용하는지, 사용 패턴

4. 고객이 우리 앱을 사용하지 않는 이유를 분석하기 위한 5 Whys 기법의 첫 번째 질문은 무엇인지 쓰시오.

정답 사용자 인터페이스가 복잡하기 때문이다.

5. 고객 불만을 해결하기 위해 사용되는 원인과 결과 다이어그램의 또 다른 이름은 무엇인지 쓰시오.

정답 이시카와 다이어그램

6. 정량적 방법론에서 선택지와 결과를 트리 형태로 시각화하여 분석하는 방법은 무엇인가?

정답 의사결정 나무(Decision Tree)

7. 다양한 대안을 쌍으로 비교하여 우선순위를 평가하는 방법을 무엇이라고 하는가?

정답 쌍대 비교(Pairwise Comparison)

8. 의사결정 방법론의 구성요소 중 최적의 대안을 선택하고 실행 계획을 수립하는 단계는?

정답 선택 및 실행

9. 현대 기술을 활용하여 방대한 데이터를 분석하고 의사결정을 지원하는 방법은 무엇인가?

정답 데이터 기반 의사결정

10. 브레인스토밍(Brainstorming)은 정성적 방법론 중 어떤 단계에서 주로 사용되는가?

정답 대안 탐색 단계

시장조사 방법론

1. 시장 규모 분석에서 주로 사용되는 데이터 수집 방법은 무엇인지 쓰시오.

정답 서베이, 인터뷰, 온라인 리서치

2. **SWOT 분석에서 위협(Threat)은 무엇인지 쓰시오.**

정답 경쟁사가 자사의 약점을 이용해 경쟁 우위를 차지하려는 외부 환경의 요소

3. **SWOT 분석에서 자사의 강점이 외부기회를 활용하는 전략은 무엇인지 쓰시오.**

정답 SO 전략

4. **구글 트렌드 분석을 통해 시장 성장 가능성을 예측하는 데 사용할 수 있는 주요 데이터는 무엇인지 쓰시오.**

정답 특정 키워드의 검색 트렌드

5. **SNS 분석에서 시장의 수요를 예측하는 방법의 하나는 무엇인지 쓰시오.**

정답 해시태그 분석, 브랜드 언급 횟수, 고객 의견 분석

6. **상권분석의 목적은 무엇인가?**

적정한 입지를 선택하여 창업 성공 가능성을 높이고, 타당성과 수익성을 분석하여 사업 여부를 판단하는 것이다.

7. **누적적 흡입력이란 무엇을 의미하는가?**

시간이 지날수록 고객 유입이 누적되는 타당성을 분석하는 것이다.

8. **상권분석에서 1차 상권의 정의는?**

정답 반경 100~500m 내 상권으로 유입고객의 약 60%가 거주하는 지역을 말한다.

9. **소비자 심리학적 분석에서 가장 보편적으로 사용되는 것은 무엇인가?**

정답 소비자의 생활 방식(Life Style)

10. **점포 입지 선정에서 경쟁 회피성의 의미는?**

정답 동일 상권 내 동종 업계 점포 수가 적은 것이 유리하다는 점을 말한다.

비즈니스 모델 캔버스

1. **비즈니스 모델 캔버스에서 수익원이란 무엇을 설명하는 부분인지 쓰시오.**

정답 사업을 통해 어떻게 수익을 창출할지 설명하는 부분

2. **고객 관계를 정의하는 데 중요한 요소는 무엇인지 쓰시오.**

정답 고객과의 관계를 설정하고 유지하는 전략

3. **비즈니스 모델 캔버스에서 비용 구조는 어떤 역할을 하하는지 쓰시오.**

정답 사업을 운영하는 데 필요한 주요 비용 항목들을 정의

4. **비즈니스 모델 캔버스에서 핵심 활동이란 무엇인지 쓰시오.**

정답 고객에게 가치 제안을 전달하기 위해 수행해야 하는 주요 활동

5. **비즈니스 모델 캔버스에서 핵심 파트너는 무엇을 지원하는 역할을 하는지 쓰시오.**

정답 외부 파트너와 협력을 통해 비즈니스 효율성을 높인다.

6. **사업 계획서 작성 시 핵심적으로 고려해야 할 '기획'의 역할을 한 문장으로 쓰시오.**

정답 경영의 기본기능 중 업무성과에 가장 큰 영향을 미치며, 목표를 설정하고 그 달성수단을 결정하는 과정이다.

7. 사업 계획서 작성 시 중요성을 높이는 주요 원칙 4가지 중 하나를 쓰시오.

정답 이해 가능성

8. 사업 계획서가 투자자에게 신뢰성을 제공하는 역할을 하는 이유를 쓰시오.

사업 계획서를 통해 사업의 타당성 및 창업자의 신뢰도를 입증할 수 있기 때문이다.

서비스 설계와 프로토타입 제작

1. 서비스 청사진을 통해 효율성 개선을 할 방법은 무엇인지 쓰시오.

정답 백스테이지와 지원 프로세스를 분석하여 개선할 수 있다.

2. 사용자 여정 맵의 문제점(Pain Points)을 식별하는 목적은 무엇인지 쓰시오.

정답 사용자 경험에서의 문제를 발견하고 개선할 기회를 찾기 위해

3. e-Commerce 플랫폼의 사용자 여정 맵에서 탐색 단계의 사용자 행동은 무엇인지 쓰시오.

정답 키워드를 검색하거나 추천 상품을 클릭하는 것

4. 사용자 여정 맵에서 감정 요소의 목적은 무엇인지 쓰시오.

정답 각 단계에서 사용자가 느끼는 감정을 기록하여 문제를 식별하고 서비스 개선을 도모한다.

5. 프로토타입(Prototype)의 중요성에 대한 설명 중 올바른 것은 무엇인지 쓰시오.

정답 프로토타입은 아이디어를 실험하고 사용자 피드백을 수집할 수 있게 해준다.

재무 계획과 투자 유치

1. 사업 아이템에 대한 철저한 시장 분석이 필요한 이유는 무엇인지 쓰시오.

정답 시장의 수요, 경쟁 상황, 소비자의 선호도를 파악하는 데 필요하다.

2. 창업자가 사업을 확장할 때 자금을 조달하는 주요 방법 두 가지를 쓰시오.

정답 벤처 캐피털, 은행 대출

3. 리스크 관리가 창업 과정에서 중요한 이유는 무엇인지 쓰시오.

정답 예기치 않은 문제나 손실을 예방하고, 사업 안정성을 유지하는 데 필요하다.

4. 벤처 캐피털이 투자한 기업에서 요구하는 주요 사항은 무엇인지 쓰시오.

정답 높은 성장 가능성, 혁신적인 사업 모델, 강력한 경영팀

5. 창업자가 자금을 효율적으로 관리하는 방법은 무엇인지 쓰시오.

정답 예산 계획 수립, 자금 흐름 모니터링, 비용 절감 노력

6. 지분 투자와 채권 투자의 차이점은 무엇인지 쓰시오.

정답 지분 투자는 기업의 지분을 매입하는 방식, 채권 투자는 이자를 받는 대출 방식.

7. 창업자가 사업 모델을 선택할 때 가장 중요한 기준은 무엇인지 쓰시오.

정답 시장의 수요와 수익 가능성

8. 정부 지원금이 창업자에게 제공되는 경우, 일반적으로 어떤 조건이 필요한지 쓰시오.

정답 사업계획서 제출, 일정한 매출 기준, 특정 산업군에 해당

9. 시장 조사를 통해 얻을 수 있는 정보 두 가지를 설명하시오.

정답 소비자 선호도, 경쟁사 분석

10. 사업계획서에서 재무 계획 항목에 포함되어야 할 주요 요소는 무엇인지 쓰시오.

정답 예상 수익, 비용, 자금조달 계획

마케팅 전략과 브랜딩

1. 소비자 행동에서 고객이 문제를 인식하고 구매 결정을 시작하는 첫 번째 단계를 무엇인지 쓰시오.

정답 문제 인식

2. 브랜드 자산(Brand Equity)을 정의할 때 중요한 핵심 요소는 무엇인지 쓰시오.

정답 소비자가 브랜드에 대해 가지고 있는 인식과 경험

3. 디지털 마케팅에서 SEO(검색 엔진 최적화)의 주된 목적은 무엇인지 쓰시오.

정답 웹사이트가 검색 엔진 결과에서 높은 순위를 차지하도록 최적화하는 것

4. 마케팅 리서치에서 정성적 연구(Qualitative Research)에 해당하는 방법은 무엇인지 쓰시오.

정답 면담이나 초점 집단 토론

5. 가격 전략 중 시장에 빠르게 진입하기 위해 가격을 낮게 설정하는 전략을 무엇인지 쓰시오.

정답 침투 가격 전략(Penetration Pricing)

6. 마케팅 전략 중 특정 시장 세그먼트에 집중하여 경쟁 우위를 확보하는 전략을 무엇인지 쓰시오.

정답 집중화 전략(Focus Strategy)

7. 마케팅 리서치에서 표본 조사의 장점은 무엇인지 쓰시오.

정답 비용과 시간을 절약할 수 있다.

8. 소비자의 구매 결정에 영향을 미치는 외적 요인으로 올바른 것을 고를 때 마케팅 메시지와 무엇이 중요한 역할을 하는지 쓰시오.

정답 광고

9. 브랜드 확장 전략은 기존 브랜드의 이미지를 활용하여 어떤 제품을 출시하는 전략인지 쓰시오.

정답 새로운 시장에서 새로운 제품

10. 가격 차별화(Price Discrimination)의 예시 중 하나로, 동일한 제품을 지역별로 다르게 가격을 책정하는 전략을 무엇인지 쓰시오.

정답 지역 가격 차별화

11. AIDA 모델에서 욕구(Desire) 단계에서의 주요 활동은 무엇인지 쓰시오.

정답 제품의 감정적 혜택 강조

12. SEO의 주요 목적은 무엇인지 쓰시오.

정답 검색 엔진의 알고리즘에 맞춰 웹사이트 콘텐츠를 최적화하여 더 많은 트래픽을 유도하는 것

13. 콘텐츠 마케팅에서 중요한 점은 무엇인지 쓰시오.

정답 소비자가 자발적으로 브랜드와 상호작용하도록 유도하는 것

14. PPC 광고에서 A/B 테스트의 주요 목적은 무엇인지 쓰시오.

정답 두 가지 광고 버전을 비교하여 더 나은 성과를 내는 옵션을 선택하는 것

15. 인플루언서 마케팅에서 사회적 증거 이론(Social Proof Theory)의 핵심 개념은 무엇인지 쓰시오.

정답 사람들은 다른 사람들의 행동을 보고 자신이 할 행동을 결정한다는 것

16. 전략 수립에서 목표 설정의 중요한 역할을 간단히 설명하시오.

정답 기업이 이루고자 하는 성과나 목표를 설정하여 전략 방향을 정한다.

17. 포터의 경쟁 전략 중 '특정 시장 세그먼트에 집중하여 경쟁 우위를 확보하는 전략'을 무엇이라고 하나?

정답 집중화 전략

18. Miles & Snow의 전략 모형에서 변화와 혁신을 강조하는 전략은 무엇인가?

정답 공격형 전략

19. 전략 수립 과정에서 실행 후 결과를 평가하고 필요할 때 조정하는 과정을 무엇이라고 하나?

정답 평가와 피드백

20. 전략 수준 중에서 기능 부문에서의 의사결정을 포함한 전략은 무엇인가?

정답 기능 수준전략

SNS 마케팅의 모든 것

1. 소셜 네트워크 이론의 주요 개념은 무엇인지 쓰시오.

정답 정보의 확산과 사회적 영향력

2. SNS에서 바이럴 마케팅은 무엇인지 쓰시오.

정답 소비자가 자발적으로 콘텐츠를 공유하여 확산되는 마케팅

3. SNS 마케팅에서 소셜 리스닝이란 무엇인지 쓰시오.

정답 소비자의 댓글 및 의견을 분석

4. 브랜드 아이덴티티에서 비주얼 아이덴티티에서 중요한 요소는 무엇인가요?

정답 로고, 색상, 타이포그래피

5. 브랜드 아이덴티티에서 브랜드 톤과 메시지가 중요한 이유는 무엇인가요?

정답 소비자와의 소통을 강화하기 위해

6. 브랜드 충성도를 강화하는 요소로 적절한 것은 무엇인가요?

정답 지속적이고 일관된 브랜드 아이덴티티

7. 소셜 네트워크 이론에서 정보가 빠르게 확산되는 이유는 무엇인가요?

정답 강한 네트워크와 약한 네트워크

8. 브랜드 아이덴티티에서 디자인 요소가 중요한 이유는 무엇인가요?

정답 브랜드의 웹사이트, 포장, 광고 등에서 일관되게 사용하는 요소이기 때문

9. 브랜드 아이덴티티에서 목표 고객 설정의 중요성은 무엇인가요?

정답 브랜드가 타겟 시장에서 독특한 위치를 차지할 수 있도록 도와줌

10. 브랜드 아이덴티티에서 브랜드 톤과 메시지가 중요한 이유는 무엇인가요?

정답 소비자와의 소통을 강화하기 위해

타겟 마케팅 전략

1. STP 전략에서 STP는 무엇의 약자인지 쓰시오.

정답 Segmentation(세분화), Targeting (타겟팅), Positioning (포지셔닝)

2. 타겟팅의 주요 목적은 무엇인지 쓰시오.

정답 특정 시장 세그먼트를 선정하여 마케팅 자원을 집중하는 것

3. 포지셔닝에서 중요한 요소는 무엇인지 쓰시오.

정답 소비자에게 차별화된 이미지 전달

4. STP 전략에서 타겟 시장을 선정한 후 가장 먼저 해야 할 일은 무엇인지 쓰시오.

정답 포지셔닝 전략 결정

서비스 실행과 운영 전략

1. CRM(Customer Relationship Management)의 정의는 무엇인지 쓰시오.

정답 기업이 고객 관계를 전략적으로 관리하고 개선하여 장기적인 비즈니스 가치를 창출하는 프로세스

2. 운영 CRM의 주요 사용 예시 중 하나를 쓰시오.

정답 콜센터 CRM

3. 분석 CRM이 주로 사용되는 업무 영역은 무엇인지 쓰시오.

정답 백오피스 활동

4. 고객 충성도를 5% 증가시켰을 때 기업 수익은 몇 %까지 증가할 수 있는지 쓰시오.

정답 25~95%

5. 기존 고객 유지 비용은 신규 고객 확보 비용보다 몇 배 낮아지는지 쓰시오.

정답 5~25배

6. 데이터 마이닝의 주요 단계 중 "문제 정의"는 무엇을 명확히 설정하는지 쓰시오.

정답 분석 목표

7. RFM 분석에서 Recency는 무엇을 측정하는지 쓰시오.

정답 고객의 최근 활동성

8. 고객 생애 가치(LTV) 분석에서 LTV를 계산하는 공식은 무엇인지 쓰시오.

정답 평균 구매 금액 × 구매 빈도 × 고객 관계 지속기간

9. **고객 세분화를 통해 얻을 수 있는 주요 효과는 무엇인지 쓰시오.**

정답 고객 그룹별 니즈에 맞춘 마케팅 메시지 제공

10. **고객 맞춤형 서비스 제공의 대표적인 사례 중 하나를 쓰시오.**

정답 넷플릭스의 시청 기록 기반 콘텐츠 추천

11. **고객 경험 관리(CEM)의 주요 목적 중 하나로, 고객이 브랜드를 선호하고 장기적으로 관계를 유지하도록 유도하는 것은 무엇인지 쓰시오.**

정답 충성도 향상

12. **스타벅스가 고객 만족도를 높이기 위해 음료 컵에 작성하는 개인화된 서비스 사례는 무엇인지 쓰시오.**

정답 고객 이름 작성

13. **고객 여정을 시각화하여 고객이 기업과 접촉하는 모든 단계를 분석하는 도구는 무엇인지 쓰시오.**

정답 고객 여정 지도(Journey Map)

14. **애플이 충성 고객을 유지하기 위해 제공한 두 가지 주요 요소는 무엇인지 쓰시오.**

정답 직관적 제품 설계와 프리미엄 고객 서비스

15. **세포라가 AR 기술을 활용하여 제공하는 경험은 무엇인지 쓰시오.**

정답 고객이 화장품을 가상으로 테스트할 수 있는 기능

16. 고객의 행동 데이터를 실시간으로 수집하고 분석하여 맞춤형 경험을 제공하는 데 주로 활용되는 시스템은 무엇인지 쓰시오.

정답 CRM 시스템

17. 디즈니가 테마파크에서 제공하는 모든 접점에서 긍정적 기억을 심어주는 전략은 무엇을 목표로 하는지 쓰시오.

정답 브랜드 이미지 제고

18. 고객 경험관리의 성공적인 운영을 위해 내부 조직 간 협업을 촉진하고 고객 경험 전담팀을 구성하는 것을 무엇인지 쓰시오.

정답 내부 조직 운영 최적화

19. 고객의 피드백 데이터를 분석하여 제품 품질과 서비스 속도를 개선한 사례는 어느 기업의 사례인지 쓰시오.

정답 도미노피자

20. 고객 경험관리 전략의 성과를 평가하기 위해 활용되는 주요 지표 중 하나로, 고객의 재구매 가능성을 측정하는 지표를 쓰시오.

정답 고객 생애 가치(LTV)

21. 잘트먼의 메타포 이론에서는 소비자가 구매 결정을 내릴 때 감정을 어떻게 활용하는지 쓰시오.

정답 감정을 자극하는 메타포를 통해 무의식적인 감정 반응을 유도하여 구매 결정을 내린다.

22. **디즈니가 소비자와의 감정적 유대감을 형성하는 주요 방법은 무엇인지 쓰시오.**

정답 가족, 추억, 행복과 같은 감정을 통해 브랜드와의 강한 감정적 유대감을 형성한다.

23. **애플의 Think Different 캠페인은 어떤 효과를 가져왔는지 쓰시오.**

정답 애플 제품을 창의적이고 혁신적인 아이콘으로 인식하게 만들어 브랜드 충성도를 높이고 판매에 긍정적인 영향을 미쳤다.

참/고/자/료

곽진만(2023), 뷰티서비스경영. 구민사

곽진만(2021), 조직 구성원의 HRM 활동 인식이 직무만족과 고객지향성, 고객만족, 재무적 성과에 미치는 영향: 미용서비스산업 중심으로. 대전대학교 대학원 박사학위논문.

김계수(1999), 품질정보/프로세스 품질경영 성과개선을 위한 6 시그마 프로그램에 관한 연구. 품질경영학회지, 27(4):266-279.

노재범, 이팔훈, 이승현(2005), 서비스 이노베이션 엔진, 6 시그마. 삼성경제연구소.

손기형(2008), 6 시그마 개념 및 추진방법론. 한국의료질향상학회지, 14(2):9-21.

윤덕균(2007), 초우량 기업들의 경영 혁신 200년. 민영사.

이유재(2000), 고객만족경영의 개념과 실천에 관한 연구. 경영저널, 1(1):153-172.

이유재(2016), 서비스품질, 고객만족, 고객충성도, 로열티프로그램 연구에 대한 종합적 고찰과 향후 연구방향. 경영학연구, 45(6):1763-1787.

조현연, 손호철, 윤계형(2014), 고객만족도가 장기적 재무성과에 미치는 영향. 국제회계연구, 56:208-227.

Aldrich, H. E., & Zimmer, C. (1986). Entrepreneurship Through Social Networks. In D. L. Sexton & R. W. Smilor (Eds.), The Art and Science of Entrepreneurship (pp. 3-23). Ballinger.

Anderson, D. J. (2010). Kanban: Successful Evolutionary Change for Your Technology Business. Blue Hole Press.

Arrow, K. J. (1963). Social Choice and Individual Values.

Barney, J. B. (1991). Firm resources and sustained competitive advantage. Journal of Management, 17(1), 99-120.

Barrett, L. F. (2017). How Emotions Are Made: The Secret Life of the Brain. Houghton Mifflin Harcourt.

Bass, B. M. (1985). Leadership and Performance Beyond Expectations, Free Press.

Bass, B. M. (1990). Bass & Stogdill's Handbook of Leadership: Theory, Research, and Managerial Applications. Free Press.

Bass, B. M. (1990). From transactional to transformational leadership: Learning to share the vision. Organizational Dynamics.

Batra, R., & Ray, M. L. (1986). Affective Responses Mediating Acceptance of Advertising. Journal of Marketing Research;

Bezos, J. (2004). Amazon Leadership Principles, Amazon.com.

Bhatia, R. (2018). SEO Optimization Strategies: Enhancing Website Visibility. Journal of Digital

Marketing.

Blattberg, R. C., Kim, B. D., & Neslin, S. A. (2008). Database Marketing: Analyzing and Managing Customers. Springer.

Boehm, B. W. (1988). A Spiral Model of Software Development and Enhancement. ACM SIGSOFT Software Engineering Notes, 11(4), 14-24.

Borgatti, S. P., Everett, M. G., & Johnson, J. C. (2018). Analyzing Social Networks. Sage.

Box, G. E. P., Jenkins, G. M., & Reinsel, G. C. (2015). Time Series Analysis: Forecasting and Control. Wiley

Breiman, L. (2001). Random Forests. Machine Learning, 45(1), 5-32.

Brock, D. M. (1997). Franchising in the International Marketplace: Cases in Franchising." Journal of Business Research.

Brown, T. (2009). Change by Design: How Design Thinking Creates New Alternatives for Business and Society. Harper Business.

Buchanan, J. M., & Tullock, G. (1962). The Calculus of Consent: Logical Foundations of Constitutional Democracy. University of Michigan Press.

Business Insider. (2018). The Company That Wants To Build the Global Financial Infrastructure for the Internet: Stripe. Business Insider.

Buxton, B. (2010). Sketching User Experiences: Getting the Design Right and the Right Design. Morgan Kaufmann.

Bygrave, W. D., & Timmons, J. A. (1992). Venture Capital at the Crossroads of Entrepreneurship and Finance.

Choi, H. (2017). Samsung Electronics: A Global Technology Leader. Harvard Business Review.

Christensen, C. M. (1997). The Innovator's Dilemma: When New Technologies Cause Great Firms to Fail. Harvard Business Review Press.

Cialdini, R. B. (1984). Influence: The Psychology of Persuasion. HarperCollins.

Cialdini, R. B. (2009). Influence: The Psychology of Persuasion. Harper Business.

Csikszentmihalyi, M. (1990). Flow: The Psychology of Optimal Experience. Harper & Row.

Dalkey, N., & Helmer, O. (1963). A Methodology for the Use of Experts, RAND Corporation.

Date, C. J. (2004). An Introduction to Database Systems. 8th Edition. Addison-Wesley

Davenport, T. H., & Harris, J. G. (2007). Competing on Analytics: The New Science of Winning. Harvard Business School Press.

Deci, E. L., & Ryan, R. M. (1985). Intrinsic motivation and self-determination in human behavior. Springer Science & Business Media.

Design Council. Journey Mapping Techniques and Applications.

Doran, G. T. (1981). There's a S.M.A.R.T. way to write management's goals and objectives. Management Review, 70(11), 35-36.

Doz, Y. L., & Hamel, G. (1998). Alliance Advantage: The Art of Creating Value Through Partnering. Harvard Business School Press.

Draper, N. R., & Smith, H. (1998). Applied Regression Analysis. John Wiley & Sons.

Drucker, P. F. (1985). Innovation and Entrepreneurship: Practice and Principles. Harper & Row.

Eberle, B. (1995). SCAMPER: Games for Imagination Development, Prentice Hall

Edmondson, A. C. (1999). Psychological safety and learning behavior in work teams, Administrative Science Quarterly, 44(2), 350-383.

Everitt, B., & Hothorn, T. (2011). An Introduction to Applied Multivariate Analysis with R. Springer)

Farris, P. W., Bendle, N. T., Pfeifer, P. E., & Reibstein, D. J. (2010). Marketing Metrics: The Definitive Guide to Measuring Marketing Performance. Pearson;

Field, A. (2013). Discovering Statistics Using IBM SPSS Statistics. Sage Publications.

Fisher, W. R. (1984). Narration as a Human Communication Paradigm: The Case of Public Moral Argument. Communication Monographs, 51(1), 1-22.

Fowler, F. J. (2014). Survey Research Methods. Sage Publications.

Freund, J. E., & Walpole, R. E. (2007). Mathematical Statistics with Applications. 8th Edition, Pearson

Gansky, L. (2013). The Airbnb Story: How Three Ordinary Guys Disrupted an Industry, Made Billions... and Created Plenty of Controversy. Hachette Books.

Gerald Zaltman, (2003). How Customers Think, Harvard Business School Press,

Gerber, S. (2020). The Microsoft Mindset: Leadership in the Digital Age. Harvard Business Review Press.

Goleman, D. (2000). Leadership That Gets Results. Harvard Business Review.

Graen, G. B., & Uhl-Bien, M. (1995). Relationship-based approach to leadership: Development of leader-member exchange (LMX) theory of leadership over 25 years:

Gupta, S., & Lehmann, D. R. (2005). Managing Customers as Investments: The Strategic Value of Customers in the Long Run. Wharton School Publishing.

Gurel, E., & Tat, M. (2017). SWOT analysis: A theoretical review. Journal of International Social Research, 10(51), 994-1006.

Guttentag, D. (2015). Airbnb: Disrupting the hotel industry? International Journal of Hospitality Management, 46, 93-100.

Hanselman, D., & Littlefield, B. (2011). Mastering MATLAB. Pearson.

Hanssens, D. M., Parsons, L. J., & Schultz, R. L. (2003). Market Response Models: Econometric and Time Series Analysis. Springer.

Harvard Business Review. (2014). The Value of Keeping the Right Customers

Hastie, T., Tibshirani, R., & Friedman, J. (2009). The Elements of Statistical Learning: Data Mining, Inference, and Prediction. Springer.

Hastings, R., & Meyer, E. (2020). No Rules Rules: Netflix and the Culture of Reinvention. Penguin Press.

Hawkins, A. J. (2017). Tesla's Global Expansion Strategy: What We Can Learn. Business Insider.

Hulka, B. S., S. J. Zyzanski, J. C. Cassel & S. J. Thompson. (1970). Scale for the measurement of attitudes toward physicians and primary medical care. Medical Care. 8(5):429-436.

Hunt, H. K. (1977). CS/D-Overview and future research direction, in conceptualization and measurement of consumer satisfaction and dissatisfaction, H. Keith Hunt, ed., Cambridge, MA: Marketing Science Institute, 455-488.

Hyndman, R. J., & Athanasopoulos, G. (2018). Forecasting: Principles and Practice. OTexts.

Iger, R. (2019). The Ride of a Lifetime: Lessons Learned from 15 Years as CEO of the Walt Disney Company. Random House.

Isaacson, W. (2011). Steve Jobs. Simon & Schuster.

Ishikawa, K. (1990). Introduction to Quality Control. Productivity Press.

Kahneman, D. (2011). Thinking, Fast and Slow. Farrar, Straus and Giroux.

Kaplan, A. M., & Haenlein, M. (2010). Users of the world, unite! The challenges and opportunities of Social Media. Business Horizons, 53(1), 59-68.

Kaufman, L., & Rousseeuw, P. J. (2009). Finding Groups in Data: An Introduction to Cluster Analysis. John Wiley & Sons.

Keller, K. L. (2001). Building Customer-Based Brand Equity: A Blueprint for Creating Strong Brands. Marketing Management.

Keynes, J. M. (1936). The General Theory of Employment, Interest, and Money.

Kim, J. (2019). How Baedal Minjok Became Korea's Leading Food Delivery Service. TechCrunch.

Kim, W. C., & Mauborgne, R. (2005). Blue ocean strategy. Harvard Business Press.

Kingman-Brundage, J. (1989). The ABCs of service system blueprinting. Designing a winning service strategy, 30-43.

Kirzner, I. M. (1973). Competition and Entrepreneurship. University of Chicago Press.

Knight, F. H. (1921). Risk, Uncertainty, and Profit. Houghton Mifflin.

Kohavi, R., Schapire, R. B., & Singer, Y. (2002). Learning to Predict by the Methods of Ensemble Learning. Proceedings of the 19th International Conference on Machine Learning (ICML-2002).

Kotler, P., & Keller, K. L. (2016). Marketing Management (15th ed.). Pearson Education.

Kotler, P., & Keller, K. L. (2016). Marketing Management. Pearson.

Kotler, P., Armstrong, G., & Opresnik, M. O. (2017). Principles of Marketing. Pearson;

Kotler, Philip, et al.,(2017). Marketing 4.0: Moving from Traditional to Digital. Wiley,

Law, A. M., & Kelton, W. D. (2007). Simulation Modeling and Analysis.

Lemon, K. N., & Verhoef, P. C. (2016). Understanding Customer Experience Throughout the Customer Journey." Journal of Marketing.

Levitt, T. (1983). The globalization of markets. Harvard Business Review, 61(3), 92-102.

Lipsman, A. (2018). How Apple's Globalization Strategy Has Made It a Successful Tech Company. Harvard Business Review.

Little, J. D. C. (1960). A Test of the Marketing-Model's Profitability. Journal of Marketing Research.

Liu, B. (2012). Sentiment Analysis and Opinion Mining. Morgan & Claypool Publishers.

Markides, C. (2000). All the right moves. Harvard Business School Press.

Marshall, A. (1890). Principles of Economics. Macmillan.

McFarlan, F. W., & Nolan, R. L. (2001). Strategic business in the information age. Harvard Business Review.

McKinsey & Company (2019). The Global Automotive Industry: Implications for Electric Vehicles. McKinsey Insights.

McKinsey & Company. (2020). Leadership in the COVID-19 Era: Insights from Global Executives.

Miles, R. E., Snow, C. C., Meyer, A. D., & Coleman Jr, H. J. (1978). Organizational strategy, structure, and process. Academy of management review, 3(3):546-562.

Mishan, E. J., & Quah, E. (2007). Cost-Benefit Analysis.

Mager, B. (2009). Service Design as a Discipline. In Designing Services with Innovative Methods. Birkhäuser Basel.

Montgomery, D. C. (2009). "Introduction to Statistical Quality Control." 6th Edition. John Wiley & Sons

Montgomery, D. C. (2020). Introduction to Statistical Quality Control. Wiley.

Montgomery, D. C., & Peck, E. A. (2001). "Introduction to Linear Regression Analysis." Wiley-Interscience

Moritz, S. (2005). Service Design: Practical Access to an Evolving Field. Köln International School of Design.

Nagle, T. T., Hogan, J. E., & Zale, J. (2016). The Strategy and Tactics of Pricing: A Guide to Growing More Profitably (5th Edition). Routledge.

Nelson, R. W. (1981). The analysis of retail trade areas. Geographical Review, 71(4), 417-437.

Northouse, P. G. (2021). Leadership: Theory and Practice (9th ed.). Sage Publications.

Oliver, R. L. (1980). Measurement and evaluation of satisfaction processes in retail settings. Journal of Retailing, 57(3):25-48.

Osborn, A. F. (1953). Applied Imagination.

Pang, B., & Lee, L. (2008). "Opinion Mining and Sentiment Analysis." Foundations and Trends in Information Retrieval, 2(1-2), 1-135.

Parasuraman, A., Zeithaml, V. A., & Berry, L. L. (1988). "SERVQUAL: A multiple-item scale for measuring consumer perceptions of service quality." Journal of Retailing, 64(1), 12-40.

Pearl, J. (2010). Causality: Models, Reasoning, and Inference. Cambridge University Press.

Peppers, D., & Rogers, M. (1993). The One to One Future: Building Relationships One Customer at a Time. Doubleday.

Porter, M. E. (1980). Competitive strategy. Free Press.

Porter, M. E. (1985). Competitive advantage. Free Press.

Porter, M. E. (1985). Competitive Advantage: Creating and Sustaining Superior Performance. Free Press.

Porter, M. E. (2008), Competitive Strategy: Techniques for Analyzing Industries and Competitors, Free Press.

Porter, M. E. (2008). The Five Competitive Forces That Shape Strategy. Harvard Business Review.

Pulizzi, J. (2012). The rise of storytelling as the new marketing. Publishing Research Quarterly.

Python: McKinney, W. (2012). Python for Data Analysis. O'Reilly Media.

Quinlan, J. R. (1986). Induction of Decision Trees, Machine Learning.

R: Wickham, H. (2016). ggplot2: Elegant Graphics for Data Analysis. Springer.

Reichheld, F. F. (1996). The Loyalty Effect: The Hidden Force Behind Growth, Profits, and Lasting Value. Harvard Business School Press.

Ries, E. (2011). The Lean Startup: How Today's Entrepreneurs Use Continuous Innovation to Create Radically Successful Businesses. Crown Business.

Rogers, E. M. (2003). Diffusion of Innovations (5th Edition). Free Press.

Rubin, D. B. (1987). Multiple Imputation for Nonresponse in Surveys. John Wiley & Sons

Saaty, T. L. (1980). The Analytic Hierarchy Process, McGraw-Hill.

Schau, H. J., Muniz, A. M., & Arnould, E. J. (2009). How Brand Community Practices Create Value. Journal of Marketing.

Schmitt, B. H. (2012). The Consumer Psychology of Brands. Journal of Consumer Psychology, 22(1), 7-17.

Schrage, M. (1999). Serious Play: How the World's Best Companies Simulate to Innovate. Harvard Business Review Press.

Schumpeter, J. A. (1934). The Theory of Economic Development. Harvard University Press.

Schumpeter, J. A. (1942). Capitalism, Socialism and Democracy. Harper & Row.

Schwaber, K. (1995). Agile Project Management with Scrum. Microsoft Press.

Shane, S., & Venkataraman, S. (2000). The Promise of Entrepreneurship as a Field of Research. Academy of Management Review, 25(1), 217-226.

Sharma, S. (2018). Quality Management: Concepts and Techniques. McGraw Hill Education.

Spence, M. (1973). Job Market Signaling. The Quarterly Journal of Economics, 87(3), 355–374.

Stone, B. (2013). The Everything Store: Jeff Bezos and the Age of Amazon. Little, Brown and Company.

Strong, E. K. (1925). Theories of Selling. Journal of Applied Psychology.

Susskind, L., & Cruikshank, J. (1987). Breaking the Impasse.

Teece, D. J. (2010). Business models, business strategy and innovation. Long Range Planning, 43(2-3), 172-194.

Thaler, R. H., & Sunstein, C. R. (2008). Nudge: Improving Decisions About Health, Wealth, and Happiness. Penguin;

Thomas, K. W., & Kilmann, R. H. (1974). Thomas-Kilmann Conflict Mode Instrument, TKI.

Timmons, J. A. (1994). New Venture Creation: Entrepreneurship for the 21st Century. Irwin.

Tirole, J. (1988). The Theory of Industrial Organization. MIT Press

Tseng, M. M., Qinhai, M., & Su, C. J. (1999). Mapping customers service experience for operations improvement. Business Process Management Journal, 5(1):50-64

Van Doorn, J., Lemon, K. N., Mittal, V., Nass, S., & Pick, D. (2010). Customer Engagement Behavior: Theoretical Foundations and Research Directions. Journal of Service Research;

Vance, A. (2015). Elon Musk: Tesla, SpaceX, and the Quest for a Fantastic Future. Ecco.

Varian, H. R. (2014). Intermediate Microeconomics: A Modern Approach (9th Edition). W. W. Norton & Company.

Vignali, C. (2001). McDonald's: 'Think global, act local' - The marketing mix. British Food Journal.

Walkenbach, J. (2013). Excel Bible. Wiley.

Wedel, M., & Kamakura, W. A. (2000). Market Segmentation: Conceptual and Methodological Foundations. Kluwer Academic Publishers.

Weiner, J. (2015). GoPro's success story: How it became a world leader in action cameras. Forbes.

Yuksel, I. (2012). Developing a multi-criteria decision-making model for PEST analysis. International Journal of Business and Social Science, 3(15), 62-72.

Zaltman, G. (2003). How Customers Think: Essential Insights into the Mind of the Market. Harvard Business School Press.

Zhang, X. (2019). How TikTok Became the Most Popular App in the World. Business Insider.